★★★★★★★★★

# Hugo Chávez
# 大統領チャベス

★★★★★★★★★

クリスティーナ・マルカーノ／
アルベルト・バレーラ・ティスカ著
神尾賢二訳

HUGO CHÁVEZ SIN UNIFORME

UNA HISTORIA PERSONAL

by ALBERTO BARRERA TYSZKA & CRISTINA MARCANO

# 序文

ジャネッタ・モートンはホワイトハウスから一時間のところに住んでいるが、ホワイトハウスに行ったことは一度もない。この女性は失業中で、娘が二人、ワシントンD.C.の一番貧しい地区にある小さな家に妹と同居している。ジャネッタはウーゴ・チャベスが何者かはよく知らないが、ベネズエラの大統領は彼女のヒーローだ。

「ジョージ・W・ブッシュに彼の爪の垢でも煎じて飲ませたいわね」

こう言うジャネッタも、オクラホマに本社があるベネズエラ政府の国有石油会社シットゴー[訳注]（Citgo）による暖房用灯油の割引販売の恩恵に与った数百人の貧しいアメリカ市民の一人である。灯油と一緒に、きれいな紙に印刷したパンフレットが配られ、そこには、このプログラムは自国ベネズエラだけではなく、世界の全ての貧しい人たちのことを心にかけている大統領の人道的な連帯行動の一つです、と説明してあった。

チャベス大統領は、南アフリカでも称賛されている。ヨハネスブルグの貧困層地区、ソウェトでは

---

シットゴー：アメリカ合衆国内で営業するベネズエラ石油公社の傘下にある石油関連企業。ガソリン、潤滑油、その他石油製品を製造販売している。元は、シティーズ・サービス・カンパニーというアメリカの企業で、一九六五年に「CITGO」ブランドを導入。一九八六年にベネズエラ石油公社が五〇パーセントの株式を買い付け、一九九〇年に残りを買収して傘下に収めた。

政治活動家たちがチャベスと、彼が進めるボリーバル革命を熱烈に支持し、何人かはベネズエラに招待されて革命を実体験し、大統領とも直接に知り合うことができた。彼らもまた、自分たちの国にもウーゴ・チャベスのような指導者を望む、と意思表示している。レバノンでは、子供に「ウーゴ」と名付けたヒズボラ支持者もいる。

『マイアミ・ヘラルド』紙のコラムニスト、アンドレス・オッペンハイマーは二〇〇七年一月にインドを訪れ、この国に起きている大きな変化に関与している重要な企業家、政治家を取材した。取材中、驚いたことがあった。オッペンハイマーは、そのニューデリー・リポートにこう書いている。

「ベネズエラ大統領ウーゴ・チャベスが諸産業部門の国有化を発表した日、私はジャワハルラール・ネルー大学で講演の機会を頂いた。

私はこのニュースが、チャベスが経済を破壊しているということを聴衆に説得するために好都合だと考えていた。だがそれは、大きな間違いだった。私のチャベス批判に対して、インド政府に多くの官僚を輩出してきた国際学部の教授や学生たちは、拍手するどころか、まるで珍しいものでも見るような、怪訝な反応を示した。その多くが、チャベスをヒーロー扱いしているのは明白だった。（中略）

私はこう質問した。『チャベスが善い事をしていると思われる方はどのくらいいますか?』

ラテンアメリカ学科の学生たちは全員挙手するか、うなずいた。私は尋ねた。

『どのような根拠でそう思われるのですか?』

ベネズエラをテーマに博士論文を書いているという一人の学生が、チャベスは腐敗したエリートの政治と経済を終わらせ、政府の関心を貧困者に向けたからだ、と答えた」

ジャネッタ・モートン、ソウェトの政治活動家、レバノンの父親たち、インドの大学生たち、この四つはどれも、ラテンアメリカの政治指導者が世界的評価を得ている、という稀有な現象の一例にすぎない。チェ・ゲバラとフィデル・カストロ以後、唯一ウーゴ・チャベスだけが世界水準の偶像的存在に到達したラテンアメリカの政治家であるというのは稀有な現象である。

どうしてこのようなことが起きたのであろうか？　世界でもあまり知られていない国の――石油と自然の素晴らしさ以外には――リャノという地方の小さな村、サバネタで生まれ育った貧しい少年が、どのようにしてアメリカ合衆国大統領と肩を並べるまでになったのか？　ウーゴ・チャベスには、他のラテンアメリカの、あるいは世界の貧困地域の指導者が持ち合わせていない何かがあるのだろうか？

これは、チャベスの人間性に対してだけでなく、二十一世紀初頭の世界の政治と経済の重要な傾向に関わる興味深い流れに対する問いかけでもある。

ウーゴ・チャベスの生い立ちは、彼の一連の突飛な行動に関する一次資料であり、そこからベネズエラの定評ある二人のジャーナリスト、クリスティーナ・マルカーノとアルベルト・バレーラ・ティスカが、その五十年の人生を綿密に検証し、この個人史の重要性を顕在化している。マルカーノとバレーラは、この人物の性格と動機について安易に一般化し、結論づけるのは排除している。著者は、根拠のない心理学的推察による断定、あるいは大部分の政治評論家をして客観性とバランスを欠かさずに書くのを阻害している個人的カリスマ性と二極分化的行動を持ったこの人物に、政治的結論を下すのを避けようとしている。しかし、かくも訳の分からない、矛盾だらけの、そしてここまでは首尾よく来ているこの指導者の全体像を解明するため、この二人の著者は、レポーターならではの周到な取材技術と、チャベスの人生のキーポイントとなった人物たちへのインタビューを通して、本書の中に数々の興味深い要素をうまく盛り込んでいる。

人物伝とは、知られているように、つねに歴史的な場所と時間に規定されるものではなかろうか。ますます接近し、相関性を帯びてきている現代社会では、それは別の場所での出来事にも規定される。そして、往々にしてこの「別の場所」が非常に遠い場合もある。例えばアフガニスタンとイラクは、ベネズエラから遠く離れているけれども、ウーゴ・チャベスの活動と可能性は、ベネズエラからは地球の反対側に位置するこれらの国や、二〇〇一年九月十一日にマンハッタンで起きた事に大きく影響された。自分とは何の関係もない別の理由で、チャベスは二〇〇一年の同時多発テロ攻撃の恩恵を蒙った一人にもなった。彼がテロ攻撃と何らかの関係があるというのではない。九月十一日の結果として、二倍になった原油価格がオイルダラーの津波を誘発し、ベネズエラの国庫を潤したのだ。

九月十一日はまた、超大国アメリカをしてイスラムのテロリズムにほとんど一点集中させ、遠隔地での宣戦布告に至らしめた。アメリカの指導者は、その伝統的な地政学的裏庭、ラテンアメリカへの注意を怠ってしまった。チャベスはそこで見事に、この不意を衝いた。ブッシュ大統領の決定と言辞と行動が、過去に前例のないレベルでの――多くの国においてつねに存在してきた――世界の反米感情を高める反応を呼んだ事実もここで付け加えておく必要があるだろう。ベネズエラ大統領は、実際、きわめて意欲的にこの機会を利用して、アメリカ大統領に対する極端かつ過激な批判者になる用意を整えていた。

チャベスはこの世界的な世論感情を活用できる経済的、政治的立場にあっただけでなく、本能的に行動し、大きな危険を冒すのに欠かせない大胆さも備えた人間でもある。王様が裸であること、アメリカ「帝国」と、かくも世界的に不人気な指導者に楯突いても、今ならこの賭けには絶対勝てる、といち早く見抜いただけではない。彼はまた、このギャンブルに賭け、超大国の力をもってしてもブッシュに大した事はできないことを証明できる備えがあった。オイルマネーのおかげでこの危険な賭けに挑めること、ベネズエラが海外投資や借款、あるいはアメリカの経済的援助への依存度を抑えられることを、チャベスは知っていた。チャベス大統領は、アメリカ大統領に口喧嘩を売っても周りが思うほど危険ではなく、むしろ逆にベネズエラにおいても諸外国においても、多大な政治的利益をもたらすだろうと読んだ。オサマ・ビン・ラディンやサダム・フセインも、ベネズエラ大統領のように、テレビカメラに向かってジョージ・W・ブッシュのことを「酔っ払い」「馬鹿」「卑怯者」「犯罪者」「人殺し」「うすのろ」「麻薬売人」「大量虐殺戦争犯罪者」とまでは罵倒しなかった。これも、アメリカ大統領を定義するのにチャベスがよく使った形容詞の一部にすぎない。この啖呵に、世界の大部分の人々が思わずニヤリとし、内心は（これも次第に開けっぴろげになっていくが）近年の歴史上最も評判の悪いアメリカ大統領の一人に対する反感を共有していった。世界中、モスクワからマラウィ（アフリカの小国）まで、ウーゴ・チャベスのお笑い反ブッシュ宣言が毎日の夕刊紙面を賑わした。

ウーゴ・チャベスは海外で傲岸不遜さを発揮しただけではない。国内でも実に大胆に行動した。ここにも裸の王様がいたことが分かった。ベネズエラの伝統的権力エリートがそれだ。本能のままに、さらなる傍若無人な振る舞いが始まった。政治政党、メディア王、国有石油会社重役、大企業経営者、独占的組合指導部など、半世紀にわたってベネズエラを牛耳ってきた人々のことを、彼らは弱々しい無力な存在にすぎないと、その一切の力を否定したのだ。彼は真っ向勝負をかけ、そして勝った。

熟れすぎた国家の権力構造がもぎ取られ、平らげられてしまった。しかもその上、二十一世紀にベネズエラのような国で、この権力奪取が銃弾ではなく投票によって成立すること、そして、世界各国で民主的に選出された大統領が決して持ち得ないような絶対的権力が、民主主義的手続きで手に入ることを証明した。そしてチャベスは、このモデルをボリビアとエクアドルに輸出し、一定の成果を見た。選挙の勝利は急速に制憲国民会議へと引き継がれ、大統領に集中した権力バランスに変質した。

ウーゴ・チャベスが採用した半独裁的な権限は、正義のために供されたとする考えがある。数世紀にわたって貧しい者と社会から排除された者たちへの迫害に執心していた不正義と対決するためには、権力が必要だったのだ、と言う。一方、彼の所業は過去に随所で腐るほど登場してきた独裁的指導者とあまり変わらない、とする見方もある。

論点はここにある。ウーゴ・チャベスは弱きを助ける民主主義者か、それとも無責任で権力に飢えているだけのポピュリストにすぎないのか？　あらためて、これらの見解には、ラテンアメリカや世界の他の地域におけるいくつかの顕著な傾向に興味深く対応するものがある。しかし当然、これらの見解は政治的、経済的状況にだけ依拠して引き出されたものではない。チャベスという人間そのものにもまた依拠している。

マルカーノとバレーラ・ティスカが本書ではっきりと指摘しているように、チャベスは非常に若い時から大きな野心を抱いていた。彼は二十代の頃、自動車旅行の車中で、そんな話を真に受けそうもない友だちに向かって、「俺はいつかこの国の大統領になる」と言った。友だちは「お前、酔ってるな」と答えた。本書はまた、ウーゴ・チャベスがいかに若い時代から、未熟な共産主義や、反「体制」的企てや、「天下人」になるといった考えを抱き、その行動の不断のモティベーションにしていったかをドキュメントしている。彼がこの思いを強く内に秘め続けたことは間違いない。現実に、その思いは花を咲かせた。齢を重ね、中年になった今、大統領にまで登りつめたこの男が、ベネズエラでひとかどの人物になったことだけで満足してはいないこともまた間違いない。彼はさらに夢を膨らませている。今では「世界の要人」になりたいと思っており、この夢も実現しつつある。

ベネズエラの石油収入に無制限に手をつけ、世界のどこに向けても意のままにばら撒けるという立場が、大統領チャベスを国際的影響力のある人物に変える助けになったことは疑いない。しかし、その影響力は金だけによるものではない。馬鹿を承知の、無礼で通俗的なこの人物に対する好感度や、きわめて独特なそのスタイルは、指導性をますます高めてくれるテレビの力を利用することで、政治風土に見事にマッチした。しかしここにも、経済力でも、個人的魅力でもない何かがある。彼に対して批判的な人たちを驚かせたのは、チャベスが思想の力を利用することにも大いに長けていることである。彼の政治的メッセージは、ベネズエラの選挙民の心の琴線に触れただけではなく、国外でもきわめて魅力あるものに映り、その国際性に大きく寄与した。チャベスは、腐敗政治、社会格差、弱者排斥に対する告発をその表現のメイン・テーマにすえた。つねに問題化されながらも何の手も打たれて来なかったこうした永遠のテーマが、九〇年代には新しい重要性として復活することを、彼はかなり早くから見抜いていた。そして、これを政治的メッセージの基本柱に設定し、多大な成果を得た。明らかに、チャベスの国際的影響力は石油によるところ大であろう。しかし、石油に依存しているだけだとするのは的を得ていない。

チャベスは、彼の政治的メッセージを採用した外国の指導者たち自身も、それぞれの国で評価を上げていることを早々に察知していた。多くの国で、格差に対する闘いが経済繁栄よりも大切なものとなり、腐敗汚職に対する闘いが経済効果の向上よりもはるかに重要になった。

例えば、パレスチナの選挙でハマスを勝利させたのも、あるいはイランでマフムード・アフマディーネジャードが選ばれたのも、チャベスが十年以来執拗に繰り返してきたメッセージと驚くほどの類似性を共有している。同じ考え方は、ヨーロッパ、東ヨーロッパ、アジアの一部、ラテンアメリカ全土の数え切れない政治家の人気をも支えている。当然ながら、それぞれの文脈と論調には差異はある。中東では、宗教性がラテンアメリカよりも大きな比重を占める。しかし、その差異はあっても、成功しているこれらのポピュリスト政治家たちに共通している点は、貧しい人々の声に耳を傾ける時に、腐敗に対して闘うこと、千年来の不平等を正すこと、栄養ある食糧や特に保健・教育等の社会福祉を提供することなどにおいて、いかに自分が対立候補よりも優っているかを選挙民に説得できる能力があることだ。このような、局部的で具体性のある公約の方が、彼ら指導者が国際的な政治舞台で展開する闘いよりもはるかに選挙民をひきつける。イランのマフムード・アフマディーネジャード大統領は、首都テヘランの実直で有能な市長としての価値を評価されたのであって、イランの選挙民がイスラエルを地球上から抹殺し、核爆弾を製造する大統領を求めていたからなのではない。選挙民にとって、悪魔に憑かれた超大国アメリカの大統領が与える虚虚実実の恐怖よりも、仕事や食べ物や現金を得ること、腐敗政治家を辞めさせることの方がよりさし迫った心配事なのである。

ウーゴ・チャベスがベネズエラ、あるいは国際社会で得た成功について、これは好きなだけ使えるふんだんなオイルマネーを持ったお笑いポピュリスト指導者の行動がなせる不可避な――そしておそらく刹那的な――結果にすぎない、と簡単に片付けて、こうした類似性とそれがもたらす結果から目をそらすのは安易に過ぎる。ベネズエラで起きた事を、評論家は明らかに予測できたはずだ。チャベスの人望はオイルマネーで「買収された」、魅惑的だが無責任な約束で惑わすポピュリストの魔女の歌声に誘惑された飢えた民衆によるものだ。それは、ほぼ当たっている。チャベスは、選挙運動に利用するために国庫や国有財産（会場、航空機、バス、その他器機類）に自由に手をつけても何の邪魔も入らなかったことにも部分的に助けられ、二〇〇六年十二月の最後の選挙に圧勝した。チャベスの個人的承認なくしては絶対に就任できなかった委員が占める選挙審判機関（全国選挙評議会）が共謀して、数えきれないほどの選挙違反が黙認された。選挙違反はテレビでも暴露された。国有石油企業、ベネズエラ石油公社（Pdvsa）の総裁が、「最高指導者」もしくは「革命」を支持しないような者には仕事を失う危険性が生じる、と従業員に言い渡している現場のビデオ映像が放映されたのだ。翌日、チャベス大統領は、石油公社総裁はこれを一度ならず、毎日何度でも繰り返すであろう、とまで付け加えて恫喝を押し切った。

アソシエート・プレスが選挙前に実施した世論調査では、ベネズエラ人の五十七パーセントが、チャベスに投票しない場合に報復の犠牲になるのが怖い、と回答していた。当選した直後、チャベスは、新政権は新しい大統領任期に入り、より急進的な革命路線を反映させる必要があるという説明の下に、全国選挙評議会委員長を新副大統領に任命した。この新副大統領任命で顕わになった革命への執心が、ベネズエラで何度も行なわれてきた審判機関による選挙が、必ずしも模範的公明選挙とは言えないのではないかという疑問をより高めた。新閣僚を指名した後、チャベス再選大統領は、将来の無期限再選の可能性を含む憲法の抜本的改正を発表し、寛容なる国民議会に対して、議会審議を通さずに法案を発効できる権限を強要し、石油、電話通信、電力の国有化を発表した。

しかし、二〇〇六年のチャベスの勝利が権力の策略と恫喝の成果であるとだけ結論するのもこれまた誤りである。確かにかなりの僅差にはなったであろうが、策略に走らなくても勝算はあった。負けるはずなどないではないか？　石油のもたらす収入と、同時に増加した公債のおかげで、人口わずか二千六百万人のベネズエラには、推定およそ百七十五兆ドルの収入があった。そして、チャベス大統領はこの石油景気の果実を、特に貧者救済のための社会福祉政策に費やすのに逡巡しなかった。しかし、これはベネズエラでは何ら目新しい事でもないし、またこれだけでチャベスの人気の高さは説明できない。先任者大統領たちも同じ事を行なってきたのに、チャベスのような政治的成功が得られなかったのだ。

事実、石油が国庫を満たしてくれ、貧者救済のための社会福祉政策予算の増加に与った繁栄期が存在した前例は、ベネズエラだけでなく他の産油国にもないわけではない。ウェズリアン大学のフランシスコ・ロドリゲス教授[訳注]によれば、これが最初に起きたのは、一九九六年から一九九八年の間のチャベスが権力に就く寸前で、原油価格の高騰の結果、公共事業予算が増加し、貧困率が六四・三パーセントから四三・九パーセントに下がった。ロドリゲス教授は経済誌『フォーリンポリシー』のウェッブ・ページの中で、「チャベスが究極的にベネズエラの石油資源を貧者に分配しているという確証は少ししか、または全くない。大部分の統計は、福祉水準においても、より困窮している国民に向けられた資源の分配においても、それが向上しているという徴候を示してはいない」と結論している。この驚くべき発見は、チャベスのプロパガンダと矛盾するだけではなく、彼はオイルマネーで人気を買っただけだという批判の根拠にもならない。もし、石油の力で人気と政治的支持がかくも簡単に買えるのであれば、チャベスの先任者たちはなぜ短期政権で終わってしまったのか？　なぜ、過去においてポピュリスト政策を実践し、現在のチャベスの政策を全く評価していないはずの人たちが、正真正銘の政治賤民の憂き目に会っているのか。なぜ、彼らが費やした大々的な社会福祉政策計画の予算の政治的効果はこんなにも小さく、長続きしなかったのか。チャベスの主たる政治的珍事の一つは、過去のベネズエラやその他の国のポピュリスト政権とは対照的に、かくも長く権力の座にありながら、重大な社会問題が継続し、例えば犯罪率のように、そのいくつかは逆に悪化しているにもかかわらず、その大衆的支持の高さを依然として謳歌していることである。間違いなく、チャベス人気の背後には、政府が公共事業に使う金とは別の何かが隠されている。

この話の前に、ウーゴ・チャベスがラテンアメリカの政治権力者の中で最も稀有な政治家だということを理解しておくことが重要である。長い目で見れば、彼の経済政策は国を疲弊させる結果となるだ

---

フランシスコ・ロドリゲス：アメリカ、コネチカット州ウェズリアン大学経済学部教授。メリーランド州経済大学教授。ハーバード大学卒。ベネズエラ国民議会経済金融顧問で主任アナリスト。ラテンアメリカ研究が専門。

ろう。そしてまた、その独裁的姿勢はこの国が何十年も享受してきた基本的な政治的自由を制限してしまっている。チャベスが国民を中毒化させた個人崇拝による弊害、制度的破壊、ベネズエラの政治風土の軍事化、公的資金の略奪、社会的に強く蔓延した暴力的好戦性などは、ベネズエラがそこから治癒するためには長い年月を必要とする病とも言える。しかし、大多数の貧しいベネズエラ人は、こんな事をさほど心配していない。彼らにとってウーゴ・チャベスは、これまで誰も与えてくれなかった物を与えてくれた指導者なのだ。それは、一人一人が抱える悩みを気にかけてくれている、という思いである。広汎な数のベネズエラ国民がチャベスに投票したのは、彼が負け犬少数派ではなく、自分たちの欲しい物、自分たちの願いを言葉にして投げ返してくる指導者だからだ。ベネズエラの街角で、こんな声をよく耳にする。「私たちのような者のことを考えてくれる」「私の代わりみたいなものだ」「私の暮らしが良くならなくても、頑張ってくれているのは分かる」「彼は私のことを心配してくれている」。

さらに、すでに語られたように、チャベスはベネズエラ国民大多数の政治行動を左右する三つのテーマ、腐敗と経済格差と社会的不正に対する闘いの必要性を聡明に利用することで、その人気の肥やしにした。

ラテンアメリカで、ましてやベネズエラでこんな事は何も新しくはない。現実に、この三つのテーマは多くの選挙運動や革命運動や政治運動の軸になってきた。しかし九〇年代には、より質の高い経済情報や政治経済のグローバリゼーションによって得られやすくなった高い問題意識のせいで、深刻な経済格差やエリートによる公的資金の横領に対して、ラテンアメリカの人々が歴史的に見せてきた寛大さの目盛りが下がり始めた。市場開放に向けた改革は期待はずれで、大衆の忍耐が限界に近づき、フラストレーションが昂じた。「ワシントン・コンセンサス」[訳注]あるいは「新自由主義」[訳注]（ネオリベラル）」経済政策として知られる市場改革は、貿易、海外投資の自由化、公共事業の民営化、規制緩和、価格、金利、為替の自由化などを強く推進させるものであった。これらの経済改革は、最初は痛みを伴うけれども将来的に皆が多大な恩恵を得るために必要な条件となるであろうと、当時は約束された。しかし、多大な恩恵どころか、ラテンアメリカの市民は、金融機関の倒産、高い失業率、中流階級の増大といった十年間を送らされ、しかも自由で乱立したテレビメディアのおかげで、富裕層の生活と政治家の不正の現実を毎日のように見せつけられた。すっかり日常茶飯事となった貧困階層を苦しめる腐敗汚職の現実は、皆の頭にこびりついていく。不正に対する闘いも、逆に強力な政争手段として利用しようとする政治家に買収される始末であった。そこへ、メディア経営者やジャーナリストがうまく割り込み、反腐敗汚職の闘いの中で無尽蔵の金づると権力にありつく姿があった。彼らはリーダーでありながら、

---

ワシントン・コンセンサス：ワシントンの国際経済研究所の経済学者、ジョン・ウィリアムソンが一九八九年に提起した経済用語。途上国累積債務問題に対する、財政赤字の是正、補助金カットなど財政支出の変更、税制改革、金利自由化、競争力ある為替レート、貿易自由化、直接投資の受け入れ促進、公共企業の民営化、規制緩和、所有権法の確立、の十項目の政策提案。ＩＭＦ、世界銀行、アメリカ財務省の合意によるアメリカ主導の対外経済戦略で、「規制緩和」「市場原理」「民営化」を世界中に押し広げ、「格差社会」を広げたと批判された。

新自由主義：一九九〇年代にかけて各国経済の根本的な構造的、制度的諸改革を、世界銀行と協力して世界的規模で推進した動きであり、いわゆるグローバリズムの基本概念。ネオリベラリズムのこと。国家主導型開発を市場主導型開発に変え、国家と市場と市民の関係を再編した。主に公共サービスと公共事業の民営化、貿易・金融・生産の自由化、労働法と環境法の規制緩和などを実践する。しかし、ネオリベラル型グローバリズムが国民生活に与えた打撃は環境、エイズ、貧困、水、知的所有権など広範囲に及び、グローバルな格差を生んだ。

社会的な腐敗を風土病にさせてきた環境の打破に献身するのではなく、金と影響力を得るためのきわめて有効な武器として存在した。ラテンアメリカ全土に渡り、腐敗事件告発を専門としていたはずの政治評論家たちは一様に富を築いている。それは、ジャーナリストとしての報酬によるものではない。

チャベスは、一九九八年に反不正、反体制をスローガンに選挙を戦い、権力の座に就いた。その後、彼が採った方向は、腐敗の追放とは程遠く、旧態依然の腐敗体制を持ち込むことであった。これは、「ボリーバル・ブルジョワジー」略してボリブルゲシアと呼ばれた。チャベス体制に結集する広汎な同志、同調者などの取り巻きたちは贅沢趣味で浪費癖があり、豪邸、自家用機、クルーザーなどを所有していることで知られていた。チャベス「王国」の時期、ベネズエラは新たに自家用ジェット機、ヘリコプター、高級乗用車（二〇〇六年だけで八十台の新車ロールスロイスがベネズエラで購入されている）のトップ・マーケットの一つになった。驚くべきは、これで熱烈なチャベス支持者がほとんど離反することがなかったことだ。彼を支持する貧困階層は、「我らが」大統領は金も権力も眼中にない、彼は自分たちのことだけを大切に思ってくれている、と信じている。チャベスは政治家というよりも伝道師であり、腐敗、社会的排除、経済格差と対決する彼の基本的方法は、半宗教的な熱意と道徳的説教に根ざしている。反不正の告発は——特に過去のものについて——彼の執念ともいえる。彼自身、自らを邪悪なジャベール刑事と闘う現代版『レ・ミゼラブル』の主人公、ジャン・バルジャンになぞらえている。彼が達成目標として促進し続ける社会プログラムは、まさしく「ミッション（任務）」と呼ばれている。数多くあるミッションは、歴史やベネズエラの伝承から導かれて命名され、食糧補助金から開設したばかりのボリーバル大学に登録する学生の奨学金まで、全てを網羅している。良きポピュリスト政治家の例に習い、チャベスはその政治活動を政治政党や中間組織（労働組合、業者団体、市民組織、非政府組織＝NGO）を介在させるシステムを避け、そのメッセージを、週一度のテレビ番組『アロー、プレシデンテ』を使って直接「大衆に」伝えようとしており、全チャンネルで強制的に放映される演説はしばしば長時間に及ぶ。こうすることでチャベスを支持し、国民議会抜きの支配を目指す彼の要求を支持する「単独政党」の創設を企てている。彼を支持はしているが、「革命指導者」（チャベスはますます頻繁に自らを三人称で呼ぶようになってきた）の命令に盲目的には応じない司法権力と判事への告発も目立つ。

ベネズエラ大統領はまた、政府が管理し運営するNGO（非政府組織）であるONGGOを熱心に推進し始めた。この組織は多くの場合、隠密裏に設置されている。これは、ベネズエラ大統領がベネズエラ国内だけでなく、彼の政治プログラムの支持基盤の構築を試みている諸外国で、きわめて手際よく成功裡に展開している新たな政治権力装置である。この指導性をもって、彼は九〇年代のグローバルな傾向、すなわち政治政党に対する不信感、「市民社会」や「非政府組織」のようなコンセプトの拡大、の有効利用を進める。南半球の全域において、チャベスの政治プログラムに賛同し、あるいは明瞭に彼の存在とボリーバル革命を支持するNGOは、直接間接に、彼の巧緻なる大盤振る舞いの恩恵に与る。メキシコのサパティスト、アルゼンチンのピケテロ、ブラジルの土地無し運動、ボリビアのコカ農民運動、エクアドル、ペルー、グアテマラの先住民運動、そして既成政党と正式な関係を持たないその他の多くの「社会運動」が、大統領の熱心な支持を受けている。アメリカでさえも、ベネズエラの地域社会で機能している形に似た「ボリーバル・サークル」が、大学キャンパスや都市地域で増えつつある。

アメリカの様々なNGOや教会、YMCA支部も、気前の良い援助を貰ってベネズエラにメンバーを派遣し、新ボリーバル大学が提供する短期「体験」コースに参加し、アメリカ人も革命の進行過程を実体験できる機会を持った。多くの国では、つい最近まで大した資金に恵まれて来なかった左翼的政治グループなどが、訳の分かりにくい「ブルジョワ的」（自動車、通信システム、印刷、新聞、無料食糧、飲み物付きの会議、ポスター、リーダーの海外旅行付き）招待話に飛びつく。全て、寛大なる「外国同志の寄付」のおかげである。

この間、チャベスに牛耳られたベネズエラ国民議会では、政府の承認を得ず、外国の何らかの組織から資金を受けている非政府組織の職員とメンバーは刑事犯として訴追され、長期の懲役刑に処される、とした法案が通過した。

このようなやり方は、ベネズエラ社会の相当部分を憤慨させた面もあったが、ウーゴ・チャベスに政治的な全権を委ねる多数派は拍手を贈った。自分のテレビ番組からミッションまで、多種多様な手段を通して、一級品のプロパガンダ装置と、金にまかせて手に入れられる一流の国際派能力を発揮して、チャベスは自らを貧困者の代表に仕立て上げていく。富と、富を求める行為を悪魔扱いすると同時に、不遇者、被差別者を美化する。その究極の効果は、ベネズエラ国民の大多数を構成している貧者と排除された人々にチャベスは究極、「尊厳性」を賦与したのだ、という広汎な感情を創り出したことである。ここにも、チャベスの人気の秘密を解き明かす重要なカギがある。もちろん、高い原油価格という現実の助けがあってこそ、その全ての公共的政策の急速な拡大を支えることができる。同様に、自分たちの国は本来裕福な国であり、それでもこんなに貧しい者がいるのは政治そのものが悪いのではなく、政治家や企業家の倫理の低さと腐敗が唯一の原因であると、ベネズエラ国民全員が学校で教えられていることも手伝っている。

「正直者に権力を与えよう。そうすれば、そんなに苦労しなくとも全員が国の富を得ることができる」

これが、チャベスが見事なまでに広めた一大信仰である。当然のことながら、ベネズエラには無能で愚かな旧態依然の政治指導者がまだ反対派を率いており、アメリカがあまりにも不人気で、間抜けで下手くそな対応に終始している現実もチャベスを助けている。「革命指導者」は、原油の高価格がすでにかなり長く続いている特殊な時代に登場しただけでなく、ベネズエラ国内と外国で敵にまわした相手がいかにも間抜けであったことにおいて、最高に幸運だったと言える。こんな相手なら楽勝だ！　しかし、ベネズエラにも、国外にも、どこにも、チャベスの政治的成功を説明できるものは見当たらない。だからこそ、その人格を追究し、そのほとんど信じられないような人生の軌跡を追うべきであろう。本書は見事にそれを果たしている。

モイセス・ナイム[訳注]（『フォーリンポリシー』編集長）

---

モイセス・ナイム：一九五二年生まれ。ベネズエラ人作家、ジャーナリスト、政治家。MIT卒。経済学博士。一九八〇年代後半から一九九〇年代にかけて、カルロス・アンドレス・ペレス政権の貿易産業大臣を務め、カラカッソ暴動の引き金となった経済改革の中心的な役割を果たした。現在、アメリカの雑誌『フォーリンポリシー』編集長。アメリカの政治経済政策を中心にした国際政治経済に関する著作、評論を『フィナンシャルタイムズ』『ニューズウィーク』『ル・モンド』『ベルリナー・ツァイトゥング』など世界の新聞・雑誌に執筆している。著書に『犯罪商社.com ネットと金融システムを駆使する、新しい〝密売業者〟』（光文社）がある。

全ての人間の一般的な傾向として、永続的かつ性急な権力への、そしてさらなる権力への欲望は、死によってしか終わることがない。そうさせるのは、大きな歓びを得ようとするからではなく、権力がさらなる権力を求め続ける以外には自らを保証できないという事実である。

トーマス・ホッブス[訳注]

---

トーマス・ホッブス：イギリスの哲学者（一五五八年〜一六七九年）。近代政治思想の基礎を築いた。オックスフォード大学を卒業した後、清教徒革命で一六四〇年にフランスへ亡命し、皇太子（チャールズⅡ世）の家庭教師を務める。最もよく知られる著作『リヴァイアサン』（一六五一年発表）でありのままの自然な人間の営みと現実の国家社会との間に契約という飛躍を設定し、近代国家理論のさきがけとなった。この理論は社会契約論と呼ばれてルソーにも影響を与えた。

[目次]

大統領チャベス

# 大統領チャベス◉目次

## 第2部

# はじめに

未だ存命で、現在進行中の歴史過程において主導的立場で現役活動にある人物について、その伝記的アプローチを試みるのは、ややもするとかなり向こう見ずな事ではある。もちろん、高らかな人物賛歌や、裁判記録とか賞賛的あるいは断罪的判決文の引用など、初めから奸計や悪意を抱いて、自分の思惑通りに主人公を槍玉に挙げたいだけなら話は別だ。

ひるがえって見れば、客観性の幻影なるものがある。リヒテンベルグのおかげで、一七〇〇年末以来「公平さとは、すべて作られたものである」ことは誰でも知っている。本書の著者が読者に向かって、ここでは人物に関する個人的見解を述べているのではなく、学問的な客観的冷静さを旨としているのだ、と声高に言ってごまかすのも無駄な事である。

ウーゴ・チャベス伝はこのどっちつかずの間を行き来してきた。この試みは、何とかして複雑さを単純化したプロセスに要約したいという意図から生まれた。ベネズエラ大統領が作り出した二極化は、国内外を問わず、それぞれの彼に対する独自の見解を示していると考えられる。カリスマ崇拝か、悪魔扱いか、この境目に立たない限り結局、何も見えてこない。

この現実と向き合うために、私たちはジャーナリスト的方法論で、彼と行動を共にし、人生を共に過ごした人たちの証言と意見を出発点として、その半生の物語を構築してみようと決意した。今も彼の身近にいる人、彼の元を去って行った人、今は対立している人などに話を聞いた。本人の日記から若き日の手紙の一節まで、資料や文書は膨大な量に達し、作業は多岐に渡った。本書は、直線的な叙述を超えた、様々な声の総合である。ウーゴ・チャベス・フリアスを知る人すべての協働作業と言えよう。

最後に、貴重な時間を割いて取材に応じていただいた方々の協力と信頼に心から謝意を表したい。アシスタントの労をとっていただいたジャーナリストのファビオラ・セルパの尽力は不可欠であった。また、グロリア・マヘーリャとリカルド・カユエラの校正と指摘は常に正鵠を得ていた。

二〇〇四年九月三日　カラカスにて

クリスティーナ・マルカーノ
アルベルト・バレーラ・ティスカ

# 第 1 部

# PARTE UNO

# 第1章　革命到来

一九九八年十二月六日の夜、カラカス中心部に近いテレサ・カレーニョ劇場前に群集が集まり始めた。祭りのような雰囲気だった。つい今しがた、選挙管理委員会がこの日行なわれた投票結果の最初の公式中間発表を出したばかりであった。開票率六四パーセントを数え、もう逆転しそうな流れではなかった。ウーゴ・チャベスは得票率五六パーセント、対する強敵対立候補、既成政党すべての支持を得ていたエンリケ・サラス・ロメールはやっと三九パーセント。ベネズエラに新しい大統領が誕生しつつあった。この人物は、わずか五年足らず前にも権力獲得を目論んだことがあったが、それはクーデターによるものであった。一九九二年に、軍事的叛乱で実現できなかった事を、今回は民主的手段で実現したのである。彼は政治家としての経歴を持った人物ではない。また、公共事業に携わった経験もない。まだ四十四歳になったばかりで、それまでの大統領の平均年齢より下の、新記録の若さであった。彼は、ラテンアメリカの解放者、シモン・ボリーバル[訳注]の再来を思わせ、腐敗をなくし、石油を民主化し、貧乏人のいない国を作ってくれるかもしれない、そんな夢を与えてくれた。昔からラテンアメリカに取り憑いてきた亡霊の中でも最も古いものの一つ、それを持ち出してきたのだ。革命、である。

最初はそうは映らなかったが、一九九八年十二月六日は、次期大統領が胸中に抱いてきた執念がついに実った一瞬であった。彼の青年時代からの友人、フェデリコ・ルイスは、一九八二年か、あるいは一九八三年の十二月三十一日の事を憶えている。ウーゴ・チャベスは彼に、家族に会って母親に新年の挨拶をするためにマラカイの町から、カラカスから五百二十五キロ離れたバリーナスの町までの日帰り旅行に付き合えと誘った。少なくとも、行きに五時間、帰りに五時間はかかる。

「行きましたよ、二人だけで。彼のダッジ・ダートに乗ってね、ラム酒をラッパ飲みしながら」

道中、二人は長々とおしゃべりをしたが、その途中での事を彼は今でもはっきりと憶えている。

「彼はこう言った。『あのな、俺はいつか共和国大統領になる』。私は『すげえ！　そうしたら何でもいいから、大臣にしてくれよ……』と言った。それからは、言いたい放題の馬鹿話になったけどね」

これが怪しい話であるとか、退屈しのぎの軽口程度に過ぎなかったと思われたくないのか、ルイスはこう断言する。

---

シモン・ボリーバル：ベネズエラ、コロンビア、エクアドル、ペルー、ボリビアをスペインから独立に導き、統一した革命家、軍人、政治家、思想家（一七八三〜一八三〇）。ラテンアメリカでは「リベルタドール＝解放者」と呼ばれている。一八一九年、コロンビア共和国の建設に始まり、一八二二年、エクアドルを解放。一八二四年、アヤクチョの戦いに勝ち、一八二五年にスクレを解放、アルト・ペルー共和国を誕生させ、国名をボリビアと定めた。一八二八年に大コロンビア国民会議を招集し、選挙を実施。憲法を停止して、独裁権を手中に収めた。しかし、叛乱や分離独立が頻発、失意のまま、全てを放棄してヨーロッパへと向かおうとしたが腸チフスが悪化し、一八三〇年にカリブ海の港町サンタマルタで死去した。若い頃にモンテスキューやルソーの思想に触れ、文筆の才能にも優れ、非常に情熱的で理想主義者。共和主義を貫き、君主制の導入を断固として拒否した。祖国ベネズエラでは、街角に解放者ボリーバルの銅像が立ち、シウダー・ボリーバル（ボリーバルの町）、シモン・ボリーバル・マイケティア国際空港、通貨単位などその名が付けられたものは数え切れない。

「ウーゴはとても真剣だった」

もちろん真剣だったろう。この考えを仲間に話したのは、この時が初めてではなかったからだ。彼が十九歳の士官候補生時代、カルロス・アンドレス・ペレスが初めて共和国大統領（一九七四〜一九七九）に就任した際、閲兵式で行進した。いわゆるここだけの話というものではあるが、確かにペレスは若きチャベスの傍らを通ったものの、別に気にもとめなかったし、一瞥もくれなかった。まさか、士官学校も卒業していない一兵卒が数年後には、任期二度目の政権の暴力的転覆を企てるなどと考えも及ばなかっただろう。そのうえ、この一兵卒がベネズエラ大統領にまで登りつめるなどと思うわけがない。しかし、若きウーゴはこの同じ場面を別のとらえ方で生きていた。一九七四年三月十三日の日記に彼はこう書いている。

「長時間待たされてやっと新大統領が到着。その姿を見て思った。いつかは私が祖国の責務を一身に担いたいものだ。偉大なるボリーバルの祖国を！」[原注1]

この二十四年後、彼はついにやり遂げた。おそらく、ウーゴ・チャベスのこの長年の夢、かくも強く抱いてきた執念を知るベネズエラ人はわずかしかいないのではないか。実際、彼自身もこの切望の思いをそれほど公けにはしていない。例えば一九九九年、ラテンアメリカにとって不可欠な存在ともいえる二人の作家、メンポ・ジャルディネッリとカルロス・モンシバイスとの鼎談で、彼はこんな質問を受けた。

「自分がこの地位、つまり大統領の座、権力の座に就くだろうと想像したことがありましたか？」

チャベスは即座に答えた。

「いいえ、とんでもない。一度もありません」[原注2]

この一九九八年十二月六日は、多分彼一人が密かに祝った自己実現の日であった。ベネズエラの国自体は別の事を祝っていた。反政治の勝利である。権力を一人のアウトサイダーに奪取させ、既成政党に一矢報いたのだ。行政の無能さと腐敗に辟易としていた中間層の大部分は、復讐の思いを軍人上がりの叛乱首謀者に託していた。政策批判に傾注していたマスコミは、それ見たことか、であった。この報復のメッセージと、勘定からはずされてきた人たちすべてに対し国は歴史的債務を負っている、とするこの人物に貧困層は連帯感をおぼえていた。これは、古い品物を新しく包装し直して差し出したようなものだ。湧き出る黄金の水の王国、大ベネズエラ、全国民が爪弾きにされてきたと感じているこの国に、今にもやって来る成功への夢。

愛国極[訳注]（Polo Patriótico）の統一候補は歴史的な得票数で圧勝した。最終結果は五六・四四パーセントであった。ところで、このウーゴ・チャベスとは一体何者なのか？　どこから現われたのだ？　何をやろうというのか？　彼自身が目指すところと、国が目指すところはどのように重なるのか？……この夜、カラカスで全政党と諸団体から新大統領として承認された後、彼は宣言した。

「親愛なる友よ、今日この日、ただ起こるべき事が起こったに過ぎない。イエス・キリストが申されたように『すべては完成された』のである。私たちはやるべき事を成し遂げたのだ」

---

愛国極（Polo Patriótico）：一九九七年七月にボリーバル革命軍200（MBR200）から第五共和国運動党（MVR）に改称したチャベスの地下組織に諸政党が参加して結成した政党集団。

そして、朝日が長い影を落とすカラカスの夜明けに、国歌を歌う声が聞こえ始めた。

横丁で遊んでいたあのやせっぽちの少年が、共和国憲法に則って大統領に選出されたとは、とても信じ難い事かもしれない。三十年前、将来このような大椿事が起こると誰が考えただろう。ウギートが？　そうさ、ウギートだよ、先生の倅の。大統領選挙勝利後の里帰りは、まさしく凱旋将軍だった。バリーナスの町はお祭り騒ぎだった。地元の誇りだけではない、バリーナス州挙げて歓喜に溢れたのはいうまでもない。思いもよらない突発的椿事で大騒ぎになった。遡ること六年前、同じこの男がクーデター首謀者としてテレビに登場した時、家族や親類の人たちは、驚愕と恥辱が混じった忸怩たる思いに沈んでいた。当時は誰も、ウーゴ・チャベスが政治活動にいそしんでいるとは知らなかった。彼の中学校の同級生の女性は言う。

「どう考えても解せないわ。市会議員も国会議員も政党党首も政治ゴロも経験しないで、一足飛びに大統領になってしまうなんて」

確かにそうだ。ウギートにこんな将来が約束されていたとは誰にも想像できなかった。またおそらくは、この時代にサバネタ・デ・バリーナス出身だということだけで、すでに遅れをとっていると言うべきか、大いに不利であると考える向きも一人や二人ではなかっただろう。しかしながら、こうした不利な条件も、神話の始まりとしては完璧かもしれない。歴史のドラマは、賤しい生まれの男が権力に登りつめる道程を感動的に描いてきた。歴代の大統領の中にも、どこにでもいそうな素朴な男が頂点を極める、といった夢の具現者はいた。民主主義時代の国家元首にカラカス出身者は一人もいない。皆、チャベスと同じく地方の出身だ。しかも、大多数が貧しい家の生まれだ。しかし、バリーナスからはウーゴ・チャベスが初めてだ。彼が、記念碑的な出来事を引き起こし、ベネズエラ平野最深部の地理的環境をすっかり変えてしまった。

地域論にはしばしば嘘がある。いくつかの地理的特性をもって文化的表象を定義するやり方は一見それらしい。よく言われる決まり文句がある。沿岸地域の人間は開放的で、正直で、積極的である。反対に、アンデス地方の人間は高地の寒さと静けさのせいで、卑屈で、厳格で、寡黙である云々。この種の差別からは容易には逃れることができない。平野部（リャノ）[訳注]の人間は警戒心が強くて疑い深いが、一旦信用すると相手に忠実でよく喋り、よく笑わせる、とステレオタイプ的に言われる。地平線が霞み、平野が無限に広がるこの地方は、静寂な中にバラードが延々と流れ、奇妙に混ざり合い、せめぎ合う世界だ。牛と幽霊、馬と妖怪が仲良く暮らしているような奥地気候の土地である。

バリーナスのダニエル・フロレンシオ・オレアリー中学校で三十年間化学の教鞭をとり、チャベスの恩師でもあった通称ベネニートことマヌエル・ディアスは断言する。

---

リャノ：ベネズエラ平野部バリーナス州に広がる自然豊かな地域。様々な種類の野鳥、爬虫類、哺乳動物が生息して、エコツアーが盛んである。

リャネロ：ベネズエラ西部およびコロンビア東部の牧畜地帯住民の呼称。スペイン人とインディオの混血民。リャノとは平野のこと。十九世紀にはシモン・ボリーバルとホセ・アントニオ・パエスに率いられて植民地独立戦争を戦った。十九世紀から二十世紀にかけて牧畜業を成功させ、皮革の輸出で経済的に大いに貢献した。アメリカ西部のカウボーイやアルゼンチンのガウチョのように独自の習慣や文化を持つ。リャネロ・ケンと呼ぶ伝統的カウボーイ人形はベネズエラ名物。チャベスもインディオとアフリカ人とスペイン人の混血のリャネロで、平野部バリーナス州のサバネタ出身。

「リャネロ[訳注]（平野部の住民）は分かりにくい。この人たちはとても疑り深い。いつも何か要求されるのではないか、と思っている。しかし、一旦仲良くなればとても親切だ……。持ちつ持たれつの関係になると友情が芽生える」

そして、もう一つ特徴がある、と言う。

「ここは男性優位社会だ。男がすべてを取り仕切る」

平野部の人は自分たちのことを好んでこう言う。

「リャネロはできない約束はしない」

これは何もこの土地だけの話ではない。お国自慢はどこも似たり寄ったりだ。

ウーゴ・チャベスが他と違うのは、自分の郷土を蘇らせた大統領であることだ。これは、彼のパワフルな語りかけの一部でもある。彼の言葉には、おしなべて、個人的体験談やリャノやその人々に関する文化的話題、歌唱や故郷の典型的な音楽の話などが散りばめられている。子供の頃の思い出をけっこう頻繁に引き合いに出す。二〇一二年に引退する話の際には必ず、生まれ故郷に帰って、平野の彼方の川のほとりで静かに余生を送るのだ、と言う。

エフレン・ヒメネスはチャベス一家の隣に住み、ウーゴ・ラファエル・チャベスの幼年時代の遊び友達である。彼は言う。

「サバネタは小さい村だった。当時はせいぜい人口千数百人ほどだったのではないか。みんな知り合いだった。村中が一つの家族みたいだった」

電灯は直接には通っていなかった。だが、ある工場が毎日、夕方の六時半から夜の十時半まで村に電気を供給してくれ、村はそれに頼っていた。子供たちの教育は唯一の教育施設であるフリアン・ピノで行なわれ、チャベス家の主人、ウーゴ・デ・ロス・レイエスが教員だった。その頃の生徒は彼のことを「厳格で規律にうるさかったが、横暴ではない」優れた教育者だったと証言している。

ウーゴ・ラファエル・チャベス・フリアスは一九五四年七月二十八日に、サバネタ・デ・バリーナスに生まれた。六人兄弟の次男である。兄弟は男の子ばかり。母のエレーナは、「ただ家族の生活を支えるだけ。他には何もできなかった」と言う。一家は棕櫚葺《しゅろぶ》きの屋根の家に住んでいた。息子たちは皆、この家で生まれた。

「産婆さんがやって来てね。豚と同じ。昔は産院も無かったし医者もいなかったから。みんな家で出産したわ。痛いのはどの子も同じだった」

生活は苦しかった。子供が増えた分だけ、家計は貧窮していった。おそらくこれが原因で、先生の母、チャベスの父方の祖母、ロサ・イネス・チャベスという人がこの物語に登場してくる。こうした家庭の事情で、彼女が幼いウーゴの養育を引き受けることになったのである。大統領になっても、チャベス自身はこの女性を彼の人生におけるきわめて大切な存在として認めている。二度目の妻マリサベル・ロドリゲスとの間に生まれた娘の洗礼名に祖母の名を命名した。彼女を身近でよく知る人は、ロサ・イネスがチャベスに与えた影響は、両親からは得られなかっただろうと言う。

エレーナ・フリアス・デ・チャベスは十八歳で長男のアダンを出産した。

「まだ小娘だったわ」

と彼女は言う。その一年三ヵ月後にまた妊娠する。ウーゴが生まれた。そこで姑が援助を申し出た。みんな賛成した。かくして、アダンとウーゴの二人の息子は祖母の家に移ることになった。多分これだけではさほど家計の助けにはならなかっただろう。だが、少なくともそれぞれの負担は振り分けられた。祖母はアラニータスというレッチョス（パパイヤ）菓子を作り、幼いウーゴがそれを売りに行った。彼は、一九七四年六月十二日の日記にこの頃の思い出を記している。

「この辺りにはエニシダが生い茂っている。エニシダを見ただけで、少年時代の遠い風景と、消しがたい記憶が甦ってきた。みすぼらしい我が家の床を掃く箒を作るために、兄のアダンと祖母と一緒にサバネタの牧場でエニシダの束を刈り取ったのを思い出す[原注3]」

祖母の人となりは、大統領になった今でも、常に情愛と切り離すことができない。彼は祖母から受けた情愛を何度も口にする。私たちの知る限りでは、彼女は無口だったがユーモア溢れた人だった。一九八二年に彼女が亡くなった。育ててもらった兄弟二人には大きな打撃だった。

年月が経ち、実母が息子を引き取る決心をしたが、時すでに遅しだった。

「子供を連れ戻したい、と言ったら夫にこう言われました。『エレーナ、この坊主らをおふくろから引き離したら脳梗塞にでもなっちゃうぞ。死んだらお前のせいだからな』。私はそれ以上何も言えませんでした。死んだら私のせいになりますから……しばらくして、またこの話をしてみました。『ウーゴ、あの子らを引き取りたいの』。結局、私たちの方が祖母の家の近くに引っ越すことになりました。息子たちを彼女から引き離すような状況も方法も、とても見当たりませんでした」

引き離す[訳注]という言葉は強すぎるが、現実はまさにその通りであった。こうした経緯がありながらも、時は過ぎ行く。兄弟はもう、ウーゴ先生とエレーナの家で寝ることはなかった。実家でゆっくり過ごしても、寝る時間になると決まっておばあちゃんの家に戻って行った。

「ウーゴが陸軍士官学校に入り、アダンが大学に入学するまでずっとそうでした」

エレーナ夫人は強調する。

母親との別居、そして祖母のロサ・イネスの影響、これはウーゴ・チャベスの人間形成に関する解釈や考察において若干の根拠にされてきた。彼の少年期の家庭環境と、その言動に見られる挑発的側面との間に関連性を見出す人もいる。彼の内面には様々な形で現われる不断の攻撃性が認められ、こうした少年期の体験に原点を持つ深い怨念がその一部を形成しているのだ、とする意見もある。この見方はさらに、この指導者には母親に対する隠された反撥が潜んでいる、という解釈の根拠にもなっている。

数年にわたりチャベスの愛人だった歴史学博士のエルマ・マルクスマンは言う。

「彼はお母さんよりもお父さんの方が好きだったように思えました。小さい頃、お母さんの温かみが非常に不足していたのではないかと思います。個人的な意見ですが」

その後、彼と一緒に暮らしていた頃に激しく口論したことがあった。彼女が最後に訊いた。

「『あなたはお母さんを愛しているの？』彼はこう言ったわ。『いや、尊敬している』って」

同じテーマで話し合ったのはこの時だけではなかったと言う。さらに、

「彼は、母親との間に距離があることは二度ばかり認めました。端的な例として、ある時期など、道で

---

引き離す：原語は quitar ＝離す、取る、離れる等の意味がある

偶然出会った時でもお互い言葉を交わすのが嫌で避けて通ったそうです。これは彼の口から直接聞いた話です」

　マルクスマンの話では、チャベスは少なくとも二年間、母親と口をきかなかったと言う。

雑誌『プリミシアス』[訳注]の一九九九年のインタビューで、エレーナ夫人はこのテーマについて、抱かれていた憶測にまた新たな糸口を提供した。

「子供は産みたくなかったの……嫌だったし、期待も抱いていなかったのに、『そうしなさい』と神様に言われたので結婚し、ひと月でできたの」[原注4]

　しかも、自分自身とてもフニア[訳注]（厳格）だったし、この時代のベネズエラでは全く当たり前のやり方だったが、叩いて子供たちに言い聞かせたことも日常茶飯事だったと認めている。

　チャベスと母親との関係の真実をいかに懸命に追究しても、彼が真の母親だと思っていた祖母のロサ・イネスとの密接な関係ほど決定的なものには行き当たらない。一九七一年に陸軍士官学校に入学した時、最初に書いた手紙は祖母宛てだった。彼女には頻繁に手紙を書いた。手紙は、祖母との関係を再確認させる表現に溢れている。いつも「愛するママへ」、「マミータへ」の書き出しから始まる。文面は深い情愛と心の絆を反映している。一九七一年八月三十一日付の手紙の文末にはこうある。

「最後に。僕を育ててくれたこと、それからあなたをお母さんと呼べることをいつも誇りに思っています。あなたを愛している息子のために神に祈って下さい。」

　この深い思慕の念は、少なくとも手紙の上では直系の実の母とのそれとは若干対照的である。

　エレーナ・デ・チャベスへの手紙にも愛情に溢れた温かさはあるが、書かれたのは散発的で、定期的ではなかった。青年チャベスの胸中に、祖母との関係に母子の関係が重なっていったのは明らかだ。それは、陸軍士官学校を卒業する際に書いた手紙にも表われている。

「僕は二十年生きてきましたが、そのうち十九年間はあなたと共に過ごしました。そしてあなたにたくさんの事を教わりました。謙虚になりなさい、だが強い誇りを持ちなさい、と。そして、より大切な事としてあなたから受け継いだもの、それは犠牲的精神です。おそらくこれが僕をもっと成長させてくれるでしょう。あるいは、もし僕に運が無ければ、失望に終わるかもしれません」

子供時代のこうした環境に、戦闘的性格を形成する穏やかならぬものがあった、とする見方には相反する証言がある。例えば、この頃の仲間の一人は、ウーゴはいつも幸せそうだったし、祖父母や叔父や叔母が孫や甥や姪の面倒を見る、といった家族関係などは当時のベネズエラの田舎ではよくある事だった、と断言している。そもそもチャベス自身、少年時代をけっこう楽しく振り返る。その少年期が、何が何でも抜け出さねばならない地獄だったとは、彼の記憶には決して刻み込まれていない。二〇〇四年十月十七日、彼は日曜日の自分のラジオ番組で、少年時代は「貧しいけれど、とても楽しかった」と懐古している。時には、小さい時から大きい夢が二つあったと楽しげに振り返る。絵画と野球、である。エレーナ夫人も息子の器用な才能と筋の良さを述懐する。

「絵を描くのが好きでね。何でも絵に描いていたわ。ここに座って、犬がいると、すぐその犬を描く

---

プリミシアス：アルゼンチンの総合雑誌。『プレイボーイ』の南米版と言われ、発行部数は南米最多を誇る。

フニア：fuñía: 辛くあたる、わざと痛い目にあわせること、などを意味する南米特有のスペイン語。動詞 fuñir。形容詞は fuñido/a で悪意のある、偏見のある、暴力的な、などいずれも否定的な語義がある。

の。兄弟、友達、何でも……あの子の顔を見ると、『ウギート、俺を描いてくれよ』って調子。すると、あっという間に描いちゃうの。簡単にさらさらっとね」

彼が抱いていたもう一つの情熱、それは野球だった。ベネズエラではベイスボル、と呼ぶ。この国では一番の人気スポーツだ。ほとんどの子供が、必ず一度は大きくなったらプロ野球選手になりたい、と言う。この頃、代表的なピッチャーでいずれはアメリカ大リーグ入り確実と言われていた選手がいたが、彼の名前もチャベスだった。イサイアス・チャベス。[訳注] 速球と抜群のコントロールで、イサイアス・ラティゴ（鞭）・チャベスと呼ばれた。ウギートは小さい時からこのプロ選手に憧れた。彼にとってこの選手は、ヒーローだけではなく、夢は叶えられるという証明でもあった。この頃から、村の道や空き地で野球をしながら彼は幾度となく、スタジアムで大観衆の喝采を浴びるベイスボルのスター選手になりたい、と小さな胸を膨らませていた。

家族と親交のあった何人かのサバネタの人たちに訊いても、ウーゴ・チャベスが苦しい少年時代を送り、それが彼の歪んだ性格を生み、恨みを抱き、攻撃的で、復讐心の強い人間に変えてしまった、という見方を裏付けるような話は聞かない。家族の仲の良さから、良い事しか考えられないのだが、たとえ百歩譲ったとしても、貧しい子供時代のイメージを伝える逸話はたった一つしかない。叔母のホアキナ・フリアスが語る。

「小学校に入学した最初の登校日、ウーゴは学校に入れてもらえなかったの。ボロボロのわらじを履いていたからよ。それしか持っていなかった。お祖母ちゃんのロサ・イネスは靴を買ってあげられなくて、ずっと泣いていたわ。見ていても辛かった。あんな苦しい人生があるかしら。でも、何とかしたの

ね。新しいわらじを買ってきた。坊やはそれで学校に入れてもらえたの」[原注5]

しかし、これも人間形成に全面的に関わる決定的な情況とは考えられない。いずれにせよ、ここでもこの子の人生における祖母の重要性だけが浮かび上がる。最初の登校日について行ったのはロサ・イネスだったし、どんな些細な事でも、難儀にはいつだっておばあちゃんが立ち向かってくれたのではなかったか。

エドムンド・チリーノスはベネズエラの有名な精神科医である。左翼とつながりがあり、ベネズエ

---

ネストル・イサイアス・チャベス：サンフランシスコ・ジャイアンツでプレーした左腕投手。一九四七年、ベネズエラのミランダ州チャカオ生まれ。高校時代に三十四勝三敗の記録を作り、一九六四年、十七歳でアメリカのマイナーリーグ入りした。マイナーで四十七勝し、十九歳でメジャーに昇格、五イニング投げて一勝〇敗、三振三つ防御率〇・〇〇でデビューを飾ったが、肘の故障で一年以上休んだ。切れのいい速球を投げたが、何よりもコントロールが抜群で、頭脳的なピッチャーだった。一九六九年三月十六日、マラカイボのグラノ・デ・オロ空港を離陸したボーイング七四二機が高圧線に接触、死者百五十四人を出したベネズエラ国際航空社最大の事故の犠牲となった。マイナーでのトレーニングのためにフロリダに向かう途中だった。享年二十一歳。

ルイス・ミキレナ：チャベス政権初期の有力政治家で、チャベスの師と呼ばれた。現在は反チャベス派。バス運転手組合書記長からベネズエラ共産党の活動家を経て労働者革命党を結成、プント・フィッホ協定に参加した。一九五九年に日刊紙『エル・クラリン』を発刊、キューバのカストロにも接近し反政府色を強めた。一九六一年に民主共和連合（ＵＲＩ）の議員となったが、反体制陣営の没落とともに政界を引退、実業家に転進した。一九九八年にチャベスに請われて政治組織作りに参加し、第五共和国運動の有力政治家として復活、一九九九年には内務大臣になった。同年春の全国的な土地占拠運動を穏便に収拾。憲法制定議会議長に選ばれると全国非常事態宣言を発し、議会を解散、憲法制定後に「全国立法委員会」の議長として立法権を牛耳った。二〇〇二年の反チャベス・クーデター未遂後、反チャベス派の評価が高かったが「コングレシーリョ＝議会ボス」とも呼ばれた。二〇〇七年には憲法改正案に反対しているが影響力は小さい。

ラ中央大学総長を務め、大統領候補にもなった。一九九二年のクーデター後にウーゴ・チャベスと関わるようになった。

「彼が刑務所にいた頃、一般人に知り合いは少なかった。彼は評判の高かった人や有名人の何人かに連絡をとった。そこで知り合ったのが現副大統領のビセンテ・ランヘルだったし、相談役のルイス・ミキレナ[訳注]など、今では彼の閣僚になっている人たちである。私に声をかけてきたのは、私が大統領候補になったことがあり、政治経験があったからなのだが、もう一つの理由は、彼が家庭問題を抱えていて、私に専属の精神科医になって欲しかったからだ。決して錯乱状態だったのではない。誰にでもあるような妻子との間の問題だった。かくして私は、彼の相談役兼精神科医になった[原注6]」

チリーノスは、ウーゴ・チャベスについて語る時、祖母との関係を特に母性的絆に結びつけはせず、少年時代も含めて、彼の人生経験の全てにおそらく結びついているであろういくつかの特徴的な人格的側面を強調する。

「チャベスは特権階級の人間を真っ向から嫌悪する。彼らが金持ちだからだけでなく、その振る舞い、言葉遣いなどから伝わってくる思い上がったところが我慢ならない……ここから彼の中に、貧しさへの接近と権力者への反撥という明白な二極性が生じたのだ」

ウーゴ・チャベスが、時の経過とともにどこまで走って行くのか、それを推し量るのは本当に難しい、ということだけは間違いない。彼についてはすでに正式な伝記[訳注]があり、ストーリーが作り変えられ、それを権力が補強する。少年時代の逸話も昔の出来事も、別の意味を持たされている。誇張もあれば、矮小化もある。捏造もあれば、抹消もある。権力が過去を新しく作り変えるのはほとんど当然のことだろう。息子のウーゴが大統領になるつもりだったのを知っていましたか、と訊かれたエレーナ夫人はこう答えた。

「私たちに何も計画なんかありませんでした。何一つ。これは聖霊の御業《みわざ》です。それしかありません」

しかし、間違いなく聖霊以外の何かが、あの十二月六日にこの国を揺さぶったのだ。兵士の隊列から飛び出してきた男が国家元首になったからといって、別に危険な事とは言えない。何もこれが初めてではないからだ。全く正反対である。一八三〇年から一九五八年までの間に、文人政治家がこの国を治めたのはわずか九年間だけであった。一九五八年にマルコス・ペレス・ヒメネス将軍の独裁体制が崩

---

正式の伝記：チャベス派公認の伝記としてはロサ・ミリアム・エリサルダ、ルイス・バエス共著『Cávez nuestro（私たちのチャベス）』二〇〇七年刊がある。

プント・フィッホ協定（Pacto de Punto Fijo）：一九五九年、軍部独裁政権時代に活動を禁止されていた三大政党の民主行動党（Acción Democrática）、COPEI、民主主義共和国連合（URD）のそれぞれの党首、ロムロ・ベタンクール、ラファエル・カルデラ、ホビート・ビリャルバが首都カラカスで交わした政権共有協定。

独立選挙政治組織委員会＝コペイ（COPEI）：キリスト教民主主義政党。マルクス主義の影響が強かった現代ベネズエラの反体制活動に反発したカトリックの学生活動家ラファエル・カルデラが一九四六年に創った政党。ペレス＝ヒメネス政権寄りから反政府勢力に転じた。一九五八年に民主行動党（AD）・民主主義共和国連合（URD）と三党でプント・フィッホ協定を結んで連立政権を組んだ。一九六九年には民主行動党の分裂に助けられ、カルデラを大統領につけた。一九七九年にはルイス・カンピンスがコペイ二人目の大統領になった。一九九八年の大統領選挙では、チャベスに大敗。以後、党勢は衰退、反チャベス派として期待されたコペイのミランダ州知事エンリケ・メンドサも、二〇〇四年九月の地方選挙で敗れ、小政党に転落し、二〇〇六年の大統領選挙ではロサレスを支持したが、得票率は二パーセントに終わった。

壊した後、ベネズエラ史上最も長い民主主義の時代が始まった。それは、軍事政権に対する戦いに参加していた主たる政治政党が団結し、共産党を除外しつつ、後にプント・フィッホ協定[訳注]（Pacto de Punto Fijo）として知られた統率力を共有する協定を結んだ時代だった。

社民系の民主行動党（Acción Democrática）とキリスト教民主主義派政党である独立選挙政治組織委員会[訳注]（COPEI）が権力を握り、ベネズエラ政治の主役に躍り出た。それから四十年間、両党は権力を分かち合った。アデコス（adecos）――社民党はこう呼ばれる――は五期にわたって政権の座に就き、コペヤノス（copeyanos）――キリスト教社会主義政党員を一般にはこう呼ぶ――は三度にわたり国家主権を握った。[原注7] 一九九八年、この形態が最大の危機に直面した。

チャベスが国民に提起したのはまさに「四十年の腐敗した民主主義」との訣別に他ならなかった。これこそが、彼の選挙戦の一大テーマであった。日刊紙『エル・ナシオナル』の一九九八年十二月七日朝刊の社説は、この大多数の国民感情を全面的に強調している。

「この日曜日の選挙結果は、ベネズエラ人社会が今その胸に抱いている多大な期待だけではなく、大多数の人々が募らせてきた古い政治指導者に対する不満の驚くべき大きさを教えてくれるものだ。旧来の支配階級が押しつけてきた政策に、国中が一斉に異議を申し立てたことが全面的に明らかになったのだ[原注8]」

前日に投じられたのは明らかに懲らしめの票だった。この国のエリート層が理解していた民主主義なるものは、もはや信じられる約束ではなかった。一九九八年、ウーゴ・チャベスに投票しなかった者も含めて、すべてのベネズエラ人が変革を求めていた。

だが、直前の過去に対するこうした評価の仕方は正しくないかもしれない。どちらにしても、ベネズエラ国民が、自分たちの置かれた現実を、石油という財産を健全な形では一度も扱わせてもらえなかった国のあり方、などと関連づけたことによる影響もあったであろう。国家の市民的、民主的未来図が、四十年足らずの間にかくも速く腐敗堕落し、経済も議会も裁判所も、社会の隅々から制度に至るまで、見るも無残な姿をさらすその有様たるや……しかし、同様に、少なくとも当初は民主主義の経験がベネズエラの歴史に根強い軍国主義の伝統と誘惑に部分的にはブレーキをかけ、国を近代化したことは認めざるを得ない。教育改革、農業改革、地方分権化の進行、石油国有化、奨学制度や海外専門留学の振興……いかなる観点からも、この時代が有していた複雑性は否定できない。経済学でも、正しさは正確さをもって成り立つ、とされる。

一九九七年、学者と研究者のグループが、ベネズエラの貧困問題について真摯かつ徹底的な分析研究に着手することを決めた。数年後の二〇〇四年、この作業の成果が出版されたが、そこで以下の警鐘を発している。

「二十世紀の中盤にはすでに、ベネズエラ人の生産力にも労働意欲の有無にも影響されない天の恵み、石油を有するベネズエラは豊かな国である、という根強い信仰が存在していた。政治は、企業のイニシアチブと大多数のベネズエラ国民の生産力によって支えられる持続可能な生産ではなく、富の分配に執心した。民政移管により（一九五八年以降）少しずつ石油収入（輸出の九〇パーセント、国家予算の六〇パーセント）の分配は拡大されたが、この精神性と経済活動の歪みは長く定着した。政治家は、公共サービスの拡大政策においていくつかの成功を見ていることから、国の手中にある富の分配を公約の拠り所にしている。

この国は、ますます通常のやり方で、現代の生産社会に呼応した多様な生産活動を発展させる必要性抜きに現代的消費生活ができる（オイルダラーによる輸入によって）という幻想に浸っている。人口五百万人以下のベネズエラであったなら、その一割の人間にはある意味でそれは可能かもしれないが、現在のベネズエラの人口は二十五万人であり、十一万人いる労働者が、適切で持続的な職業に従事し、石油産業を享受し、年金生活で暮らすことは不可能である。六十年続いた（一九一八年から一九七八年まで）原油生産年六パーセント以上の成長と国民生活の向上の後、二十五年前からベネズエラは下降期に入り、持続的かつ非常事態的な形で貧困の増加が始まった［原注9］」

ウーゴ・チャベスはこの国が人口五百万人以下の時代に生まれた。ペレス・ヒメネスの独裁政治の後に登場した政府による、この国始まって以来の衝撃的な民主化、近代化政策のご利益を存分に味わった。だが、衰退を目撃した証人でもあった。確固とした組織と企業を得た、より真正で成熟した社会建設を追求する国、また一方、国家こそ神授の慈善家であると壮大な国家的幻影に執心するユートピアの国、どちらにしても所詮先行きは見えていて、宝はすでに持ち去られ、行き着く先は建設的未来ではなく分け前をどうするかだけの、二つの異なる国家の狭間に彼はいたのである。

これまでの全てが崩壊したという空気、これを彼の選挙戦の陣営は投票日に、実にうまく利用した。大統領と非常に親しい間柄のジャーナリスト、ファン・バルレトも言う。

「国中がチャベスに期待をかけていた。というのは、彼はこの時期に、腐敗のイメージを体現していた中央政府と、カルロス・アンドレス・ペレス・ヒメネスの政権を象徴するすべてに真っ向から対決して

いたからだ」[原注10]

彼の選挙参謀は、「個性が強すぎませんか」という助言にこの候補者は耳を貸さなかったと言っていたが、選挙戦の途中から軌道修正し、多少は変えざるを得なかったのは確かである。チャベスの演説は時に、非常にアグレッシブになる傾向があった。また軍事用語や穏やかならぬ言葉を使う癖もあった。何かにつけて「死」という言葉に頼りすぎる。これが、怖い候補者のような印象を与えた。彼を支持して愛国極（Polo Patriótico）なる同盟関係で結びついていた共産党やその他の左翼組織を含む多くの団体の演説までが、つられて過激になっていったのも事実と言わねばならない。選挙参謀はすぐに気がついた。候補者の論争は、つまるところ、既成政党の腐敗堕落の悪業の過去を厳しく批判するだけであってはならない。希望を生み出さねば選挙には勝てない、と。

ドミニカ大統領レオネル・フェルナンデス[訳注]のアドバイザー——それも二度にわたる——ドミニカ人ラファエル・セスペデスもまた、チャベスのイメージ作りに基本的役割を演じていたことが分かっている。主要戦略の一つが、候補者チャベスの二度目の妻、マリサベル・ロドリゲスをキャンペーンに動員

---

レオネル・フェルナンデス：現ドミニカ共和国大統領。一九七三年に創設したばかりのＰＬＤ（ドミニカ解放党）に入党、党首のフアン・ボッシュについて副大統領に立候補した。一九九六年、接近戦の末、前大統領のホアキン・バラゲルに代わり、フアン・ボッシュを押しのけて大統領に当選、二〇〇〇年まで務めた。連続大統領は憲法で禁止されていたことから二期目は出馬できなかったが、二〇〇四年に再選され現在に至る。経済重視の政策は大いに評価されているが、厚生、福祉、教育等の社会的政策には不満が多い。首都サントドミンゴの地下鉄建設に熱心で、多額の予算をつぎ込んでいるが、事前の地質調査が不備で建設は難航し、計画に不明朗な点が多い。経済学者としては世界的に評価が高く、ドミニカの存在感を高めた指導者である。

することであった。彼女は、国民の気持ちを静め、候補者のイメージを「和らげる」ことを目指した作戦の一翼を担った。マリサベルは、しっかりした女性で、その上美人で親しみやすく積極的である。広告代理店からも引っ張りだこの、典型的ともいえる理想的な吸引力を持ったその美貌は、実にぴったりだった。彼女は白人で、青い目をしている。彼女は、レブロン社主催のベネズエラ全国美人コンテストに出場した経験がある。一体何をやらかすのか分からないアグレッシブな軍人のそばにいつの間にか現われたこのバービー人形が、これまたなかなか気の効いた科白を吐くのであった。

一九九八年、チャベス陣営は一年間をぶっ通しに動いた。選挙戦は常に上り調子だった。それは数字上、明らかだった。一月の調査では支持率わずか九パーセントだったのが、選挙の二ヵ月前の十月に行なわれた同じ調査では四十八パーセントになっていた。しかし、その過程ですべてがうまく行ったわけではなかった。六月には、連合を組んでいた左翼陣営の一派である赤旗[訳注]（Bandera Roja）が支持を取り止め、チャベスの二股膏薬を追及した。

「国民の前では、崩壊した政治とその浄化に取り組み、国家を再建する義賊のような顔をし、権力者たちを前にすると、なすすべなく、表面的な変革だけが真の狙いであると白状している[原注11]」

この同じ六月、社会主義運動党（MAS）[原注12]の創設者で、国際的指導者として知られているベネズエラの批判派左翼指導者のテオドーロ・ペトコフ[訳注]は、チャベスをポピュリストと規定し、カルロス・アンドレス・ペレスと同じ扇動家であるとした。チャベスは別に顔色を変えなかった。

七月二十四日、シモン・ボリーバルの生誕祭の日、選挙管理委員会に立候補を届けた際、彼は宣言した。

「ベネズエラで真の革命が始まったことを、もうみんな知っている。どんな事も誰も、民主主義革命の勝利を避けることはできない」[原注13]

彼の出馬を支持した第五共和国運動（ＭＶＲ）、チャベスが設立した組織の社会主義運動（ＭＡＳ）、みんなの祖国（Patria para Todos）、ベネズエラ共産党[訳注]（ＰＣＶ）、人民選挙運動（Movimiento Electoral del

---

赤旗（Bandera Roja）：一九七〇年結成の武闘派左翼政党。指導者は毛沢東主義者のガブリエル・アポンテ。一九九二年にはチャベスのクーデターを支援したが、二〇〇二年では反チャベス・クーデターを支援した。武力闘争から路線転換し、一九九三年にはアポンテが「民主大衆行動」代表として大統領選に出馬した。（得票率〇・〇七パーセント）以後、反チャベス化を強め、チャベスを似非共産主義者と非難している。二〇〇六年の大統領選では社民党支持に回り、結党三十七年目の二〇〇七年には式典に三十七名しか集まらず、同年アポンテと訣別、党員百名以下に弱体化した。しかし、アメリカ国務省にはテロリストグループに指名されている。

テオドーロ・ペトコフ：一九三二年ベネズエラのスリア州生まれ。六〇年代にゲリラ闘争で活躍し、社会主義運動（ＭＡＳ）を創設、ラファエル・カルデラ政権の閣僚を務め、過去三度にわたり大統領候補として出馬したことがある。閣僚時代にＩＭＦ基金を導入してネオリベラル派と呼ばれるようになった。一九九八年にはチャベス支持の社会主義運動党を離党、ジャーナリストに転進、日刊紙『タル・クワル』を創刊。二〇〇六年に出馬した大統領選では途中で辞退、反チャベスのロサレス支持に回った。

ベネズエラ共産党：一九三一年創設のベネズエラ現存最古の政党。由緒あるが議会勢力は弱い。「第二次世界大戦での連合国支援のため」に反政府活動を控えたこともあり、軍人独裁、ロムロ・ベタンクール政権へと続いた民主化時代に取り残され、労働運動内部でも相対的に影響力を低下させた。キューバ革命成功とともに武装闘争路線をとるが、農村、労働戦線の支持を得られなかった。一九七〇年に社会主義運動（ＭＡＳ）が共産党から分離して武装闘争を止め、都市中間層を中心に支持を伸ばし、共産党は衰退の極にあった。チャベス政権支持にまわり、二〇〇五年には野党が選挙をボイコットしたため七議席を獲得した。野党が参加した二〇〇六年十二月の大統領選挙でも三パーセントを獲得、カレラ議長は「われわれは死んだと言われてきたが、まだ生き生きと存在し、闘っている」と演説した。

Pueblo）の党派が、愛国極という政党連合を結成した。これは、大規模な機構組織ではなく、まったく正反対の、候補者個人の周辺に結集した左翼小党派連合であった。チャベスは、その人なつっこい独特の才能で、変革を切望する大衆の心を取り込むことに成功した。彼を選出することそのものが、すでに歴史を打ち壊すことであり、一つの変化なのだ、という考えを周囲に創り出した。一九九八年十二月六日の投票日にオブザーバーとしてやって来たジミー・カーターですら、「民主的で平和的な革命」に立ち会ったと認めたくらいである。

チャベス陣営の指揮を執ったアルベルト・ムイェル・ロハス元将軍は、あの日の出来事をさほどヒロイックには見ていない。

「キャンペーンは相対的に楽な展開だった。われわれのキャンペーンの質というよりも、対立候補が多くの作戦ミスを冒してくれたから勝てたようなものだ。こちらは相対的に無秩序で、これは如何ともしがたかった。選挙の勝利は、チャベス主義のなせる業ではなく、相手の怠慢が招いたものだ。これは、絶対に間違いないと思っている」

確かに対立候補の作戦には、誰が見てもかなり支離滅裂な誤りがあったと評せざるを得ないだろう。彼らには、ベネズエラが変わろうとしていたことが分かっていなかったようだ。起きていた事の真の意味を最後まで読み取れなかった。諸政党、諸団体の大半は、あまり中味の無い元ミスユニバースのイレーネ・サエス候補者が多数の支持を得ていた選挙戦序盤から、ひたひたと迫り来るチャベスの勝利に絶望的となっていった選挙戦終盤まで、なかなか統一候補を絞り切れず、投票日の数日前にやっと、チャベスに何とか勝てるかもしれない――これもアンケート結果によればだが――エンリケ・サラス・

ロメール候補支持を決めたのである。選挙民にとって納得の行く政策提案の欠如は明らかだった。対立候補に対して、少しは根拠のある誹謗中傷すらできなかった。唯一の目的は、愛国極の勝利を回避することだけだった。マスコミは彼らの動きを、ただ一点目立った感じのメッセージ性をこめて、こう表現した。「反チャベス戦線」。

この時期における近い立場での協力者の一人、ネド・パニスが指摘するところによれば、チャベスの選挙キャンペーンは、純粋に即興的に戦われたのでもない。非常にお金がかかったし、チャベスは決して戦略を変えず、これまでこの国を支配してきた者に対する完膚なき徹底的批判以外の何物も入る余地を認めなかった。マスコミ媒体での戦いでは、主要なライバルとの公開討論は拒否した。相手との距離を保ちつつもシビアに攻め立て、一九九八年の選挙で既成政党と政治階層総体を大敗北に陥れていった。

それ以外の人々には目出度い出来事であった。これほど多くのベネズエラ国民が、たった一つの理由から一つにまとまったことなど絶えて久しかった。大統領の座を確実にした時点で、ウーゴ・チャベスは国民の八十パーセントの承認と支持を得ていた。ムイェル元将軍も、ベネズエラ一の富豪グスタボ・シスネロス[訳注]までがチャベスを資金的に援助し、所有するテレビ局ベネビジョンの番組枠を無料で

---

グスタボ・シスネロス：ベネズエラ生まれのキューバ人実業家。資産六十億ドル（約六千億円）。ベネビジョンを始め、電話会社、製造業などに君臨している。メディア王として中南米だけでなく中国などにも進出している。ラテンアメリカの文化的振興に寄与するシスネロス財団を運営、二〇〇四年にスミソニアン協会からウッドロー・ウィルソン賞を授与された。

提供した事実を認める。この内密の情報も、チャベスが政治指導者や企業経営者との間にかねがねはりめぐらしていた、ミステリアスな霧に包まれた人脈の一端である。シスネロスは、一貫してベネズエラ左翼陣営の宿敵とも言える存在であった。マイアミの亡命キューバ人たちと現実的にも思想的にも関係が深く、このことがさらに彼をベネズエラで最も反動的な右翼のシンボルとならしめていた。二〇〇四年五月のあるラジオ番組で、チャベスは反論的にこう豪語した。

「わが国にも、憲法が命ずるところに従って、何者をも恐れず任務を遂行する裁判所と検察が誕生し、あのグスタボ・シスネロスのような親玉共を監獄にぶち込む日がやって来るのもそう遠くない」

しかしながら、このすぐ後、ジミー・カーターの呼びかけの下に、チャベスはシスネロスと私的に会った。この時、チャベス陣営はシスネロスを麻薬取引に関わった疑いと、二〇〇二年四月のクーデター共謀者として告発してもいた。両者の関係は常にこのように見える。ムイェル元将軍は、当時の大統領候補者と企業家との夕食の席をそれぞれの取り巻きが囲み、通訳の役を果たしていたと語る。二人は決して直接には一言も言葉を交わさなかったからだ。ムイェル元将軍ははっきり言う。

「チャベスとシスネロスが交わした約束は、シスネロスがベネズエラの教育テレビ・チャンネルの独占権を与える、というものだった」

もしそうだったとすれば、チャベスはラジオでの約束を果たさなかった、ということになる。

支持と政党連合を得た中、選挙の勝利に向かう道のりで彼が反故にした約束はこれだけにとどまらない。

二〇〇二年、スペインの日刊紙『エル・パイス』が、ビルバオ・ビスカヤ銀行（BBV）がウーゴ・チヤベスの選挙運動の資金として百五十二万ドルを提供した、と暴露した。経理関係は愛国極の経理責任者のルイス・ミキレナが関わっていた。ミキレナはベネズエラ左翼の古くからの指導者で、チャベスの指南役であり、その内閣の最初の内務大臣でもある。彼もその仲間の企業経営者トビアス・カレーロも、政治活動を進めるために外国の団体から現金を受け取った違法行為の責任者の疑いを持たれた。この暴露記事にはさらに疑わしい日付が記されていた。一九九九年一月十一日、大統領に選出されてから初のスペイン訪問で、チャベスはBBV会長エミリオ・イバーラ[訳注]と会見し、それからサンタンデル銀行のエミリオ・ボティンとアナ・パトリシア・ボティン夫妻と会った。初め、新政府はすべてを否定したが、すぐにとりつくろい様がなくなった。『エル・パイス』紙は、スペイン銀行からの情報で、BBV（現在、吸収合併でビルバオ・ビスカヤ・アルヘンタリア銀行に名称が変わっている）は、このラテンアメリカの国における外国銀行の接収を避ける目的で、百五十万ドル以上の資金を二度に分けて、チャベスの選挙運動に渡したことが明らかになった、と書いた。BBVから運動への寄付が送られ、ベネズエラに支店を置く外国銀行の大半が金を出していたと分かったのは、ムイェル元将軍が言うには、二〇〇二年四月六日のことである。

その数日後、それでもウーゴ・チャベスは四月二十五日、スペインのテレビ5チャンネルでこう言っ

---

エミリオ・イバーラ：サンセバスチャン出身のバスク人企業家。暗殺された父親の後を継ぎ、出版、金融、鉱山業などを成功させた。ビルバオ・ビスカヤ銀行社長として一九九九年にアルヘンタリア銀行などを吸収合併した際に、前取締役たちの年金と称して多額の現金をタックスヘブンに隠匿していた罪で有罪判決を受けた（懲役六月、罰金二七〇〇ユーロ）。この金の一部がチャベスへの資金提供に当てられた。隠し資金（三億五千四百万ユーロ）は凍結されたが、後処理は複雑を極め、二〇〇一年ようやく使途が決められた。

た。

「この人たち、この銀行からは一ドルも受け取ってはいない……何という名前かね?……ビルバオ・ビスカヤ?」

サンタンデル銀行から百八十万ドルの資金を受け取っているのもはっきりしている。スペインで、六月二十日、スペイン金融資本グループ元会長のエミリオ・イバーラが、ガルソン判事の前で、一九九八年のチャベスの選挙キャンペーンに資金提供したと証言した。ムイェル元将軍は示唆する。

「資金は、ルイス・ミキレナが秘密に動かしていた。愛国極を構成していた政党各派も、私が指揮していた運動組織も、金がいくらあり、何に使われ、いちいちどのくらいかかったのか、まったく知らされなかった」

ベネズエラの正義は、この暗闇の中に圧殺された。共和国検察局へのウーゴ・チャベスの不正資金に対する告発は功を奏さないであろう。

これらの話は一九九八年十二月六日には全く存在しなかった。国の健康状態の細かい事は分からなかった。ベネズエラの国民にとって、それまでの経過の詳細はあまり重要ではなかった。テレサ・カレーニョ劇場の前に集まった群集の前で、ウーゴ・チャベスは口を開いた。メディアの目が一斉に彼の上に注がれた。ベネズエラ国中が彼の言葉を待った。軍隊内部での数多くの陰謀の立役者である元軍人ウイリアム・イサーラは、あの光景は今でも信じられない、と言う。ウーゴ・チャベスは彼のそばを通りながら、体を引き寄せると彼に抱きついた。そして、感極まる中、こう囁いた。

「やったな、兄弟。長かったけど、やっと革命が始まるんだ[原注14]」

# 第2章　「私が共産主義者だって？」

「私、ウーゴ・チャベスはマルキシストではないが、反マルキシストでもない。共産主義者ではないが、反共主義者でもない[原注1]」

成り立てほやほやの大統領は、政敵や評論家のレッテル貼りの狙いを、矛盾に満ちた難解な表現ではぐらかす。その政治の振り子がどこを目指しているのかを見定めるとなると、まだ無名だった時代も今も、その曖昧さだけはまるで変わらない。大統領を目指す長い戦いの間、チャベス元司令官は、「私は左でも右でもない」という台詞を繰り返してきた。そして、そのイデオロギー的規定を二十世紀の尺度で求めようとしても無駄である。郷土史愛好家でもある彼は、二世紀さかのぼったところに身を置きたがる。

「私はボリーバル主義者だ」

つまり、シモン・ボリーバルの思想の継承者である、と。ボリーバルは、ラテンアメリカ中部（ベネズエラ、コロンビア——当時はパナマも含んでいた——ペルー、エクアドル、ボリビア）を解放した人物だ。しかし未だに、ボリーバル主義なる謎の世界を闊歩する彼は、左翼なのか、それとも右翼なのか？　公的には、『ミラフローレス[訳注]の大統領府に乗り込んだ時、第三の道[訳注]』論に惹かれており、トニー・ブレア英国首相に共鳴すると表明しているが、思想的自己規定としてはずいぶん飛躍したものだ。

もしかして彼は真面目な男で、自分をただの一度も左翼だとは思わなかったのだろうか？　左翼も、右翼も、彼の中ではけっこう共通点が見出されることがあるのか？

「私に言わせれば、彼は左翼だ。彼が言う左翼とは、失敗した左翼のことだ」と、彼の事を最もよく知る昔の師、ルイス・ミキレナは明言する。彼は、候補者ウーゴ・チャベスを作った男、と言われる年老いた元共産主義者である。対立候補が、彼のことをベネズエラ人の私有財産を取り上げてしまう仮面を被った共産主義者だと誹謗することで、元クーデター首謀者のつかみどころの無さが選挙戦略に影響したとしても、どう見ても彼がどんな傾向なのかを暴露するまでには至らない。

「私が共産主義者だって？」

彼は必ず否定する。だがその言辞は、単純左翼の、基礎的、初歩的言語の域を出るものではない。左翼政権など当たり前になっている今日の世界で、なぜそうだと認めないのだろう？　いや、まさしくそうだからこそ、彼は婉曲な言い回しから逃れ、黒いものは黒、白いものは白と、はっきり言うのだ。

いずれにしても、大統領には過去があり、何が言いたいのか判断の難しくない演説をする。まだ知名度も高くなかった一九九五年早々、ベネズエラの歴史学者アグスティン・ブランコ・ムニョスとの対談を始めるに当たり、チャベスは挑戦的にこう切り出した。

「私のことを過激派だとか革命家だとか呼んでかまわない。その通りだし、そうあるべきだと思う」

この対談録は数年後に『司令官かく語りき』という告白録として本になった。[原注2]　そこには、「反搾取、反帝国主義」の指導者を自認し、そのための明確な処方箋を語る一人の男がいた。

「運動が革命性を持つには、変革者であらねばならないし、権力者を叩かねばならない」

彼は右翼なのか？　ウーゴ・チャベスの革命家気質はどこから来るのか？　これが問題だ。彼の破壊への情熱はいつ生まれたのか？　いかなる時に、彼は権力志向を抱いたのか？　確か十二か十三歳の子供だった——ホセ・エステバン・ルイス・ゲバラの記憶は定かではないが——彼があの子に初めて会ったのは、バリーナスの家だった。大学入学資格試験一年目の年だった。当時は痩せた青年で、実に痩せていて、脚が長く、大きな足をして、ゲバラの息子たち、ブラジミール——レーニンに因んで——とフェデリコ——エンゲルスに因んで——が野球で友だちになり、トリビリン（ディズニーのキャラクター、犬のグーフィー）とあだ名をつけていた。ウーゴは、祖母のロサ・イネスと兄のアダンとサバネタ——小学校しかなかった——から移ってきたばかりだった。父親のチャベス先生は息子たちを上

---

ミラフローレス：ベネズエラ・ボリーバル共和国の大統領府がある宮殿。カラカス中心部にある。十九世紀後半にイタリア人伯爵が建てた邸宅を、二十世紀初頭のシプリアーノ・カストロ政権時代に大統領官邸として使い始めた。この建物が耐震建築であることが分かり、大統領府もここに定めることになった。農業省もここに移った。

第三の道：一九九八年九月にトニー・ブレア英首相が発表した『第三の道——新しい世紀のための新しい政策』と題する理論。「第三の道とは、民主的社会主義とリベラリズムの団結であり、現代版の社会民主主義である」と規定し、公正な社会にとって必要不可欠な四つの価値（平等な価値、機会の均等、責任、共同体）を促進させると主張した。一九八〇年代の保守政権の改革は近代化に必要であったが、教育、医療という国家サービスは重大な打撃を受け、多くの自治体が危機にさらされ、犯罪、失業、社会的排除が増大したことから、「第三の道の最大の課題は、こうした変化に真正面から取り組み、解決することである。各個人は、その出身背景、身体能力、信条、人権に関係なく平等な価値を有し、才能や努力がすべての分野で成果をあげるよう奨励され、政府の使命は、差別と偏見を一掃するために断固たる措置を取り、万人の自由と潜在能力を最大限に発揮させることである」とした。

の学校に通わせるために、大きな中学校がある州都のバリーナスの町に小さな家を見つけたのだった。チャベスはブランコ・ムニョスにこう話している。

「あそこで私の田舎小僧の冒険が始まった。町ではベナオと呼ばれてね、学校をサボる生徒のことだ」

昔日の共産主義者、ルイス・ゲバラ――髭をたくわえたのは「フィデルより俺のほうが先だ」と信じて止まないが――は、マルコス・ペレス・ヒメネス将軍の独裁時代（一九五二年〜一九五八年）に捕らえられ「地獄の監獄」に入れられた大量の政治犯の一人だった。釈放されて自由の身になったが、彼には括弧付きの自由であった。独裁政権崩壊の一年後、彼の名前はロムロ・ベタンクール社会民主主義政権（一九五九年〜一九六四年）のブラックリストに載っていた。そこで彼はしばらくの間、ゲリラ闘争に加わった。

「一貫して共産党の闘士だった」

一九六〇年代の終わり、バリーナス州のこの田舎で、そろそろ四十歳になろうかという反体制歴史学者は、彼の息子のブラジミールとフェデリコに連れられてやって来た十三歳のやせっぽち少年と出会う。ブラジミールはこの少年より四歳年上で、あだ名はポパイ、ココリソことフェデリコは少年と同い年、三人はバリーナス州で唯一の中等教育校ダニエル・フロレンシオ・オリアリー中学校に通っていた。トリビリンにポパイにココリソ、この圧倒的アメリカ文化の産物のようなあだ名で呼び合う三人の少年が、ルイスの書斎の絨毯に寝ころがって、熱血共産主義者の話を聞きながら午後を過ごしていたのだ。今この風景を想像するに、ただ微笑ましいだけでは済まされない感じがする。今まで聞いたこともなかった話がルイスの口からどんどん出てくる。見上げる三人の目に、髭面が眩しかった。

「青年よ、この本を読みたまえ」

指差す先には、ジャン・ジャック・ルソーの『民約論』があり、マキャベッリの『君主論』が置かれていた。

「マキャベッリについては、こんな注文をつけた。『ナポレオンの注釈付き版を見つけてきてくれ。あれが面白い』。他には、大体似たような文学作品、特に政治的過程を書いた作品を薦めた」

また、十八世紀ベネズエラの政治思想についても教えた。

「わが国の政治社会的問題と重なるような書物を選んだ」

ルイス・ゲバラの政治に関する学識の広さや、そのとろけるようなユーモア感覚と肝っ玉にたじたじとなったのか、あるいは単に彼自身そういうタイプだったのか、この私塾でウーゴは神妙に、ほとんど黙って話を聞いていた。

「あの頃はむしろ口下手で、口数が少なかった。どの子も、私の話を聞いては突然、『ウーン、フフーン……』と言っていた」

間もなくチャベスの両親と残り四人の弟たちが、祖母のロサ・チャベスの家から数メートルのカラボ通りにあったルイス家の向かいに引っ越してきた。そこは、フアン・アントニオ・ロドリゲス・ドミンゲス郡都市化政策による公共事業の一環としてバンコ・オブレロ（勤労者銀行）が建設したささやかな住宅団地で、家族はその最初の入居者だった。人口六万人の州都バリーナスの郊外の空地に開発された住宅団地は、田舎から出てきた者には大都市に思えた。そして、ルイス家とチャベス家とのちょうど中間辺りが町の中心部だった。

「小さな広場があって、少年たちが集まっては遊んだり、勉強したりしていた。彼らはよく、街灯の下で勉強していた。この小さな広場に歴史学者ホセ・エステバン・ルイス・ゲバラの家があった。彼の家には大量の蔵書があった。彼は非常に進歩的な人で、独裁政権下では拷問にかけられた経験があった……私たちはホセ・エステバンから大きな影響を受けた。彼の家にはとても大きい書庫があった。マルクスの『資本論』、レーニン著作集、『プラテロと私』[原注3]など……」。その当時の仲間たちにチュンゴとあだ名されていた現官房長官のヘスス・ペレスは懐かしそうに振り返る。

ブラジミールとフェデリコとヘススはこの頃、ウーゴと一番仲良しだった。週末になると、この四人組を中心に近所の少年たちがあの名もなき小さな広場に群がってきた。試験準備期間の五年間に、ウーゴは社交性を磨き、小さい頃に父親の影響で大好きになった野球の試合を組んだりしていた。彼自身、すばらしい左腕ピッチャーで、アイドルと崇めていた大リーグのスターピッチャー、イサイアス・ラテイゴ（鞭）・チャベスのようになるのが夢だった。

この広場で、時には新聞記事についての話もした。みんなで、いつも平野地方（リャネロ）の民衆歌などを歌った。ウーゴは自分の歌声に陶酔していた。十八番のセレナーデを歌うのだ。パーティを主催して賭場を開帳し、テラ銭は飲食代に使った。川釣りにも行った。ウーゴも父親も、釣りが大好きだった。こうして集まると、この地方の人間（リャネロス）は、何よりもまして、ある特徴的な一面を発揮する。彼らは、数えるほどの例外を除いて、しゃべるのだ。とにかくよくしゃべる。延々としゃべる。スポーツ、映画、政治、女性、何でも話題にする。

日曜日には、ダービーという映画館で西部劇やカンフー映画を観た。エル・リャノという映画館があって、ここは一番混んでいた。トロピカル劇場は高級で、アルゼンチンの成人指定の低予算映画が観たければ入り口で係員とやり合わなければならない。ダービー館がベストだった。女の子がたくさんいたからだ。うまくいけば、甘い恋愛映画の最中に手を握れるかもしれない。息が臭いと困るのでガムやミントも買わねばならないし、それからアイスクリームをおごる羽目になった場合のために小銭をいくらかポケットに忍ばせて、用意周到で出かけて行った。

ヘスス・ペレスが笑って言う。

「保守的な社会だったね。女の子は外出させてもらえなかった。ダンスパーティーはミニテカ（音と映像でディスコスペースを作り出す小型プロジェクターのAVソフト。ベネズエラ独特のアイデア商品：訳者注）を使った。『血と汗と涙』なんてのもあって、光とビージーズの曲が入っていたね……アメリカの恋愛モノに人気があった。『風と共に去りぬ』『いちご白書』『Viaje hasta el delirio（邦題不明）』などだった」

チャベスは、このルイス家の息子たちの横では、みにくいアヒルの子だった。優しくて好い性格だったが、女の子にちやほやされるような少年ではなかった。

「ガールフレンドが一人か二人くらいはいたが、どれも不細工でね、これが。彼も非常に醜男だった」

こう語るのは、中学の友だちで、官僚を辞職して議員になり、チャベス政権の初期数年間、国会副議長にまでなったラファエル・シモン・ヒメネスである。正反対に、ルイスの息子ブラジミールは格好好くて長髪もサマになっていた。その彼がある時、ウーゴが以前から狙っていた女の子と出来てしまった。それから数週間、二人はこの娘のせいで角突合わせて暮らした。

ウーゴとアダンは広場から数メートルの所に祖母と一緒に暮らしていたが、オリアリー中学校へは徒歩で通った。ルイス・ゲバラとカルメン・ティラード夫妻の子供たち、年上のブラジミール、フェデリコ、タニアも一緒だった。ウーゴは、ラファエル・シモンら他のバリーナスの少年たちとも付き合うようになる。ラファエルは、当時は体の大きい反逆児で、共産主義青年団を組織していたが、ウーゴは少しも興味を示さなかった。

「それでも、いくつかの活動に参加はした。一度、こう言ったことがある。『ラファエル・シモンが石を投げねばならないと言ったなら、石を投げなくてはならない』」

これはラファエル・シモン自身の話だ。

しかし、ウーゴが投げたかったのは石ではなかった。野球のグラウンドより政治活動の方に関心があったとは思えない。一九六九年三月のある日曜日、十四歳のウーゴは、ラジオ・バリーナスから流れるリャノ音楽を聴いていた。そこに臨時ニュースが飛び込んで来た。

「祖母のロサが朝食を作っていた。私は音楽を聴こうとラジオをつけた。すると突然、『臨時ニュースです』と来た。そしてあのニュースを聞いたのだ。その瞬間、心臓が止まりそうになった。マラカイボ空港から離陸直後に旅客機が墜落し、生存者はいないというのだ。ラティゴ・チャベスが乗っていたという。惨い話だった。私は月曜日も火曜日も学校を休んだ。まるで自分が墜落したみたいだった。彼のような大リーグの投手になれますようにと、お祈りの文句まで自分で考えて毎晩祈っていたのに。あれで画家になる夢を棄て、野球選手になる夢が完全にとって代わった[原注4]」

この若者が、亡くなったアイドルをドラマチックに神格化する様は普通ではなく、死後五年経っても命日には日記に記すほどであった。

学校では、ウーゴ・チャベスは大勢の中の一人に過ぎなかったけれども、一つだけ特別なところがあった。本なら何でも手当たり次第読むのである。特に、彼に最初に政治を手ほどきしたルイス・ゲバラから渡された本ならなおさらであった。

「私が子供たちに結構強く薦めたのは、マルクスとマルクス主義に関する読書だった。つまるところ、マルクス主義は政治学ではなく経済学なのだが、そのどちらをも語る必要がある。経済なくして政治は有り得ない。どうあがいても経済の「代替物」は無い。そういうことで、マルクス主義を念頭に置きなさい、と教えた。でも、確かに『文献』は難解だった」

ルイスは、彼らにベネズエラの歴史を手ほどきした。

「二人の人物にこだわった。一人はバリーナス出身で、連邦戦争[訳注]（一八四〇年〜一八五〇年）時代の思想家ナポレオン・セバスチャン・アルテガ、もう一人不可欠な存在が、『ベネズエラ連邦派最大の指導者でチャベス大統領が最も崇拝する人物の一人』エセキエル・サモーラ[訳注]だった」

連邦戦争：一八一九年にボリーバルがコロンビア共和国を結成し、一八二一年にカラボボでスペイン軍を破り、ベネズエラが独立した。その後、アヤクチョの戦いに勝利してエクアドル、ペルー、アルト・ペルーの解放を勝ち取るが、コロンビア情勢が安定せず、一八三〇年にはアントニオ・パエスを指導者にしたベネズエラがコロンビアから脱退し、独立した。独立後、旧ボリーバル派は排除され、商業資本家が支持する保守党による支配が続いたが、一八四〇年に大土地所有者を支持基盤に自由党が結成された。中央集権を唱える保守党と、連邦制を主張する自由党が対立し一八五九年に連邦戦争が勃発した。一八六三年に連邦主義派が勝利、自由党が政権を獲得した。

当然ながら、ルイス先生のやる気は、ベネズエラ人にとって神様とも言える特別な存在であるシモン・ボリーバル「信仰」を啓発し、そこへ誘い込まずにはいられない。次男のフェデリコ・ルイスが言う。

「つねに父の書斎が、ウーゴ・チャベスのすべてのボリーバル思想の豊饒な源泉だった……おそらく陸軍士官学校に入るはるか以前から鍛えられていたのだろう、野球と政治の両方に関心を持ってはいたが、ボリーバルに強く惹かれていた。彼はわが家に、特に父の中にこそ、宝の源を見出していたのだ。二人は何時間も議論していた。私はマルクス主義者で共産主義者だったから、二人の話は理解できなかった。ボリーバルの話など時間の浪費だと思った」

若きウーゴは、魅力の源泉、青春の知の宝庫であるルイス家にいりびたり、書斎に籠った。貪欲な読書家だった。フェデリコの記憶によれば三文西部劇から『史的唯物論の主要概念』[原注5]まで貪り読んだ。

「私は現実的には、ルイス・ティラード家の息子たち、つまりは《ルイス・ゲバラ》の息子たちと共に成長した」

チャベスは後年、長男は「私より政治志向が強かった」と語っている。[原注6] このブラジミールは、驚くほど気の優しい謙虚な男だが、彼らが知り合った時にみんなの中に「一種の同志的な何か」が生まれたと記憶している。母親が言うには、十三歳ですでに『資本論』を読んでいたというブラジミールと波長が合い、筋金入りのアカであるバリーナス人歴史学者の長い講釈に聞き入ってはいたが、チャベスは共産党の闘士になろうとか、政治に関わろうというところまでには到りそうになかった。社会的関心もあるし、非公式とは言え、より批判的な教育から修得した部分もあったし、読書もしていたが、それ以上ではなかった。革命の計画に加担しなかった。入隊を決めた時も、潜入するなどといった考えは無かった。

「彼は説得されて入隊したのではない。この事には共産党は何ら影響していない。おそらく、政治的構想があったのだ。間違いない。赤軍建設の仕組みを頭に描いていたと思う」とルイス・ゲバラは断言する。

何かがきっかけになったのではなく、この「大学入学試験準備期間中に持った私や息子たちとのつながり」が、何らかの形でこの青年を変えていったのだ、とこの老共産主義者は信じている。

軍隊への道のりについては、また別の話だ。大統領になってから、ウーゴ・チャベスは大学で勉強したかった学科を二つほど挙げている。二〇〇四年八月に国営テレビで放送した彼の人生に関するドキュメンタリーで、高校を出たら何を勉強したいかを父親に尋ねられて、「技術関係が良いな」と答えたと言っている。同じ頃、あるインタビューで、「父に、兄貴と同じ物理学と数学を勉強したい、と言った」とも答えている。[原注7] いずれにせよ、父は叔父が教鞭をとっているメリダ大学に口を利いてやると言った。

「私は思った。『メリダ？　あそこには野球部が無い。サッカーだ。とんでもない。メリダなんか行く

エセキエル・サモーラ：一八五九年から一八六三年までの連邦戦争の指導者としてアントニオ・パエス大統領派と闘った。独学でヨーロッパの政治学、哲学を学び、宗主国スペインに対し「平等主義」を主張した。農地改革を重視し、寡頭支配層から奪った土地を農民に与えた。

ものか』それからどうしたと思う？　一生忘れないね。ある日、陸軍士官学校の人が学校に来て講演した。全員聴講させられた。私は聴きたくなかった」

彼は、軍隊にはいいコーチがいるのを知っていた。講演を聴いているうちにある考えが浮かんだ。

「なるほど、これだ。カラカスの陸軍士官学校に行こう。カラカスには行ったことがある。学校を辞めて、そのままカラカスに残ろう」[原注8]

そこで野球に専念するのだ。アメリカ大リーグに入って何百万ドルもの契約金を貰う、多くのベネズエラ人が憧れるあの野球界を目指すのだ。軍人はウーゴ・チャベスが目指すものではなかった。少なくとも、この時期は近道でしかなかった。軍隊は、政治的ユートピアへの道どころか、混血クレオールのチンピラの手っ取り早い出世術なのだ。チャベス本人、ずっと後の一九九八年に言っている。

「ＭＡＳ（社会主義運動）が誕生した時の、社会正義、平等、自由、民主主義、民主主義革命という旗印は、私も高校時代にバリーナスで聞いた。一九七一年、軍隊に入ったその年だった」[原注9]

それは今も聞く。だが、まだ実行されていない。高校を出て陸軍士官学校に入ったウーゴは、誰かが示唆していたような共産主義者のスパイになる話とは縁遠くなった。一九七一年も早くも半年が経過し、十七歳の誕生日を迎えたばかりだった。カラカスの街にも外出していなかったし、海を見てもいなかった。ただの田舎青年で、プロ野球選手になる夢を追い続けていて、野球ができる唯一可能な道を歩み出したばかりであった。貧しい地方出身の青年は、他の多くの若者たちと同様、軍隊にしか生きるすべを見出せなかった。これは、すぐ近くに住んでいたある女性の話だ。

「この辺りの仲間では、ウーゴを含めて三人が陸軍士官学校に入ったけれど、理由はみんな同じです。

ペラ・ボラ（貧乏人）でしたから。どこの家も、これが男の子の進路でした」

純粋な使命感などどこにもない。分かりきっている。バリーナスからカラカスに向かうウーゴ・チャベスの鞄にはあまりにも多くの事が詰め込まれていた。

しかし、スポーツが優れていたおかげで入学を認められてはいたが、実は高校時代の最後に一科目だけ落第していた。化学である。落第点をつけられたことでチャベスがよく思い出していた、ベネニートというあだ名のマヌエル・ディアス先生も彼のことをよく憶えている。

「化学には興味が無かったようです。スポーツが得意だったからか、あまり面白くなさそうでした。しかも、引っ込み思案でね。今みたいな激しい面はなかったし、表面には出ていなかったです。教室の一番後ろに座っていました。影は薄かったです」

学生としては秀才でも何でもなかった。馬鹿でもない。オリアリー校時代の彼はその他大勢の一人に過ぎなかった。普通の生徒だった。バリーナスの他の子供らと、取り立てて変わったところもない。彼の運命を予知させるような事はない。陽気で、躾の良い、結構しっかりした子であった。しかも、友だちのフェデリコから見ると、計画性のある堅実な性格だった。特定の作家や英雄だけをつかみ寄せ、残りは捨て去る知的コンパスを備えていた。

「政治理論は、一日や二日で身に着くものではない。それはどうしても、人間がある程度成熟するに至るまでの進化の過程で形成されるものなのであり、この成熟によって実践へと向かう。魔法のステッキなど存在するわけがない。彼が初めて軍服を着て、軍靴を履いた時に今の姿に変身したのではない」

確かにそうだ。魔法のステッキはなかった。しかし、様々な要素が混じっていたことは間違いない。

野球のスタープレーヤーになる夢だけではない。若きウーゴは何かを携えていた。それが何か、新しい人生がスタートしたばかりの日々に、彼が何を愛読していたかを知れば十分であろう。『ゲバラ日記』である。この一冊の本を小脇に抱えて、彼は陸軍士官学校の門をくぐったのである。

一九七一年八月八日の日曜日であった。陸軍士官学校の校庭で、気をつけの姿勢で不安そうに整列していた約八十名の若者の中に、ズック地のグレーのズボンに、明るいカーキ色のシャツを着たガリガリに痩せた青年がいた。士官候補生志願者、ウーゴ・ラファエル・チャベス・フリアスである。

「あの最初の半年間、彼について二つのことを憶えている。野球が抜群だったのと、よくしゃべり、冗談を連発する奴だった」

当時の同僚で、一九七一年〜一九七五年度生で二番の優秀な成績だった、アルシデス・ロンドン現将軍が言う。この年度生には新しいカリキュラムが適用されることになった。これは科学と軍事学の両方の分野における学士号を与えるもので、軍隊史上初の学習科目だったが、「博士さん」と軽蔑的に呼ばれていた前任の教官たちは、この方針に不満を表明した。それまでは陸軍士官学校は軍人養成が仕事であった。ここから、キリスト教民主主義者大統領ラファエル・カルデラの第一期政権（一九六九年〜一九七四年）が推し進めた軍人の職業教育政策が始まった。他のラテンアメリカ諸国と違い、ベネズエラ軍はつねに大衆的要素が強かった。軍隊の大多数は、ウーゴ・チャベスのような貧困階級の出身者で構成されており、彼らには上の階級に出世し、かなりの力を発揮できるチャンスが与えられていた。

ウーゴ・チャベスの学年は、学士号を受けることになる将校の最初の世代で、一年生から政治学を学ぶ。チャベスが振り返る。

「私たちは政治学の講義を受け、私は軍事理論に興味を持ち始めた。毛沢東はとても面白いと思ったし、彼の著作がもっと読みたくなった……このテーマの本は手当たり次第に読んだ……クロード・ヘラーの『社会変革の動因としての軍隊』とか、軍事戦略の本や、クラウセビッツの『戦争論』、ボリーバル、ホセ・アントニオ・パエス、ナポレオン、ハンニバルなどの著書も読んだ[原注10]」

ロンドンのように、早速『共産党宣言』についての研究発表をさせられた者もいた。これは全く初めての試みだった。カリキュラムの改変を知らされていない高官が、この事を司令部に伝え、発表した生徒を退学させるよう要求したほどであった。

アンドレス・ベリョ計画と名付けられた新カリキュラムを、生徒は非常に荷が重く感じていたが、ウーゴはさほど問題なく適応したようだ。仲間ともうまく付き合い、誰ともすぐに仲良くなった。初めての外出許可が出た時、すでに士官候補生になっていたが、やはり野球が好きな一歳年上のラファエル・マルティネス・モラレスがベネズエラの首都を案内してくれた。当時、人口二百七十万人[原注11]のカラカスは途方もなく巨大で、心細くなるほどであった。間もなく、ラファエルの実家があったエネロ23（一月二十三日）地区に友だちができる。ここは下町だったが、民主主義政府による貧困階層への贈り物の象徴である社会福祉関係の大きなビルが建ち並び、カラカス名物になりつつあった。

陸軍士官学校では、チャベスは負けん気の強い学生に変貌し、時には反骨的な面を見せるようになった。自分の尺度を押しつけがちなところがあり、ロンドンが言うには、仲間は彼を「大いなる社会的使命感の持ち主」と感じていた。それは、非政治的感受性とでも言おうか。例えば、中央アメリカのゲリラについて議論していても、彼の口から何一つ左翼的規準らしき発言を聞いたことがない、とロンドンは言う。

「彼のものの見方、議論には熱っぽさがあった。それだけは言える」

休暇の間、ウーゴは祖母のロサの家に戻った。ロサは蝋燭を立ててウーゴが陸軍士官学校を辞めるように聖霊に祈っていた。「祖母は私が軍人になるのを本当に嫌がった[原注12]」

両親とナルシソ、アルヘニス、アニバル、アデリスの四人の弟たちがいる実家にも顔を出した。メリダ大学で勉強していた長男のアダンには、たまに会った。そしてルイス家には頻繁に通った。ホセ・エステバン・ルイス・ゲバラの元妻、カルメン・ティラードが述懐する。

「休暇で帰省すると、すぐに我が家にやって来ました。入ってくると私に抱きついてね。彼はいつもそうしたから。それから、私の母を抱きしめて、『おばあちゃん、グアラピート（コーヒーのこと）を淹《い》れてくれないかな。おばあちゃんの淹れてくれるコーヒーが一番うまいし、大好きなんだ……』こうして家族全員とくつろぐの。優しい子でね。素晴らしい心の持ち主です。いつも変わりませんでした」

この時期、カルメンは教師として働き、政治活動には反対していた。

「夫のやることにはまったく納得できませんでした。私にはいろんな党派の友だちがいたから、迷惑をかけて欲しくなかったし、家計も支えなくては子供らが飢え死にしてしまうし、学校にも行かせないと。ホセ・エステバンはウーゴが大好きでした。マルクス主義を教えていました。バリーナスの我が家で、ブラジミールと一緒に。ブラジミールは歴史科の学生で、勉強はかなり進んでいました」

この頃はもう床に転がりはしなかったが、それでも一日中書斎にこもりっきりなのは変わらなかった。書斎には、大先生のルイス・ゲバラ専用とブラジミールとウーゴがそれぞれ使うためのタイプライターが三台置いてあった。

「よく飽きもせずに共産主義の話ばかりできるわね。私、共産主義なんてもううんざり！　おかげでどれだけ苦労させられたか、見たくも聞きたくもないわ」

苦労させられた、というのは夫のホセ・エステバンの刑務所時代の事だ。学校から戻ったカルメンは、部屋にコーヒーを運んで行くたび文句を言うのであったが、ブラジミールは彼女をそっとドアの外に押し出して、こう言うのであった。

「ママ、いいからあっちに行ってなよ」

こうして、彼らは一日中部屋にこもりっきりだった、とカルメンは語る。

ところが、休暇中のこの士官候補生は、両親のいる実家に戻った時はまるで別人だった。青年は、家族とはまさしく別の付き合い方をしていた。母親のエレーナは、ウーゴは「政治は好きじゃなかった」と思い込んでいる。キリスト教民主主義政党のコペイ（COPEI）の活動家で、ルイス・エレーラ・カンピンス大統領[訳注]時代はバリーナス州の教育長にまでなったウーゴ・デ・ロス・レイエスも、彼が親と「そんな話」をするのを好まなかったと言う。

---

ルイス・アントニオ・エレーラ・カンピンス（一九二五〜二〇〇七）：一九七八年に選挙会の互選で選ばれ、大統領を五年務めた。COPEIの学生指導者として活躍し、一時は国外に亡命したが、民主化時代には国会議員となり政府の要職にもついた。ベネズエラ文化活動の興隆に貢献し、文人大統領と呼ばれたが、石油利益を国内経済に還元させる政策がとれず、通貨価値の下落を招いた責任を取って辞任した。その後は政界を離れ、八十二歳で亡くなった。

「人間は、誰ともくっつかずに中立でなければいけない、と言っていた。彼は父母の議論にも決して割って入らなかった……政治にはほとんど興味が無かったし、関わりもしなかった。父親には一切口答えせず、大切に扱っていた」

エレーナ夫人は、自分の息子がルイス一家であんなにも政治議論をしていて、少なからず影響を受けていたとは、金輪際信じることができないだろう。

「あの子は神様の授かり物です。息子は、誰からも何も受け継いでいないし、教わってもいません。神の命ずるままに動いただけです」

母親にとってウーゴは、時に仲間と鶏を盗んで川原で丸焼きにするような悪戯をする、ありふれたごく普通の子供であった。誰もが納得するような行動をとり、時に失礼な仕打ちした者には、きちっと仕返しをした。友人のブラジミールがこんな逸話を披露する。

「いつだったか、みんなで酒を飲んでいた時、そこにいたなかなかの美人を誘ったのだが、ぼくらは無視された。そこでウーゴの父親が持っていたおんぼろジープに乗って繰り出した。仲間のイバン・メンドサも一緒だった。すると空き地で、ろばの死体を見つけた。誰が始めたかは憶えていないが、ぼくらは臭いロバの頭を切り取って、いいですか、朝の四時ごろ、娘の家の前に置いたんだ。近所中大騒ぎになった。それから三日間、車をゴシゴシ洗ったね」

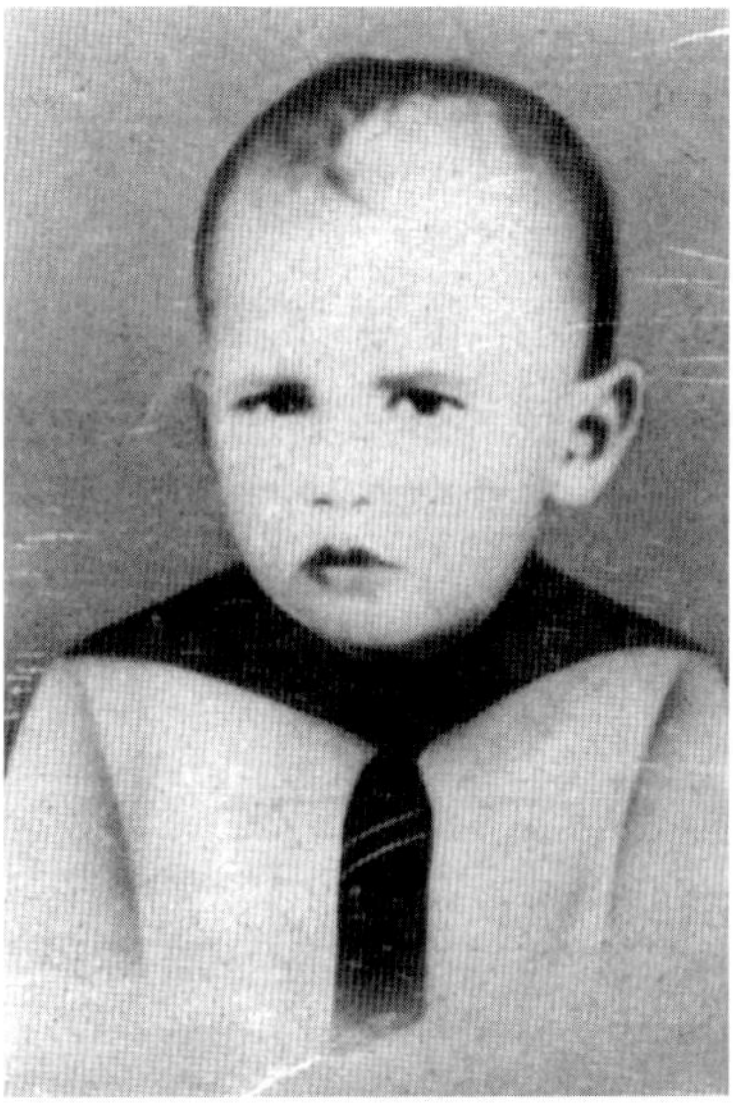

バリーナスの幼年時代のウーゴ・チャベス。（写真・エルマ・マルクスマン提供）

20歳代の頃、士官候補生時代にリマにてコロンビア、エクアドル、ボリビア、ペルーの仲間たちと乾杯する。右から三人目。(写真・エルマ・マルクスマン提供)

陸軍士官学校入学直後のウーゴ・チャベス(写真・『エル・ナシオナル紙』提供)

1982年、軍事演習にて。(写真・エルマ・マルクスマン提供)

刑務所時代の最初のインタビューでの写真。（ラウラ・サンチェス撮影）

チャベスの母、1992年当時のエレーナ・フリアス・デ・チャベス（写真・バリーナス地方紙『ラ・プレンサ』提供）

愛人のエルマ・マルクスマン（左）とエルマの娘と姉のクリスティーナ。（写真・エルマ・マルクスマン提供）

1992年２月４日のクーデター未遂後、ヤーレ刑務所の監房にて。（写真・エルマ・マルクスマン提供）

1994年、コロンビア訪問の時。友人のヘスス・ウルダネタと保護者ネド・パニスと共に。（写真・エルマ・マルクスマン提供）

出獄後間もない頃のウーゴ・チャベス。リャノ地方の伝統的衣服、リキリキを着用している。（ヘスス・カスティーリョ撮影）

弟のナルシソ。（写真・『エル・ナシオナル』紙提供）

1976年、バリーナスのある式典で旗手を務める。中央。（写真・エルマ・マルクスマン提供）

1992年２月４日のクーデター未遂後、初めてテレビに登場し、同志に降伏を呼びかける。（ヘスス・カスティーリョ撮影）

妻のナンシー・コルメナレスと三人の子供たち。２月４日後、刑務所の前で。（ヘスス・カスティーリョ撮影）

**Alférez Hugo Rafael Chávez Frías**

El día 28 de julio de 1954 vino al mundo este dinámico muchacho en la muy noble y leal ciudad de Barinas.

A nuestros tímpanos suenan todavía las pintorescas, ilustrativas y no menos jocosas letras de sus joropos, corridos y pasajes, con los que se empeñó en dar a sentir y conocer lo que es su terruño llanero, cosa que lograba a toda costa. Su número favorito y que en todo momento llevara en sus labios era aquel que empezaba: "Furia se llamó el caballo..."; llegando a identificarse tanto con su melodía que nosotros decidimos llamarle "Furia".

El ejemplo fue la base de toda su actuación y exigencias.

Por baluarte siempre tuvo la camaradería, que impartió entre todos nosotros.

Aplicado estudiante de Ciencias, donde se mantenía en duro combate contra Morfeo.

Dentro del base-ball fue de los mejores, el zurdo "Furia" llegó a ser el mejor pitcher del equipo y excelente primera base. Dentro de su afición deportiva también cabe mencionar sus grandes dotes de submarinista y buceador del fondo de las piscinas, deporte que practicaba durante la Semana Santa en el Instituto bajo el fulgurante sol.

Pertenece al servicio de Transmisiones.

シモン・ボリーバル運動の小冊子。21歳になったばかりのウーゴ・チャベスの紹介ページ。1975年。

陸軍士官学校での美人コンテストで司会を務める。1975年。写真・エルマ・マルクスマン提供)

曽祖父のマイサンタ。写真右側の人物。（写真・エルマ・マルクスマン提供）

国民議会議長のルイス・アルフォンソ・ダビラと前大統領ラファエル・カルデラ（中央）の前で宣誓する。（エルネスト・モルガード撮影）

最初のラジオ番組でアナウンサーを務める。（アレックス・デルガード撮影）

公式パレードで２番目の妻、マリサベル・ロドリゲスと。（マヌエル・サルダ撮影）

マリサベルと娘のロシネス。（ヘンリー・デルガード撮影）

エレーナ・フリアスと愛犬コキ。バリーナスにて。（写真・バリーナス地方紙『ラ・プレンサ』提供）

1998年、大統領候補立会演説会にて。（アレックス・デルガード撮影）

兄のアダン。(ウィリアム・スレク撮影)

弟のアデリス。(写真・『エル・ナシオナル』紙提供)

弟のアルヘニス。(写真・『エル・ナシオナル』紙提供)

弟のアニバル。(写真・『エル・ナシオナル』紙提供)

両親のウーゴ・デ・ロス・レイエス・チャベスとエレーナ・フリアス・デ・チャベス。（イバン・アポンテ撮影）

2000年、プロセレス通りでの軍隊パレードで礼服を着る。（ヘスス・カスティーリョ撮影）

戦闘服姿のベネズエラ・ボリーバル共和国大統領ウーゴ・チャベス・フリアス。（ヘンリー・デルガード撮影）

軍服姿のベネズエラ・ボリーバル共和国大統領ウーゴ・チャベス・フリアス。(ヘスス・カスティーリョ撮影)

# 第3章　我が最初の実存的闘争

バリーナスの田舎からカラカスへ、世界は急激に変化した。首都に来たウーゴ・チャベスには仲間と朝まで飲みに出かける暇はもう無くなった。陸軍士官学校で、軍事教練の一日の開始を知らせる夜明けの起床ラッパで目を覚ます毎日が始まった。ルイス一派が乗り込んできて、反体制的軍人とリビア、イラク、北朝鮮、特にアルジェリアなどの政府と秘密につながっていたラジカルなベネズエラの突出左翼一派と連帯する、それが卒業後の計画だった。だが、一年目も二年目もこれと言って目新しいことがないまま時が経った。

「きつかったが、一度も辛いとは思わなかった[原注1]」

祖母のロサには頻繁に手紙を書き、いつも彼のあだ名と同じ名前の猫、トリビリンによろしくと付け加えていた。猫は祖母からのプレゼントだった。バリーナス出身の士官候補生は、頭角を現わし、トップの成績を上げるべく努力した。軍隊世界特有の出来事を経験するうちに彼の根性も鍛えられ、時が経つにつれその片鱗が現われる。

すでに二年生になっていたある晩、へとへとにさせられたまる一日の演習の後、彼に歩哨の番が回ってきた。午前一時に、三年生の候補生に引き継ぐことになっていた。

「候補生殿、候補生殿、起きてください。歩哨の番であります」

呼ばれた三年生は夢うつつで返事した。

「もう五分寝かしてくれ」

ウーゴは何度も行ったり来たりした。だが、三年生は同じ返事を繰り返すだけだった。三十分経ったが、交代兵は起きない。怒り心頭のウーゴは怒鳴った。

「あんたの行為は不謹慎だ！」

そう言うと、テントの支柱を取っ払い、寝ていた二人の兵士の上にテントが覆いかぶさった。歩哨の交代変じて、ボクシング試合となり、野営キャンプは大騒ぎになった。

「みんなさしさわり無く妥協している世界で自分の主義を貫くなんて、随分自信家だなと思った。そんな生易しい所じゃないからね、軍隊は。上官に反抗した者は通常、司令部から処分を受ける」

こう述懐するのは、厄介者の当番兵と並んで寝ていた将校で、フランシスコ・アリアス・カルデナス[訳注]である。彼は、十年後にこの青年や他の将校たちと、軍の実権を握ったら、誰の政府であれ政権を転覆させよう、という陰謀を企てることになるとは、夢にも想像していなかった。

つねに自分の情熱にこだわっていたチャベスは、軍事戦略と政治理論の勉強に、ベネズエラ史を採り入れた。彼の最初の師、ホセ・エステバン・ルイス・ゲバラが手ほどきしてくれた解放者シモン・ボリーバルの長い宣言を暗記し、同じく彼に教わった人物、ベネズエラ人左翼の代表とも目されるサモーラの「土地と人民に自由を、寡頭支配者に恐怖を」のモットーにも傾倒していた。彼はかなりの速さで軍隊が好きになっていった。

「初めてブルーの軍服を着た時すでに、俺は兵士なのだと感じた」[原注2]野球は単なる趣味へと変わって行った。彼の回想記にはこうある。士官学校一年生の時から、「軍服、銃、射撃目標、軍隊内秩序、行進、早朝訓練、軍事学、科学一般……どれも気に入った。中庭の奥にはボリーバルがいる……私は水を得た魚みたいだった。私の真の使命、人生の真髄、あるいはその一端を発見したようだった」[原注3]

同様の高揚感が、軍隊生活をまるで冒険物語のように綴った祖母への手紙にも表われている。「おばあちゃん、訓練で狂ったみたいに銃を撃っている僕の姿を見たら何て言うかな。まず、実戦射撃訓練場で、咄嗟の射撃、昼間攻撃、潜入訓練などをやった。そして仕上げに、実戦を想定した百二十キロの行軍に出た。早朝に敵が攻撃してきた。山岳用の外套を着ていないとぐしょぐしょになる。小さな村を抜けて進んだ。娘たちが羨望の眼差しで僕らを見ていた。小さい子は怖がって泣いていた……」[原注4]

一九七一年の暮れ、志願生から候補生への少数名の合格者の中に入った彼は二日間の休暇を貰う。ブルーの軍服に身を包み、白い手袋をはめて一人、カラカスの南に古くからある「南部共同墓地」に歩いていった。

「そこにラティゴ・チャベスが埋葬されているのを、何かで読んで知っていた。胸に引っかかってい

---

フランシスコ・アリアス・カルデナス：一九九二年二月四日のクーデターで陸軍マラカイ司令部空挺部隊隊長のチャベス中佐と共謀した陸軍中佐。一九九六年からスリア州知事を二期務めた後、チャベスと袂を分かち、二〇〇〇年七月の大統領選挙に立候補するが、ウーゴ・チャベスが三七〇万票（五九・四パーセント）で圧勝した。対立候補のカルデナス（急進大義党）は二五〇万票（三七・八パーセント）にとどまった。

たと言うか、あのようなお祈りまで作って誓いを立てた自分なのに、このままにしておいていいのか、疑問を感じていたのだ。……もう半分忘れかけ、兵士になりたいと思っている今の自分……それが嫌だった」。彼は、憧れのヒーローが眠る場所を探し当てた。そして、祈り、許しを乞うた。

「私は墓に語りかけた、あの場所を取り巻いていた霊たちに語りかけた。自らに語りかけた。こんな心で。『許してくれ、イサイアス。ぼくはもうこの道を行かないことに決めた。今ぼくは兵士になったよ』と。墓地を後にした時、私は解き放たれた」[原注5]

この歳で、自分の生き方をここまで大仰に演出するような人間は珍しい。会ったこともない野球選手を、ここまで神格化させるものとは何か？　何ゆえに兵士チャベスは、実の父親の墓前にいるかのごとく、死んでしまったアイドルに向かって話しかけるのか？　こうした行動は心理学的分析によって様々に解釈できるだろうが、おそらくその背後には、歴史上の多少なりとも英雄的な事件には何か秘密が隠されていて、偉大な事を成す運命にある人物は、あたかもそれを知っているかのように誓いを立てるものだ、という感覚がある。


ウーゴ・チャベスは野球もよくやったが、それはもう使命ではなく趣味でしかなかった。また時には絵も描いたし、機会があれば歌も歌った。「荒れ狂う馬……」で始まるリャノのバラードは、彼の十八番だった。チームは彼をエースと認め、「炎のサウスポー」と呼んだ。それでも決心は変わらなかった。しかし、少なくとも大統領ウーゴ・チャベスの回想録では、こんな話になっている。

「私は、兵士たる自覚を得ただけではない。私の政治的モチベーションが陸軍士官学校で開花したのだ。それが何時だったか、特定はできない。野球と絵と女性、というそれまでの私の夢と習慣が場所を

譲っていく過程で起きたことだ」[原注6]

後の彼自身の話から判断するに、[原注7]ラテンアメリカの左翼軍事体制に興味を抱きはじめたのも陸軍士官学校時代だった。それは、ベトナム戦争に巻き込まれたアメリカが、ラテンアメリカに押し寄せる国有化と改革の波を前にして、この地域での経済的主導権を失いつつあった時代であった。しかしながらアメリカは、右翼政権を支援し、左翼政権を妨害することで、執拗にラテンアメリカ諸国間のつながりを断とうとした。ベネズエラでは、キリスト教民主主義のラファエル・カルデラ政権[訳注]（一九六九年～一九七四年）が、南北間の不平等とイデオロギー的多数派主義を糾弾する立場を支持し、「国際社会正義」を提唱した。彼を引き継いだ社会民主主義のカルロス・アンドレス・ペレス[訳注]は一九七五年に製鉄業、そ

---

ラファエル・カルデラ・ロドリゲス：一九三八年に誕生したカトリック系の全国学生同盟（UNE）から発展した「国民主義行動」の指導者として頭角を現わした。一九四五年に民主行動（AD）が政権奪取で「選挙登録委員会（CIE）」を作り、翌年に「独立選挙政治組織委員会（コペイ）」を創設、ベタンクールと共に民主主義の確立に尽した。ベタンクール・ドクトリンを転換させてキューバ敵視政策をやめ、国内の左翼ゲリラとの闘争を終結させ、東側諸国との関係改善を行なった。一九九三年から一九九九年に再任したが、この時は社会不安を止められず、一九九八年に選挙で破れ、翌年二月二日、チャベスに大統領の座を譲った。

カルロス・アンドレス・ペレス：民主行動（AD）の政治家で、二度にわたってベネズエラ共和国大統領（一九七四～一九七九年、一九八九年～一九九三年）を務めた。あだ名は頭文字をとってCAP。第一次ペレス政権は石油価格の高騰による利益を鉄鋼生産拡大に投資し、電力供給を増やし、農業を近代化するなど経済発展を実現した。最大の業績は石油産業の国有化。だが最後には対外債務を積み上げ、一九八〇年以降ベネズエラは長期不況に突入した。一九八九年に再任した時は、公共料金を大幅に値上げし、首都でカラカッソと呼ばれる大暴動が起きたが、軍隊を使い鎮圧した。一九九二年二月、陸軍中佐ウーゴ・チャベスがクーデターを起こす。間もなく公金流用の疑惑が浮かび、一九九三年に任期途中で大統領を辞任した。現在は新聞等でしきりにチャベスを批判している。

して、それまでアメリカ、イギリス、オランダの国際石油資本の手の中にあった巨大な石油産業を国有化し、ここでベネズエラは世界第三位の原油生産国となった。

一九七一年から一九七三年にかけて、パナマの士官候補生グループがベネズエラ軍に編入してきた。その中に、陸軍中佐時代にクーデターで権力を握り、エリート資本家による国内政治支配に終止符を打つことに成功したナショナリスト政権（一九六八年～一九七八年）の総帥、オマール・トリッホス将軍の息子もいた。[原注8]

「候補生たちから聞いたトリッホス将軍やパナマ革命、そしてパナマ運河の奪還の話には強烈なインパクトを受けた[原注9]」

一九七三年九月十一日にチリのサルバドール・アジェンデ大統領が倒されたことにも動揺した。

「こうした左派潮流にシンパシーを感じていただけに、あのクーデターにはしびれた[原注10]」

しかし、彼が最も影響された模範になったのは、ペルーのフアン・ベラスコ・アルバラード将軍[訳注]による国家主義革命（一九六八年～一九七五年）であった。一九七四年、ペルー独立を決定づけたアヤクチョの戦い[訳注]百五十周年記念式典に出席するため、チャベスは九人の仲間とペルーを訪れた。

「当時二十一歳で、陸軍士官学校の最終学年にいたが、私にはすでに明確な政治的モチベーションがあった。青年軍人としてペルーの建国的革命を呼吸した感動的な体験だった。フアン・ベラスコ・アルバラードとも知己を得た。ある晩、大統領府に迎えてくれた……革命宣言文、あの人の演説、インカ計画、どれも何年もかけて読んでいたものだ[原注11]」

この八ヵ月後に右派のクーデターで倒れることになるベラスコは、この夜彼らに青い表紙の小型本『ペルーの国家主義革命』をプレゼントした。この本は、チャベスの愛読書となり幸運を呼ぶお守りになる。それからというもの、一九九二年の軍事叛乱で逮捕されるまで、常に鞄に入れて持ち歩き、参考にしていた。二十五年後、彼は『ボリーバル憲法[訳注]』を発布し、数百万部を印刷させたが、これはこのベラスコの本を真似たものである。

---

フアン・ベラスコ・アルバラード：一九六八年十月、国際石油資本とのスキャンダルで国民の強い不満を引き起こしていた人民行動党のベラウンデ政権を軍事クーデターで倒した将軍。過去の軍事政権とは違い、反米・自主独立を旗印に「ペルー軍事革命路線」による外国資本の国有化や第三世界外交を展開した。「農民よ、地主は二度とあなたの貧しさを食いものにはしない」と宣言し、大農園を解体し多くの土地を小作人に分与した。一九七四年に「インカ計画」を公表。ペルーの伝統的な地主寡頭支配の解体をうたい、第三世界の一員としてアメリカ一辺倒だった外交を改め、キューバやチリといった左派政権との関係を改善、ソ連との関係も深めた。また、インディオという言葉を廃止し、先住民をカンペシーノ＝農民と呼ぶようにし、任期の最後の年にはケチュア語を公用語とした。しかし、一九七五年、軍部と労組との衝突や、経済政策の失敗からタクナで軍事クーデターが起き、同年失脚、一九七七年に病死した。ペルー北部チョロの貧しい生まれで、学校には裸足で通ったという生い立ちもチャベスと共通している。

アヤクチョの戦い：一八二四年十二月九日、アントニオ・ホセ・デ・スークレ将軍率いる解放軍がペルーのキヌア村近郊アヤクチョ平原でスペイン植民地軍を破った戦い。この敗北でスペインは南米最後の領土を失った。一八七九年四月、パリ協定でペルーの独立が承認された。

ボリーバル憲法：大統領就任後の一九九九年にチャベス政権が制定した新憲法。国名をベネズエラ共和国からベネズエラ・ボリーバル共和国に改称、大統領権限の強化、一院制への移行などを行なった。無料診療制度を整備し、農場主の土地を収用して農民に分配する農地改革や、経済統制の導入、石油公団（ＰＤＶＳＡ）の管理強化など、反米・社会主義路線の色合いが濃い。

チャベスは、あれからおよそ三十年の年月が経った二〇〇二年に、彼を崇拝するチリ人ジャーナリストのマルタ・ハーネッカーとの楽しげなインタビューで語っている。

「トリッホスに会って、トリッホ主義者になり、ベラスコに会ってベラスコ主義者になった。ピノチェットに会って反ピノチェット主義者になった」

こうした人物を引き合いに出しながらも、影響された人物からサルバドール・アジェンデを除外しているのは、驚くには当たらないだろう。おそらくそれは、軍事的秩序をつねに大衆的現実より優位に置く態勢の中で築かれつつあった側面の一部分かもしれない。

トリッホスとベラスコから何かを得て、ウーゴ・チャベスは一人前の男になる。一九七四年の三月から九月にわたる日記には、ペルーの指導者に会った二十歳の若者の、コンプレックスなど無縁の、自尊心の塊のような姿が表われている。三年生になっていた彼は、移動作戦のオリエンテーション演習で部隊長を任される。そこでも自信満々である。

「私は、かなり控えめに見ても、ここまでなかなかうまくやって来ていると思う。部隊が私に大きい信頼を寄せていることが分かった」

彼の服務態度と野球試合の評価――平均点は百点満点で八十九点であるが――は細部にわたっている。タバコは吸うし――絶対やめなかった悪い習慣である――すぐに女の事を考える。西部劇映画『ウエスタン』[訳注]で見たイタリアの女優クラウディア・カルディナーレに触発されて『美しきイサベル像』と題する絵を描いた。名前は定かではないが、バリーナス生まれのある女にベタ惚れした。

「あの女の夢を見ては、覚めないでくれ、と思った」

というのは、多分その女が人妻だったからだ。士官学校の教会のミサには出た。アラウカという映画館によく行き、『パーティ』[訳注]などの映画を観た。同時に、ヌリーとマルッハの二人の女性と付き合っていた、と「ママ」こと祖母のイネスや家族のみんなが懐かしく話す。新しい軍服がとても気に入り、その特徴を細かく書いている。初めて落下傘降下したことも日記にある。何でも日記に書いた。

「降下をためらった同僚がいたが、中尉殿が仕方なく彼を突き落とした。私は聖母マリア様にどうか跳ばせて下さい、と祈った。跳んだ。空を落ちて行くのは恐かった」

几帳面な字を書く。固定観念の強い人間と言えるかもしれない。不思議に思えるかもしれないが、当時は古風で控えめなタイプだった。公的な発言でも下品な言葉を発する現在のチャベスとは対照的に、この頃の日記では、ベネズエラでよく言う「cojones（キンタマ）」とか「bolas（タマ）」とかの単語は使わず、「Redonditas（小さい玉ちゃん）」と表現している。私的な日記にしては、非常に気取ったところがある。毅然としていて、頑で、負けん気が強い面がある。同期が二人合格して、先を越されたのを知った時には、母親に「自分も明日受かって見せる」と誓っている。また、貧困の現実には胸を痛め、

---

『ウエスタン』：マカロニ・ウエスタンの巨匠セルジオ・レオーネが、米国ロケで撮った一九六八年製作の西部劇。シエラネバダ山脈の麓に四十万平方メートルの土地を購入し、山腹を切り開いて道を通し、八キロに及ぶ鉄道を敷設、駅や町を復元。鉄道に夢を賭けた善良な開拓民の権利を巡って、悪徳役人と殺し屋、謎の男が絡み合う単純な物語（原案はベルナルド・ベルトルッチ）だが、大ヒットした。出演は、チャールズ・ブロンソン、ヘンリー・フォンダ、クラウディア・カルディナーレなど。

『パーティ』：一九六八年製作のアメリカ映画。監督・ブレイク・エドワーズ、主演・ピーター・セラーズ。ハリウッド式パーティの風刺劇。

思いやりの気持ちを見せる。

「昨日、コーヒーを飲んだ店にまた行った。すると一人の女性が出てきてわれわれに挨拶した。子供を二人連れていた。子供らの顔は悲しみに溢れ、腹部は大きく膨れ上がっている。土が混じったパンしか食べられないから寄生虫だらけなのだろう。裸足で服も着ていない。このような光景に、私は体中の血が熱くなるのを覚え、この人たちのために、何でもいい、何かしなければならないと自分に言い聞かせた」

面白いことに、ウーゴ・チャベスは日記に、そのつけ方まで書いている。演習に出ている時は、ノートを膝の上に広げ、石油ランプか懐中電灯の灯りで書いた。日記を書く自分の姿を描写している。攻撃演習など、まるでチェ・ゲバラになったつもりで書いている。それはもう、ほとんど芝居がかっている。

「ゲリラ戦野営地も設定してあり、そこでわれわれは反体制歌を歌いながら、敵を待ち伏せた。実に楽しかったが、大声を出し過ぎたので喉が枯れてしまった」

翌日、一九七四年九月十四日の日記には、ある種の憤りをこめた思いが垣間見える。

「私と同世代の若者は今何をしているのだろう。こんな自己犠牲（軍事演習）も払わずに。連中はきっとディスコで女漁りしているにちがいない」

そしてすぐに、これからの人生設計を描くべく、新たな夢へと回帰する。

「われわれのやっている事を知ったら、連中はさぞかし、あいつらは頭がおかしい、と言うだろう。だが、私は狂ってなんかいない。私には、何を求め、何をしているのか、そして何のためにこの身を捧げているのかがよく分かっている。ここでチェの言葉が思い出される。『現在は戦いの時である。未来はわれわれのものである』」

その二日後は日記帳の最後のページだが、新型機関銃のテストの事が書いてある。

「射撃は本当に面白い。機銃掃射のダダダッという音がたまらない。撃鉄から指を離すのが惜しくなる」

一度だけだが、チャベスはルイス兄弟たちに、ブラジミールにバルキメタスの町で会えるかも知れない、と伝えている。休暇の時は日記を付けなかったか、少なくともこのノートには何も書かなかったようだ。しかし、バリーナスに帰る機会にはその都度、共産主義者の仲間の家に顔を出していたことだけは確かだ。友人のフェデリコは証言する。

「この頃になると、彼も私たちも別の次元で議論するようになっていた。すでにブラジミールと私は、カウサR訳注――ブラジミールはバルキメタスで、私はグワイヤナで――の活動家だったが、会えば延々

---

カウサR：急進正義党（La Causa Radical）元社会主義運動（ＭＡＳ）のアルフレド・マネイロが一九七三年に結成した革命的前衛政党志向の小党派。カウサとは主義、大義を意味する。誠実で献身的な活動家を多数擁し大政治に背を向け、貧民街と職場の中で活動した。一九八一年、シウダー・ボリーバル市の国有鉄鋼会社のストライキ闘争で民主行動党（ＡＤ）から執行部を奪取し一躍名を上げた。一九八二年にマネイロが死に、アンドレス・ベラスケスが党指導者になり、一九八九年にボリーバル州の州知事選挙に当選した。党新聞編集長のパブロ・メディーナは、チャベスの反乱計画に積極的だったが、ベラスケスは反対し、カウサRは協力を断った。一九九二年にチャベスの反乱が失敗するとカウサRはクーデター未遂を非難した。ベラスケスは一九九三年に大統領選に出馬、第四位で落選したが、党は躍進し下院で四十議席を擁した。その後、ベラスケス派とメディーナ派が対立、メディーナ派が脱党、「皆のための祖国」を結成した。以後カウサRは反チャベス色を強め、現在では民衆運動とは乖離した保守的政治路線を採っている。

と議論した。チャベスは陸軍士官学校での内部工作を支援してくれ、その動きをしっかりと監視してくれていた」

実際のところ、仲間のブラジミールとフェデリコは一九七一年、左翼政党カウサR――Rはラディカルを意味する――の指導の下で組合闘争に関わっていた。「カウサはフォルクスワーゲンの中で結成された」と昔からよく冗談を言ったものだ、とフェデリコは振り返るのだが、この党は最初、それほどに小さい細胞核だった。党の首魁はアルフレド・マネイロといい、哲学者で元共産主義ゲリラだった。後にチャベスはこの人物と出会う。

一九七五年、科学と軍事学の「博士号」授与の第一回式典が陸軍士官学校で開催された。この時にも、秘められた運命のめぐり合わせがあった。ウーゴ・チャベス少尉にサーベルを授与する役目がカルロス・アンドレス・ペレス大統領に回ってきたのである。微笑を交わしたか交わさなかったかの、ちらりと視線が合っただけの短い瞬間に、どちらもこの相手と再び相まみえる時がやって来るとは想像しなかったにちがいない。大統領からすれば、チャベスは一介の士官候補生に過ぎなかった。ウーゴは、全校生徒七十五名中の八番目で、首席グループに入っていた。取得したのは科学と軍事学の学士号である。部門は工学で専門は陸上。通信を専攻し、送受信部門に所属。シモン・ボリーバル運動の冊子は、簡単な人物紹介にそれぞれ似顔絵が付いていて、その多くがチャベスの描いたものなのだが、この中で彼の同志たちは、チャベスの「人付き合いの良さ」、野球のピッチャーとしての能力、そして「彼が歌うホローポ、コリード、パサッヘ[訳注]は情景が絵画的で手に取るようで、歌詞もなかなかに機知に溢れていて、彼にとってのリャノの大地の存在感が聴き手に伝わり、カリブ沿岸までとどろくようだった」

と手放しに評価している。

幸運が向いて来た。ある月、彼は故郷のロス・リャノス地方に転勤になった。六〇年代のベネズエラは、「暴力の時代」として知られる十年間であったが、その初頭に、対ゲリラ対策として陸軍が設置した部隊の一つである通信部隊の監視責任者として赴任することになった。すでにこの頃、バリーナス州でも、またほぼ全国的にも、目立ったゲリラ活動の痕跡は無くなっており、破壊活動分子の大部分は宥和政策に取り込まれ、武装解除していた。そうした事情から、仕事は毎日同じ事の繰り返しであった。マイクを握っては得意の美声を響かせて、ラジオ番組を流したり、日刊紙『エル・エスパシオ』に、「セデーニョ12・愛国的文化プロジェクト（Proyección Patriótico Cultural Cedeño12）」なる、いわゆる軍人流のごてごてした内容のコラムを毎週執筆していた。この時期にもう一つの目標、彼の一大目標を設定する。権力、である。二十一歳にして、ウーゴ・チャベスは一介の軍人にとどまろうとはしなくなっていた。そして彼は、同郷の友人であるラファエル・シモン・ヒメネスの語るところによれば、クーデターという発想をちらつかせ始めるのだ。

「バリーナスの町で私を見つける度に、車から降りて声をかけてきた。『おい兄弟、どうだい？』私が

---

ホローポ（Joropos）、コリード（Corridos）、パサッヘ（Pasajes）：ベネズエラ平野地方の農民や労働者の間で伝統的に歌われてきた歌謡の種類。ホローポの代表的な楽曲「アルマ・ジャネーラ」は、ベネズエラの隠れた国歌と言われる。楽器は独特のハープ、スペインのギターが由来の弦楽器のバンドーラとクアトロ、唯一の打楽器マラカスだが、現代では、ギターやフルート、クラリネット、ピアノも使う。スペイン人、アフリカ人奴隷、土着のベネズエラ人の異なる文化の影響を受けていることから、ホローポはベネズエラ人そのものだと言われる。

『そっちはどうだい？』と問い返すと、『ご機嫌だよ、そろそろ二〇〇〇年になるからな』。そしてこう言うのだった。『二〇〇〇年までには将軍になって、この国のごたごたを片付けてやるさ』」

　歴史好きな彼は、ベネズエラの過去にこうした冒険劇を数多く見出したのかも知れない。十九世紀だけで、ベネズエラには「政治問題をめぐって百六十一回の武装闘争があり、そのうち三十六回が、政府の転覆を目的とした、ある程度重要な革命闘争であった」[原注12]。二十世紀に入ってからこの時点まで、成功したクーデターは五度、失敗は八度を数えている。

　しかし、チャベスが真剣に策動を開始した決定的な年は、一九七五年ではなく一九七七年である。彼は通信将校として、ベネズエラ東部アンソアテギ州サン・マテオにある作戦本部（COT）に配属になった。彼は、十月二十二日のノートに「対ゲリラ作戦を担当したのはこれが初めてだった」[原注13]と記し、「私は意味の無い任務を果たしているのだが、取り組み方次第ではとてつもなく大きく生産的な任務にもなり得る」と考えていた。ブランコ・ムニョス[訳注]が一九五五年に指摘しているように[原注14]、ここでは三人のゲリラ容疑者をバットで殴打したことに抗議して軍情報局を退役したある大佐との対立が続いていた。

　彼の個人的な日記には、彼の中でいかに政治的企図が煮詰まっていたか、歴史的使命を背負った宿命にある者として、いかに自分を見ていたかが、事細かく書きつけられている。十月二十五日の日記には、チェ・ゲバラの「ベトナムを。ラテンアメリカにもう一つのベトナムを」そして、ボリーバルの「来るのだ。戻って来るのだ。ここに。われわれにはできる」という言葉を引用している。さらに、このような物語の主人公になりきってもいる。

「この戦争は何年も続く……私は戦わねばならない。命を賭してでも。命が何だ。このために生まれてきたのだ。どれだけ待てばいいのか？　私は無力だ。何も生み出せていない。準備しなければならない。動き出すために」

二日後の日記にはこうある。

「国民は動かない。受動的だ。誰が警鐘を鳴らすのか？　巨大な炎を燃やさねばならない。薪は湿っている。状況が無い。状況が無い。状況が無いのだ。こんちくしょう！　状況はいつ生まれるのだ？　創り出せ。状況が無い。主体はある。対象が無い。ダメな言い訳だ。われわれはこんな有様だ」

状況が生まれないのは、ベネズエラが政治的安定期の空気にあったからである。民主的選挙は四度にわたり行なわれていた。ふんだんな石油の海を行く順風満帆の経済。通貨ボリーバルは強く、ドルは安く、分厚い中間層は豊かな生活を謳歌していた。一定の社会的変化に伴い、下層階級も将来に希望を見出していた。ペレス大統領の第一期政権は、ポピュリスト〔訳注〕と目される政策を行なってきており、

---

アグスティン・ブランコ・ムニョス：ベネズエラ大学教授で社会科学博士。『インテント』誌主幹。現在『現代ベネズエラにおける革命、民主主義、社会主義研究計画』研究員。一九五八年から一九八〇年にかけてのベネズエラの暴力支配の歴史に関する著作多数。

ポピュリズム（Populism）：大衆主義、民衆主義または衆愚政治という意味あいも持った政治手法。一般的に既得権益を制限し、民営化、規制緩和、減税、労働者層への厚遇など、左派的政策を行う。特にラテンアメリカでは歴史上、ポピュリスト政権が多く出現した。アルゼンチンのペロン政権、ボリビアのパス・エステンソーロ政権、ペルーのフジモリ政権など、カウディーリョ（総統）、軍人、実業家、学者などや、先住民や貧困階層により支持されたカリスマ的指導者が登場した。議会制民主主義には消極的で、大統領の権力で強硬政策をとることが顕著。現代では、日本の小泉政権、ロシアのプーチン政権、イランのアフマディネジャド政権などもその一種とする見方もある。

特に数ヵ月来、メディアが突きつける証拠から政権内部の腐敗は隠しおおせなくなってきていた。「第二のサウジ」と異名をとっていたベネズエラの石油成金たちはマイアミで贅沢三昧しており、叛乱の可能性など無かった。

ウーゴ・チャベスの日記の行間には焦燥感と苛立ちが溢れている。そこには、ナショナリズムとアメリカに対する反感が表われている。彼がファンである野球チームのマガヤネス・ナベガンテスが試合に負けた。そこでこう書いている。

「もう野球ファンではなくなった。野球は自分たちのものではない。これだってアメリカ人のものだ。ホローポが聞こえる。私たちの音楽だ。これも外国の音楽に踏みにじられている」

唯一の救いは、あの英雄的な過去をしっかりと取り戻すことだと考え、「アイデンティティーの欠如」を憂い、ベネズエラ社会の消費文化に疑問を呈している。ウーゴ・チャベスは二十三歳になったばかりだった。彼は、故郷バリーナスの娘、ナンシー・コルメナレスと結婚する。彼の女友達の話では、ナンシーは妊娠しており長女の出産を控えていた。しかし、彼のメモではこの事には政治に匹敵するほどの関心は払われていない。

日記のページには、彼自身の中の矛盾を増幅しかねないゲリラ闘争を支持するようなことは書いていない。[原注15]「兵士募集」でベネズエラ東部のアルソアテギ州の州都バルセロナの町にいた時、負傷した兵士たちが戻ってきた。チャベスはそのうちの一人の面倒を見たが、その後兵士は病院で死んだ。一九九九年にガブリエル・ガルシア・マルケスに告白したところによれば、彼はこの夜「最初の実存的闘い」に突入したと言う。

「俺は何のためにここにいるのだ？　一方では軍服を着た農民が農民ゲリラを拷問にかけている。もう一方では農民ゲリラが軍服を着た農民を殺している。彼らの水準に立てば、この戦争で、誰に対しても銃を向ける意味など無かった」[原注16]

この直後、リャノ出身の三人の兵士と最初の秘密組織を作る。

「組織名を決めた。ベネズエラ大衆解放軍。頭文字を略して、エコリマパパビクトルだ」[原注17]

またこの時期に、これも東部にあるマトゥリンに転勤になる。ここで、友人で昇級仲間のヘスス・ウルダネタ・エルナンデス[訳注]と邂逅したチャベスは、彼に活動への参加を提起する。チャベスによれば、ウルダネタは仲間のヘスス・ミゲル・オルティス・コントレラスとフェリペ・アコスタ・カルロスにこの件を話すと約束した。彼らは数年後、ボリーバル革命軍（ＥＢＲ）の結成に参加する。

「これが、われわれが踏み出した第一歩だった」とチャベスは語っている。[原注18]

しかし、彼の「最初の実存的戦い」の一ヵ月前にすでにカードは配られていた。農民への拷問とゲリラ闘争に対する立場を鮮明にしたこととは別に、チャベス少尉はすでに陰謀を決意していた。一九七七年九月十八日、友人のフェデリコ・ルイスが、彼とカウサＲの書記長アルフレド・マネイロ、指導者のパブロ・メディーナとの会合の労をとった。彼らは、チャベスがマラカイの陸軍基地の向かいに秘密に

---

ヘスス・ウルダネタ・エルナンデス：ベネズエラの軍人・政治家。ボリーバル革命運動２００の創立メンバー。一九九二年のクーデターでチャベスが降伏宣言をした後も抵抗し続けた。その後、チャベスの第五共和国運動党（ＭＶＲ）に加わり一九九八年の選挙戦を戦った。チャベス政権の内務警察（ＤＩＳＩＰ）長官を務めた後、二〇〇二年からグアリコ州知事となるが政界を引退、二〇〇四年の国民投票ではチャベス反対派にまわった。

借りていたアパートで密かに会った。そこで、ホワイトチーズと揚げバナナ入りスパゲティを作りながら、同盟関係のメニューも準備したのである。フェデリコが振り返る。

「アルフレドは、やるべきことは組織を強化し、革命運動を上から下の伝統的なやり方とは逆に、下から上に広げることであるという考え方をチャベスに植えつけようとした……この会合で、マネイロはウーゴに言った。『たった今、君の銃と僕のコピー機を交換しよう』。ウーゴは何も言わなかった」

兄のブラジミールは、政治指導者マネイロがコピー機の話で言いたかったのは「思想の再生産の必要性」だったと強調する。パブロ・メディーナが回想する。

「あの痩せた、短髪で軍服姿の男との話し合いは非常に短時間で、何よりもチャベスはとても口数が少なかった、発言したのはほとんどアルフレドで、彼はチャベスに、陸軍では生き残れ、ミスを犯すな、そして二大政党体制が固定したベネズエラではこれから長い政治的安定期が始まる、だから絶対あきらめるな、などと助言した」

この出会いをチャベス自身はこう語る。

「マネイロがこう言ったのをはっきり覚えている。『テーブルの四つの脚は手に入れた』。グワイヤナの労働者階級が一本の脚、そして一般大衆、知識階級と中間層、四本目の脚が軍隊だ。私は付け加えた。『一つだけ諸君にお願いしたい事がある。ここで話している事はどれもすべて今すぐの事ではなく、中期的な、ここ十年をかけてやる事だということを共に確認してもらいたい』[原注19]」

フェデリコは「この話し合いは双方にインパクトを与えた、ウーゴは、アルフレドの話から経験値と知識と、哲学者でもある彼の緻密な思考に影響された。一方、アルフレドはウーゴの度胸に強い衝撃を受けた」

　別れの時間が来た時、マネイロはフェデリコの肩に手をやり、そっと言った。

「俺たちは、この少尉と一緒に何かできると思うよ、そうだろ？」

　フェデリコが答えた。

「もうすぐだな。スパゲティを作ったようにな」

# 第4章　陰謀を企む男

分かっている限り、ウーゴ・チャベスの二重生活は二十三歳の年に始まっている。軍の上官の前では、従順で規律正しく振る舞っていた。家族の前では、母親も言うように、常に「中立」を装い、政治とは完全に無縁なように見せかけていた。しかし、裏では別人であった。左翼仲間と付き合い、友人のルイスと政治の将来について議論し、陰謀を企て、軍隊内での仲間作りにとりかかるべく見込みのありそうな人間を見つくろっていた。軍の文化活動では、マイク片手にその直感力、雄弁、情熱、先天的ともいえる千両役者の資質を大いに発揮していた。彼は計算の上で演じていた。軍隊で、その魂胆を疑う者は一人もいなかった。

生まれつきの不眠症で、しかもコーヒー中毒のウーゴ・チャベスは、大衆運動の炎をいかに燃え上がらせてやろうかと夜明けまであれこれ思いめぐらしていた。また、妻のナンシーのことも思った。時には両方を同時に思った。一九七七年十月のある夜、彼はタバコに火をつけて、詩を書きつけた。

「僕のネグラ（黒人女）は遠くにいる。一緒にいたい、温もりに触れたい、君と幸せに過ごしたい。愛しているよ、本当に。君無しでは辛すぎる。マミ、きっとうまく行く。待っていておくれ」

そして突然、反体制歌のような詩を書きなぐっている。

「きっとある日、君を連れて来る。共に学ぼう。共に勝利しよう。あるいは、共に死のう。この戦いは長い」

アルフレド・マネイロが評価した度胸の良さは、その若干の挑戦的姿勢にも片鱗が見える。一九七八年、チャベスは陸軍中尉に昇進し、カラカスから百五キロ、ベネズエラ東部の都市マラカイに転属になった。相変わらず、機会があればいつもバリーナスに帰っていた。

国政選挙があった年、たまたま故郷に戻っていたチャベスは中学時代の級友ラファエル・シモン・ヒメネスが手伝っていた社会主義運動[原注1]（Movimiento Al Socialismo、ＭＡＳ）の選挙活動に、あろうことかついふらふらと手を貸した。

「ある晩のこと、われわれは社会主義運動の第二候補ホセ・ビセンテ・ランヘル（現副大統領）の宣伝ポスターを貼って回っていた……すると、彼がフォルクスワーゲンに乗って、これもわれわれの友だちでチャベスの士官学校入りに最も影響したビクトール・ペレス・バスティーダス大尉と一緒に通りがかった。二人は揃って車から降り、軍服姿のまま宣伝ポスター貼りを手伝ってくれた」

これは上官に知れた場合、厳罰に処されるか、または軍追放になるほどの重大な規律違反であった。

陰謀の決意を持っていたのは、サバネタの中尉だけではなかった。数ヵ月経ずして、彼はこの頃同じ考えを持っていたフランシスコ・アリアス・カルデナス、その次に空軍司令官のウィリアム・イサーラと接触する。イサーラは、ハーバード大学で学士号を取得したが、その間に「空軍革命論」に取り組んでいた。一九七〇年に帰国した彼は、四人の将校と共に「真正社会主義体制の定着」を志向するＲ－83（一九八三年の革命の意）という秘密組織を作った。[原注2] 彼は「権力奪取は武力によってなされる。クーデターを敢行し、軍事独裁政府を樹立する。非常事態宣言を発し、債権を凍結し、一切の公的権力を廃止する処置をとる」とした。[原注3]

イサーラ空軍司令官は、キューバがアメリカ帝国主義の強い支配下にあったラテンアメリカへの革命の輸出に傾注していた六〇年代、フィデル・カストロの元警備隊長だったキューバ人、アントニオ・プリオネス・モントト[訳注]の死に強く影響を受けていた。ブリオネスは一九六七年にキューバで訓練を受けていたベネズエラ人ゲリラの上陸作戦失敗の際に捕らえられた。ゲリラ隊はベネズエラ海岸に接岸するや否や地元権力に捕まった。[原注4]イサーラは、著書『革命を求めて』の中で、捕虜のモントトを自らが尋問した時、彼から影響を受けたこと、そしてその数時間後に、殺害された捕虜の顔が銃弾で破壊され、見分けがつかなかった、ことを記している。そして、逃げるか処刑されるかしか選択の余地が無かったモントトは、後者を選んだのだ、と明言している。

カストロがラテンアメリカ地域のゲリラを支援したのはこれが最初ではなかった。すでに一九六一年の終わり、カラカス政府は、キューバによる国内極左グループ[原注5]への公然とした後押しに関連して、ハバナとの外交関係を断絶しており、一九六三年にフィデルがベネズエラの反逆分子に送った武器輸送船が拿捕された事から、一気に米州機構によるキューバに対する厳しい貿易封鎖と経済制裁、そして孤立化を決定づける処置が科されることになった。[原注6]キューバ革命の過激化と内政干渉を前にベタンクール政権と――一九六二年に二度の極左色の強いクーデター未遂事件を経験していた[原注7]――その後継内閣で元来革命派のラウル・レオーニ政権は、自分の党「民主行動党（ＡＤ）」の戦闘部隊が共産主義者と連帯し「アデコ（ADECO＝ＡＤ＋コミュニスト）」と呼ばれるほどであったが、どちらもより中央集権的に方向転換した。キューバの地域ゲリラ支援は約十年間続けられた。一九六六年七月からベネズエラに潜入していたアルナルド・オチョアなどといったシエラ・マエストラの司令官たちの撤退をカストロが決定したのは一九六九年の八月になってからである。この頃、チャベスはまだ思春期にさしかかったばかりであった。

「私は十三歳で、チェがボリビアにいて包囲されている事をラジオで聞いた。まだ子供だったから、どうしてフィデルはヘリコプターで助けに行かないのだろうか?……フィデルはそうすべきだ、と思ったものだ。子供っぽい考えだったが、完全にゲリラと同じ立場だった。バリーナスにいながら、この二人の指導者に同志的な連帯感を抱いていた」

二〇〇四年、ベネズエラ大統領は当時展開されていた闘争に影響を受けたと明言している。[原注8]

「六〇年代の戦いは、かくして深く刻まれ、その生み出したものは私たちにまで染み込んだ」[原注9]

ゲリラと共闘していた左派軍人が、一九六二年に起きたカルパナッソそしてポルテニャッソ[訳注]と呼ばれる地方を震源地とした二つの叛乱の主役で、[原注10]マルクス主義者による叛乱はかなりの期間にわたりべ

---

アントニオ・ブリオネス・モントト：キューバ革命軍将校。一九六七年五月にベネズエラのマチュルクト海岸への上陸作戦で殺された指揮官。一九三九年生まれで、バティスタ政権時代に十七歳でカストロの七・二六運動に参加、逮捕投獄された後、アメリカに亡命、メキシコに国外追放される。マイアミからキューバ潜入を準備中にキューバ革命が勝利。帰国後、内務省を経てキューバ革命軍特殊部隊中尉となる。一九六七年五月、ラテンアメリカ解放作戦の主要目標であるベネズエラ侵攻作戦を指揮したが、上陸時にマチュルクト海岸でベネズエラ軍に捕らえられ、逃亡を図り射殺された。二十八歳。キューバでは英雄的存在。

ネズエラを混乱させながらも、やはり崩壊していった。六〇年代後半は、ただ「暴力の季節」としてしか記憶に残っていない時代であり、その歴史を若干振り返ってみても生き残れたのはわずかで、ソ連路線からの逸脱を理由に一九六六年にベネズエラ共産党（PCV）を除名された後、民族解放武装勢力（FALN）を創立した不滅のゲリラ指導者ダグラス・ブラボー[訳注]もその一人である。

「共産党から除名されたのは、われわれがシモン・ボリーバル、シモン・ロドリゲス、サモーラといった先駆者たちの基本理論を復権させたからであり、その立場がソ連派の理論と対立するものだったからだ」[原注11]

ラファエル・カルデラ大統領政権（一九六九年〜一九七四年）の宥和政策への協力を拒否した元過激派ブラボーはこう指摘する。

一九五七年、共産党が立てた陸軍への接触戦術に従って、ブラボーは企てに引き入れたい将校のリストをウィリアム・イサーラに渡すことから始め、国内外の政治組織につなげていった。ベネズエラ・ゲリラに対する国際支援の基盤は基本的にキューバとアルゼンチンであった。また、よく知られた元ゲリラ指導者たちの証言によると、規模は小さく散発的ではあったが、リビア、ベトナム、北朝鮮、イラクからの支援もあった。一九八〇年から一九八五年の間、秘密裏にハバナ、バグダッド、トリポリを訪れたイサーラは、これらの政府のことを称え、こう語る。

「彼らの経験は、われわれの権力獲得とそれ以後の政権の発展に役立てることのできる貴重な教訓になった」[原注12]

空軍将校イサーラは、トリポリでムアンマール・カダフィと会見し、それ以降も幾度か会うことにな

る。さらに一九八〇年にメキシコ、ロンドン、バルバドスでキューバ大使館員とも接触したと明言している。[原注13]

イサーラのグループ（一九八三年以後、現役軍人革命同盟《Alianza Revolucionaria de Militares Activos：ARMA》と名乗った）は、一九八〇年に向かって、当時陰謀に参加し士官学校内での同志獲得活動を行なっていた士官学校教官で陸軍中尉のフランシスコ・アリアスと接触を開始した。

アリアスは証言する。

「カダフィの経験を学ぶためラテンアメリカの兵士数人と組んで私をリビアに送る計画もあった。これは政治的秘密工作だった。一ヵ月の休暇をとることにした。スペインあるいはヨーロッパのどこかの基点を経由して、政治工作訓練所に入る予定だったが、とりわけリビアの経験を学ぶ目的だった。私は陸軍の誰かと出発することになっていた。（リビア行きは）が、結局実現しなかった」

カルパナッソとポルテニャッソ：ロムロ・ベタンクール政権下で起きた陸軍左派軍人の二つの叛乱。カルパナッソは一九六二年五月四日にスクレ州のカルーパノで起こり、翌日には政府軍に鎮圧され、兵士、民間人を含む四百人が逮捕された。ポルテニャッソは同年六月二日にカラボボ州のポルト・カベリョ海軍基地で起きたが、翌六月三日に死者四百人、負傷者七百人の犠牲者を出して鎮圧された。

ダグラス・ブラボー：ベネズエラのゲリラ活動家。一九三二年生まれ。一九四六年にベネズエラ共産党に入党し、一九六五年に除名された。一九六六年にベネズエラ革命党（ＰＲＶ）を指導、一九七〇年代中頃まで民族解放武装勢力（ＦＡＬＮ）を指揮した。強固な反帝国主義者でゲバラと親交が厚く、ソ連共産党路線に思想的に対立した。一九五八年のプント・フィッフォ協定による大衆疎外に抵抗する革命戦略としてチャベスらの軍将校の組織化を図った。彼の、学生・インテリゲンチャ組織「第三の道」が一九九二年十一月のクーデターに関与し、逮捕されたが、翌年釈放された。

このアリアスは、ウーゴ・チャベスとともに一九九二年のクーデター首謀者になる。このように、陰謀に加わっていた将校たちはダグラス・ブラボーとその仲間と頻繁に通じるうちに、互いにつながり始め、徐々にネットワークを構築していく。彼らの参考文献の一つは、カダフィが書いた『グリーン・ブック[訳注]（Green Book）』であった。

ウィリアム・イサーラとウーゴ・チャベスは一九八一年に知り合ったが、チャベスがこの時期に、間もなくチャベスの下につくことになるアリアスと同様に外部組織を形成する提案を受けていたかどうかは明確ではない。アリアスはダグラス・ブラボーの配下の一人を通じて行動したと証言する。[原注14]彼はこう言われた。

「一人で行って士官候補生たちの意識を高めてもらいたい。他にも単独で動いている者がいる。団結すべきではないか？　一つの方向に向かって力を合わせるべきではないのか？」

当時、民族解放武装勢力（ＦＡＬＮ）解体後にブラボーが設立した非合法のベネズエラ革命党（ＰＲＶ）は不満分子将校間の動力伝達ベルトのような役割を果たしていた。アリアスは言う。[原注15]

「われわれは、軍および国内における構造的変革のプロセスを促進する組織の結成を図る必要があるという点において一致し、ボリーバル革命軍[訳注]（ＥＢＲ）に参加する決意を固めたのもこの時だった」

ブラボーとチャベスはまだ個人的には知己が無かったが、軍隊内活動の鍵とも言える影響力を持つ不滅のゲリラ戦士ブラボーは、時を経ずしてリャノ出身の憂国将校と接触を果たす。

ウーゴ・チャベスは物理学の教授だった兄のアダンが、彼の政治活動に最も影響を与えたと認めている。

「彼は私の人間形成に大きく関わっている。兄はメリダにあって左翼革命運動[訳注]（ＭＩＲ）[原注16]の闘士だった。私はその事を知らなかった。ただ、兄と仲間連中がみんな長髪で、中には髭をたくわえているのは気になった。短髪で軍服姿の私は、いかにも場違いに見えた。この仲間はとても居心地が良かった」[原注17]

その後、将校チャベスは実はベネズエラ革命党（ＰＲＶ）に入っていた兄の活動内容を知る。ダグラス・ブラボーはこう指摘している。

「チャベスは国軍で活動していた叛乱将校たちと一九八二年に合流した」[原注18]

これは、軍隊に弟がいると党に連絡したアダンを介して実現した。そこで、アンデス大学の教授で、アダンたちのグループの闘士でもあった人物を介して、チャベスとブラボーが出会う運びとなった。元ゲリラ戦士ブラボーは語る。

---

グリーン・ブック：リビアの国家元首格、ムアンマール・カダフィ大佐が著した政治論文。独自の第三世界政体を提唱し、それをジャマヒリヤ体制（人民共同社会体制）として制度化した。その第三世界理論はイスラム教の教義と社会主義思想を基礎理念としているといわれる。リビアは一九七七年、人民主権宣言により国家元首の概念無き「ジャマヒリヤ体制」に移行し、国名を「社会主義人民リビア・アラブ・ジャマヒリヤ」と改称した。

ボリーバル革命軍：第五共和国運動党（ＭＶＲ）の原点となった秘密組織。シモン・ボリーバルの命日一九八二年十二月十七日に結成された。この日、マラカイ広場で記念行事が行なわれ、チャベスは一千人余の軍人を前に演説、「もしボリーバルが生きていたら、おそらくわれわれが彼の夢を実現していないことに異議を唱えるのではないだろうか」と訴えた。その後、同志と共にアラグア州のサマン・デ・グエレに赴き、サマン（アメリカネム）の木の下で、ボリーバルの「モンテサクロの誓い」に倣い「父なる神のために、祖国のために、自分の名誉のために、権力者の意志によりわれら国民がつながれている鎖を断つまでは、自分の魂に安らぎを与えず、腕にも休息させることはない」と誓った。

「われわれは、長期戦略で革命的蜂起を準備する軍民運動を形成するという基盤の上で手を組んだ」[原注19]チャベスは、後にボリーバル運動を振興させる思想的核として提唱することになるものを、ブラボーからつかみ取っている。それがボリーバル、チャベスの師シモン・ロドリゲス、連邦主義者エセキエル・サモーラの三人の思想と実践に根ざす「三つの根から成る木」[訳注]（Árbol de las Tres Raíces）である。ダグラス・ブラボーとの地下活動で、ホセ・マリアまたはチェ・マリアという組織名を名のっていたウーゴ・チャベスは、この伝説的革命家と数年間頻繁に会合を持った。その中で、ブラボーの考え方を自分のものにしていくのである。

「われわれが採用した歴史的観点の主要概念はベネズエラ革命党に根ざすものだ。これは否定し難い」とアリアスは明言する。[原注20]チャベス主義の分析研究者であるアルベルト・ガリードも、十年後に決起することになる軍人運動がダグラス・ブラボーに触発されたのは間違いないと言う。

カルロス・アンドレス・ペレス政権（一九七四年～一九七九年）の終わりの数ヵ月は、腐敗スキャンダルに終始し、反対勢力の勝利への道を整えてくれた。ベネズエラ国民は、一九七八年十二月の大統領選挙で、政権交代の過程で対外負債の「担保」となった国家を自分が引き受ける、と約束したキリスト教民主主義のルイス・エレーラ・カンピンスを信任した。ペレス政権時代に石油景気を謳歌した「サウジ・ベネズエラ」は今や痩せ牛同然であった。原油価格の下落は深刻な事態に陥った。一九八一年に一千九百三十億ドルあったベネズエラの石油輸出額は、一九八三年には一千三百五十億ドルにまで減少していた。これと平行して、急激な外貨の流出が認められた。国庫の中身は減り続け、対外負債は三千億ドルを超過した。

一九八三年は陰謀を企む軍人たちだけではなく、ベネズエラ国民全員にとっても一つの転換点になろうとしていた。支払不能状態に瀕した政府は、数十年来実施されたことのない貨幣の切り下げを行ない、ドル売り規制を断行せざるを得なくなった。一九八三年二月十八日のこの日は、ベネズエラの歴史において「暗黒の金曜日」[訳注]として記憶されている。エレーラ・カンピンス政権は、腐敗事件に彩られた再起不能の経済危機政権であり、社会民主主義政党の政権復帰で決着することになる。「失われた十年」[訳注]として知られるラテンアメリカの深刻な経済不況がベネズエラをも巻き込み、経済危機の時代が続い

---

左翼革命運動（MIR）：一九六〇年創立のベネズエラ左翼政党。民主主義行動（AD）の青年部のメンバーが一九五九年にキューバ革命指導者フィデル・カストロのカラカス訪問で大きな刺激を受け、先鋭化しADから独立して新党を結成した。「反軍国主義、反封建主義の旗を明確に、国民をマルクス主義革命に導く」ことを綱領にした。一九六〇年代はベネズエラ共産党と共に武装ゲリラ闘争を続けたが一九六八年、議会主義派、過激ゲリラ派、穏健派ゲリラ派に分裂した。一九八〇年代に入ると社会主義運動と共闘するようになり、事実上解体した。

「三つの根から成る木」（Árbol de las Tres Raíces）：ボリーバル革命という名称は解放者シモン・ボリーバルの名に因んでいるが、一九九五年にチャベス大統領は「ボリーバルのみがわれわれの思想と戦略の最高峰ではない。思想的、象徴的、歴史的な立場を広げるために、ボリーバルと共にシモン・ロドリゲスとエセキエル・サモーラの二人の思想を加え、関連するこの三者の思想を一つに体系化できる」とし、ボリーバル革命思想を樹木の根に喩えて「三つの根から成る樹木」と称した。

暗黒の金曜日：カンピンス政権下の一九八三年二月十八日、ベネズエラの通貨ボリーバルが切り下げになった日。これ以降ボリーバルは急落を続け、一米ドル＝四・三〇ボリーバルから二一五〇ボリーバルへと劇的に下がった。最大の原因は、原油価格の低下により石油輸出が三十パーセント減少したことにある。外貨が対外負債返済に流れ、外貨交換は制限され、銀行貯蓄引き出しも凍結され完全な経済パニックに陥った。

た。

ウーゴ・チャベスにも危機が訪れる。この頃、彼はまさに生きる方向を曲げて、国家への軍事的冒険をやめにしようとしていた。軍を退役することを考えていたのだ。バリーナスに戻った時、旧知のホセ・エステバン・ルイス・ゲバラにこの話をした。

「ゲバラはチャベスに、『だめだ、軍に残れ。軍隊なんてクソだと言うが、残ってそのクソを取り除くんだ！』と言った」

当時大尉だったウーゴ・チャベスは師の助言を聞いて軍にとどまり、一九八一年から一九八四年まで、専属将校兼ベネズエラ軍事史教官として勤務し、軍内部と陸軍士官学校の教室で、後輩たちとの活動を開始した。イバン・ダリオ・ヒメネス将軍は語る。[原注21]

「あそこには在学生や士官候補生の中から同志を募る機会があったし、後に彼の計画の実行者になる者も出てきた。叛乱の計画やこうした行為に関係する動きがあることを子弟から聞いたと父兄が校長のところにねじ込んできたとも聞いていた」

バリーナス出身の将校はこの年に、その後ボリーバル運動へと変貌していく小さな集まりを陸軍士官学校の中に形成したのであった。

一九八三年の十二月十七日は特別な日である。少なくとも、シモン・ボリーバルの命日に当たるこの日の午後一時にマラカイ広場に集まった四人の将校にとってはそうであった。たまたま、この前日に弁士が指名されていた。指名されたのはウーゴ・チャベスだった。一千人余の聴衆が集まっていた。チャベスはキューバの革命家ホセ・マルティの言葉の引用から始めた。

「アメリカの空の上からわれわれを見守るボリーバルは哀しそうだ……それは、彼がなし得なかったことが今もなされていないからである」

彼は三十分間、リベルタドール（解放者）の生涯について語った。そして、自分に問いかけ、聴衆に問いかけた。もしボリーバルが生きていたら、おそらくわれわれが彼の夢を実現していないことに異議を唱えるのではないだろうか。多くを語ろうが、語るまいが、彼を超えるのだ。

「チャベス、あなたはまるで政治家だ」

演説を聴いた連隊長は、ボリーバルを記念して将校たちに自由行動の許可を与えた。

チャベスは出世仲間のヘスス・ウルダネタとフェリペ・アコスタ、一年後輩のラウル・バドゥエルと共に、その場を後にした。アコスタが駆けっこしようと言い出した。全員リャノ出身の四人は、ボリーバルがよく身を休めていたと言われる有名なサマン（アメリカネム）の木「サマン・デ・グエレ」の下まで一気に走っていった。

---

「失われた十年」：ラテンアメリカでは、八〇年代からアメリカ主導型の規制緩和、減税、社会保障の削減、民営化による経済成長を追求する新自由主義が席巻した。各国では、一九六〇年代より輸入代替工業化が進められたが失敗し、八〇年にはラテンアメリカの対外債務は、七〇年の十二倍以上の二千五百億ドルとなった。国際通貨基金（IMF）や世界銀行、多国籍金融機関は返済不履行債務を繰り延べる替わりに、厳しい条件を債権国に要求、それが新自由主義経済政策である。ラテンアメリカ経済は大きく後退、貧困層が増大し、格差が拡大した。この八〇年代を「失われた十年」と呼ぶ。九十年代に入っても民営化や規制緩和が追求されたが、経済は停滞し、貧困は拡大した。この九〇年代を「絶望の十年」と呼ぶ。この状況が新たな社会運動を呼び、一九九八年のチャベス政権誕生の要因になったと言える。

「われわれは何枚かの木の葉を手に取った。それは、われら兵士のように、とても象徴的で儀式的なものだった。大統領に促され、モンテサクロの誓い[訳注]を意訳し、脱落者の仲間にもなることなく、国中に蔓延する腐敗堕落のおこぼれに与ることもないことを宣言した」

現陸軍総司令官でチャベスの最も近い側近の一人であるバドゥエルはこのように記憶している。[原注22]

「私は父なる神のために誓う、――全員で繰り返し――祖国のために誓う、我が名誉のために誓う、権力者のなすがままに我々国民がつながれている鎖を断つまでは、魂に安らぎを与えず、腕にも休息させぬことを」

チャベスの厳粛な朗読に従って、ボリーバルが一八〇五年に誓いを立てた原文の「スペインの権力」とあるところを「権力者」に置き替えている。

ボリーバル革命軍（ＥＢＲ）を誕生させ、ボリーバルの生誕（一七八三年七月）二百年を機会にＥＢＲ-２００に改められた組織の軍事的母体が何年に形成されたのかを特定するのは難しい。生誕二百年は一九八三年になるが、チャベスとバドゥエルは一九八二年だったと主張している。ウルダネタは、最初は一九八三年だったと言い、その後、一九八二年だったかもしれないと、はっきりしない。四人目のアコスタは、あの結成式の事を公けに話す機会すら無いまま一九八九年に亡くなった。しかし、チャベス本人は一九九二年十一月一日付の書簡で、「これについては、私にとって決定的なものとして、こう申し上げたい。ボリーバル革命軍２００は一九八三年十二月十七日に再組織した云々[原注23]」と指摘している。そして、週刊誌『キント・ディア』の記事で「あれは暗黒の金曜日の年だった」と誓いの儀式を振り返っている。[原注24]

一九八三年のサマン・デ・グエレでの儀式はチャベスの特徴的な一面を物語る。彼は、自分自身の人生の道標を歴史的な日付や出来事と結び付けることに傾注する。この奇妙な行為は、その出発点に際立っている。それまでは、この陸軍将校は個人的な肩書きで人を煽っていた。ところが今や仲間がいる。彼自身も言うように「もう密会ではなく、細胞になった」。そして再生産が始まっていた。チャベスによれば、秘密組織は三年ほどで五回の「全国大会」を開くまでになった。第一回はぎりぎり十五名に達するかどうかの人数だった。第二回大会は、マラカイの司令本部で行なった。この頃すでにウーゴ・チャベスは、士官学校の教官の地位を利用して士官候補生の意識改革や扇動に精出していた。彼自身が語る。

「私のノートを見ると、士官学校の通常の授業、運動場、教練などでわれわれがどのように動いていたかが一目瞭然だ[原注25]」

一九八三年にはまた、カウサRとの関係再開を図る。カウサRの最高指導者、アルフレド・マネイロが、四十七歳で脳梗塞により亡くなってから一年経過していた。この時は、カラカスのアパートにパブロ・メディーナと他のメンバーがやって来た。しかしこれは「どちらかと言えば手短かな会合で、

---

モンテサクロの誓い：一八〇五年八月十五日、妻を失ったばかりの傷心のシモン・ボリーバルはヨーロッパにあり、師のシモン・ロドリゲスとともにローマ近郊に出かけた帰路、モンテサクロの山に登り、美しい眺めを前に祖国をスペイン支配下から解放することを誓った。「私は父なる神のために誓う、祖国のために誓う、我が名誉のために誓う、スペインの権力のなすがままに我々国民がつながれている鎖を断つまでは、魂に安らぎを与えず、腕にも休息させぬことを」。ボリーバルはこの誓いを守り、ラテンアメリカ民衆の自由を守る戦いに一生を捧げた。

多くの情報交換は無かった。出たのはチャベス一人だった。会合にはいつも彼が一人で出席していた。チャベスはもちろん他の組織ともコンタクトをとっていた」。カウサRとダグラス・ブラボーのベネズエラ革命党は互いに関係を維持していなかったが、メディーナによれば、二大政党体制は終わりを迎えており、彼らの政権を容認することはできないとする考えにおいては両者は一致していた。

「当然、かねてからの叛乱計画が提起され、その中では、新しい政治体制を創り出すために、軍隊内部での工作活動を進める必要があった」

チャベスとカウサRの人間は、一九八五年まで顔を合わせることはなかった。

今度はペドロ・カレーニョがウーゴ・チャベスの子分になった。そして、一九八五年の昇級を約束されていた弟子たちの一人となった。現在は議員になっているカレーニョが振り返る。

「誓いを立てた生徒は三十人を下らなかった。われわれはこの年に卒業し、国内の部隊に分散配置された。卒業前に、運動を消滅させないため、最低二人の士官候補生同士が連絡を保つ約束を交わした。そこから同志が増加し始めた……ベネズエラの敵は何か分かっていた。飢餓、腐敗、貧困、失業、そして国の膨大な富を明け渡していたことだ。士官学校ではこれについて議論していた。なぜなら、安全と防衛の問題が優先していたからだ。誓いの儀式は日中に行なわれた。チャベス大尉がいた頃のように夜間に行なう場合は、士官学校の武器庫前の庭でやった。そこには『見習士官の像』と呼ばれていたモニュメントがあり、脇に誓いの炎が燃えて人物を照らし出す。樫の木が一本あり、これは砦とサマン（アメリカネム）のつもりで、永遠なる時を意味した。そこでわれわれは、チャベス自らの前で誓いを立てた」

一九八四年七月、士官学校長として赴任してきたカルロス・フリオ・ペニャロサ将軍は、「士官学校が陰謀の中心になっている」との士官候補生の父兄の密告で事態を知った。彼は上層部にこの旨を報告し、疑惑のある将校がベネズエラ士官学校からはずされた。チャベスは、カラカスから遠く離れた、コロンビアとの国境にあるアプレ州のエロルサ市に移動になった。大尉はこの移動で失意することはなかった。ダグラス・ブラボーによれば、「首謀者ウーゴ・チャベスは、理論的にも実践的にも」ますます活動的になった。疲れを知らぬこの男は、将校たちを組織化するために、タチラ、グワイヤナ、ファルコン、スリアなどの各地を動き回った。[原注26]

数ヵ月前に、社会民主党のハイメ・ルシンチ政権[訳注]（一九八四年〜一九八九年）が生まれたが、歴史上最悪の腐敗政治を経験する。その政権は、公務員の不正を見逃したことと、正妻のファースト・レディ、グラディス・カスティーヨよりはるかに高い給料を貰っていたルシンチの私設秘書で愛人のブランカ・イバニェスが及ぼした政治的影響に特徴づけられる。最悪の政治に、兵舎の陰謀者たちは活気づいた。イバニェスは公的な場で、あるゴマすり将軍から贈られた軍服姿で登場し、軍人たちを怒らせた

---

ハイメ・ルシンチ：一九八四年から一九八九年までのベネズエラ大統領。その政権は経済危機、対外負債の増加、通貨切り下げ、インフレ、腐敗等で特徴づけられる。公平、ガラス張りの政治、公的資金の厳正な利用などを公約に、質素な大統領を売り物に五十九歳で就任したが、全てにおいて国民を欺く結果となった。最初の三年は、景気の安定化に努力し、農業・工業の向上を実現した。しかし、後半の二年は通貨切り下げ、失業率の増加、インフレ、財政赤字、公務員の汚職と腐敗、金融凍結など惨憺たる状況を招いた。また愛人の私設秘書を政策決定に介入させた。一九八九年に辞職、後任はカルロス・アンドレス・ペレスが二度目の大統領に選ばれた。

だけでなく、国家と軍隊の退廃のシンボルとなった。

ブラボーはいつだったか正確には記憶していないが、一九八四年前後に陸海空三軍の陰謀グループの代表者がマラカイ市に集結した。ウーゴ・チャベスはボリーバル革命軍代表、ウィリアム・イサーラは現役軍人革命同盟代表、名前は分かっていないが陸軍からの代表者として将校がもう一人。さらに、一九五八年一月にマルコス・ペレス・ヒメネス将軍の独裁制を打倒した運動の指導者、ウーゴ・トレッホ大佐（退役）も出席した。この年は非常に活動的な一年であった。ウーゴ・チャベスには目的があった。権力襲撃である。そのために、休むことなく連絡を取り合い、会議を組織した。

ボリーバル革命軍の第三回「総会」はコロンビアとの国境にあるサン・クリストバルで持たれ、行動の指針を決定し、運動の指導部を形成するキーポイントになった。一九八六年も三月を迎えた。少佐に昇進したばかりのフランシスコ・アリアスが、留学していたボゴタのハベリアナ大学からやって来た。ウーゴ・チャベス大尉は、その大胆不敵なところを見せつけるために非常に危うい行動に出る。エロルサから戦車部隊で乗り込んで来たのである。アリアスの目安では、距離は少なくとも三百キロある。

「サン・クリストバルから二十キロほどのベガ・デ・アサスまで戦車で来た。われわれはすでに権力を奪取しつつある、とでも言いたげな若者のデモみたいだった。武力も指揮権もある、軍隊の出動だってできるぞ……ウーゴはこれを演習の名目でやったのだが、当人の管轄ではない部隊に演習の許可を出した上官も間が抜けている」

このエピソードは、チャベスがペニャロサ将軍から戒告を受けたにもかかわらず、その行動を監視しなかった上層部の完璧な不注意を顕著に示している。

部屋は五階にあった。狭いアパートの窓には脱出用のロープが結び付けてあり、室内は非常に緊張していた。いつ何時、警備情報局（DISIP）の要員が扉を破って飛び込んで来るかもしれない。それが絶えず心配だった。全員が揃った。占めて九名。軍人が六名、民間人が三名。ウーゴ・チャベスが口火を切った。フランシスコ・アリアスが言うには、チャベスは「軍内部における無政府状態の創出を通して崩壊のチャンスを探る」と提案した。彼は狼煙を上げたいのだ。陸軍内部のゲリラとして登場する狙いだった。「チャベスは通信塔を爆破するなどの武力闘争の実現を提案した」とアリアスは話すが、彼自身はこれには反対だった。

「これが最初の議論だった。私は彼に言った。『それでは、いつ権力を掌握し、いつ力をつけ、地歩を固めていくのか？　通信塔を吹き飛ばして、武器を奪うなど考えられない。軍内部の人間に自らの役割を理解させるために、彼らを強化し、育て、政治意識を高めなければならない。そしてここ数年で力をつけて初めて、政治的計画を持って決起できるのだ』と」

戦車を動員して舞い上がり、性急になっていたチャベスとアリアスは論争になった。チャベスはアリアスとイエズス会とのつながりを引き合いに出して言った。

「君は一定程度までは革命的だが、内実はキリスト教社会主義者だ」

会議は長時間続けられた。そして、アリアスの提案内容に傾いた形で終わった。じっくりと武装し、育て、強化する。目先の効果にとらわれることなく、密かに。確認したのは、陰謀の伝統的方法論を採用することでしかなかった。二頭態勢だった。チャベスとアリアス。組織名はそれぞれチェ・マリアとガブリエルである。夜明け前、全員円陣を組んで手を握り、アリアスが誓いを立てた。九人は十九世紀に後戻りしていた。ボリーバルの言葉に反逆者エセキエル・サモーラのスローガンを付け加えた。

「大衆による選挙、自由な土地と自由な人々、そして寡頭政治支配者には戦慄を」

結束を誓い合った民間人の中に、ベネズエラ革命党（ＰＲＶ）の闘士でチャベスの叔父のナルシソ・チャベス・スアレスと、アナベラという組織名で呼ばれる唯一の女性がいた。これが、最も情熱的な活動家で、チャベスの二年来の愛人、エルマ・マルクスマンであった。

マルクスマン教授は一九八四年に歴史学の博士号を取るためにカラカスに来て、カラカス南郊外のプラド・デ・マリアに友達と一緒に住んでいた。この友達のエリサベス・サンチェスの部屋がウーゴ・チャベスとダグラス・ブラボーの二人が謀議する場所に供されていた。エリザベスの従兄弟のアンデス大学教授が両者の初対面を段取った。両者はここで頻繁に会った。エルマは何も知らなかったが、秘密めいたものは感じていた。いつもの客、マルティン某が訪ねて来る度、エリザベスは席をはずしてくれと言う。この人物がブラボーだと知られたくなかったからだ。ウーゴは平服でやって来た。友だちはとぼけているが、五ヵ月も経った頃にはエルマも、これは何かやっているに違いない、と感づいた。ついに、ウーゴの口から直接、一部始終を聴かされることになる。ウーゴはこの日、二つの事実を打ち明ける決心をした。エルマ・マルクスマンが回想する。彼は言った。

「いいかいエルマ、君のことがこの上なく好きだ。だから最初に言っておきたい。僕には妻がいる。でも彼女との関係はボロボロだ。僕のことをまったく分かってくれないのだ。何とか上手くやれればと頑張っては来たが、彼女とは共通の話題が無い……そんな事はいい。僕には二つの顔がある。昼は任務を果たすエリート将校で、夜はこの国が求めている変革を実現するために働いている」

彼女が三十二歳になった一九八四年のこの夜、彼は同時に二つの冒険をもちかけた。

「この闘いに手を貸して欲しい、そして最後まで一緒にいて欲しい、それが僕のたった一つの願いだ。考えてもらいたい。熟慮してもらいたい。そして、素早く決めてしまおう」

エルマは、考えも、熟考もしなかった。ただ、感じるがままに動いた。当時三十歳のウーゴの女になるだけでなく、彼の隠密活動の一員に加わる決意をここで固めたのだった。彼女は運動のために懸命に働き、ボリーバル革命軍の同志たちから組織名ペドロ・ルイス司令官として知られるようになる。エルマはこの後、フランシスコ・アリアスとの連帯を決議したサン・クリストバルでの総会において、ウーゴと二人きりで「いかにも厳粛に」誓いを立てた。

「ペドロ・ルイスの名付け親はパンチョ（アリアスのこと）だった」

この総会はボリーバル革命軍に新たな弾みをつけた。チャベスは、重要な将校グループの上に立つために鍵になる人物、アリアスを引き入れるために長い間手を尽くしてきていた。

チャベスの元愛人は言う。

「ウーゴがトップだった。彼は、計画を進めるために一年中休まず働いた。私は彼のそばにいた。彼が会議を設定し、議事進行を作り、二人でメンバーに連絡をとった……この数年、彼は働き続けだった」

チャベスの兄弟では、アダンだけが何度か秘密会議に出ていた。他の兄弟はさほどでもなかった、とエルマが証言する。この頃、筋金入りのベテラン地下活動家だったブラボーはエルマも立ち会う中で一定程度の方向性を指示しながら、チャベスのアドバイザーとして動いていた。彼のアドバイスの一つが「最大の用心を怠るな」であった。

「陰謀の事を知っていて危なっかしい人間が多すぎたので、ダグラスはこれ以上仲間を増やさないように忠告した」

一九八六年のある時点でこの決定が下されたが、時すでに遅し、だった。一度会議に出たことがある陸軍中尉が「うっかり口を滑らせた」のである。以前に士官学校で疑惑が持ち上がってはいたが、密告は初めてであった。

「非常に運の強い人間なのか、マイサンタ[訳注]が守ってくれたのか」

エルマは、大統領が崇拝し聖人と讃えるチャベスの曾祖父——ラテンアメリカの伝統とも言える魔術的リアリズム[訳注]の血脈に根ざし、二十世紀初頭に地方で叛乱を起こして名を馳せた——を引き合いに出す。

「ウーゴが引き入れてきた男が報告書を見て軍司令部への密告を知り、間一髪のところで知らせてきた」

ボリーバル革命軍の全メンバーにこの事を知らせると、彼女は急いで重要書類を入れた段ボール箱を持ち出し、カラカスから三十分離れたマクート海岸まで行って焼却した。ウーゴはいつも慎重にかつ用心深く行動していたわけではなかった。彼は普段はとぼけてはいたが、エルマの記憶では、部下に「寡頭支配者たちよ恐れよ、自由万歳」というリフレインのサモーラの連邦闘争歌を歌わせたり、広場で過激な演説をぶつなどの軽率な行動を犯していた。当時の情報関係当局はしたいようにさせていたようだ、と彼女は言う。

「なぜバレなかったのか分からない」

八〇年代の終わり、ボリーバル革命軍の指導者は名実共に、ウーゴ・チャベスとフランシスコ・アリアスの二人であった。ウィリアム・イサーラは、共産主義的傾向の将校として目を付けられ、しかもマルクス・レーニン主義的陰謀の容疑で調査委員会にかけられてもいたことで陸軍を退役していた。かくして、現役軍人革命同盟とボリーバル革命軍はアジトを共有するようになったが、連帯するまでには至らなかった。チャベスとアリアスがボリーバル革命軍の方針を決定し、長期的展望でXデーの計画を練っていた。一九八六年から一九八七年の間に、「ハンモック理論」と題したテーゼに立脚して、一九八九年二月に政権の座に就くであろう次期政権を待って、大統領の任期の半ば（就任から二年半後）に打倒すると決めた。チャベスによると、このテーゼは「作戦検討の科学的方法論」を通して確立されたが、内実は「活動家と友好的な人材の間で」実施した調査によるものであった。[原注27] テーゼは、どの政権

マイサンタ：本名ペドロ・ペレス・デルガード（Pedro Pérez Delgado）。一八七〇年代生まれ。チャベスの母方の曾祖父で、二十世紀初頭のフアン・ビセンテ・ゴメス政権時代にシプリアーノ・カストロ派の将軍として反旗を翻して闘った英雄で農民革命の指導者でもあった

魔術的リアリズム：日常と非日常が融合した芸術表現手法。主に小説や美術に見られる。ドイツの写真家、美術評論家フランツ・ローが一九二五年にマンハイム美術館で発表した作品群の美術的表現が元になって文学表現にも使われるようになった。ワイマール時代の作家、エルンスト・ユンガーの文学はドイツの魔術的リアリズムの代表とされ、シュールレアリスムのドイツ版と言われる。ラテンアメリカでは、一九四〇年代にアレッホ・カルペンティエールやミゲル・アンヘル・アストゥリアスなどが文学表現として使い始め、カリブの土着性と魔術的リアリズムが融和し、多くのラテンアメリカ作家がこの表現を好んで使うようになった。特に、ガブリエル・ガルシア＝マルケスの『百年の孤独』は多くの作家に影響を与えた。

も初めと終わりでは高い支持率を示しているが、政権半ばでは数字が下がり、対応能力は持ち合わせていない。この現象が、ハンモック理論と捉えたカーブである。しかしながら、このような長い期間を設定する二番目の理由がより当を得たものだった。彼らは将校として、実際に軍隊の指揮権を握るようになるからである。行動を起こすのに理想的な時がやって来る。それが、一九九一年、そして一九九二年である。

一九八五年に本格的に陰謀に加わることを決定したカウサRは、この頃にはすでにチャベスの下に結集していた。パブロ・メディーナが振り返る。

「エルマを通して接触してきた。そこで彼女と彼女の姉も知った。われわれはチャベスとの会合を再開した。最初は組織名で呼び合った。私はチャベスをルス（光）と名付けた。当時、われわれは政治的崩壊から立ち上がったばかりで孤立しており、チャカイート（カラカスにある）の事務所で持たれたこの最初の会合は、暗いトンネルの向こうに見える光のようだった。だから、彼を光と名付けた」

この時から、両者の関係は緊密かつ頻繁になる。

「彼は軍隊内で全体総会の招集を検討するほどまで将校たちの大潮流を創り出すことに成功しており、将校百人がリストアップされていた。私は、それは気違い沙汰だと彼に言った。『彼らはまず調べを受ける。それからぶち込まれる』。彼はこの常識的で慎重な忠告に耳を傾けた」

現在では反対勢力にまわっているメディーナは、彼らが開いていた会議ではチャベスは「あまり話さなかった。とても明るくて気持ちのいい、親しみのある、非常に意志的な男だった。政治的な事や何をなすべきかについては言葉少なだった……彼が欲しがったのは、われわれが書いた文書だった……彼はつまり、スポンジだ。ロムロ・ガジェーゴスの『ラ・トレパドーラ（きつつき女）』の男性版だ。あちこちで、美味しいところだけをつまんで回る。自分独自の考えは持ち合わせていない」。

一九八七年、すでに少佐に昇格したウーゴ・チャベスはカラカスに移動になった。そして、赴任先がまさに、ミラフローレスの大統領府の向かいに陣取る国家警備隊（SECONASEDE）のアルノルド・ロドリゲス・オチョア将軍の補佐官としてであった。歴史のめぐり合わせは、また新たな物語を書くように仕向けられているようだ。この権力の中枢に、一九八八年に五二・九パーセントの得票率で再選され、二期政権に入ったカルロス・アンドレス・ペレスがいた。「またCAPだ」。ベネズエラ人は頭文字を取って彼のことをこう呼ぶ。しかし、第一期政権でサウジ・ベネズエラと異名をとったこの国は、今や貧乏国家に成り下がっていた。マスコミが「戴冠式」と形容した空疎な就任式を行なったわずか三週間足らず後に、この宰相は社会的大混乱を呼ぶことになる一連の改革案を発表した。一九八九年二月二十七日、交通料金の値上げに端を発し、カラカスから三十分の所にあるグアレナスで暴動めいたものが発生した。抗議行動は、瞬く間に大衆の間に伝播し、無数の暴徒が市街に溢れて商店を襲い始めた。騒乱は燎原の火のごとく広がり、後には何一つ残らなかった。数時間も経たぬ間に、首都カ

---

訳注　ロムロ・ガジェーゴス（一八八四年～一九六九年）：ベネズエラの作家で元大統領。孤児として生まれ、十九歳で新聞記者になる。エッセイストから出発し、一九二五年に発表した『ラ・トレパドーラ（きつつき女）』で作家としての地位を確立した。代表作は『ドニャ・バルバラ』。独裁政権下でスペインに亡命、一九三六年にコントレラス大統領時代に帰国、教育大臣に就任。一九四八年に民主行動党から大統領選に出馬し当選するが、同年十一月マルコス・ペレス・ヒメネスの軍事クーデターで倒された。その後キューバ、メキシコに亡命し、一九五八年に帰還した。

ラカスは略奪で廃墟の町と化した。貧しい人々がまるでアリの大群のように、食料、電化製品、家具、レコード、台所用品、ひいては金銭登録機まで、欲しいものを手当たり次第に持ち去っていった。最悪の事態となり、ペレス大統領は軍隊による暴徒の鎮圧を決定、死者が百人に至った翌日には戒厳令を発動した。ボリーバル革命軍の創設に加わった将校の一人、フェリペ・アコスタも犠牲者の一人だった。

ウーゴ・チャベスは幸いにも、この暗黒の日々に際して銃を手に取らずに済んだ。暴動前日の午後、水疱症と診断されたのでカラカスを出て、マラカイの自宅に帰り妻のナンシーと一緒にいたということだった。しかし、エルマ・マルクスマンはこの話を否定し、この日は彼と一緒に首都のカラカスいたと証言している。確かなのは、どこにいたにせよ、「カラカッソ」[訳注]と呼ばれるこのカラカス暴動でチャベスが「多くの軍人、特に殺戮を目の当たりにした若い兵士の気持ちが動かされた」と確信し、「さらに行動を起こす」ためにこれを利用したことである。というのも、その後、彼はペレスが信頼を置いていた大統領警備隊の将校たちに接近し、策謀への参加を試みたからだ。そして、この大衆的爆発から、ある意味で、行動を起こすために最適な状況になりつつあると見て取った。薪はもう湿ってはいない。ついにその日記に記すほどに、条件が揃ったのである。

大した追及も受けていなかったし、軍情報部も文民情報部も陰謀の切り崩しに力を入れておらず、政府当局も強く警戒していなかったにもかかわらず、陸軍内部では二年来、Comandantes＝中佐、Mayores＝少佐、Capitanes＝大尉、Tenientes＝中尉の頭文字を連ねた「コマカテ」なる秘密組織の存在が取り沙汰されていた。中級将校層に不満分子がいることは分かっており、腐敗を糾弾する「コマカテ」の署名入りのパンフレットが回覧されていた。

「当時は、誰がリーダーだったかはよく分からなかった」と、チャベスの陸軍士官学校時代の同僚で、軍情報部（ＤＩＭ）に勤務していたアルシデス・ロンドン将軍が証言している。

奇妙な話がある。一九八八年の終わり、非常事態宣言が発令された。「戦車の夜」である。装甲車部隊がティウナ基地を出て、ハイメ・ルシンチ大統領の不在中に大統領の代理を務めていたシモン・アルベルト・コンサルビがいる内務省に向かった。午後七時、コンサルビは、大統領府の周囲の道を戦車十台が包囲しており、建物入り口を兵士が封鎖しているとの通報を受けた。何事かと問い詰めると、閣下を護衛しろとの命令です、との答えが返ってきた。

「私は国防大臣のイタロ・デル・バリェ・アリェグロに連絡してこの事を知らせた。彼が言った。『大臣、あなたはいつもご機嫌斜めですね。私は何週間ぶりかに家でゆっくり、パジャマ姿でテレビを観ているんですよ』」

コンサルビは、これが冗談ではなく、「将校に引き上げるように命令して自分をここから出してくれ」と頼んだ。こんな事があり、大統領が職務に戻った時に高官会議が開かれたが、軍部からの説明は

---

カラカッソ：一九八九年二月二十七日カラカス近郊グアレナスで、時のペレス政権に対する激しい抗議デモが暴動、略奪にエスカレートし、鎮圧に当たった軍隊により大量の死者が出た事件。暴動略奪は各都市に波及し、戒厳令が発動されたが、暴徒は重火器で軍隊に対抗、最終的に多くの兵士を含め三百人から五千人の死者が出たと言われている。憲法の発効が停止され、事態は混乱の極致に発展した。これをきっかけに一九九二年の二月と十一月にクーデター未遂事件が連続して発生した。その一つ目の首謀者がチャベスである。

無かった。

「何の調査もしていなかった……共和国は陰謀家には地上の天国だった。全く真剣に調査していない。真面目なのか不真面目なのか、どちらにせよだ。私の知る限りでは、ウーゴ・チャベスはこれには加わっていなかった。そんな話は全く聞かなかった。陰謀を企てても大した事にはならない、という話で片付けられたのかもしれない」

チャベスはと言えば、これはマルクスマンも裏付けていることであるが、事件に関して尋問されたけれども、本当に関係していなかったと証言している。これ以降、陰謀者の監視が強化され始める。

一九八九年十二月、民間人の参画によってボリーバル革命軍が再結成されると共に、数名の将軍に対する疑惑が確実になり、ボリーバル革命運動の真の指導者が誰かが名指しされた。十二月六日、地方選挙の日、当局はミラフローレスに踏み込みチャベスを拘束し、ティウナ基地の国防省に連行した。そこでチャベスは共犯のヘスス・ウルダネタ、ヘスス・M・オルティス、ヨエル・アコスタの各少佐などと一緒になる。告発内容は、ペレス大統領及び軍高官をクリスマスの晩餐会で暗殺する謀議を企てた、と言うものであった。チャベスは言う。

「この日逮捕されたのは、十五人近いわれわれ少佐だった」

ほとんど全員が陰謀計画の首謀者であった。

「情報部に所属し、常に身を隠すのが非常に上手なアリアス・カルデナスだけが逮捕を免れた。われわれは捕まった。最も目を付けられていたからだろう[原注28]」

彼らは長時間にわたり尋問を受けた。チャベスは、嫌疑は事実無根で証拠も無い、と主張した。

「われわれの数が多すぎたのと、しかもトップではなく同期昇級組の模範将校だったので彼らはどうすることもできなかった」[原注29]

調査委員会が招集されたが、証拠不十分で罪には問われなかった。陸軍司令官カルロス・フリオ・ペニャロサ将軍、警備情報局（DISIP）長官のマヌエル・ハインツ・アスプールアといった鼻が利く連中は、少なくとも当該将校たちを互いに遠く離れた地に移動させることに成功した。チャベスは、当時国防大臣だったフェルナンド・オチョア・アンティッチ将軍が、チャベスが尋問を受けたその晩に彼を夕食に招待した、と語っている。彼らは三時間ほど席を共にし、そこで将軍は彼を慰め、君が無実であるのは分かっている、と言った。

「オチョアは別れ際に言った。私に任せなさい。私の下に来させるようペニャロサに言っておいた。そして、本当に全東部の旅団を統括していたオチョアの管轄下にあるマトゥリンのカサドーレス旅団に送られた」

マトゥリンに移ったウーゴ・チャベスは参謀本部の通信講座を始めたが、ある困難に直面した。

「チャベス司令官は軍事情報の学科の技術科目で不合格になった。再試験を受け、どうにか合格となった。そして、講座から退学させられなかったのは、それが陰謀の疑惑を受けたことに対する見せしめであると受け取られるのを避けるためであった」

オチョア国務相はある機会にこのように述べている。[原注30] チャベスはまさしく、経歴を傷つけるために不合格にしようとしている、と告発していた。

「参謀本部の講座から懸命になって私を追放しようとしていた。落第させようと答案用紙を隠しもした……やっとのことで、ほとんどビリで合格した[原注31]」

またこの時期、チャベスはシモン・ボリーバル大学の大学院政治学科に登録していた。そして、時節はずれの転勤でカラカスでは勉強できなくなり、マトゥリンの教育機関に入った。そこの教授の一人だったフェデリコ・ウェルシュが、彼のことをこのように記憶している。

「上級クラスにいた学生の一人に過ぎず、選択科目の成績は中の上くらいだった。目立たない学生で、ディベートでも相手を負かそうという意欲はあまり無かった。マトゥリンのはずれに住んでいたので登校するのが大変だったけれど、何とか全科目をこなした。勤勉で、物静かな学生だった」

そう装っていたのかもしれない。彼自身、大学院生活は「講義、勉強に精出しているように見せかけ、軍隊組織の向上のために勉学に励んでいる振りをしなければならないのでとても苦労した」と認めている。[原注32]

ウーゴ・チャベスはいくつかの表の顔を持っていた。二つの学校に同時に通っていた。参謀本部学校とシモン・ボリーバル大学大学院である。勉学と陰謀の両方の活動の面倒を見ていたのがエルマ・マルクスマンだった。彼女はチャベスのタイピストであり、会議招集係りであった。また指導者同士の連絡を担ってもいた。大学でチャベスは、エルマと共同で書いた論文の提起に従って、「専制政治体制から民主主義体制に移行したスペインの例に触発されて、政治体制の移行に関する論文を書こうと考えていた」と、陸軍上層部に教官として選ばれたフェデリコ・ウェルシュ教授が語る。チャベスの平均点は五点満点の約四・五だった。それでも、ウーゴ・チャベスは合格できなかった。

勉強が陰謀計画を妨げることはなかった。軍情報部にいたアルシデス・ロンドンは昔の同僚の地下活動に良く通じていた。彼は共同謀議に加わったことも無く、叛乱に協力してもいないが、情報は流した。チャベスが参謀本部学校で勉強していた時期に、将軍（オチョア）は妻と一緒に「彼らが会合を持っていた場所に赴き、チャベスではなく他の者と話をした……そこに着くと私は言った。『なあ、私がここにいて君らのやっている事を知っているということはとりもなおさず――あれは戦車隊学校だった――、上に筒抜けだってことだ』」

一九九一年の中頃、ボリーバル革命運動はクーデターまで残り何日かのカウントダウンを開始した。これはチャベスが、特にベネズエラ革命党員などの民間人と距離を保ち始めた時期である。将校チャベスは何年もダグラス・ブラボーと緊密な関係を維持してきたが、これは極左派とのつながりを嫌っていた大部分の同志将校が知らない事であった。事実、エルマ・マルクスマンによれば、一九八六年にブラボーと連帯する話になった時にフランシスコ・アリアスが強く主張したのは、彼を入れるな、というものだった。

「ダグラスは私の家に出入りしていたけれど、ウーゴの指図でこれは内緒にしていた。将校の誰にも言わなかった。ウーゴと私だけの秘密だった。彼は言っていた。『ここだけの秘密だぞ』……彼がエル・パライソにアパートを借りて引っ越した時、ブラボーは変装してやってきた……ウーゴは他の将校に知られないように非常に気を配っていた」

チャベスは、この元ゲリラ戦士とは決起の数ヵ月前から距離を置くようにした。ブラボーは、チャベスは民間人を信用していない、初めは軍民運動と言っていたのに最後は軍事クーデターだけになる、と指摘した。実際にボリーバル革命運動に参加してきたベネズエラ革命党のフランシスコ・オルタと息子のオスカル・オルタなど郷土バリーナスの人たちも、同じ考えを抱いた。オスカルによると、決定的瞬間が迫るに連れて、「運動からはずされていると感じた。会議は開かれなくなり、誰も姿を見せなくなった……」

首謀者がカウサRの指導部と会議を持っていたことは分かっていた。少なくとも決起の二日前まで、彼らは放っておかれていた。

一九九一年、ウーゴ・チャベスは陸軍少佐に昇格した。

「われわれは軍事指揮権を手に入れつつ、軍事的任務、政治的任務、憲法制定計画、経済計画、そして誰を政治指導者に任命するかなどの事を常に考えながら、エセキエル・サモーラ（クーデター）計画を練った」

ハンモック理論によれば、最適の時期であった。しかも、さらにヒートアップしつつあった。ウーゴ・チャベスは憤慨していた。参謀本部学校を修了した彼は、東部ベネズエラの町クマナの調達部の副所長に任命されたのだ。チャベスにとって辞令は——後に回想しているが——「ビンタを食わされたようだった」。しかし、平手打ちのショックはそう長くは続かなかった。ことわざにもあるように、幸運は動き出したら止まらない。二週間も経った一九九一年の八月頃、マラカイのパラシュート部隊の指揮官に任命されていた将校が退役を願い出たのだ。国防大臣のオチョアは、チャベスが話していた通り、専門が装甲車で戦車隊の司令官が最適であったにもかかわらず、後任に彼を指名してきた。この辞令は、六月に国防大臣に指名されたオチョアが、チャベスの陰謀活動に関する氏名、場所、日付などを含む詳細な報告をすでに受け取っていたにもかかわらず下された。当時、軍統合本部長官だったイバン・ダリオ・ヒメネスによれば、この上層部が練り上げた報告は「問題にされなかった」。それどころか、精神分析検査を受けさせよと命令してきた。[原注33]

カードは配られた。今やウーゴ・チャベスは司令官だ。そして数ヵ月も経たない一九九一年八月二十八日から、行動の鍵ともなる大隊のトップに立った。叛乱への緊張が高まり、風雲急を告げる。計画を動かすような最初の出来事は、一九九一年九月末にハイチで起きたクーデターだった。倒されたジャン・ベルトラン・アリスティッド大統領の復帰を支持していたベネズエラは、国際的対応の可能性に鑑み、軍隊の派遣を検討していた。その準備活動の一環として軍隊内の動員がかかり、ウーゴ・チャベスにマラカイへの移動命令が下りた。そこで、チャベスと部下は指示を待ったが、従う意志は無かった。

「われわれは、ハイチに関する命令を受けたその日に、そこで決起すると決めた[原注34]」

しかし、叛乱作戦は――即席に生まれる次の政権の定義づけも無いことから――中止された。ハイチ介入命令が届くことはなく、あわただしい最初の作戦はかくして未遂に終わった。

叛乱の指導部がクーデター後のベネズエラのあり方について考えるようになったのは、ようやくこの年の終わり頃である。十一月、彼らは共産主義者青年同盟の闘士で、ベネズエラ革命党の創立メンバーだったあるインテリゲンチャに、カルロス・アンドレス・ペレス政権に代わるべき体制の法的枠組みと組織構造の文書化を委ねた。それが、民間エンジニアのクレベール・ラミレス・ロハスで、一九九〇年の中頃フランシスコ・アリアスが運動に引き入れた時は、引退してロス・アンデスの農家に暮らしていた。一年後、ボリーバル革命運動の活動家に返り咲いていたラミレスは『第五共和制』を著し、食糧生産、科学、テクノロジー戦略に基づいた国家経済構造転換論を提起した。元ゲリラ指導者のフランシスコ・プラダの証言によれば、クレベールはベネズエラ革命党の政治委員としてベトナム、ニカラグア、イラクに派遣されていた。原注35

同志で、六〇年代のゲリラ活動家で、現ベネズエラ石油公社総裁のアリ・ロドリゲスが後に語ったところによれば、彼は「筋金入りの革命家」である。後にチャベスが彼の政党を「第五共和国運動」と命名し、彼の政権のスタート段階を「第五共和国」と呼んだのも、クレベールの理論に依拠してのことである。

十二月は、不完全燃焼の計画がまだまだくすぶる月になった。性急な大尉グループが、左翼政党「赤旗」の後ろ盾を得て、司令部の決定が長引くようなら自分たちだけでも決起すると迫った。そこで日時と作戦が決定されたが、最後の段階でこれも中止となった。これは最初、十二月十日の空軍記念日の行進の機会を利用してペレス大統領を拘束しようとしたものだったが、その後十二月十六日に延期され、最後にはクリスマスに延期された。状況は極度に緊迫していた。チャベスは回想する。

「もし何かやったら木に縛り付けるぞ、と何人もの大尉を脅しつけねばならなかったし、カラカスのミラフローレスに行き、私のサインと暗号入りの文書が届かない限り動くな、と大隊の将校を説得しなければならなかった。あの十二月は暗澹たる思いだった。背後の敵と、壊滅の恐れのある重大な内部的問題があった。そこいら中にデマが乱れ飛んだ。上級将校が寝返ったとか、われわれ指導部が国防大臣

と手を握ったとか……」原注36

これだけでなく、チャベスは同志であり決起の鍵を握る人物である司令官ヘスス・ウルダネタと対立していた。彼は陰謀の会合にはあまり顔を出さず――「いつも延々と続く会議に数年来うんざりさせられていたからね」――来るべき時が来たら意見を言わせてもらう、と言っていた。

「一九九一年十一月、攻撃計画を議論していた時、大問題が生じた。われわれ二人は、十四項目あった仕事のためにカラカスに向かうことになっていた。彼は私に十二項目やってくれと言い、自分は二つだけ引き受けた。私は納得できず、それは違うと言った。『二人で半分ずつこなすのが普通じゃないのか?』するとものすごく嫌な顔をして、『この期に及んで、嫌だとはよく言えたものだな』と言った。そこでこう言った。『事実、計画作成に参加していないのだから、不適切な分担に納得できないと言ってもかまわんだろう。しかもこれはおかしい。私は降りる! こんな面倒はこりごりだ! やめた!』

私は怒り狂った」

計画は進められた。十二月三十一日、カラカスとマラカイで集りがあった。一月の会議でウーゴ・チャベスは詳細を決めるためにバルキシメトでフランシスコ・アリアスとクレベール・ラミレスに会った。それから、ウルダネタと和解するためマラカイに戻った。

「彼は背中越しに言った。『同志、まいったな、悪かったよ。――チャベスはそうあるべき時は謙虚だ――私の計画は出来が悪かった。作り変えたよ。チビート(ヨエル・アコスタの愛称)とカラカスに行く。仕事の分担も組み替えた。君はマラカイに詳しいから、ここに残ってくれ』――ウルダネタは述懐する――彼は私のことをよくつかんでいた。乗せれば動く奴だとね。後でアコスタにカラカスに行くのかと尋ねたら、そうだと言った。チャベスが、私に対するようにアコスタにもきちんと対応しているのか訊いてみると、心配するな、万事良好だ、という返答だった」

この時期、ベネズエラ国民は不満を抱いていた。大統領のカルロス・アンドレス・ペレスも満足げには見えなかった。十一月、彼の支持率は三五パーセントだった。[原注37] この年度はインフレ指数三一パーセントで終わった。翌年は、交通料金と電話料金の値上げ、水不足の抗議運動、医師と教員のスト、ベネズエラ中央大学の紛争に始まった。『ニューヨークタイムズ』紙は、ベネズエラ政府は汚職を容認している、と報じた。組合指導部は、五〇パーセントの最低賃金値上げを要求したが、最終回答は三三パーセントの軍人給料の引き上げであった。論争を支配し、それに火を点けたテーマは、ペレス大統領が不法滞在コロンビア人のベネズエラ生まれの子供にベネズエラ国籍を与えるというコロンビアに有利な政令を出し、両国間の国境紛争を煽るベネズエラ湾での領海権をボゴタ政府に認める発表をするのではないかという推測であった。

一月が終わり、一刻の猶予もならなかった。チャベスは、上層部が彼を二月十五日にコロンビアとの国境地帯にあるエル・グワヤボの西部地域に送るつもりであることが分かっていた。

「この理由から、アリアス、ウルダネタと話し、この二週間以内に決起しなければ何もできなくなると打ち明けた……ペレスは国外にいた。二月四日の前の週の木曜日、全員が最終的にカラカスに集合し、決行日の決定が私に委ねられた。それはペレスの帰国する日に従って決める。一月三十日木曜日からわれわれは警戒態勢に入った」[原注38]

この週にも集まり、おそらく、気合を入れるために、退役陸軍大佐のウーゴ・トレッホを呼んだ。

「彼は、私の先生のような存在だった。われわれはいつもマクートの彼の家に集まっては、彼のナショナリスト計画について話し合ったものだ……忘れられないアドバイスの一つに、酒に関するものがあった。将校たちとの会合で彼は私に言った。『酒飲みで酔っ払いの将校は危険だ。また、飲まない将校も危ない』。そして、付け加えた。『政治家は信用するな。彼らは、軍人は野蛮で頭が働かないと決めつけている』」

ウーゴ・チャベスはこれまでになく頭を働かせた。頭が破裂しそうになったほどだ。そして、ひっきりなしにタバコを吸った。手の震えが止まらなかった。事態を頭に描いていた。戦闘服に赤いベレー帽を斜めに被り、クーデターを指揮する自分の姿を想像して、ほとんど眠らなかった。勝利し、それからミラフローレスに入って行くのだ。ミラフローレス。何て美しい名だ！　二月二日日曜日、深夜十二時近く、大統領府から電話がかかる。潜入していた連絡係りが暗号を使って、ヨーロッパ外遊中の大統領カルロス・アンドレス・ペレスが到着する日付と時刻を知らせてきた。司令官は時計を見た。ここで話はさかのぼる。

# 第5章　幸運な叛乱

実際の話、誰でもよかったのだ。それでも有権者は、一九八八年十二月、何ら疑いもせずカルロス・アンドレス・ペレスを大統領に選ぶものと決め込んでいた。目に見えない糸がこの二人を結びつけているかのように、またしてもチャベスとペレスは邂逅する。エル・ゴッチョ[訳注]とも呼ばれるアンデス地方出身のこの国家元首はまたしても、あのディズニーのキャラクター、犬のグーフィーに似た風貌の将校にサーベルを授けた。ペレスはダボス経済フォーラムに出席していたスイスから帰国する。歳は六十九歳で、へとへとに疲れて帰ってきた。二日間眠っておらず、十二時間以上飛行機に乗っていた。搭乗機が、カラカスから三十分のマイケティーアにあるシモン・ボリーバル国際空港に着陸した時、彼は官邸に戻り、枕に頭を埋めて時差ボケを取り除くことしか頭になかった。

時刻は夜の十時十分。一九九二年二月三日月曜日。ペレスは地上に降り立ち、半分寝ぼけまなこの目前にフェルナンド・オチョア将軍が迎えに来ているのを見て驚いた。

「いつも内務大臣のビルヒリオ・アビラ・ビバスに迎えに来るように言ってあった。私が外遊から戻った時に報告を受けるのは彼からだけだった。国防大臣がいたのでおかしいと思った。そして彼に訊いた。『何の用で来たのかね？』　するとこう答えた。『マラカイボにおりましたもので、大統領が着かれると聞き、お待ち申し上げておりました』。しかし、この場では何も聞かされなかった。その後、車に乗ってからこう言われた。『大統領、飛行機は着陸させない、と聞きました』。ただのデマじゃないのかね？　聞かされたのはこれだけだった」

十四歳の小僧の頃に初めて足を踏み入れて以来、ベネズエラの政治世界に生きてきた人呼んで古狐、カルロス・アンドレス・ペレスは不快感を見せた。警戒はしなかった。オチョアに命令する。

「軍隊に関するデマは気に入らんね。明日午前八時に軍の首脳を集めてミラフローレスに来たまえ。調査を開始する」

会議が開かれることはなかったし、デマも抑えることはできなかった。ラ・カソーナ[訳注]（大統領官邸）に到着した大統領は警備隊とボディガードに解散を命じ、這いずるように自室に戻るとパジャマに着替え、ベッドに倒れ込んだ。ようやく一日が終わりそうであった。

この時間、マラカイでは、ウーゴ・チャベスはこれまでに無いほど目覚めていた。そして、これまでに無いほどタバコを吸っていた。短くなるとまた一本くわえては直接火をつけ、吸い続ける。サモーラ作戦開始の時が迫る。時刻を月曜日早朝と決定したのは彼自身である。暗号のH時とは、二十四時の

---

ゴッチョ（gocho）：ベネズエラ・アンデス地方の人々を指す。また、この地方の訛りでスペイン語を話す人のことをもこのように呼ぶ。

ラ・カソーナ：カラカスにある大統領官邸。植民地時代のサトウキビ農園の後に建てられた貴重な歴史的建築。ブラント一族の所有を建築家のアンドレス・ベタンクールが買い取り、自然を取り入れた屋敷に改築した。多くの美術品、調度品が残されている。

ことだ。まさに、その夜が、彼の偉大なる夜が始まったばかりであった。彼は、指揮下のパラシュート大隊、実兵力四百六十名を借りたバス十数台に分乗させて、演習のためにリャノにあるコヘデスに向けて出発する命令を下していた。[原注1] 少なくとも、運転手と四百四十名の兵員たちはこの命令を信じていた。チャベス自身が後に認めている。

「非常にわずかな将校グループだけが、この夜の目的を知っていたが、兵たちは何も知らなかった」[原注2]

兵士たちは、自分たちが叛乱に巻き込まれており、全く知る由も無い政治的企みに上官たちが命を賭けているなどとは夢にも思っていなかった。およそ午後十一時、陰謀首謀者と運搬車がリベルタドール空軍基地を出発する。ほとんど数分も経過しない内に、バスを先導する車両に乗り込んでいたチャベス司令官が、カラカスに進路変更せよ、と命令して運転手を驚かせた。運転手が、それは決められた目的地ではありません、とベネズエラ人特有の高飛車な言い方で反論すると、チャベスは毅然と、眉一つ動かさず、首都で暴動が起きた、これは命令だ、と言った。行き先はそこだ。

あり得ない話ではなかった。日刊紙『エル・ウニベルセル』の統計によると、現政権の最初の三年で、全国でデモが百二十回、ストが四十六回あった。さらに、このわずか三日前にベネズエラ中央大学（UCB）の学園紛争が警察の介入で制圧されたばかりであった。ペレス政権は疾風怒濤の海を航海していた。国民の八一パーセントが彼に対する信頼を失くしており、ベネズエラ国民の半数がその存在に敬意を表してはいたものの、五七パーセントが新しい政府を望んでいた。そこで、軍部の介入が囁かれ始める。国民の半数は、クーデターを拒否するとしたが、優に三分の一が支持すると答えた。つまり、ある種の待望論があったのだ。クーデターの可能性を、民間調査会社のメルカナリシス社が調査したほどである。結果は一月二十七日に公表された。

「軍事クーデターが起こると思いますか?」の質問に対し、三一パーセントが、起こると言い当て、五九パーセントがきっぱりノーと答えたが、それは間違いだった。一〇パーセントが分からない、と答えた。おそらくこの残りの部分に、カルロス・アンドレス・ペレスも含まれていたかもしれない。

熱帯植物が生い茂る庭の蛙やコオロギのいつもの鳴き声がする中、大統領は官邸の寝室でいびきをかいて眠っていた。あと十分足らずで、枕元の目覚まし時計の日付が二月四日に変わろうとしていた。と、間もなく彼は電話のベルにたたき起こされた。不機嫌そうに電話口に出る。あくびをかきかき話を聞く。突如、クーデターという言葉が耳に飛び込んだ。彼は飛び起きた。電話の向こうから、オチョア国防相の狼狽した、のろまな声が聞こえてくる。

「スリアの守備隊で叛乱が起きました!」

大統領はあまりにも気が動転していたので、パジャマの上にそのまま服を着たほどである。彼は逃げ回るような男ではないので、ミラフローレス(大統領府)に急行した。ボディガード無しであった。途中、叛乱軍が運転する車とすれ違ったが、彼らもまさか国家元首が高速道路をぶっ飛ばしているとは思いもしなかったであろう。大統領宮殿の鉄の門扉を通り抜けたのは午前〇時五分だった。すぐ後から、大統領警備隊隊長のイバン・カラトゥー海軍中将がやって来た。ミラフローレスには内務大臣のアビラ・ビバス以下数名の幕僚が待機していた。数分後、最初の情報を聞いている間に包囲が始まった。ペレスは機関銃を持たせても動じない男だが、その手はがちがちに固まっていた。

一方、チャベスは目的地にほぼ到着しつつあった。ミラフローレスから二キロも無く、大統領官邸からも二キロも無いプラニシエにある軍事歴史博物館である。彼自身の話によれば、夜中の十二時半にここに着いて、カラカスの叛乱を指揮する予定でいた。ここの小高い丘から大統領府が完璧に見下ろせる。この時間、叛乱軍はスリア州の州都で、ベネズエラで二番目の都市であるマラカイボ市、三番目の都市バレンシア市、軍事的要衝であるマラカイ市にそれぞれ陣地を固めていた。司令官チャベスはカルロス・アンドレス・ペレスがミラフローレスにいるのを知らなかった。予定では、主要な人的攻撃目標はこの時間にはマイケティーア空港で逮捕されているか、大統領官邸で捕縛されているかのどちらかのはずであった。チャベス自身の話では、「エセキエル・サモーラ作戦計画は基本的に、各種の軍事理論を内包していた。その一つが、奇襲攻撃だった……奇襲攻撃、策略、機動力、敵中枢部への戦力集中。これが戦略計画だった」[原注3]

しかし、奇襲攻撃は時に双方向的な結果を呼ぶ。チャベスと五人の男、そしてバスを降りた部隊は、彼の表現を借りれば「機銃掃射を受けてしばらく阻止された」。叛乱指導者はここで嘘八百を並べ立てた。かなりの大事件があり、ここを防御するために戦力強化に来たのだ、と。この芝居は説得力があった、と本人は言う。

こうした中で、大統領官邸では事実を知らない叛乱軍と——大統領はすでに、ここにはいなかった——情報警備局要員との間で激しい戦闘が繰り広げられていた。ファースト・レディのブランカ・ロドリゲス・デ・ペレス夫人は娘の一人と、叛乱軍の急襲を受けて立つ側にいた。[原注4]「ラ・カルロータ空港」の名前の方でよく知られているフランシスコ・ミランダ総司令官空軍基地でも銃撃戦があった。首都カラカスの東に位置する空港施設は、ヨエル・アコスタ・チリーノス司令官に占領されていた。銃声が人々の鼓膜にこびりついていた。近隣のカラカス市民は、これがよくある凶悪犯罪の類ではないことを徐々に呑み込み始めていた。チャベスは、ミラフローレスの正面攻撃を二人の大尉に委任した。その一人は、ドラゴン戦車で大統領宮殿の階段にみっともない大穴を開け、このデカ物で正門を壊そうと懸命だった。テレビカメラがそれをとらえた。少し馬鹿げたシーンだった。開けるにも、侵入するにも、宮殿を占拠するにも、他にやり方があるだろう？　叛乱軍には十二台の戦車があった。官邸にいたペレスは、できるだけ早く脱出すべきことが分かっていた。しかし、一体どこへ行けばいいのか？　そこで考えた。

「テレビを使って抑え込もう」

そこで、民間放送のチャンネルを三つ持っている協力者に頼むのが最も確実だと判断し、大富豪のグスタボ・シスネロスが所有するベネビジョンに白羽の矢を立てた。

叛乱軍と政府側の両方の忠僕に初めて死者や負傷者が出始めた。大統領は、地下道を通り、駐車場のドアから首尾よく脱出した。カラトゥーがペレスを案内して、一般登録番号を付けたグレーのフォードＬＴＤに乗せた。大統領警備隊長の話では、大統領にミラフローレスを放棄するよう説得するのには骨が折れたらしい。

「彼は出て行きたがらなかった。だから私は、彼は勇敢な人だと認める」

国家警備隊の軍曹が運転する車は、前にアビラとカラトゥーが座り、後部座席に警備隊長、民間護衛隊長、そしてカルロス・アンドレス・ペレスが右の窓側に座った。運転手は全速力で宮殿の東側の三番非常口から出て行くと、中心部の目抜き通りの一つ、バラルト通りを北に向かった。六人を乗せた車はエル・アビラ山脈の麓を辿って一気に走り続け、朝の一時少し前にラス・パルマス近郊にあるテレビ局に到着した。

午前一時十分前、チャベスはパートナーのエルマ・マルクスマンと連絡をとった。

「『近くにいる』と言ったかと思うとすぐ切った」

十分後にアコスタから、ラ・カルロータ空港は制圧したとの連絡が入る。ラ・プラニシエの博物館にはテレビがつけっぱなしになっていた。まだ目的を遂げていないチャベスは、叛乱に協力するようテレビ画面を通してベネズエラ国民に呼びかけている自分の姿を思い描いていた。

これは計画の一つでもあった。十二、三名の兵士がテレビ局を占拠しVHSテープに録画したチャベスの声明を放映する任務を帯びていた。最終的に、彼の部下たちはチャンネルを奪ったが、局のシステムがUマチックのフォーマットを使っていたので、その簡単な方法が分からず転換することができなかった。そして、できません、と言う局の技術者の説明に納得する。間もなく――これはおそらくあまり期待していなかったことだが――チャベス本人の顔ではなく、髪も乱れ、やつれ顔のカルロス・アンドレス・ペレスが画面に現われ、謀反が起きて「悪者共」が民主主義を破壊しようとしたが、この暴挙は失敗に終わるだろう、と声明した。

全員の視線が司令官に釘付けになった。チャベスが応じた。

「そうとも、これはクーデターなのだ。君らは包囲された」

博物館の将校たちが震え上がるような大声だった。

「武装放棄する——確かこう言った——さもないと、われわれ同士の殺し合いになる」[原注5]

まさにこの瞬間、彼の話によれば、叛乱軍側の援軍が到着し、ほぼ午前二時にこの場所を占領することができたのである。しかしながら、この時間には、ミラフローレスの作戦行動は惨憺たる有様であった。ペレス大統領は助かり、正規軍に気勢をそがれた叛乱軍は敗色濃厚だった。失敗か、というやりきれない雰囲気が漂う夜になった。

大統領が震えて画面に登場した夜中の一時半、フランシスコ・アリアス司令官はすでにマラカイボ守備隊を抑え、スリア州知事を拘束していた。へスス・ウルダネタとへスス・M・オルティスの両司令官は、マラカイ——バレンシアの中心工業地帯で戦闘を繰り広げていた。またカラカスでは、アコスタ司令官が空軍長官を捕虜にしてラ・カルロータ空港を占拠していた。[原注6] アリアスを除いて、チャベスと同じ昇級組のリーダーたちは互いに「兄弟」と呼び合うようになっていた。午前三時少し前、チャベスはオルティスとの電話連絡がついた。オルティスが訊いた。

「兄弟、メディアの方はどうなってる？」

チャベスが答える。

「俺も待ってるんだ」

この辺りから、チャベス自身の語るところでは、

「連絡がとれず、包囲され、ミラフローレスの部隊は目的を達せず、作戦計画が崩れ始めた。しかし、彼らは英雄的に行動したと私は考えている」[原注7]

これは、その後チャベス政権下で州知事になった二人の大尉が指揮した絶望的戦車作戦のことだ。[原注8]

首都では――特に、権力中枢のミラフローレスでは――サモーラ計画は期待通りには運ばなかった。

この頃、国中が事件の行方を見守っていた。国民は一晩中、次々に出てきては民主主義を守れ、と語る政治指導者の出演するテレビにかじりついていた。まず、ジョージ・ブッシュがペレスに電話をかけてきた。もう一つの歴史の皮肉と言うならば、フィデル・カストロがベネズエラ人の同志に「深く憂慮し、同情に堪えない」との熱烈な電報を送ってよこしたことだ。心痛の極みにあった者の中に、五百キロ以上離れた遠隔地に住むチャベスの母親、エレーナ夫人がいた。バリーナスの隣人、セシリア某が彼女にクーデターの件を電話で知らせた。

「この話を聞かされた時には――彼女は胸を押さえた――もう震え上がってしまいました。えっ、セシリア、何て事なの。あの子が。ああ神様！」

最後に会ったのはクリスマスだった。夫のウーゴ・デ・ロス・レイエスはバリーナス郊外のラ・チャベラに所有していた小さな農家で休んでいた。エレーナ夫人は目の前が真っ暗になり――ウーゴと叛乱の関わりも知らぬまま――一人だけ家にいた息子のナルシソをたたき起こし、二人でアダンに電話した。この長男もけっこう陰謀にからんでいたのだが、ここは母親を落ち着かせようと試みた。

「突然かけても、ウーゴは出ないよ」

どうして電話して来ないのかしら？

「寝てるんだろ」

嫁のナンシーと孫たちの居場所も分からず、エレーナはますます取り乱した。テレビを消してしまう勇気も無い。またペレス大統領が出てきた。

「赤いベレー帽の大隊の仕業だと言った……これでがっくりきました。ウーゴ・ラファエルがいるのよ、そうでしょ?」

息子たちにそう言った。もう気休めなんかできない。涙もろい彼女の目から涙が滝のように溢れ出した。

「恐ろしかった。『ああ、あの子は殺されちゃうの? 死んでしまうの? 怪我するの? 絶望のどん底でした!』」

この午前四時頃、彼女の息子は敗北を覚悟していた。ミラフローレス襲撃は完全に行き詰まった。戦車操縦士がつながれて、死体と負傷者の間を歩く。決起首謀者が何者か、まだ誰にも分からない。この時、司令官ウーゴ・チャベスは、本人も言ったように、「檻に入れられた虎のような、この状況にどう立ち向かうべきか、いかに導くべきか、判断できない」でいた。

連絡体制は機能していなかった。

「軍用電子機器で無線電波を妨害して反撃してきた[原注9]」

待機していた歩兵部隊も、予備隊も、砲兵部隊の大砲も配備されず、ついに宮殿内の制圧はならなかった。密告が叛乱の流れを変えたとも言われている。ボリーバル革命運動の一員だったある大尉[原注10]が、上官に陰謀計画を注進していたが、軍情報部の判断ではそれ以上の出所はつかめなかった。

「二月三日月曜日の午後一時に入った最初の情報は不完全で曖昧なものだった。陸軍情報部と軍情報局の評価は、マイケティーア国際空港における共和国大統領の拘束を目的とした行動と推定される、という内容にとどまっていた[原注11]」
アコスタ司令官は、裏切った疑いのある司令官が「作戦要員の中に二十七名近くいて、この数の中から五人だけを選別した。それでも運動を裏切った大尉が一人いたと言う話は多くの者を悲しませた」と証言している。サモーラ計画の主要目的は、チャベスの言によれば、カルロス・アンドレス・ペレスの拘束であった。彼がマイケティーア空港に到着するのを待ってコマンドーが拘束し、軍事博物館に連行する。もしこれに失敗すれば、カラカスに向かう高速道路のトンネルのどれかで捕まえる予定だった。そして、これも不可能だった場合は、官邸における三度目の試みを成功させる。

「いくつかやり方を試みたが、ペレスはグアビナ[訳注]だった[原注12]」

チャベス自身の言葉である。大統領を拘束する目的は？

「権力の空白を作り出し、われわれがそれを埋める、という筋書きだった[原注13]」

皮肉にも十年後に、彼自身の打倒を目論む者が、同じ権力の空白という概念を適用することになる。

逃げ足の速い大統領を捕まえることに失敗し、司令官は狼狽した。それだけではなかった。その上、奇襲作戦が失敗し、機動力を失い、銃火器の威力が失せ、全滅した[原注14]」

もはや、降伏の時が迫っていた。しかし、チャベスの本領はまだまだ発揮されてはいなかった。もっと言うなら、始まってもいなかった。

二月四日の夜が明けた。人口二千万のベネズエラは宵っ張りの国だ。とりわけこの日は、大統領のペレスが一番の寝不足だったかもしれない。彼はミラフローレスの執務室に戻り、そこからテレビを通じて、叛乱がすでに過去のものになったと、今回三度目となるメッセージを発した。だが本当はそうでもなかった。ラ・カルロータ空軍基地はまだ奪還できていなかった。マラカイボ、マラカイ、バレンシアの守備隊も同じだ。ペレスの部屋には、内務大臣アビラと、すでに電話でチャベスに武装解除を説得していたオチョア将軍がいた。将軍は夜明け早々に、二人の伝令を再びチャベスの所に遣わしていた。二人とは、ラモン・サンテリス将軍と、国防大臣直属の特別委員として働いていた武器専門民間技術者で士官学校の教授でもあったフェルナン・アルトゥーベである。オチョアはアリアスと交渉しようとは考えていなかった。彼には、叛乱の首謀者がウーゴ・チャベスであることが分かっていた。当時、陸軍総監督官だったエリアス・ダニエルス中将が、事件から十二年後、一九九二年の経緯についてコメントしている。

「彼は、リーダーがチャベスだという結論に達した。なぜか？　それは分からないが……叛乱軍は全員軍人だった」

ペレスは、夜明けに博物館を爆撃する可能性を評価していた。

「私は、ラ・プラニシエ近くには多くの市民が住んでいたから、これには賛成しなかった。そこで、F-16戦闘機を二機送って上空を旋回させることにした」

早朝から大統領のそばを片時も離れずにいたイバン・カラトゥーは証言する。

午前七時を過ぎ、オチョアは再び伝令を送る。ペレス大統領はクーデターの日に、作戦指示のために

---

グアビナ：つるつる滑って捕まえにくい魚。転じて、逃げ足の速い人を指す。

国防大臣を伴いミラフローレスに向かったが、その時オチョアが言った事を思い出してはまだ憤りを隠さない。

「ふと、オチョアが私に言った。『どうでしょう、チャベスに降参するよう話して、これ以上の面倒は避けた方が良いのでは』。私は言った。『ああ、だが誰がチャベスと話すのかね？』すると、こう答えた。『ここにサンテリス将軍がおります。彼の友だちです。将軍に行ってもらいましょう』。そこで私は、チャベスを降伏させるのにサンテリスを使うというミスを犯した。あの後、彼ら二人は意気投合したのだ」

サンテリス将軍はアルトゥーベと共にラ・プラニシエに引き返した。もみ手でもしたに違いない。将軍は全軍歴を通じて常に陰謀にまみれていた。すでに六〇年代に、ウィリアム・イサーラが指揮した現役軍人革命同盟の秘密組織のメンバーとして、ペレスの第一期政権に対する陰謀を企んでいたし、この時期にフランシスコ・アリアスにも接近していた。ウーゴ・チャベスのやり方は知りすぎるほど知っていた。アルトゥーベも、後にチャベスが言うところによると、「これも古手の陰謀家」だった。[原注15] 二人が軍事歴史博物館に到着した時はまだ午前八時にもなっていなかった。

「今は真剣に降伏しようと考えている」

チャベスは言った。そして、彼自身と兵たちの生命を保証することを要求した。彼を殺せとの命令が出されていると確信していたので、この時点では銃の引渡しは嫌がった。友人は、要求を受け入れただけではなく、彼をティウナ要塞軍事基地まで護衛付きで連行すると約束し、しかも謎めいた事を言ってもいる。投降者とその「監視人」は、アルトゥーベが運転する将軍専用車で単独で出発する、と。

そして、十五分もかからない道を二時間近くかけてようやく到着した。この間、何があったのか？ 危険な書類や証拠の隠滅に時間を費やしていたのではないかとも取り沙汰されている。いずれにしても、チャベスは――サンテリスが陰謀に関わっていたことを一貫して否定しているが――サンテリスとアルトゥーベは「とても紳士的だった」と述べている。[原注16]

この真相は、チャベスからもサンテリスからも決して明らかにされたことがない。当時中将で陸軍ナンバー2の位にあったエリアス・ダニエルスは証言する。

「叛乱軍の指揮者は、投降を選択した二月四日の午前七時四十五分まで博物館にとどまっていた」[原注17]

チャベスがティウナ要塞に着いたのは午前九時十五分。当時、統合参謀本部長だったイバン・ヒメネス将軍の解釈では、あの謎めいた事がもう少し拡大されている。この事件の四年後に彼が出版した著書『カストロからカルデラまでのクーデター』で、この日の午前七時に彼がチャベスと交わした電話のやり取りを再現している。ヒメネスがチャベスに最後通牒を言い渡す。

「降伏するか、さもなくば博物館が（飛行機で）爆撃されるか、だ」

チャベスが答える。

「わかりました、将軍。降伏します」

「国防省の五階にあったオチョアの部屋に連行され、銃、拳銃、手榴弾、無線機を差し出しソファに腰を下し、コーヒーを飲ませてくれと言った」

タバコも求めている。

「そして私は我に返った。降伏するより死んだ方がましだ。降伏の際、部下に言った。死んだ方が良か

ったかも知れない。つまり、私は崩壊した。崩壊してしまったのだ」[原注18]

　チャベスは一九九八年の大統領選挙に勝利する八ヵ月前の時点で、この時の事を回想している。オチョアがミラフローレスにいた関係で投降者を引き取ったダニエルス中将は、彼が規律正しく、軍人らしく振る舞っていたのを記憶している。

「非常に礼儀正しく、だが毅然とした姿勢で部屋に入ると、敬礼し、私に向かって、大体こんな事を言った。『中将閣下、司令官ウーゴ・ラファエル・チャベス・フリアスは武装解除いたします』。彼は試みが水泡に帰したことを理解していた。私は彼の出身地を質し、家族について尋ねた。『母上と話したいか?』するとこう言った。『はい、有難うございます』」

「ママ、ウーゴだよ」

　電話の向こうから泣き声が聞こえてくる。

「『おお、神様。生きていたのね、私の息子。でも、どうしたって言うの……?　怪我しているの?』『いや、母さん、大丈夫だよ。何もかも終わったから』。こう言っていたわ。神様の祝福を願いました。彼は言いました。『僕は元気だよ、母さん、安心してよ。何の問題も無いから。すべて片付いたから』。それで、電話が切れたの。仕方ないわね、捕まっていたんだもの。私はもう絶望して、ベッドで泣いていました。すると十分もしないうちにテレビに出てきたのです。あれは恐ろしかった!」

　母と息子が話している間、ダニエルスはこんな叛乱が「二十世紀のどまん中で起きるなんて、有り得ない」ことではないかと自問自答していた。電話が終わると、司令官になぜ決起したのか尋ねた。

「すると、それは軍隊の環境の悪さにあると言い、軍靴とか装備とか……軍隊生活、衣服、道具など……

彼の主張は一般市民とは関係の無い事だった」

チャベスが投降した時、仲間はまだラ・カルロータ空港、マラカイボ、バレンシア、マラカイで戦闘配置を守っていた。正規軍司令部はその実体と人数を把握していた。

「叛乱行動の表面上の指揮者は五人の陸軍中佐である。その下に、少佐十四名、大尉五十四名、少尉六十七名、下士官六十五名、軍曹百一名、正規兵二千五十六名がいる」[原注19]

総勢二千三百六十七名、十大隊に所属し、陸軍の大隊の約一割を占めていた。[原注20]

ベネズエラ国民は情報に飢えていた。間もなく、決起の全貌が見えるだろう。すぐに歴史の思いがけない転換があるかもしれない。ウーゴ・チャベスはクーデターの失敗を、この十年で最高の宣伝広告に変貌させることになる。

国防大臣は最高にいきり立っていた。上層部の将軍連がティウナ要塞に集結し、カラカス、マラカイボ、バレンシア、マラカイの叛乱軍の陣地をいかに解体するかを分析検討した。彼らは、叛乱軍がもはや何もできないだろうと思っていたが、まだ衝突が起きる恐れがあった。ダニエルスによれば、昼までに叛乱の足跡をきれいさっぱり取り除き、「大衆的無秩序が制御できなくなるような無政府状態」の創出を避けることが確認された。そして、解決策が見つかったと思われた。チャベスがテレビを通じて同志たちに降伏を呼びかけるのである。中将は、その許可を求めて、オチョアに電話をかけた。

国防大臣がこの事を大統領に相談した。

「ペレスは、くれぐれも録画を流すよう固執した。しかし、ふたたびダニエルスと電話で話したところ、にらみ合いが続いている状況でそのような時間は無い、と申し立ててきた。そこで私は、録画せずに（編集せずに）放送することに決定した。間違いなくこれが重大な失敗だったのだ」

はるか遠く過ぎ去った二〇〇〇年に起きた経過を鑑みながら、オチョアは今これを認める。メディアの持つ力を思い知ったチャベスの前任者大統領は、大臣に注意を促したことは認めている。

「今からはっきり言っておく。テレビの生放送で喋らせてはならない。別の部屋で収録し、編集を加えるのだ。問題は――まだ決起した大隊がそのままだった――事態を穏便に済ませようとしたことだった」

カラトゥーによると、ペレスも「チャベスを武装解除させ、手錠をかけて出せ」と命令していた。ダニエルスはゴーサインを受け取り、チャベスのメッセージを収録するテレビ局のスタッフを呼ぶよう指令した。彼は打ち明ける。

「マイクロウェーブ装置を設置する時間は無く、ライブでは流せなかった」

チャベスは服装の持つ表象性を明瞭に知っていた。

「私はベレー帽を被っていなかったし、装備も身につけていなかった。最初に思い浮かべたのは、パナマ侵攻の後にアメリカ軍が映した、しわくちゃなアンダーシャツ姿のノリエガ将軍だった。私は彼らに言った。私のベレー帽を持ってきて欲しい。それから顔を洗いたい。何を話すか書きなさい、とダニエルス・エルナンデス中将が言った。いや、私は何も書きません。私は降伏を呼びかけます、と約束した」[原注21]

カメラがセットされ、照明がついた。登場した司令官ウーゴ・チャベスは、落下傘部隊の制服を着て、赤いベレーを被り、ヒメネス将軍とダニエルス中将に挟まれて堂々と立っている。顔面の筋肉に神経性のチックがあり、時々片方の頬が引きつる。これは、サバネタの少年時代に鼻を壁に打ちつけて以来患ってきた鼻血症の結果だ。尊大に前を見ている。大きく息を吸ってから、約一分強で百六十九語のメッセージを一気に喋った。

「まず、ベネズエラのすべての人々にお早うと申し上げたい。しかし、このボリーバル的メッセージを、アラグアのパラシュート部隊とバレンシアの戦車部隊の勇敢な兵士たちに特別に向けたいと思う。

同志諸君、不運にも、今のところは、われわれ自身が設定した目標を首都において達成することができなかった。すなわち、このカラカスにいるわれわれは権力を獲得することができなかったのである。諸君は、それぞれの持ち場で見事に作戦を展開した。しかし今、考え直すべき時にある。新たな可能性は必ず再び生まれ、祖国はより良き未来に向けて決定的な歩みを始めるだろう。

だから、私の話を聞いて欲しい。このメッセージを送っている司令官チャベスの話を聞いて欲しい。そして、どうか深く考えていただきたい。われわれの設定した目標を全国レベルで達成できなかったという事実を前に、諸君は武器を置くのだ。

同志諸君、この連帯のメッセージを聞いていただきたい。私は、君たちの忠誠と勇気そして無私の精神を称え、祖国と諸君の前で、このボリーバル的軍事決起の責任を一人で負うものである。ありがとう」

テレビ関係者は、各局にすっ飛んで行った。録画したビデオテープは無編集で午前十時半に放映された。視聴者は目を丸くした。

「チャベス司令官のメッセージをお聴き下さい」

まず、ありありとしていたのは、捕まった人間の巧みな話術だった。尊厳を失うことなく、聴衆を魅了する才能も発揮している。誰にこんなマネができるだろう。一睡もせずに夜を明かし、一身に担った軍事行動に失敗し、同志に投降を迫るというぎりぎりの状況で、「まず、ベネズエラのすべての人々にお早うと申し上げたい」とは。それから、彼のちょっとした表現に過ぎない二つの言葉が、深い意味を伴って伝播する。「今のところは」と「責任を一人で負う」である。一つ目は、責任を負う政治家が一人もいなかった国では、これは稀な話である。二つ目は、ついうっかり口を滑らせた約束か、サスペンス映画のエンディングのような、ほとんど脅迫に近いものである。次回に続く……。各局は、これがチャベス司令官の最高の宣伝になることも分からず、このメッセージを何度も繰り返して放送した。

話し終わると「がたがたっと来て、もうだめだと思った。つまり、世紀の大失敗をやらかしたと思っていた。しかも、降参し、計画はうまく行かず、仲間にバンザイしろと言ったのだから。サンテリスは私の右側に腰掛けて、拍手した。『何て素晴らしいんだ、いいこと言うじゃないか!』私はこう答えるだけだった。『どこがだい、降参させておいて』『だって、今のところは』って言っただろ? これは憶えていなかった。自然に出た言葉だ[原注22]」

この十五年間にわたり、夢に見、周到に計画してきた叛乱、権力の転覆は、大山鳴動して鼠一匹、に終わった。だが、彼は主役に躍り出た。このテレビ出演の偶然のお蔭で、歴史が全面的に変わってしまう。これは幸運な叛乱であり、決定的に、クーデターの失敗を救ったのである。ウーゴ・チャベスは、無名な存在のバリアを永遠に乗り越えてしまったのである。

彼の両親はすっかり力を落としていた。エレーナ夫人には、凄い奴だ、という声など聞こえて来なかった。

「二週間くらいして、新聞にウーゴの顔写真入りの記事が出ました。座って目を通し、倅の一人に聞きました。『ねえ、ウーゴはいつこんな良いことを言ったの？』すると『やだな、母さん、テレビで降伏しますと言った時じゃないか』と言われました」

他の司令官は、降伏が信じられなかった。彼らは怒り狂った。それにしても、ウーゴはどうしちまったんだ？　メッセージを発した直後、ラ・カルロータ空港が陥落した。叛乱軍が十一時間制圧した後であった。空軍長官のエウティィミオ・フゲット将軍が解放され、言った。

「常に公私共に私に敬意を表してくれた……『将軍閣下、われわれは異なる政権を求めているだけであります。われわれは何も破壊するつもりはありません』」　叛乱軍は将軍にこう言っていた。十二時四十五分、アリアスがマラカイボに赴き、四年後には投票によって手に入れることになる支配権が還された。最後に武装解除したのは、最後の最後まで戦うと決意していたヘスス・ウルダネタであった……つまるところ、彼の同志たちはそれぞれの任務を成功裏に全うしていた。ただ一人失敗したのが、ウーゴ・チャベスだった。この敗北が、逆説的に彼をテレビ出演させ、おまけに、有名人にしたのだ。

半日の叛乱の決算は、少なくとも死者二十人、内十四人が軍人、負傷数十人であった。[原注23]　クーデターに加わった兵士の大多数が、利用され騙されて動員されたという事実が陰のようにつきまとい、消えることはない。一九九八年、チャベスは軍人の戦死者だけに触れて、あの日にさらなる犠牲者を出さなかったかのごとく、こう言っている。

「二月四日に十四人の死者を出した。これは、週末のカラカスでの死亡者数より少なく、毎月ベネズエラで飢え死にする子供の数よりも少ない。私が武力に依拠するのと同様に、私に応える者は、自己の武力に依拠するのだ。私が武力を避けたことは一度も無い……こう訊かれたことがある。お前の手は血で汚れているか？　そうとも。手も何もかも、私は血まみれだ。頭のてっぺんからつま先まで……[原注24]」

日が暮れて、ペレス大統領は国政に戻る。全ては統制下にあると宣言するのは、この日四度目である。今度こそ間違いない。三百人以上の将校が逮捕され、動員された部隊はそれぞれの分隊に返された。ティウナ要塞では、チャベスがオチョアとこの日初めての話し合いを持った。午後六時である。国防大臣がチャベスを夕食に招いた。ファーストフードで済ませ、二人きりで話した。大臣は電話を貸し、チャベスは投降して以来、初めて愛人と話した。

「エルマ、くれぐれも大事にしろよ。私はこの問題に立ち向かう。私はもう安全な身だから安心してくれ。できたらまた電話する」

チャベスとオチョアが会っていた事は全くばれなかった。もう夜になっていたが、満腹の司令官は、友人であり、この日付き添っていたサンテリス将軍が長を務める軍情報局に入る。

ここで初めて同志たちに対面する。トリコロールの腕章が軍服の袖に結び付けられた、他の者たちとは違う姿である。背後に彼らの視線を感じた。

「多くの者が私を卑怯者だと言った。いや、私は卑怯者ではない。いかなる軍事作戦においても、撤退することは有り得る……マスコミに登場した時、アリアスはスリアですでに降伏していた[原注25]」

チャベスがテレビに出る前には他の司令官の誰も降伏していなかった、とする軍部、マスコミ、さらにまた他の司令官たちのあらゆる情報に反論して、チャベスは断言する。

軍情報局の独房で、叛乱軍指導者たちは外部との接触を断たれて十七日間を過ごした。降伏を最も忌避した司令官ウルダネタは、全員に対して怒っていた。

「取調べの際には、互いに会うことができなかった。しかし、独房の小窓を通り過ぎる時、同志に手早く話すことはできた。最初の調べの時、チャベスの房の横を通ったので、彼に皮肉な調子でこう言ってやった。『おい、随分さっさとバンザイしたものだな。最高だよ』。髪の毛が伸びてぼさぼさになっていたのを憶えている。あんな姿を見たのは初めてだったからよく憶えている。すると、こっちに来て、言った。『いいかい、兄弟。俺は心細かったんだよ』。私は言った。『えっ、心細い？　でも、俺も一人だったさ。俺の大隊と将校たちと、中佐は十人もいなかった。君のところにも大隊と将校がいたじゃないか。まだ不足だったたって言うのか？』　するとこう答えた。『ああ、心細かった』」

アリアスも同じ話をしている。

「牢屋にぶち込まれていた時だった。ある日、ウーゴと私は繋がれて歩いていた。彼に言った。『おい、ウーゴ、どうしたっていうんだ？　なぜ、大砲の一発もかましてやらなかったんだ？』　すると、こう言った。『何言ってる。心細くてな、連絡も取れないし……君がいなくてすごく困ったよ』」

翌日にも、違う調子のものだったが、地方から非難が寄せられた。チャベスの最初の政治的指導者だったホセ・エステバン・ルイス・ゲバラの背中に冷たい視線が浴びせられた。

「彼の父親と母親がバリーナス中を回って、悪いのはこの髭オヤジだと言って歩いた。私のことだ。彼の輝かしい軍歴を台無しにした、と言っていた」

　元妻のカルメンはこう言い直す。

「クーデターが起きたとき、ホセ・エステバンがやって来て言いました。『チャベスの父親が私に何て言ったと思う？　私は……だとさ』。というのは、息子を共産主義者にしたのは彼で、それで監獄に入れられ、軍歴も台無しになった、というわけです。彼にさんざん悪口を浴びせました。あの道端でね」

　ルイス・ゲバラは、比較的冷静にこれを受けとめた。いつも自分の家を「陰謀者の巣窟」と呼んでいた。青春を、彼の家の書斎で過ごした男に、一体他に何を期待すると言うのだ？　しかし、彼は決してチャベスの面会には行かなかった。彼はずっと、二月四日は壊滅的誤りだったと思っていた。これは、彼が娘に持たせた彼への伝言である。

「君に会いには行かないと娘にことづけた。なぜなら、あのドジが許せないからだ。ミラフローレスまでたどり着きながら、権力を目前にして、日和るとは。殺されても突入すべきだった」

　しかし、死んでしまったら権力を手に入れることはできないのだ。

# 第6章　模範的将校

国中が、テレビで一人の将校を見た。彼の短いメッセージを聞いた。叛乱の全貌が見えてきた。それにしても、司令官ウーゴ・チャベスとは何者か？　彼について若干の経歴を最初に示したのは、陸軍の元上官のカルロス・フリオ・ペニャロサである。将軍は二月四日の視聴率を独占した人物をよく知っていた。彼は、クーデター当日の夜、ベネビジョンの時事評論番組で証言している。

「この人物はカリスマ性があり、真面目で、ベネズエラでよく言うところの、パアランテ（p'alante）＝誇り高き人物であることは疑いない」

将軍は昔の彼を振り返る。ベネズエラ陸軍士官学校の校長として、八〇年代の中頃、ペニャロサは彼の上官であった。

「学校に着任したとき、非常に成績の良い将校グループがいた。その中にきわめて優秀な大尉がいて、高い指揮能力を有していた。それがウーゴ・チャベス・フリアス大尉で、上層部の評価を受け、部下には慕われていた。模範的将校だった[原注1]」

ペニャロサはチャベスがテレビに出ても不思議ではなかった。ずっと何かを企んでいて、運動のリーダーだったことも知っていた。それで、叛乱のあった七ヵ月前に陸軍司令官を拝命した時に、ペレス政権にその事を警告したほどである。エドガルド・カストロのインタビューでもこう話している。「私が退役した時、最後の演説で、共和国の名誉は流血をもってしか浄めることができないと言う狂信的な原理主義者集団がいる。と言ったのを憶えているか？」

この演説で彼はこう警告していた。[原注2]

「現在の民主主義が腐敗に蝕まれていると確信し、この状況を正す唯一の方法は、腐敗政治家を浄化し、国家を取り戻すための血と炎による武力行動しかないと考える軍人と民間人の集団がいる。この集団は、祖国の名誉は、それを汚した者たちの血をもってのみ回復させることができ、そしてこの目的のために、民主主義を一掃し専制主義体制を樹立することが不可欠である、と考えている」

ベネズエラ国民は、まさしくこう問いかけていた。ウーゴ・チャベスは、もし権力を握ったら、何をしようとしていたのだろうか？　どのように実行するのか？　どんな政策を採るのか？　どのような政府を作るのだろうか？　結局のところ、もし叛乱が成功していたら、ベネズエラの行く末はどうなっていただろうか？　この時期に兵舎で回覧されていた「コマカテ」（Comandantes ＝中佐、Mayores ＝少佐、Capitanes ＝大尉、Tenientes ＝中尉の頭文字を連ねた秘密組織名）の署名入りパンフレットには、腐敗官僚をカラカス大学の競技場に連行し、略式裁判にかけた後、銃殺する、と書かれていた。ボリーバル革命運動のものとされる文書には、「祖国は血で浄められる」とあった。今や有名人となったウーゴ・チャベスに刑務所内でインタビューした最初の記事が、二月二十九日の日刊紙『エル・グロボ』に掲載され、彼の計画内容が少し明らかになった。政治的目標は「概念的には権力奪取、具体的には共和国大統領を逮捕し、国民の前で裁くこと」にあったと彼は述べた。そして、ボリーバル運動の文書の正統性を認めた。

「この引用文はトーマス・ジェファーソンの言葉だ。『自由の木には、時として愛国者と独裁者の血をまかねばならない』。この引用で公私に言わんとしたことは、われわれが一歩を踏み出した瞬間、武装せる数千人の血を流す覚悟がある、ということだ。誰もが犠牲になる、これ無くしてどんな革命も成就されたことはないのだ」[原注3]

司令官チャベスが革命という言葉を公けに発したのはこれが初めてである。

しかし、軍民独裁政権を任命し、「反独占」経済対策を講じる意図であったことと、その戦いは「腐敗と現政権に反対する」ものであることを表明した他は、どのように国を治めて行くかについては、チャベスは明言を避けた。現実的に、六年後に実際に陰謀に加わった知識人の一人、クレベール・ラミレスが、その著書『二月四日実録史』で新政府の本質を暴くまでは、その全体像は明確ではなかった。まず初めに、軍人と民間人で構成された最高決定機関としてＣＧＮ（Consejo General Nacional＝国家総評議会）を任命し、これが「同評議会の決定と指導原則にのみ従って」大統領を選出し、大統領は国家の進路を保証するために必要な限り職務を継続し……民主的選出による制憲国民会議が発効させる新憲法により民主主義を深化させる」[原注4]

国家総評議会は、危機と対決する姿勢として「ベネズエラの尊厳のための、そしてそれを救うための国民的連帯」を提起し、「国家全体の衰退を招いたあらゆる階層の責任者に対する懲戒的刑罰を法廷で決定し」適用を開始する予定であった。[原注5]

そして、興味深いことには、国民の反応を探ることもできないうちから、二回目のコミュニケが出される。「新体制は国民の大多数による決定と、熱狂的支持の裏付けを考慮に入れることを宣言する」

評議会は十八ヵ条の政令を準備していた。第一条においては、国民議会の全ての活動が停止され、立法権機能が廃止されている。この後に続く政令が新政権の性格を形作っている。地方政府議会、司法権――最高裁判所判事は全員、評議会自身が指名する――最高選挙機関のすべては禁止される。それまでの制度は何一つ残されない。民主主義制度は完全に解体され、すべてを統治する単一権力に取って代わられる。経済においては、「通貨の如何を問わず資本の自由取引を禁止する」のと、民営化移行を停止することに加え、動産、不動産の価格、公共料金を凍結する。

「最初の調査で驚くべき事実を発見した。二月四日のクーデターに勝利した後の統治に向けて用意されていた全ての政治制度を、立案者が民主主義的と定義していたことだ」[原注6]

こう言うのは、哲学者で政治学者のアルベルト・アルベロ・ラモスだ。[訳注] 彼は政令を分析検討した結果、こう結論付けた。

「ベネズエラ人の多くが新体制に賛成しないし、あのような計画を押しつけられるのは拒むだろう」

とりわけ、前政権で公務員だった者は誰でもである。しかしながら、六〇年代に共産主義者集団に入って闘争に参加した分析者アルベロの目に最も顕著だったのは、国家総評議会が何らかの形で厚生政策に関わる「厚生委員会」を設置する意図を持っていたことである。政令第七条はそれを「国民の公共意識の体現化」と規定している。[原注7] アルベロによれば、この委員会は、フランス革命時の恐怖政治時代に存在した同名のものに類似して考えられており、極めて純粋なレーニン主義的方式で反対派を押さえつける狙いを持つ。

「ここで読み取れるのは、市民社会を支配しようとする叛乱軍人の意図である」[原注8]

すでに見てきたように、イデオロギー的には不明確なまま上手く切り抜けてきたウーゴ・チャベスが、歴史資料の公開を鑑みて政令の存在を認めるまでには、クレベール・ラミレスが六十一歳で亡くなった一九九八年まで待たねばならない。この時チャベスは、どの政令だったかは今もって明言していないが、「政令の多くは、適用する運びではなかった」[原注9]と証言している。ラミレスの言うところでは、条文の編纂は一九九一年十一月頃、チャベスが議長を務めた会議で要請され、「最終文案は、それぞれ検討し承認するべく、司令官のチャベスとアリアスに提出された」[原注10]。クレベールをボリーバル革命運動に引き入れたフランシスコ・アリアスは、政令は「参考までに作った」と言い、詳細をいくつか示した。それによれば、政治政党の停止、腐敗政治家の迅速な裁判を実施するための審理の開廷、「相当数の将軍」の退役処置、条件の成立を見ての制憲国民会議の召集があった。国家総評議会は民間人五人、退役軍人四人（原則としてクーデター首謀者は一切含まない）で構成される。アリアスによると、民間人候補の中にはジャーナリストで元大統領候補だった社会主義運動のホセ・ビセンテ・ランヘル（現副大統領）、キリスト教民主主義の政治家、アブドン・ビバス・テラン、カウサRの指導者、アンドレス・ベラスケスがいた。おそらく、教会なくして叛乱なし、の格言に違わないためであろう、宗教家の同席も

---

アルベルト・アルベロ・ラモス：哲学者、詩人、エッセイスト、政治文化活動家。メリダのロス・アンデス大学哲学科教授。メリダの自由文化ゾーン設立に貢献した。『一月の詩』（一九七五年）、『アンデスのバイオリン』（一九九一年）、『チャベス主義のジレンマ』（一九九八年）、『ベネズエラのマンドリン』（二〇〇一年）など著書多数。

検討され、マリオ・モノラート師が候補に上がった。

クーデター後の生き方を話し合うために、一九九二年一月一日の正午、ウーゴ・チャベス、フランシスコ・アリアス、クレベール・ラミレス、パブロ・メディーナがララ州キボルの町に集まった。「クレベールに会ったのは初めてだった。彼のことは聞いてはいたが会ったことは無かった。そこでみんなで話し合ったが、特にクレベールと私がよく話した。というのも、ウーゴもアリアスもあまり口を開かなかったからだ。運動が勝利した暁には、ウーゴがカラカス大隊の司令官になり、アリアスが軍長官になることになっていた」

こう言うパブロ・メディーナは、国家総評議会に民間人五人、退役軍人四人を入れることでアリアスと意見が一致していた。これは計画だった。私は言った。

「『これは世界中の誰も、フィデル・カストロでさえ支持しないような叛乱だ』。実際にその通りになったのではあるけれど」

そこで、国際社会に容認されることを勘案して提起されたのが、「様々な潮流や勢力がこの事実（叛乱）を少なくとも注意深く見守り、慎重に対応するという国際的な含みを持たせる」軍民共同支配＝フンタの形成だった。これは少なからず、国内の社会民主主義者とキリスト教民主主義の政治家に「独裁体制ではなく軍民共同体制なのだ」と思わせようとする意図であった。

メディーナは、「本人たちも知らないから」という理由で、民間人「候補者」の名前を明らかにしないが、その中には社民党の元閣僚、ルイス・ラウル・マトス・アソカルが混じっていた。クレベールは国家総評議会の議長になる予定だった。政令について、メディーナはラミレスがその作製に関与しているとは言うが、「目撃したことはない……オープンにする作業ではないし、お互い顔を合わせるだけでも難しかったから……正式な原稿が存在したかどうかも断言できない」

少なくとも、彼は知らなかった。二月四日に関して、辻褄の合わないことが続出する。まず一つとして、かくも長年にわたり追求してきた挙句の果てに手に入れた権力をめぐり、この運動の指導者が二番目の地位に甘んじるとは考え難い。アリアスが軍長官？　ウーゴ・チャベスがその下？　山ほどある大隊の一司令官？

二月四日計画の真相をめぐる空白の彼方にある確実な事、それはアルベロ・ラモスが指摘するごとく、「今のチャベスが、一九九二年の決起計画との関わりを棄てたことはない」という事だ。[原注11]

事実、大統領はつねにこの日を重要な記念日として特別視し、クーデターの記念日を勝利の日、新時代の始まりとして祝う「国家の尊厳の日」と正式に扱うに至っている。

十二年経過した今も、二月四日のクーデター未遂事件に関しては闇に隠された話がある。その一つは、叛乱に市民的性格を持たせるために入れていた民間人グループを、なぜ最後の段階になって除外し、唯一軍事的なクーデターに終わらせたのか。バレンシア市では学生の少数学生集団が一定の混乱を巻き起こしたが、直ちに警察に抑えられた。しかし、カラカスとマラカイボでは、クーデターに呼応した動きをする者など街頭に一人もいなかった。

「私は市民に配るためにトラックに銃を満載していた……武器を貰うための合言葉『パエス・パトリア』を知っている人はいたはずなのに、誰も来なかった。われわれのせいだけではない。あらかじめ聞

いて知っていたのに来なかったのだ」[原注12]

これは、数年後に歴史学者のブランコ・ムニョスとジャーナリストのハーネッカーにチャベスが話したことである。[原注13]

しかし、反対のことを示す証言もある。二月三日の夜、四人の市民グループがマラカイ―カラカス間の高速道路の料金所で待ちぼうけを食っていた。パブロ・メディーナによると、やって来ない人物というのはチャベスだった。

「一週間前にマラカイで、彼は決起のための武器は任せておけと言っていた」

はっきりした理由も無く、司令官はバスを高速道路から出させると旧道を走り、予定とは逆に同志ヨエル・アコスタのトラック隊とも分かれた道をとった。

「月曜日の午後六時、私のところに暗号文が届いた。カリダーが向かっている。カリダーは私がウーゴにつけた別名だった」

メディーナは隊の編成を開始し、四人の同志を料金所に向かわせた。そこには元ゲリラ闘士で、現在はベネズエラ石油公社総裁のアリ・ロドリゲスもいた。四人の男たちは待ちくたびれた。

「彼が教えてくれた軍事博物館の電話番号を持っていた。何度も呼んでみたが、誰も出ない」

そこでメディーナは、チャベスが立てこもる軍事博物館の近くにある一月二十三日通りにいた戦闘部隊に、博物館に行くよう要請した。

「私の部隊はチャベスの部隊に連絡したが、返答は無かった。そこで思った。『あいつめ、連絡したくないのか』。もう、かまわないことにした。どうしようもなかった」

チャベス自身は、議論を受けて立つ。クーデター未遂の三週間後に日刊紙『エル・グロボ』に掲載された、刑務所での最初のインタビュー記事で、彼はこう言っている。

「国民の優れた意志を得た軍民共同体制を形成する意図ではあったが、運動の原点は優に軍人にある。本来の意味における軍事行動に……民間人は参加していない」

しかしあの状況においては、確かな事としてこういっているのか、それとも混じっていた民間人を守るためにそうしたのか、どちらとも言えない。ウーゴ・チャベスは、その政治的計画への民間人の参入についての考えを以下のような表現で説明する。

「われわれは様々な機会を見ては試みていた。民間部門に国内各所での抗議行動を呼びかけるよう要請し、呼びかけや動員のてこ入れをしてきた。私は、最も戦略的で基本的な考え方を試みた。パナマを訪れた時、私は大統領尊厳隊[訳注]の行動を目撃したのだが……この考え方は、班編成表から、各所における戦闘用の教本マニュアルに至るまで含めて、大隊を作り上げることだ……このような民間人の小グループが大衆運動におけるエンジンの役割を果たすと考えるべきであった」[原注14]

しかし最終段階で彼は、民間人を権力奪取の攻撃からはずすことにした。ダグラス・ブラボーによると、決起まであとわずか数ヵ月の時点で、軍人たちはベネズエラ革命党の党員から離れていった。彼とチャベスが最後に会ったのは一九九一年十月、決起の三ヵ月前だった。ブラボーはその時、ストライ

---

大統領尊厳隊：ノリエガ将軍のパナマ「鉄拳政府」を支えた軍民防衛隊「ディグニダー大隊」。一九八九年のアメリカによるパナマ侵攻で激しく抵抗した。

キのような市民の広汎な行動が軍事行動に先行するのが理想的だとする理論を支持していた。

「これは、市民社会を革命運動へ行動的に参加させるためであった。これこそ、まさしくチャベスが望んでいないことだった。それはだめだ。絶対にだめだ。チャベスは、市民社会が具体的な戦力として参加し行動することを望まなかった。市民社会は彼に拍手を贈れば良いのであり、一緒に戦うのではない。持ち場が違う……。チャベスは、一九九一年にわれわれから決定的に離れた。クレベール・ラミレスなどのベネズエラ革命党のメンバーとは関係を保っていた。そして、彼の企みの一つが、われわれに何一つ知らせないということだった……。何よりも増して、彼の周りはイエスマンばかりだった。彼は反対意見も異議も認めないのだ[原注15]」

二月四日の数日前、ブラボーによれば、クレベールがいた元ゲリラグループの一つがチャベスに合流し、彼にXデーには何をすればいいのか尋ねたところ、司令官の答えはこうであった。

「権力を取ったら連絡する」

こうした姿勢を元叛乱軍リーダーは「一時的な戦略的処置ではない。生来の政治概念だ」と言い切る[原注16]。エルマ・マルクスマンは、ウーゴ・チャベスは究極、クーデター当日に彼らをほったらかしにした事実が物語るように「市民を信じてはいなかった」と指摘する。

もう一つ、よく分からない話がある。これがおそらく、論争の種になり、叛乱軍リーダー間の意見の相違を生んだのであるが、なぜ司令官チャベスがミラフローレスで戦っていた部隊の応援に行かずに博物館にとどまったのか、という疑問だ。二月四日の指導者の口からは、この真相は決して納得の行く形では明らかにされていない。チャベスは、部隊の移動を阻んだ原因の一つに、無線通信手段が妨害されたことを挙げている。しかし、戦闘現場に彼がいなかったことは不可解極まりない驚きであったし、それは今も変わらない。攻撃部隊を指揮した一人であったロナルド・ブランコ大尉は、二月四日の午前一時近くに宮殿からエルマ・マルクスマンに連絡した。そして、怪我を負ったが重傷ではないから安心しろと母親に伝えるよう、エルマに頼んだ。

「ちょっとやられたが、すぐ治るだろう」

そして、チャベスの部隊がまだ来ないのをいぶかるパブロ・メディーナを通して彼女に訊いた。

「『チャベス司令官殿はどうしている？　私がここにいるのは知っているはずだ。こっちはダウン寸前だ。アントニオ・ロハス（もう一人の指揮官大尉）が負傷した。司令官がまだ来ない』。あの時、ウーゴがラ・プラニシエで何をしていたのか、今でも分からない。彼はミラフローレスに来ることになっていたのだ。でなければ、ロナルドがああは言わなかっただろう。そういう手筈になっていたのだ」

司令官アリアスは、そのためにマラカイボからやって来た一月二十九日、マラカイ・ホテルでカラカス奪取の詳細を含めた最終行動計画をチャベスに渡したと言う。

この経緯は少なくとも三者が三様に説明する。一つは、チャベスは大統領が軍事歴史博物館に連行されるのを待ち、勝利を確実なものにしてから、ミラフローレスに移動する、というものである。もう一つは、敵との対峙の最中に、彼と袂を分かとうとする大尉たちの企みをチャベスが聞きつけ、身の危険がある場所に姿を見せたくなかった、とする説。この二番目の説明は、ロナルド・ブランコとアントニオ・ロハス――十二月に決起を早めよと圧力をかけ、司令官らがそれを止めた――が、チャベスとアリアスが正規軍の将軍らと協定を結んだものと思い込み、二人を暗殺しようとした話の裏付けとなっている。三つ目は、チャベスの敵が気に入っている説で、彼はただ単に恐ろしくて動けなかった、とするものである。あの早朝、チャベスがミラフローレスに行くのを妨げたのは何であったか、実際には何があったのかに、いずれの説が最も符合するかは、おそらく永遠に分からないだろう。こんにち、ロナルド・ブランコの地位はさしあたってコロンビア国境のタチラ州知事であり、政府とは無条件の連合関係にある。アントニオ・ロハスの地位はと言えば、軍人主義人事の一環[訳注]でボリーバル州知事に任命されたが、二〇〇三年に解任された。

国防大臣フェルナンド・オチョア将軍の役割も、二月四日の決起におけるもう一つのミステリーである。今、カルロス・アンドレス・ペレス元大統領は、クーデターの後も大臣職にとどまらせ、その後内閣官房長官に任命したこの同僚もまた陰謀に加わっていたと確信している。

「こんな事があった。ベネズエラの軍部は非常に拙《まず》い状況になっていた。将軍や提督の数が多すぎて、全員をポストに付けさせられなかった。これが軍隊内の規律を低下させた。彼らは野心的でもあった。オチョアはあるグループを率いた。それぞれの将軍が徒党を組み、実権を握るためにいかに武装するかを競っていた」

間違いなくこの時期、軍情報部はオチョアが所属し、基本的に陸軍内部の腐敗を質し、部下の間での批判的姿勢を助長していたロス・ノターブレスと名乗る将軍グループを監視するようになっていた。

クーデター未遂の数日前、国防大臣はボリーバル革命運動との連合にこぎつける。これは少なくとも、チャベスの最初の政治的指導者だったバリーナスの共産主義者、ホセ・エステバン・ルイス・ゲバラが証言していることである。彼が確信する所以となった話はこうだ。彼は、バリーナス出身の共産主義者で友人のフランシスコ・オルタとマラカイに出発した。車はオルタの息子のオスカル・オルタが運転していた。

「サン・ホアキンに着いて、ウーゴが住んでいた冴えない新興住宅地域の細い通りを、朝の四時頃走っていたら、車が一台横切った。中で誰かがタバコに火をつけ、室内灯が点くと、それが大臣のオチョア・アンティッチだとすぐ分かった。私はフランシスコに言った。『見ろ、大臣がいるぞ……』

彼らがウーゴの家に着くと、彼が切り出した。

「たった今、大臣が帰ったところだ。宮廷クーデターを提案してきた。彼（オチョア）と組んで大統領府でやる、ウーゴは国防省、ホセ・ビセンテ・ランヘル（現副大統領）は確か……『それで、お前は何と答えたんだ?』私は訊いた。『とんでもない、と言ってやったよ！』」

彼の話はオスカル・オルタが証人である。彼も、あの朝オチョアがチャベスの家から出てきたと証言している。

チャベスと同期昇進組で現通信事業副大臣のアルシデス・ロンドンによれば、オチョア将軍はクー

軍人主義：チャベス大統領が軍人を重要ポストに多用することから、軍人主義＝オフィシアリスモと呼ばれている。現政権は、州知事の約半数が軍人出身で、その多くが一九九二年二月あるいは同年十一月のクーデター未遂事件に関与している。現閣僚では、ジェシー・チャコン内務司法大臣（陸軍中尉）、ラモン・マニグリア国防大臣（海軍大将）、ホルヘ・ガルシア・カルネイロ国民参加・社会開発大臣（陸軍大将）、ウィルマル・カストロ観光大臣（空軍中佐）、ラモン・カリサレス・インフラ大臣（陸軍大佐）、ラファエル・オロペサ食糧大臣（陸軍少将）となっており、これも二月四日のクーデター未遂事件の関与者が重用されている。

デターが準備されていることをよく知っていたと言う。本人は否定する。それも、一貫して否定してきている。軍情報部に勤務していたロンドンは、絶対に間違いないと言う。

「カルロス・フリオ・ペニャロサ将軍は国防省のオチョア・アンティッチを訪れた夜、私をつかまえて『クーデター首謀者』の会議と計画の全てを話すという将校がいるから君も立ち会えと命じた。この将校は、持参してきた決起部隊のリストを差し出した。オチョア・アンティッチとの会合はタマナコ・ホテル（ラス・メルセデス大通り）[訳注]の前にある例の新興住宅地のアパートで持たれた。誰が何と言おうと、私は何が本当かを知っている」

チャベスは一貫してオチョア将軍の叛乱への関与を否定していた。しかし、刑務所にいた時、叛乱司令官たちが仏紙『ル・モンド』に打ち明けた。[原注17]

「国防大臣が行動の企てを知っていたと言うのは確かなことですか?」

「はい、知っていました。しかし、ボリーバル運動には加わってはいませんでした。われわれの運動と並行するように自分の運動をしていました。われわれ側の将校を彼の運動の会議に潜り込ませて、その企みが分かりました。彼らは、われわれにやらせることを基本とするキリン計画を持ち、われわれの運動をよく知り、リーダーが誰かも、行動の日時も摑んでいたが、阻止は一切しなかったのです。逆に、われわれの将校の一部は、オチョアが運動のリーダーだと考えていました[訳注]」

この無謀な企みに賛成していなかったと言うロンドンは、密告され、バレていたにもかかわらず、ペレス政権がなぜ叛乱を潰さなかったかについて独自の見方をしている。一九九二年、彼は西サハラでの国連派遣将校に任命された。二月三日、首都アイウン[訳注]にいた時、妻から電話があった。

「妻が言った。『とても心配なの。情報局からの電話で、落下傘部隊がカラカスに向かっていてクーデターになると言うの』。私は西サハラでこの事を知ったわけで、クーデターが起こりそうなのを政府が知らなかったとは誰にも言わせない」

彼は、ペレス大統領が「これは小規模な運動だから抑えてしまおう、そうすれば私は英雄だ、と考えた」に違いないと言う。「まさか、自分がミラフローレスから逃げ出さねばならないほどの規模のものだとは思わなかった。あれはカルロス・アンドレス・ペレスの政治操作だとする意見に賛成だ」

チャベスの愛人のエルマ・マルクスマンは、叛乱の過程が、不信感と策略と権力への野心によって冒されたことを痛感しているようである。

「今思うに、二月四日は失敗する運命にあったのです。なぜなら、誰もフェアプレーをしなかったから。みんな自分勝手に動いていた。ロマンチスト、私たちのような理想主義者――エルマ・マルクスマ

---

ラス・メルセデス大通り：一九七〇年代、カラカス郊外に再開発された振興住宅地域。その後、人口増加と共に商業地域に発展し、レストラン、官公庁、ホテルなどが並ぶ副都心のような地域に変貌した。

オチョア運動のリーダーだと考えていました：この事についてオチョア自身は、二〇〇五年五月に私見を発表している。「私がクーデターの報告を遅らせた、というのは事実ではない。ノリエガ中佐の電話を受けてすぐにマイケティーア空港に駆けつけたのであり、これによって大統領は拘束を免れたのだ」、「私が車の中でタバコに火をつけていたというルイス・ゲバラの話は、全く現実性がない。国防大臣が真夜中に裏町で将校と密談するなどあり得ない」、「反クーデターのキリン作戦の計画にも政治的理由がない。この話は一度も耳にしたことさえない」、「ペレス大統領がヒーローを作った、と言う著者の見識を疑う」などと、本書の著者に反論している。

アイウン：サハラ・アラブ民主共和国（西サハラ）の首都とされているが、一九七六年にアルジェリアで樹立された亡命政府。国土は事実上、モロッコに支配されている。

ンと仲間たち――は、そんなゲームが演じられていたとは知らなかった……。武器を棄てて人質になったウーゴを、大臣のオチョアが夕食に招くとは、どういう事なのか？　それだけではなく、電話を貸して、バリーナスの母親と、もう一人は私と、二度も話をさせたのだから」

一九九二年二月四日は、この他にも陰謀があった可能性がある。中止になったか、動かなかったか、様子を窺っていたか。それぞれが、それぞれの目的と計画を持っていたのだ。他にも多数の「模範的将校」が政府を転覆し、権力を奪おうとしていたのかもしれない。この現象は、軍事的秩序が市民的秩序に対して大いに支配的であったベネズエラの長い歴史的伝統に違わないだけでなく、民主主義の深い危機と政治に対するしっぺ返しという、この社会を覆ってきたものと同じ感覚の一部なのだ。クーデターに成功していたとすれば、この点は不可欠だったろう。マルクスマンは断言する。

「ウーゴはあらかじめこれを操作していた。政治政党がこの国を大きく痛めつけてきたと考え、政治政党を一旦停止させる必要があると考えていたのです」

確かな事は、権力を転覆するために想定的に存在していた様々な計画さえも飛び越えて、一つの事だけが浮かび上がり、国民大多数の前に現われた。ウーゴ・チャベスの名前だけが残ったのである。そして、彼に権力へのもう一つの道を指し示した。二月四日は、それでも、非常に貴重な計画として彼の心に刻み込まれる。

「あなたの最大の不運は？」

一九九八年、ミラフローレス入りの際に彼は質問された。彼は答えた。

「二月四日に、計画通り行かなかったことだ」[原注18]

# 第7章　ボリーバルと私

叛乱軍将校たちが軍情報部から次に連行された先は、サン・カルロス総司令部軍刑務所だった。シモン・ボリーバルの遺骨が眠るカラカス国立霊廟（パンテオン）のほぼ前にある古い建物である。ウーゴ・チャベスが一つのシンボル的存在に変貌する準備がすべて整っていたかのようだ。刑務所の入口に、チャベスに会おうとする人々が自然に行列を作り始めた。突如として、アイドルの天使が舞い降りてきたのだ。陸軍中佐チャベスをよく知る人たちは、とんでもない天使が現われてこの男を別人に作り変えてしまった、と言う。最初は、好奇心か何かの類に思われた。記者がリャノの村々を取材して回り、チャベスの家族に接近を試み、あれこれ調査し、特ダネ電話インタビューをモノにするため刑務所内に携帯電話を持ち込んだりもした……。ストレートなルポルタージュ、報道特集なども制作された。獄中のチャベスに会いたがる人々の行列が少しずつ増えていった。あらゆる階層の人間が叛乱軍兵士に会いたがった。市民の中から自然発生的にチャベスに会いたがる者が続出してきた。社会的指導者、政治指導者、あるいは左翼的知識人までが面会にやって来た。鉄格子の向こう側に、大衆性の怪物が誕生しつつあるのを予感した者も一人や二人ではなかったろう。

この頃のチャベスの心のよりどころであったエルマ・マルクスマンは、サン・カルロス総司令部軍刑務所でのこの経緯の端緒を記憶している。

「私は大尉連中と話した後、彼に会いに行きました。ウーゴは窓のそばに寄りかかっていました。四十人くらいの人が、彼のサインを貰うために並んでいました。私は娘を連れていました。私はフランシスコ（アリアス・カルデナス）に訊きました。『ねえ、何なのこれは？　すごい人ごみに紛れ込んじゃって訳が分からないわ。戦車を持ち出し、ミラフローレスの門を壊した挙句、涼しい顔をしているのがそんなにすごい事なの？　この難局から脱出するためにいろいろ真剣に考えるのが筋じゃないの？　サインなんかして、まるでロック・ハドソン気取りね！』」

アリアスは彼女をなだめた。

「この人たちはただ彼にサインして貰い、二言三言何か書いてもらえれば満足なのさ」

マルクスマンはそれでも、チャベスの周囲に生まれつつあった雰囲気が全く面白くなかったと言って憚らない。状況を上手く利用しようと、日和見主義者よろしく彼に近づく左翼連中にも不信感を抱いていた。

現象がこのような次元にまで及ぶとは想像しなかったものの、チャベスは何かが起こりつつあることを感じていた。最初に入った軍情報部（ＤＩＭ）地下の独房で、そのひらめきはあった。

「最初に独房を訪れてきた人間は、従軍僧の司祭だった。この神父は私に小さな聖書をこっそり手渡し、私を抱くと耳元で囁いた。私はてっきり、気をしっかり持ちなさいとか何とか言っているのかと思った。でも、彼はこう言っていた。『立ち上がりなさい。街ではあなたは英雄だ』[原注1]」

チャベスが呼び起した人々の共感は、彼個人のカリスマ性だけではなかった。特権階級の支配に辟易としていた人々が、腐敗まみれのスキャンダルに対して何かをなすべきだ、と言い始めていたのだ。さらに、民間人では実現できない命令と効力を軍人に委ねがちなベネズエラの伝統を口にしてもいた。この大罪の歴史に叛乱軍が犠牲的に登場するには、これは最高の条件である。最初の宣言以来、チャベスはその行動の全てを正当化し合法化するため、熱心に建国の父の名を叫んできた。彼は一九九二年三月二日、クーデター未遂後一ヵ月の日に『エル・ナシオナル』紙に掲載された獄中インタビューで聞き手のラウラ・サンチェス記者に語った。

「この解放の闘いの本当の首謀者、この叛乱の真の指導者はシモン・ボリーバル将軍だ。彼の扇動的な言葉によってわれわれの進むべき道が照らし出されたのだ[原注2]」

そして、象徴的なつながりを捏ね上げるジャーナリストの常として、彼女は、チャベスが独房の小窓に歩み寄り、そこから解放者ボリーバルの眠る国立霊廟の方を見やった、と書いている。初めからチャベスは、きわめて効果的な象徴的関係を創り出していた。つまるところ、彼が言いたいのは「ボリーバルと私がクーデターをやった。ボリーバルと私が、この国を変えたいのだ」ということである。

チャベス以下の拘束者たちが、カラカスから二時間の距離にあるヤーレの監獄に移送されても状況は変わらなかった。刑務所にいながらにして、チャベスは重要な政治活動をしていた。彼はますます共感を得、信奉者を獲得していた。情勢にも大いに助けられていた。国中が従来の伝統的政治を払拭したがっていた。政治党派はこの上なく評価を下げていた。逆説的に、獄中で外界と隔絶されていながら、チャベスは着々と国民的存在へと変貌していった。人気が急上昇するその最中、彼に面会に行った愛人が訊いた。

「私は言いました。『ウーゴ、これは一時のはかない出来事よ。すっかりその気になるのは危険だわ。人気が無くなった芸能人のみじめな最後を知ってるでしょう?』　するとこう言いました。『よく分かっているとも。私なら心配ない』」

でも、その通りになった。少なくとも、マルクスマンはそう考える。これらすべての出来事が、彼を変えてしまった。彼は救世主の威光の虜になってしまったのである。

チャベスと解放者との結びつきは、彼自身の言うところでは、少年時代に始まっている。彼は言う。

「私のヒーローはスーパーマンではなく、ボリーバルだった」

そしてまた、こう振り返る。

「村の子供時代、祖父がよく言っていた。ごらん、あれがボリーバル岳だよ。そこで私はアンデスを山越えしたボリーバルを思い描いたものだった。それから、彼が裏切られたこと、一人孤独に死んでいったことが小さな私の胸に強く残った[原注3]」

かくも熱い祖国への情熱は、権力を握ってからチャベスが自己の半生を常にドラマ化するやり方とつながるかもしれない。しかしながら、これが全て、この国がその偉大なる建設者と共に生きてきた文化の一角を成しているのは間違いない。ボリーバルは、燦然と輝く祖国の父であり、同時にベネズエラ人に棄てられ、異郷の地コロンビアで孤独に死んでいった光栄なる息子である。ボリーバルは常に超越している。ボリーバルは全てである。軍人であり、思想家であり、戦略家であり、文人であり、総統であり、天才であり、女を好み、手本であり、指導者であり、神であった……。ボリーバルは、完璧に宗教的文化の一部となっているのだ。これは歴史学者のルイス・カストロ・レイバが呼ぶところの

「ボリーバル的神智学《しんちがく》」である。[原注4] 一九七〇年にはすでに、ヘルマン・カレーラ・ダマスが国民的英雄の神秘化についての本源的著作『ボリーバル崇拝』を上梓し、その変化の有様を描き出している。「賛美と情愛の直接的形態をとった民衆の崇拝から出発し、最終的には崇拝の対象として手厚く拝み、その発展を奨励する儀式まで備えた民衆のための崇拝の組織化に取って代わった」[原注5]

チャベスは、投獄された最初の数日から、このカルト集団の教祖たらんと心に決めたのだ。これら腐敗政権と一緒になってベネズエラ人が裏切ってきたかも知れない建国の英雄を救うのだと、全面的に啓発した。チャベスは神話に息を吹き込んだ。国家のシンボルに審判者と監察官の役割を取り戻させ、希望と解放の力を与えた。未来に再び楽園を据えた。実際に、このテーマにおけるもう一人の重要な研究家である歴史学者、エリアス・ピノ・イトゥリエタは、「ボリーバルの規範に基づいた」新憲法と国名にボリーバルを加えたことが、二世紀前に始まった象徴的な悪循環を閉じる洗礼となったと認めている。

「われわれは新しい愛国的洗礼を通して、法的に避けようの無い形で歴史上唯一の主人公にベネズエラの行く末を見出した。国民ハンドブックに書かれたありがたい言葉には、偉大なる人物の思想がこめられている。祖国解放の父は、つまり世俗信仰の頂点に立ったのである。しかし、敬虔な信者がバチカンのフィルターを通して祭壇に額ずき、法王の祝福を受けるごとく、疑いも無く、永遠に、である」[原注6]

この信仰から、このカルトから、ボリーバルの思想が有効で永遠なものだという考えが生まれる。ボリーバルは光明であり、救済への道である。だが、これはまた忠誠心の修練であり、ボリーバルが原点であり、ベネズエラなるものの真の源泉だと信じることでもある。

「われわれが提起するのは――チャベスはアルゼンチンの新聞『ラ・ナシオン』で語っている――われわれの共和国が生まれる原点となった思想を再び取り上げることだ。それがシモン・ボリーバルの思想だ。われわれに他所の国のモデルを真似る必要などない……。ボリーバルには多極的世界観があった」

この年月、叛乱者たちは獄中で『いかにして迷路を脱出するか』と題した最初の文書を発表した。この題名はシモン・ボリーバルについて書いたガルシア・マルケスの『迷路の将軍』[訳注]に触発されたもので、聞くところによればチャベスの愛読書である。すでにこの時、叛乱軍が、少なくともシンボルの領域においてはまず勝利を収めることに成功したのは明らかだ。すなわち、解放の象徴を獲得し、計画進行のための伝家の宝刀を手に入れたのである。

「ボリーバルの独立戦争の中で一つの連続性が現出し、それはサモーラに引き継がれ――ブラジミール・ルイスは断言する――今日まで至っている。ネルーダ[訳注]の詩句を思い起こそう。『そんな時、ボリーバルは目覚めさせてくれる』。復活があったとすれば、それはチャベスが具現化した人民の復活であり、この歴史的経過の壮大な結合である」

チャベス派の歴史学者ダニエル・エルナンデスもこれに同意する。

「これは、ボリーバル思想の光明の下に社会革命を前進させること以外の何物でもない、真の復活を提起するものだ[原注7]」

しかしながら、獄中にあると民衆決起の夢は遠ざかる。この年の十一月二十七日、またしてもクーデター未遂があった。これら新たな叛乱軍人たちと獄中の叛乱軍首謀者たちは、明らかにつながっていた。外の将校グループは、刑務所にいた軍人たちと日常的に連絡を取っていた。彼らは、要人暗殺計画も含めた武力による権力奪取という考え方を継承していた。どんな事をしてでもカルロス・アンドレス・ペレスを歴史から追放せねばならない、という固定観念だけは生きていた。チャベスが語る。「ヤーレ刑務所に移った五月、六月、七月の五日まではペレス暗殺計画があった……。七月のこの日まで、外の連中と中のわれわれは接触していたが、それからわれわれは手綱を放した」[原注8]とは言うが、彼らがけっこう最後までつながっていたことをすべてが物語っている。しかも、極秘情

『迷路の将軍』：ガルシア・マルケスが一九八九年に発表した小説で、シモン・ボリーバルの死ぬ直前の旅を描いている。ボリーバルによる解放後、各地のカウディージョたちの横暴でラテンアメリカは再び混乱に陥る。失望したボリーバルは英国へ亡命するため、サンタ・フェ・デ・ボゴタからカルタヘナに向かう。旅路で彼が目撃したのは、失墜した自身の栄光と混乱の祖国であった。彼は叫ぶ。「一体どうすればこの迷宮から抜け出せるのか！」著者の思い入れが強い歴史小説だが、魔術的リアリズムや諧謔性の入る余地は無く、あまり評価されているとは言えない。

パブロ・ネルーダ（Pablo Neruda）：チリの国民的英雄で、詩人、外交官、国会議員。一九〇四年生まれ。本名リカルド・エリエセール・ネフタリ・レイエス・ボソアルト。ネルーダはチェコの詩人ヤン・ネルダから取ったペンネーム。一九三四年、外交官としてスペインに赴任、共産主義に接近し人民戦線を支援。一九四五年には上院議員、同時にチリ共産党に入党。共産党が非合法化され、一九四八年に国外逃亡。共産党合法化後、一九七〇年に社会党のサルバドール・アジェンデが左派統一候補として大統領選に当選。世界初の民主選挙による社会主義政権がチリに誕生した。駐仏大使として在任中にノーベル文学賞を受賞（一九七一年）したが、ガンに侵される。一九七三年九月十一日にピノチェトの軍事クーデターが起こり、同年九月二十三日、作品、書物を焼かれるなど過酷な弾圧を受けて危篤となり、救急車の中で亡くなった。ラテンアメリカ反体制運動の歴史的英雄の一人。チリの自然の美しさをうたった「マチュピチュの高み」や「女のからだ」、ベトナム戦争を批判した「ニクソンサイドのすすめ」など代表作は数多くある。

報によれば、彼は弟のアルヘニス・チャベスを使って獄中から陰謀計画者にメッセージを送っている。[原注9]これは、十一月二十七日の一週間前に盗聴した電話の内容が証拠である。

当日、カラカス中がまだ眠りにある頃、決起グループはミラフローレス、大統領官邸、ラ・カルロータ空軍基地その他重要地点を奪取すべく、早朝四時半に作戦を開始した。今回の決起には、空軍将校、海軍将校、陸軍将校、それに加えて空軍中将と将軍が指揮する「赤旗」左翼グループと元ゲリラ、ダグラス・ブラボーの「第三の道」など、民間人も参加していた。[原注10]叛乱軍は二月四日から一つの教訓を学んでいた。国営テレビ放送を武力で占拠すると同時に、抵抗する者は殺してでも、商業放送の三つのチャンネルに電波を送るアンテナを制御することである。こうすれば、ウーゴ・チャベスが決起を支持するビデオ映像を放送し、国民に団結を訴えることができる。しかし、理由不明で叛乱を計画した五人の将校グループの声明は、流されなかった。夜明けには、ヤーレ刑務所の入り口で衝突が起きた。チャベスを救出するために、三十人ほどの軍人と民間人がトラクターを使って軍拘置所内に侵入を試みた。二時間ほどで、状況は不利になった。

叛乱軍は、商業放送局チャンネル10のテレビ局、テレベンを占拠できなかった。そして、二月四日に踏んだ轍のほとんど繰り返しのような流れで、大統領のカルロス・アンドレス・ペレスがテレビ画面に現われ、その身の無事と、今回のクーデターも失敗したことを告げた。しかしながら、国民が長時間にわたって大いに肝を冷やす状況を作り出すのには成功した。国営テレビには、市民や武装した軍人がつめかけ、きわめて野卑で乱暴な言葉の混じった抗議をぶつけた。ベネズエラ人よ、棍棒、ビン、手持ちの武器なら何でも持って政府を打ち倒せと、呼びかけた。カラカス西地区のあちこちで騒乱が起こり、ラ・カルロータ基地やミラフローレス爆撃を試みる四機の戦闘機の爆音で町中が縮み上がった。国軍正規部隊が政府庁舎の防衛にあたり、暴徒をはねつけた。正午、叛乱軍指導部が降伏の意思表示をした。政府を追い詰めるような民衆蜂起が起きそうにないことが明白になった午後四時頃、それは実行された。二月四日のクーデター未遂と異なり、その呼びかけの暴力性と暴動の残忍さを見て恐ろしくなった市民はほとんど叛乱軍を支持しなかった。政府もそれを見てとり、投降の際にも叛乱首謀者が誰であるかは発表しなかった。航空機十七機が損壊し、四機が撃墜された。叛乱軍九十三名が飛行機で脱出し、ペルーに政治亡命を求めた。公式報告では、死者百七十一人（民間人百四十二人、軍人二十九人）、負傷者九十五人、逮捕者千三百四十人（将校、下士官五百人、兵卒八百人、民間人四十人）と発表された。

二月四日の指導者が、この新たな叛乱には関知していないといくら言っても、両者の行動が無関係だとするのは不可能なことであった。チャベスは再度の失敗に肩を落とした。人気とは裏腹に、刑務所での何人かの同志たちとの関係が変わってきたことを彼自身も認めている。

「九十二年十二月、九十三年一月と非常に孤独な日々だった。同志たちから失敗の責任は私にあると指さされ、苦汁を飲む思いだった」[原注11]

それでも、こんな事ぐらいでへこたれる男ではなかった。少なくとも、自らの運命はこの国の運命といかんともしがたく結びついているのだ、と信じていた男には、獄中体験もこの物語の一節であり、不可欠なものであり、ヒーローたる者、勝利を手にする前に耐え忍ばなければならないのだ。権力者たる天命を持つ者が耐えるべき禊《みそぎ》なのである。ウィリアム・イサーラは「チャベスは、自分は人知を超えた力に導かれて現世の使命を全うしなければならない、と確信していた」と言う。[原注12]これ（獄中体験）はボリーバル主義者が求めるヒロイズムに符合し、自分こそ、この象徴的な物語の主人公なのだと思わせたのである。ここにいるのは、偉大なる父、シモン・ボリーバルだけではない。この祭壇には、あと二人の騎乗せる闘いの偶像が奉られている。エセキエル・サモーラとマイサンタことペドロ・ペレス・デルガードであった。

エセキエル・サモーラ（一八一七年〜六〇年）は、自由党政治が支配的であったベネズエラ地方部でささやかに商業を営んでいた。保守派と解放派の対立が高まる中、サモーラは一八四六年に中央政府に対し農民一揆を指揮したが失敗に終わる。彼のモットーは「土地と自由を」であった。ある種の左翼理想主義者は、エセキエル・サモーラがホセ・タデオ・モナガス政権（一八四七年〜五一年と一八五五年〜五八年）時代に公職に就き、金持ちの未亡人と結婚し、裕福な大地主に成り上がったことには目をつぶり、この歴史的には小さな事件の方を評価する。一八五八年にモナガス政権が倒れると、サモーラは国外亡命し、その後、連邦戦争の指導者となって戻ってくる。百年後にチャベスが誕生した地に、バリーナス連邦政府を樹立し、軍事戦略家としての名声をもたらすことになった人民軍を率いた。エセキエル・サモーラは一八六〇年一月十日にこの世を去った。サン・カルロス市奪取の戦闘で頭に銃弾を受けたのである。伝説によれば、銃弾は敵からのものではなく、彼自身の陣営から飛んで来たと言う。

釈放後にチャベスが身を寄せていたネド・パニスが語る。

「グラン・サバナ[訳注]に行った時、歩きながら彼がこう言ったのを憶えている。『実はね、これはあまり人に言ったことはないのだが、僕はエセキエル・サモーラの生まれ変わりだと思っている』。その後、彼がかなりそう信じていると分かった」

この話を裏付けるような別の証言もある。陸軍士官学校時代からの仲間であるヘスス・ウルダネタもこの告白を聞いている。

「こう言ったことがある。『これは誰にも言ってないけれど、でも俺には分かる。俺はエセキエル・サモーラの生まれ変わりだ』」

ウルダネタはさらに言う。彼らが刑務所にいた時のエピソードだ。

「今、チャベスは自分をボリーバルの生まれ変わりだと思っている、とみんな言っている。でもそうじゃない。彼は明らかに、自分がサモーラだと思っている。彼がヤーレ刑務所、私がサン・カルロス刑務所に入っていた時、われわれは携帯電話を隠し持っていて互いに連絡しあっていた。ある日電話で、自分を殺そうとしている奴がいる、と言ってきた。そして、こんな話をした。『サモーラを見ろ。彼は味方に殺されたじゃないか』。私は言った。『馬鹿な考えはよせ。俺にそんな話はしないでくれよ。誰が君を殺したいと思う?』　彼はいつもこの考えにとらわれていた。サモーラの命日が来るとなおさらだった。彼はびくびくしていた。彼と同じように殺されるのではないかといつも思っていた」

しかし理論面においては、チャベスはエセキエル・サモーラを復権させ、彼の政治方針の基本に据えた。シモン・ボリーバルと、ボリーバルの師であり先生であったシモン・ロドリゲスと並んで、連邦

---

グラン・サバナ：ベネズエラの大景勝地、カナイマ国立公園のこと。カラカスから約千四百キロ、ボリビア南部、ベネズエラとブラジルの国境地帯にある熱帯高地（海抜千メートル）。最高峰はロライマ山（二千八百十メートル）。原住民族はペモン族。最大の名勝は世界で最も高いアンヘル滝。コナン・ドイルの小説『失われた世界』の舞台となった。

主義者の英雄は「三つの根から成る木」と呼ばれる三位一体論を完成させ、それはまた、元ゲリラ戦士ダグラス・ブラボーとベネズエラ革命党の思想に影響を与えた革命的イデオロギーの基礎ともなった。チャベスはこれを以下のように提起する。

「われわれは、独自の土着的な観点に立って、ボリーバル、サモーラ、ロドリゲスの試行を一つに集約できる思想的モデルを大胆に追求してきた……。われわれは革命運動を行なっている。そしてこれは、この国と、この世界における被支配者と、正義と、革命のための人民の運動である」原注13

失敗に終わった二月四日のクーデターの前に、チャベスは『青い本・三つの根から成る木』を書き、彼のボリーバル革命運動の基本思想の整理を試みている。そこで、「土着性を有し、われわれの原点に最も深く根ざし、国民性の潜在意識に存する思想的規範」として、言うところの「EBR体系、三つの根から成る木、すなわちエセキエル・サモーラのE、ボリーバルのB、ロビンソン（シモン・ロドリゲス）のR」を提起した。EBRはまたボリーバル革命軍（Ejercto Bolivariano Revolucionario）をも表わす。ボリーバルからは、解放者と英雄の資質を謳い上げ、「エル・マエストロ＝師」ロドリゲスからは、その著作『アメリカの社会』の一節、「われわれは何処に規範を求めるのか？　原点はスペインのアメリカである。制度と政府が原点でなければならない。そして、原点はそれぞれを建設する手段でなければならない。われわれが作り出すか、さもなくば失敗するか」を引用し、主権者国民の将軍サモーラからは、「保守的寡頭政治」に対して「土地と自由な人々」「民衆選挙」「寡頭支配者に戦慄を」を合言葉に農民一揆を指揮したことを強調した。原注14

作家で、軍人派とつながりのある知識人のネストル・フランシアはこれらそれぞれの人物の妥当性を次のように定義する。

「ボリーバルは解放者であり、チャベス主義の基本的な歴史的根拠であり、ベネズエラ建国の偉大なる神話である。ロドリゲスは師であり、革新者であり、この国の思想における偉大な普遍的存在である。サモーラは地上の火であり、偉大な社会運動家で正義漢である」[原注15]

歴史学者のエリアス・ピノ・イトゥリエタの考えは異なる。彼が言うには「三つの根から成る木」は、ある種のベネズエラ性に深く根ざした「軍事的構成」である。

「チャベスは、政治は行動する人間の所産であり、行動する人間に武装した人間が加わったものだ、と考えている。しかし、これはチャベスだけが感じることではない。十九世紀のベネズエラ社会は、つねに行動する人間と武装した人間を混同し、つねに武装した人間に権力を譲ってきた。社会は武装した人間の周囲に大きく旋回し、ベネズエラ社会にそれに必要な神話を創り出した。この神話の最も新しい登場人物が、チャベスであり、彼を取り囲むヘルメットと軍靴なのだ」

ウーゴ・チャベスのもう一つの著書『三色の腕章』[原注16]には、一九七四年から一九八九年の間にエルマ・マルクスマンが口述筆記した話を編集した六つの文章が掲載されている。

「編集しながら、人生の鏡に映る自分の姿が見えた」

それは、軍隊と軍隊生活の礼賛の文章である。本の前書きには、チャベスは「群青色の空に聳えるアビラ山[訳注]に腕章がはためいていた」などといった陳腐な愛国者風文章を書いている。ピノ・イトゥリエタは著書『素晴らしきボリーバル』で、「重くて跳べない羽」や「圧倒的な巨人（タイタン）伝説」を語る。『三色の腕章』を分析して、彼はとりわけこう指摘する。「チャベスにとって、それはこの国の歴史の法則と、歴史から受け継ぎ、解放者先達の名において絶対的信頼をおくことのできる唯一の成果に到達するまでの、終わりなき戦いへと導くものである。軍隊は『辱めを受けた母』の屈辱を晴らすため行動するのだ」

ここでは、特にシモン・ボリーバルやエセキエル・サモーラと比較すると、ペドロ・ペレス・デルガードはおそらく聖人としてはやや格が落ちる。しかし、チャベスの個人的崇拝の世界では、その役割は本源的である。チャベスとマイサンタにはつながりがある。それはしかも血縁関係である。チャベスはマイサンタのひ孫なのだ。彼がよく憶えている少年時代の記憶の一つに、このつながりの重要性がすでに見てとれる。

「私が子供の時、お前は人殺しの子孫だと言われた……。物心ついてから少し経緯を調べた。実際、これには当惑していたからね。どちらなのか非常に漠然としていた。おじいちゃんはゲリラだったのか、それとも人殺しだったのか？　はっきりした事はまるで分からなかった[原注17]」

分かっている限り、ペレス・デルガードは二十世紀初頭にフアン・ビセンテ・ゴメス[訳注]の独裁政権と戦ったゲリラ戦士であった。彼については歴史家の間で異なる解釈をめぐり議論が交わされたことがあった。彼を、革命戦士というよりは、いわゆる一般的犯罪者に近い存在に規定する学者もいる。いずれにしても、彼の戦いの雄叫びはとどろき渡り、その異名は歴史に残ることとなった。彼が突撃命令を下す時、「マイサンタ！」と叫んだという。これは彼独特の言い方で「マドレ・サンタ！」（聖母マリアのこと）を意味していた。これはまた、彼が深く信仰していたバレンシアの守護神ビルヘン・デ・ソコーロに捧げる言葉であったと言われる。

バリーナスに伝わる家系の記録では、マイサンタは婚姻を経ずして二児をもうけている。それが、ペドロとラファエル・インファンテで、二番目の子が、チャベスの母方の曽祖父に当たる。だが、エレーナ・フリアス夫人は祖父の記憶も無いし、会ったことも無い、と言う。

「私はほとんど何も知りません。私は母と祖母に育てられたので、父のことは良く知りません……。父と母が別れた時、母のお腹にはエディリアがいて、私は三歳くらいでした」

一九七四年、バリーナス生まれの医師で作家のホセ・レオン・タピアが訳注『マイサンタ、最後の騎乗者』を出版した。これは、この人物を歴史的に拾い上げようとしたもので、ペレス・デルガードとその時代の特殊性を描いた面白い本になっている。

「マイサンタは、自分でもその意味を明確には規定できないでいた革命のために、多くの人間を決起

---

アビラ山：ベネズエラ中北部、カリブ海と首都カラカスの間にある美しい山で国立公園。

フアン・ビセンテ・ゴメス（一八五七年～一九三五年）：ベネズエラの政治家、軍人、カウディーリョ。タチラ州出身。牧童から牧場主となりシプリアーノ・カストロ政権下で中央政府に入る。副大統領に任命されるが不仲になったため、一九〇八年、カストロの留守の隙を衝いてクーデターを起こし、大統領に就任。一九一八年にマラカイボ湖で油田が発見され、その莫大な収入によって最新装備の軍隊を手に入れ、各地方のカウディーリョを弱体化させた。「アンデスの暴君」と呼ばれ、反対派を徹底的に弾圧した。石油収入を基盤にした強固な体制で一九二九年の大恐慌も乗り切り、二十七年間の軍事独裁体制を貫いた。

ホセ・レオン・タピア（一九二八年～二〇〇七年）：ベネズエラの作家・医師。『マイサンタ、最後の騎乗者』の他に『サモーラはここを通った』『ハリケーンの風』『夜明け前のエセキエル・サモーラ』など著書多数。二〇〇四年に国民文学賞を受賞したが、政治的に利用されることを拒否して辞退。一九九九年にバリーナス州代表として制憲国民会議で大憲章を起草した。

させた最後のカウディーリョとでも言おうか……。純粋にイデオロギー的な革命へと前進し得る内容を持たない、行動がたまに示すだけの漠然とした思想しか持たない革命が姿を消しつつあった時代に生きたことにおいて、彼は不幸であった」[原注18]

二〇〇四年に政府から国民文学賞を受賞し、自分の作品を政治的目的に利用されたくないとの理由で受賞を辞退したタピアも、[原注19]おそらくこれと同じように、ペレス・デルガードの曖昧な名声、その伝説の二重性を説き明かしたかったのだ。

しかしながらチャベスには、この本は大いなる啓示であった。歴史の崇高な部分を教えてくれた。父方の祖母、イネス・ママから聞いたイメージを払拭し、自分の出自に英雄の血脈を再発見した。チャベス自身がこの本がいかに自分の人生にとって重要であったかを認めている。現在では大統領とのつながりを絶っている作家のタピアは、一九九二年、クーデター未遂後のインタビューで、こう振り返っている。

「この本が出版された時、誰か知らない人から一通の手紙を受け取った。驚いたのは、手紙の主は陸軍中尉で、盗賊だと思っていた彼の曽祖父がこのような地位の軍人であったことに感激し、私の本を読んで曽祖父の事が解明されました、と書いてあったことだ。この本が、随分青年の胸を打ったのだなと感じた」[原注20]

大いに感銘したこの時以来、チャベスは曽祖父について調査を始め、彼の生涯を見直し、掬《すく》い上げ、自らの存在に取り込もうとした。そこでまた、さらに元気が出るような新しい血縁関係を発見する。マイサンタは、エセキエル・サモーラ軍の大佐の息子だったのである。歴史の中にまたもう一つの歴史が秘められており、それは革命の物語で、そこに自分も関わっており、さらに血縁関係もある。彼は、俄然意を強くした。彼は、一時的に熱に浮かされたようになった。また一人新しい偶像を得たのである。チャベスを少年時代からよく知っているラファエル・シモン・ヒメネスは、一九八五年中頃のこんな出来事を憶えている。チャベスは部隊を率いて、リャノのエロルサという村にいた。

「司令部で彼は、ボリーバルの肖像の他に、ペドロ・ペレス・デルガード、マイサンタの肖像をかけろと命令した。しかも、ベネズエラ国旗と一緒にマイサンタの戦旗を掲げろと命令した。黒地に髑髏《どくろ》を描いた、まさに海賊旗だった……。午後になると、兵士たちに解放者とマイサンタの写真に敬意を捧げよと命令した」

一九八九年、チャベスはマイサンタの娘の一人であるアナ・ドミンゲス・デ・ロンバーノをビリャ・デ・クーラの町に訪ねた。二人には良好な関係が生まれた。彼女は七十五歳だったが、訪れたチャベスが、家に飾ってあったペドロ・ペレスの肖像に軍隊式の敬礼をしたのを憶えている。

「そして、兵士たちが入って来ると写真の前で止まらせ、敬礼させせました。複写するために写真を持ち帰ったこともありました。家に置いてあるのでしょう。ウーゴの一挙手一投足がマイサンタを彷彿とさせました[原注21]」

チャベスがサン・カルロス総司令部に収監されると、カトリックのキリスト受難の像と同じ意味と力を託して、肌身離さず身に着けていたマイサンタのお守りを真っ先に彼に贈ったのもこの老婦人だった。この行為は、何かのまじないを意味していた。マスコミもこのやり取りを報じた。アナ婦人の息子、ヒルベルト・ロンバーノがことづかったお守りを持って来た様子から、世話人たちが寄り集まった一種の儀式の様子が紹介された。感極まった男が口を開く。

「まず初めに、このお守りをあなたに捧げ、よってマイサンタの闘いの雄叫びが乗り移らんことを。たった今、あなたの中にマイサンタは宿られました[原注22]」

このような事は時々ある。あたかも、あらかじめ筋書きが用意されていたかのごとく歴史は展開する。つまるところ、宗教的対象物と刑務所が傑物たちの伝統を象徴的に盛り上げる舞台装置となり、固定観念を強化するのである。

ヤーレの獄中で、既成二大政党に対抗する対立候補の全面支援の是非をめぐって、何日も突っ込んだ議論があったとフランシスコ・アリアスは話している。チャベスと彼の立場はこの時対立していた。二人のクーデター指導者の意見が合わず、グループ全体の意見がまとまらなかったが、アリアスは、九人中六人の多数派がいたと断言する。

「採決する前夜、デブのフレイテスが電話をよこして、午後十時にチャベス司令官のところに集まる、と言ってきた。みんなで一杯やって、しんみり歌でも歌おうという事だった。そこで、ウーゴの房に行き中に入ると、みんなもう座っていた。ウーゴは短パン姿でマイサンタのお守りをぶら下げ、タバコをくわえていた。刑務所内には清涼飲料やラム酒やカルーア[訳注]、ウィスキーなどが差し入れてあった……。彼はラム酒のビンを抱え、タバコをくゆらしている。彼が言った。『今精霊を呼び出している』。私は唇を噛みながら、彼のベッドに横になった。するとにわかに、彼はトランス状態になり、体を震わせて、老人のような声で話し出した。『やあ、お前たち、どうしている?』ときた。すぐに、私と同意見の一人トーレス・ヌンベルグが飛び上がるようにして言った。『ボリーバル将軍閣下!』チャベスは答えた。

『私はボリーバル将軍ではない。それほど偉くはない』。するとロナルド・ブランコが直立して『マイサンタ将軍閣下！』　チャベスが言った。『そうとも、私だ』」

アリアスは、これは冗談で全部芝居だよとばらしたが、他の仲間はその気になって演じ続けた。チャベスは見事に演じ続け、いくつもの質問に答え、ずっとマイサンタの霊が乗り移った振りをし、孫のウーゴ・チャベスが全ての責任を取る、と全員を説き伏せた。アリアスが続ける。

「翌日、朝の八時の会議で彼に言った。『はっきりさせたいことがある。夕べは傑作だったよ……ああいう楽しい暇の潰し方もある。そこで頼みたいのだが、霊もマイサンタもいなかった、しゃべっていたのは君だったとみんなに言ってやってくれないか』」

アリアスに言わせれば、チャベスは何もかもぶち壊しにしたくなかったのだろう、最終的にこう答えた。

「パンチョ、実際君の言うとおりだ。初めはまったくの冗談で私もふざけてやっていた。でもみんなに白状するが、突然不思議な力が湧いて来たんだ。自分でも何を言ったのか分からない」

この憑依《ひょうい》芝居の木戸賃はフランシスコ・アリアスには高くついた。

「採決は六対三で負けた」

もしチャベスが救い上げなかったとすれば、ペドロ・ペレス・デルガードは、昔話に登場するベネ

---

カルーア（KAHLÚA）：メキシコのリキュール。アラビカ種のコーヒー豆をローストし、砂糖、サトウキビの蒸留酒を混ぜ、バニラなどの芳香成分を添加して作る。カクテルにしたり、製菓に用いる。

ズエラのリャノの伝承でしかなく、政治的闘士なのか盗賊なのか、歴史学的に最終的に定義できないままの漠然とした存在であったろう。だが今や、彼は英雄となった。二〇〇四年八月、チャベスの大統領罷免国民投票を逃げ切った選挙キャンペーンの名前はコマンド・マイサンタといった。それでも、チャベスの少年時代の師である歴史学者、ホセ・エステバン・ルイス・ゲバラは、この人物について独自の見解を持っている。

「マイサンタについて書くのは非常に難しい。なぜなら、資料が存在しないからだ。どれも、聞いた話ばかりで、信頼がおけないものもある。例えば、ホセ・レオン・タピアが採用したのは、当時のバリーナスの有名なほら吹きの一人、ドン・イラリオン・サラルデの話だ……。ホセ・レオンは歴史学者ではなく、（作家の）フランシスコ・エレーラ・ルケのような単なる寓話作家で、何を書くか分かったものじゃない」

ルイス・ゲバラはマイサンタについて一冊本を書いているが、出版は拒んできた。封印したままである。多くの人に迷惑がかかるのではないかと言う。自分が死んだら出版してくれと子供たちに頼んであると言う。その本はおそらく、今はこれ以上わからないとされている事を深く掘り下げているはずだ。

「マイサンタは、ゴメス軍と呼ばれる普通の軍隊の将校だった。革命家たらんと決意した時、彼はこの軍隊の大佐だったが、革命闘争を始めてからも時々は政府に組したり、革命家を追いかけたりしていた。そういう訳で私は、彼の元上官であったカルメロ・パリス博士に、好むと好ざるとにかかわらず、それを追究することを求める手紙をしたためてある。なぜならこの後、また彼は軍大佐の職に戻っていたからだ。これは事実だ」

彼はまた、ウーゴ・チャベスとペドロ・ペレス・デルガードとの血縁関係は「疑わしい」と言い切る。いずれにしても、これは証明のしようがない事柄である。記録もないし、資料もない。これはもう一つの伝説に関わることだ。マイサンタのではない。ウーゴ・チャベス自身の伝説に。

歴史学者のマヌエル・カバリェロが[訳注]一九九二年の軍事クーデターで指摘したように、[原注23]チャベスら叛乱軍は、政策や具体的計画を掲げてその行動を正当化しなかった。目の前の現実に憤りを持って反応しただけではなかったか。これは彼ら自身が言っていたことである。明らかに、旧態依然の権力志向ではなかった。クーデター未遂は、彼らに言わせれば、法的枠の破壊というよりも、宗教的叙事詩に近いものであった。祖国の父に対する信仰にそのメッセージははっきりと示されている。ボリーバルの意志を果たすための叛乱だったのだ。ボリーバル的論理が大きな効果を持つことを自然と発見したチャベスと一体になって起きたことだと見るべきである。高まる彼の人気と、解放者の名声との間に、魔法が起こり、相互に支え合い、未来が生まれたのだ。

ウーゴ・チャベスのシモン・ボリーバル崇拝はあまり健全なものではなく、一時的なたわごとに過

---

マヌエル・アントニオ・カバリェロ：ベネズエラの代表的歴史学者、ジャーナリスト。一九三一年生まれ。ベネズエラ中央大学教授。同大学卒、ロンドン大学で博士号を取得。ベネズエラ人で初めてケンブリッジ大学で著書を出版した。ベネズエラ・ジャーナリズム賞、同歴史学賞を受賞、二〇〇五年にベネズエラ歴史アカデミー会員となった。国内日刊紙に執筆。ベタンクール政権に反対する左翼活動家であったが、現在はチャベス政権批判の急先鋒に立っている。

ぎないといった噂が執拗に流れた時期があった。チャベスは会議などで、解放者の霊が降りてきて議論に加わり天啓を与えてくれるから、席を一つ空けておくように頼むことがあった。指導部の何人かは、この種の話がフレームアップされるような空気は抑えたようだ。それでも、チャベスの協力者で出獄後にチャベスがその家に身を寄せていたネド・パニスは、空席の話は確かなことだと断言する。それだけではなく、一時期チャベスに使わせていた彼のオフィスにある問題の椅子を見せて言う。

「これが解放者の椅子だ！」

歴史学者のエリアス・ピノ・イトゥリエタもまた、このエピソードを問題にする。それらの会議に出ていた、少なくとも五〜六人の人間に確かめた、と証言する。

「作業計画を作成し、すぐやるべき活動計画の議論が進行している間も、無人の椅子が英雄の出席を物語っていた。時に、司令官は誰も座っていない席をじっと見つめていた。実際そこには、無人の椅子と空っぽの空間しか無かった」原注24

この種の伝説は、特別な歴史的使命を帯びた人としてチャベスを見る者の意を強くする。チャベスは、投獄されるような事をしでかす前から、――これほどに純粋な形ではなかったにせよ――すでにそのような運命を感じ取っていた、とまで言いかねない。パニスは今やこの手の側だ。

「誰かが吹き込んだか、自分で吹き込んだかして、彼はベネズエラを背負って立つ人間であると信じ込んだ」

だが、これも身近な証人がまた別の話をしている。一九九二年の軍事叛乱指導者の一人、ヨエル・アコスタは、これはクーデター未遂後に人気が出た頃から始まったと断言する。二月四日の後、決起の主役たちは軍情報部の地下室に拘禁された。そこで数日、外部との連絡を断たれ、一日二十四時間、ライトを浴びせられビデオを撮られた。外部との接触は全くできなかった。

「軍報部からサン・カルロス総司令部の拘置所に移された時、自分たちが本物のインパクトを与えたことに気がついた。われわれが体制の根幹を揺るがしたこと、そしてチャベスとは何者かについて人々が強い好奇心を抱いていたことだ。クーデター未遂後、正確に二週間、軍隊に移送される途中、街に溢れる群衆を目にした。あの時、みんなこう言った。まるで人気スターみたいじゃないか。思ったほど大失敗でもなかったな」

監獄は、運動の結束強化とスターがデビューするステップになった。ウーゴ・チャベスもまた、この大衆的大成功を享受し始めた。二〇〇二年のあるインタビューで、自分は歴史の犠牲者だ、とまで言っている。

「人は、ボリーバルと一緒に私の写真に蝋燭を立てている。お祈りまであるそうだ。我らがチャベスは牢獄にありて、その名を神と崇めん。これに勝てると思うかね?」

この推移の中で、個人的な世界も変わっていく。結婚生活に終止符を打ち、エルマ・マルクスマンとの九年間の愛の生活も終わる。周辺環境が障害となった。チャベスは一種のセックスシンボル状態にもなった。囚われの身にして、女性関係の勝手な噂がどんどん広まる。この動きの中で二人の関係が爆発する。エルマが言う。

---

ラダメス・ラーラサバル：当時のベネズエラ共産党の指導者の一人。

「ベネズエラ中から手紙が届きました。子供から、一家全員から、女から……中身は想像に任せるけど。彼は私の娘に、私の愛はこうしたことを乗り越え、無事に脱出できるほど十分に強固なものではないのかもしれないと言いました」

確かなことは、チャベスも日に日に伊達男でなくなっていったことである。マルクスマンは二人の関係は噂などに惑わされたりしなかったと言うけれども、この爆発的人気がチャベスを別人に変えてしまったという点にはこだわる。彼女は語る。

「ラダメス・ラーラサバル訳注のような人までが手を挙げて、ウーゴはラテンアメリカに革命を起こす使命を帯びていると言っていた。私は、フランシスコ・アリアスに言った。『ねえフランシスコ、少しブレーキをかける必要がないかしら。ウーゴは救世主的存在になりかけているわ』。すると彼は言った。『大丈夫だよ。今はこれが必要なのだ。注意を監獄に引きつけておけば、早めに外に出られる可能性もある』」

その通りになる。予定より早く、多数が釈放になった。しかし、マルクスマンにとっては、関係の終わりだった。

「そうね、未亡人になったみたいだったわ」

長年にわたり愛し、共に陰謀を企てた男の痕跡は今、その大衆的人気がかき消していた。牢獄から出たウーゴ・チャベスはもはや見知らぬ別人だった。彼女は言う。

「お近づきになりたいものね」

# 第8章　リキリキを着た痩せっぽち

「今世紀が終わる前に、われわれが確実に政権を握る」

ウーゴ・チャベスは予言するような言い方で意欲の逞しさを示した。疑い深い記者たちは——ほとんどがそうであった——これを、聞き飽きた話かヨタ話としてしか扱わなかった。一九九六年の終わりの世論調査では、クーデター派の支持率は七パーセントに達するのがやっとだった。[原注1]選挙の注目の的は、何と言っても元ミスユニバース、プラチナブロンドの麗人、イレーネ・サエスだった。[訳注]彼女も同じくアウトサイダーで——カラカス地域自治体のトップとして実績を示してはいたものの——同時にアンチテーゼ的存在だった。大統領選挙までまだ二年を残していたが、チャベスの当選に全財産を賭ける

---

イレーネ・サエス：ベネズエラの政治家で元ミスユニバース（一九八一年度）。一九六一年生まれ。九〇年代初頭にカラカス地区チャカオ市市長に初めて選挙で選ばれ、民間企業誘致と施政近代化で実績を挙げた。一九九七年にはイレーネ党を結成し九八年の大統領選に出馬、腐敗の追放、官僚機構改革、財政赤字の削減を公約に本命視された。しかし、コペイと民主主義行動との連合、テレビ討論の失敗、ウーゴ・チャベスの台頭で、最終的には二・八パーセントの三位に終わった。その後ヌエバ・エスパルタ州知事に就任するが任期途中で辞職、米フロリダ州に移住した。

のは本人以外に誰もいなかった。

　この頃、司令官チャベスはベネズエラの皮肉なジャーナリストたちの間では見当はずれにも「ガラパゴ（亀）」扱いされていた。文字通りのカリッチェ（小石）、つまり話題性もないくせに話題になりたがる男という意味だ。彼が新聞社に現われると、記者連中は相手にするのを嫌って姿を隠す。ウーゴ・チャベスは、国内有数の大新聞編集部に涼しい顔で何気なく入って来る。ほとんど目立たない。にこにこしながら。自信満々だが、偉そうには振る舞わない。そして、リャノの人が好んで着る服、リキリキに身を包んでいる。[原注2] 色はオリーブグリーンが相場だ。ガルシア・マルケスが、一九八二年のノーベル文学賞授賞式に着ていた服に似ている。彼は、愛国心を強調するこの衣装が粋で気に入っていた。役者のフリアン・パチェコに薦められて、この服を着ているという話は、カラカスのインタビューで否定している。

「刑務所を出た後、これを着ることに決めた[原注3]」

　大統領になってからは二度と着なかった。ストレートのズボンに、中国の国民服式の襟のリキリキを着た彼は一層細く見えた。チャベスはこの頃、ほとんどの人にとってすでに過去の人であった。リキリキを着た、痩せた元叛乱軍将校である。

　陸軍の訓練で、胸や背中に多少の筋肉はつけたが、チャベスは生まれつき細かった。しかも、食べることにあまり興味はなかった。食事内容も貧しく、時間も不規則である。ジプシーのようにワゴン車に何ヵ月も寝泊りして、全国津々浦々を回り、戸別訪問しながら選挙活動をした。無職、政党にも属さず、人気も下火になっていた時期は他に方法が無かった。空腹を覚えたら国道沿いの食堂で何か適当に食べた。菓子パンとジュース、コーヒーはよく飲んだし、タバコはベルモントを吸った。一九九四年三月二十六日に釈放されてから二年以上、彼はこんな生活をしていた。

「チャベスという人物が共和国大統領になる可能性がわずかでもあるとは誰も思わなかった」

彼に対しては容赦の無い元大統領のラファエル・カルデラはこう断言するが、反チャベス派は大統領が彼を釈放したことを許さない。こうなる運命だったことに、彼は多分分かっていなかった。一九九三年の大統領選挙戦で、すべての候補が同じ提案をした。国内の政治風土は不安定で、機構的にも弱体化していた。二月四日は陸軍に打撃を与え、公的資金の横領容疑で有罪の事実を暴かれたペレス大統領が罷免され、[原注4]大きな不安が生まれていた。二月四日の首謀者たちは擾乱の要因となっており、刑務所の外よりも中にいる方がより危険だと考えられた。彼らを自由にすれば――これは一般化していた見方である――チャベス神話は萎んでしまうだろう。

「まず断罪しなければならない。断罪した後、赦免することができる。政治的には資格を失う。カルデラはそれを放棄した。彼を放免し、大統領になるチャンスを与えた」

脳血栓から回復した元大統領のカルロス・アンドレス・ペレスはマイアミの家で、この話を思い出す度に頭に血を上らせる。彼は放棄したのだ。ペレスはカルデラに言った。

「あなたは何ら罪を犯しはしなかった」

実際には、チャベスを釈放する方法は二つあった。一つは、断罪し、赦免する。もう一つは裁判を時間切れにし、放免する方法である。今日、二つ目の近道を採った優れた憲政主義法律家であるカルデラを非難する声は多い。また、感謝のしるしとしてそうしたのだと、カルデラの措置を支持する者もいる。なぜなら、二月四日の決起でテレビでの有名な演説を国会から生放送で流させ、政治的叛乱を守り[原注5]、そこから大統領の座への意欲が引き出されたからである。

「二月四日、私はみんなと同じようにチャベスに素晴らしい印象を抱いた、と正直に言わなければならない。チャベスはテレビで使ったあの数分で、平静で思慮深い人間として登場した。話の内容もしっかりしており、俳優にでもしたいくらいの表現力だった」

かく言うカルデラは、チャベスと前から付き合いがあったことは否定している。ただし、そう試みてはいた。彼がヤーレにいた時のことである。

「私の家に電話をかけてきた。お手伝いのマリアという女性が応対した。それ以来、マリアには『君はチャベスの友だちだろ?』と冗談を言うようになった。彼と話したのは彼女だからね。後にも先にも、彼と言葉を交わしたことは無い。もし、どこかで話をしたとしても、ほんのわずかだろう。私は用心深いから……会話したことも、協議したことも一切無い」

八十八歳のカルデラは、か細い声を絞り出してチャベス釈放決定を自己弁護する。

「裁判棄却は価値判断の放棄だ。裁判を棄却する場合、裁判が妥当か否かを問うてもいなければ、赦免もしていない。より重要な国家的利益に鑑みて裁判を終了するだけのことだ。事件の審理を棄却する決定を下す方が、はるかに楽な場合もある」

一九九九年に彼が放免した人間に政権を明け渡してから、政界を引退したキリスト教民主主義の古参リーダーは、元叛乱軍人の勝利と国家の行く末を非難する権利を退ける論理を打ち出す。彼を大統領にさせる者も、彼を法廷に送る者も、どちらも彼に投票する者である、と。

叛乱軍将校たちはマスコミに向けては同志愛に結ばれているように見えてはいたが、内部の摩擦は日常茶飯事だった。軍隊に復帰できなかった六十人は、サン・カルロス、ヤーレ、リノ・デ・クレメンテ（ティウナ要塞内）、陸軍病院八階の四ヵ所の刑務所に分散収容された。ヤーレの収容者は最も反逆的な分子と見なされていた、と陸軍第三師団司令官として収監者担当任務に当たっていたラウル・サラサールが語る。彼らは「死刑台の十三人」と呼ばれていた。

「規律はひどく乱れていた。鼻息が荒く、人の言う事など聞かなかった。彼ら同士の間でも問題を起こしていた。その後、大人しくなった」

サラサールは後にチャベス政権の国防大臣になり、二〇〇二年に関係が壊れたが、彼の感触では、収監者の大多数は「歴史的論理を信じ込んだ夢想家青年たちで、政治知識もなく、ベネズエラの将来を変革できると信じていた」ようだ。

釈放になる数日前、親友同士であるウーゴ・チャベスとヘスス・ウルダネタは身近に迫る釈放について話し合った。叛乱軍グループで鉄格子の中に残されていたのは、彼らだけだった。二人はなかなかこの幸運を信じられなかったに違いない。軍の反逆罪は三十年の刑であるのに、まだ二年しか務めていない。軍服を脱がねばならないことぐらいしか思い浮かばぬまま娑婆に出る。不安だった。しかし、ウーゴは焦りを抑えた。彼はヘススに言った。

「お前が先に出ろ。俺が次に出るから」

それから、こんな話をした。

「カルデラが俺たちに会いたいそうだ。話してみるか？」

ウルダネタが答えた。

「『ああ、だって捕まった将校の事では随分尽力してくれたのだから礼を言わなくてはいかんだろう』。すると彼はこう言った。『いや、兄弟。俺はお断りだ！　あの宿無し爺いになんか会うものか。奴は世論の圧力でそうしただけだ』。私は言った。『分かった。君には君の考えがある。俺には俺の考えがある。俺はこの先生と会う。だって、もし他の奴だったら何年ぶち込まれることになっていたか分からないからな』。この時、われわれの間にある種の気まずさが生まれた」

この月、カルデラから電話がありウルダネタは家族を連れて会いに行った。

「彼には、われわれ叛乱軍将校の社会復帰に尽力してくれたことへの謝意を述べた……。私の軍歴は終わっていた。彼は私に、もう一度人生をやり直して欲しいからと、外地での仕事を世話してくれた」

間もなく、ヘスス・ウルダネタ元司令官はスペインのビーゴ市にあるベネズエラ領事館領事を拝命し、約五年間彼の地に留まった。ウルダネタより先に、アリアスはカルデラ政権に大歓迎で招聘され、妊産婦栄養計画（ＰＡＭＩ）をまかされ、それを足がかりに一年後にはスリア州石油統轄官の地位を得た。ヨエル・アコスタは通信省の仕事を与えられた。ウーゴ・チャベスは死刑台の十三人と頑張り、屈しない。有難うとも言わない。カルデラは言った。

「チャベス氏の辞書には感謝という文字は無い」

四十近くなって、毎月百七十ドルほどの年金だけで、ウーゴ・チャベスは新生活をスタートする。彼は生まれて初めて、自由かつ堂々と政治に人生を捧げるのである。

復活祭の前の、あの三月二十六日、陸軍病院の周辺は祭りのムードが漂っていた。チャベスはこの八階にいた。彼が病院に立ち寄ったのは「ヤーレ刑務所で内部的問題が起き、議論に決着がつかず、物別れに終わっていたからで、またチャベスは膝が悪く、ついでにその手術をしてもらうためだった」とサラサールは語る。彼は「釈放になるチャベスを喜んで迎えに行った」。司令官は、不安そうに二十六ヵ月間の獄中生活で身に着けていた軍服を脱ぎ、平服に着替えた。釈放されると誰もが一目散に家に帰るものだ。彼は違った。この儀式的人間は、陸軍士官学校に連れて行って欲しいと頼む。士官学校は静まり返っていた。学生も教官も休暇中だった。中庭に行くと、一九八三年に誓いを立てたボリーバル革命軍結成の場所、伝説のサマン・デ・グエレの仮想ひ孫の木の前にじっと立ちつくした。独り言を呟く。何か言っているのだが、サラサールには聞こえない。そして、そこから立ち去った。

彼を担ぎ出そうと待ち構えていた者の中で一番目立ったのが、建築家のネド・パニスである。非常に長身でふさふさの髪をしたパニスは、落下傘が趣味で軍隊とは馴染みが深く、二月四日の未遂クーターの支持者で、他の民間人仲間と十一月二十六日の反撃の準備活動に加わっている。一九九二年末、パニスはチャベスと刑務所で知り合った。ここでは反体制派の弾圧に楯突く者同士、仲良くなる。中に潜り込むにはニセの身分証明を使った。初めての出会いだった。

「まさに魔術師に会ったみたいだった。とても興味深くて、人を引きつける魅力があった。私も彼の魅力のとりこになった。彼が釈放されて、ますます親密な関係になった。一緒に国中を旅した。生活も、事務所も資材も、彼のことを支援した」

自由の身となった元叛乱軍人は、マラカイの質素な家に戻るつもりはなかった。カラカスが権力の中心だ。またナンシーは、彼の新生活にはそぐわない。実際、もう長いこと彼女を放ったままだった。エルマも過去の一ページだ。新しい女たちが出入りする。一人の女に惚れると、その分苦労が増える。実際、彼には誰とも愛の巣を営む気などなかった。建築家のパニスが提供してくれた、自宅の庭の片隅の小屋で十分だった。カラカス近郊、清閑なフロレスタに、わずかな身の回りの物だけを持って住みついた。

「あの頃の彼は、何もかも棄てたような感じで、今とは大違いだった。ズボンが二本、シャツ何枚かにリキリキが三着。グリーンと青とベージュ。物にはまったく執着しなかった。実際、パスポートも車も持っていなかった。持っていたのはマラカイの家だけで、奥さんが住んでいた。他には何も無かった。行く所も無かった」

チャベスは片時も休まなかった。クーデター未遂と刑務所体験を経たが、目指す先は変わらない。そして、遠い。ミラフローレスだ。何と美しい響きだ！　どうすればミラフローレスに行ける？　夜も日も明けず、掘っ立て小屋に人が来る。食事などどうでもよい。しばしばフライドチキンなどのファーストフードを注文していた。パニス一家の食卓に招かれても、数えるほどしか来なかった。

「いつも付き合いが悪く、集まってくる中尉や少尉グループとばかり部屋に籠っていた」

「グループ」には三人の絶対服従者がいて、お供したり、物を持って来たり、どこでもついて行ったりしていた。元軍人のファン・カルロス・カスティーリョ、ホセ・カラタユード、バリーナスの同郷人のペドロ・カレーニョの三人で、陸軍士官学校時代に軍事史の講義を聴いて以来、彼の子分になっていた。

「きわめて要求の多い人で、相手が納得するまで話をやめなかった」

こう述懐するカレーニョは、一九八七年まで彼の助手として働いた。

なるほど、刑務所から出ると神話は精彩を失っていった。自由の身になると間もなく、メディアとのつながりは無くなり――興味も抱かれなくなり――チャベスの名前は見出しから消えていった。だが、元司令官は休まない。パニスが買ってくれた「ろば」と名付けたトヨタ・サムライを駆って、ベネズエラ中を巡った。三人の子分を従えての旅である。交代で運転し、交代で眠る。夜型のウーゴは、みんなが眠る夜明けにハンドルを握ることが多かった。それから、パニスに紹介された、チャベスの最初の官房長官になった元軍人のルイス・アルフォンソ・ダビラが、車を地方の村や僻地を回って遊説できるように改良してくれた。カレーニョは言う。

「毎日、朝早くから予定をこなしたものだ。チャベスは五～六人の聴衆に語りかけた。車の屋根に上り、まるでボリーバル大通りを埋め尽くす大群衆を前にしているかのように演説した。政治経験が無く、焦っていた」

ウーゴはよく声が出なくなり、生姜を食べて治していた。時には少し落ち込むこともあったが、決してくじけることはなかった。やみくもの信念だけに支えられていた。

カレーニョが言うところの、あの「終わり無き日々」、二月四日の指導者は黙々と読書し、文書に目を通していた。時には笑い話をしたり、歌ったりしてみんなを楽しませた。亡くなった抵抗派歌手、アリ・プリメラの曲を聴いた。バリーナスの小話や士官学校時代の話をした。自由だった。行く手をさえぎる者は誰もいなかった。

「離婚していた事は、不幸中の幸いだった。家族を放り出しているではないかと言われずに、身も心も、全身全霊を大義に捧げることができるのだ。彼は子供や奥さんのことが気に懸かっていた。われわれは、このような時期には家族を棄てねばならないと覚悟していた」

ウーゴ・チャベスと子供たちの関係は多難だった。まず、軍隊生活と陰謀生活には足手まといになっていた。それに、刑務所があった。最後には、遊説の日々である。できれば子供たちにもっと会いたかった。しかし、彼と子供の間に目指す目的というものが割って入った。それは権力である。彼は子供たちが恋しくて、よく時間を都合して会いに行った。妻のナンシーとは円満に離婚していたが、よく電話をしては子供らの様子を訊いていた。フロレスタに住んでいる時、小屋に泊まらせたりもした。パニスが述懐する。

「家長としては間違いなく失格だった。娘のロサ・ビルヒニア、マリア・ガブリエラ、それに息子のウギートをピクニックに連れて行ったりした」

時とともに彼の不倶戴天の敵となっていった者でさえ、ウーゴ・チャベスの子供たちへの愛情には疑問を差しはさまない。情の厚い優しい父親だ。あのいつ終わるとも知れない旅の途中、電話をしてはこう言っていた。

「やあ、元気かい。愛しているよ。でも今は会いに行けないんだ。この仕事を一生懸命やらなくちゃ。大切な仕事なんだよ」

電話の向こうからは、それを責める声は聞かれなかった。パパはそんな人なのだ。

「子供たちを愛していた。それはそうだ。しかし、心底からではなかったと思う。彼にはもっと大切なことがたくさんあった。電話での愛情表現が父子の関係の実体だったとは思えない」

パニスはこのように受け取っている。いずれにせよ、この時期には父親がそれほど有名でなくなってきたことを子供たちは喜んでおり、会えば特に娘たちは父にぴったりくっついて甘えた。

ネド・パニスはチャベスに、ラス・メルセデスの高級ビジネス街の事務所を使わせてやり、さらにチュアオのビルの二階に家を持たせてやった。フロレスタに住むのが難しくなっていた。小屋の住人は普通ではなかった。一日二十四時間を将来の政治のために費やしていた。我が家が時を構わず人が出入りするミニ司令部のようになっていたのに耐えかねて、ついに家主の堪忍袋の緒が切れ、奥方が、何とかしてよと夫に訴えた。

「仕事は事務所でやって、家では静かにしてちょうだいと言ってやって」

「思い切り丁重に言ってはみたが、これが俺のやり方だ、とさ」

これが、保護者と被保護者との最初の軋轢だった。

「しばらくして、衣類や何かを置いたまま出て行ったが、事務所からは動かなかった」

この事務所には数多くの見知らぬ人物が出入りした。彼らは後に、大臣、大使、官僚、議員などの地位に就く。拒食症のサンタクロースみたいな男が毎日来ていた。朝早く来て、鉛筆を二十本ほど削り、階段を上がって二階のチャベスの部屋に入って行く。ほとんど何も食べないで、何時間も働く。これが将来、政府の経済政策の立案者にして最大の教祖となったベネズエラ中央大学開発研究センター（CENDES）教授、ホルヘ・ジョルダーニである。当然ながら、日参する者の中には、軍隊式歩調で入ってくる人間が十人ほどいた。ほとんど全員が、司令官の豪胆さと度胸に惹かれた元叛乱軍人だった。

演壇ワゴン車のイデオローグ、ダビラは「イヤリング」とあだ名された。なぜなら、将来の大統領候補者に「ぶら下がって」いたからだ。通ってくる者も、地方から出てくる者もいた。彼らは時に事務所のソファで寝た。

刑務者を出て以来、二月四日の指導者は政権を「欺瞞的で、不法で、不正である」と主張する選挙ボイコット運動を展開した。リキリキを着込んでいた時期は、過激で武力闘争志向の局面に符合する。「九十四年から九十五年にかけての初期段階は、まだ新たな武装闘争の可能性を放棄していなかったが、一方で真の力、本物の力の可能性というものを考えた時、それはまだ持ち得ていないと判断した」[原注6]

パニスの家の小屋から出た一九九五年、チャベスは数年後に最も強い反チャベス砦に変貌した広場の真正面にあるビル、ユニバース・デ・アルタミラ内にアジトを手に入れた。ここには、彼が釈放された日に陸軍病院の玄関で迎えてくれた人たち以外の一人に宿を提供した。それが、ルイス・ミキレナである。いずれ彼の師となる年老いた元コミュニストで、彼に政治の手ほどきをし、どこに力を注ぐかを教え、彼の経済専門家となる、チャベス初期政権における最も有力な人物である。

チャベスと合流したミキレナであったが、すでにベネズエラの政治シーンから姿を消して長い年月が経っており、一九六〇年以降に生まれた世代には全く知られていなかった。バス運転手組合のリーダーで、その後ベネズエラ共産党と袂を分かち、急進的政党「労働者革命党（PRP）」を結成し、作家兼大統領ロムロ・ベタンクールの短命政権（一九四八年二月〜十一月）に反対した。彼らは「黒いコミュニスト」あるいは「マチャミケス」[訳注]とも呼ばれた。チャベスの新しい指南役となったこの人物は、ペレス・ヒメネス政権時代には獄中にあり、その後ベネズエラ政界で活躍を見せたが、六〇年代中頃から政治活動から引退していた。八十三歳の高齢にもかかわらず元気そのもののミキレナは、葉巻をくゆらせてチャベスと出会った経緯を語る。

「ある友人が携帯電話をかけてきて、彼を手助けして欲しいと言ってきた。そこで折り返し彼の携帯に電話した。数日後の夜十時頃ウーゴから電話があり、挨拶した後、会いたい、と私に言った」

エルマ・マルクスマンはミキレナの電話をアルタミラの事務所で受け、チャベスに伝えたのを記憶している。

チャベスに言わせると、最初に電話をよこしたのはミキレナの方で、刑務所で隠し持っていた携帯電話にかけてきたと言う。連帯の意志を伝える電話だった。

「『司令官、私には十分な人生経験があることを知っていただきたい。あなたが今そこにいるのは投資しているようなものです。自分を賭けている。あなたには未来がある。その見返りを得るのです』。そして、私に会いに来たいと言うので、面会者名簿に加えた」[原注7]

とにかく、両者は出会った。

「私が彼に会いに行ったのは、あの軍事決起が起きた時、そのために戦うべきだと私が強く思っていた制憲国民会議の制定が要求内容にあったからだ。果たしてその点が明確なものなのか、単に権力が欲しいだけの軍人の野心から撒いた餌に過ぎないのか、それが知りたかった」

このベテラン政治活動家は、叛乱軍指導者の「何も言えなくなった声無き、糧無き巨万の民のため

---

マチャミケス：往年のコミュニスト、エドゥアルド・マチャードと青年コミュニスト、ミキレナの名を合わせたもの。

を思い、わが国の貧困層を憲法で保障する変革の計画がある」という話に納得した。このようにして、一つ屋根の下で暮らすようになると、両者の関係は「兄弟愛」といえるほど親密なものに進化した。事務所は狭く、おそらく六十平米あるか無しだった。一室にミキレナ夫妻が眠り、もう一室にウーゴ・チャベスが寝た。寝息まで聞こえるほど狭かった。

ミキレナが加わってきた時、ウーゴ・チャベスは民主的手段では権力を獲得するチャンスは無いものと思い込んでいた。彼は、市会議員にも国会議員にも知事にも関心が無かった。そのような経歴に興味は無い。まだ彼には、あのスタープレーヤーとして大リーグで活躍する夢の名残があった。マイナー政治家のキャリアを経ずして、一発でミラフローレスに到達するにはどうすればいいか？　一九九五年十二月、国中の政治家がこぞって知事選挙に躍起になっているのに反して、彼は「選挙ボイコット運動」の組織化に全精力を注ぎ込むが、何の反響も得られなかった。まだアウトサイダーの出る幕ではないことがよく分かっていなかったのだ。分かっていなかったのは彼だけではない。既成政党も、その最後の日が近づいていることがよく分かっていなかった。二大政党制は行き詰まり、いち早く危機を察知した老獪なカルデラが、一九九三年に敢えて自分が設立したコペイから分裂してコンベルヘンシア訳注を結成し、自由な立場で大統領選に出馬した。

チャベスの目を開かせたのは、彼より倍ほど歳の離れたルイス・ミキレナである。

「彼は、この国では武装闘争以外に道は無いという考えに凝り固まっていた。この点でわれわれの見解は大いに異なり、私は彼に賛成しなかった。彼が召集した支持者グループとの最初の会議早々、われわれは計画の方向性を議論し、私は武装闘争ではなく、他にも多くの可能性があることを理解すべきだと主張した。彼が描いていた計画と私の考えを合わせれば、民主主義体制下においても（革命の）実現の可能性はある」

一九九六年一月、国民の三分の一が政党を信頼しておらず、インフレ、生活不安、失業、公共サービスの不備などに大きな不安を抱いていた。原注8

この時期、ウーゴ・チャベスは議会に対する抗議行動に姿を現わした。赤いベレー帽を被り、存在をアピールしつつ、車の屋根に上がると熱弁を振るい、デモ参加者を結束させた。カルデラに大統領を辞任し、「爆発が起きる前に」暫定政権に道を譲るよう要求した。この時、カラカス中心部にある立法府の近くで星条旗が焼かれ、「ヤンキー帝国主義の抑圧反対」の声が上がった。日刊紙『エル・ナシオナル』の編集後記はこれを「季節外れの古臭い抗議行動である」と評論した。大統領選までにはまだ約二年を残しており、ミキレナと他の民間人はチャベスに武力闘争路線から離れるよう説得を試みるのであった。

ドン・ルイスは、時々夜食のとうもろこしパンをかじりながら、ウーゴと夜中の三時までかけてはこう食い下がるのであった。

---

コンベルヘンシア：一九九三年の選挙でラファエル・カルデラが小政党を結集して作った政党連合。カルデラはもともと創設時からのコペイ指導者で、コペイから大統領になっている。党を去ったカルデラは左翼諸政党の支持を取り付け、新政党コンベルヘンシア（国民結束）を作り、一九九四年の大統領選に勝利した。政権は新自由主義計画を策定し、民営化を強力に推進した。当面の危機は回避できたが、国民の失望は大きかった。一九九八年、コンベルヘンシアは支持率が低下し小党に転落、チャベスに政権を奪われることになる。現在は議席ゼロ。

「どうしても私有財産を廃止し、メディアを接収し、社会主義国家になろうとするなら、武力に頼るしかない。でもこれは、君の計画でもなければ私のやりたい事でもないわけで、民主主義体制下でも方法はある」

――革命か選挙か――この岐路にさしかかって司令官ははたと行き詰まった。ミキレナに言わせれば「非常に柔軟な」性格だが、それでも説得には至らなかった。

「寝ても覚めても、粘り強く態度で示しながら、平和的手段が良いと言い続けた。と言うのも、民間人や経済人に計画内容を打診するたび、選挙に勝利できるような非常に磐石な社会的基盤を考慮すると、われわれが提起する変革計画が採用すべき完璧なやり方だと分かってきたからだ」

チャベス本人は、武力の必要性なしと納得した経緯をこう語る。

「国民が何を考えているかを調査することにした……多くの部分が実力闘争を求めてはおらず、平和的手段を取ることができる組織的に確立した政治運動に期待を寄せていることが分かった。そこで、選挙という方法を追求することを決断した」[原注9]

元叛乱軍指導者は、民主主義という列車に乗り込むのを躊躇し、時間がかかってしまったが、一旦そうと決めると、最もシビアな階層の期待を裏切らないために、あいまい且つ挑発的なやり方をとった。例えば、あの挑戦的な演説の調子は変えなかった。一九九六年二月、チャベスは大衆に向かい、軍人的口調でこう言い放った。

「われわれは平和的手段で政権奪取を目指すものである」[原注10]

しかし、釈放後二年を迎えたこの時、

「やむをえない場合は、武力を持ってでもやり遂げる覚悟だ」[原注11]

と、宣言した。

一九九六年中頃、チャベスがボリーバル革命運動への参加を要請したウィリアム・イサーラが仲間に入った。当時のチャベスの周辺を、彼は次のように評している。

「革命志向の潮流が支配的で、そのイデオロギー基盤はマルクス主義的解釈による権力の奪取だった……。傾向としては、断固軍国主義から始まって最も過激な革命主義まであった。また、行動右翼もいて、軍人とは相容れなかったが、彼らも変革を求めていた……・チャベス神話の狂信的信奉者もいた。一般的に軍人は過激すぎて、現状維持派の政党に属していた者や平和的変革を志向する者の参加を認めなかった」[原注12]

運動方針として「選挙の過程で大衆闘争の概念を変える」[原注13]と、現役軍人革命同盟の元指導者は断言する。もし可能性があるのであれば選挙作戦を採用しよう、とみんなを説得するのは、今やチャベスの役割だ。ところが大部分——革命は神の思し召しなのだと信じている——にとってこれは、受け入れ難い誤りである。議論は現実的に一年中続いた。十二月、全国運動方針の再構築[原注14]と活動方針の決定を目的とした会議で合意に至らず、一九九七年四月に臨時大会が召集された。チャベスは言う。

「選挙方針の決定を下そうとした時、戦術的窓（最適のタイミング）の議論になったのを憶えている」[原注15]

そして、チャベスをして、「もし父親を選べと言うなら彼を選んだだろう」とまで言わせたミキレナに、その窓を開くことを托した。

イサーラは、チャベスには「イデオロギー的堅固さ」が不足しており、「安易にコンセプトが変えられる相対性」があると見る。彼に言わせると、チャベスはこんな男である。

「非常に機を見るに敏で、豊かな政治的直観力がある。人の是非を選ぶ確かさにもそれが役立っている……。自分の発想を手直ししてくれるのは誰か、無視してもかまわないのは誰か……。時宜を得た研究熱心さと驚異的な記憶力があり、政治的行動が要求される特定の状況で駆使すべき理論的要素に自己を同化する……。誰とも不都合な立場にならないように距離を保つ。彼と組んだ者は、彼を指導者とした目標を達成し、ミラフローレスに到達するという目的のために動く」[原注16]

一九九七年四月、この目的を持ってボリーバル革命運動臨時大会は全会一致で選挙作戦を決定した。この時、叛乱者ウーゴ・チャベスは候補者に姿を変えた。「現状を変える、という点においては変わることのない信念をもって」それ（選挙）をやるつもりだ、と言った。そして、他の候補者同様、選挙戦をスタートした。彼の最初のスローガンは「制憲国民会議の制定、反汚職、社会保障の防衛、給与の引き上げ。今こそボリーバル政権を」であった。

より健全な印象に変わった。服装も変えた。リキリキを脱ぎ捨て、ニュールックに衣替えだ。選挙キャンペーン用に、ドレスシャツにベストとカジュアルなスタイルにした。正装用には、有名なポルトガル系ベネズエラ人テーラー、クレメントのスーツ。時代遅れの元叛乱軍とはおさらばした。イメージ・チェンジについて訊かれると、スペインの哲学者ホセ・オルテガ・イ・ガセット[訳注]を引き合いに出した。ロンドンに旅立つ前夜、こう認めている。

「ワードローブの中身を変え、多少はヨーロッパ・スタイルのスーツを揃えるのには当然苦労した。リキリキがクレメントに変わっただけではない。戦闘服まで用意してある。もし今、何か騒動があれ

ば、すぐに軍服に着替えて戦いに駆けつける用意がある。人間とその環境[訳注]、というわけだ」[原注17]
それも言うなら、人間とその権力志向、である。

---

ホセ・オルテガ・イ・ガセット（一八八三年〜一九五五年）：スペインの哲学者。マドリードのブルジョワ階級出身。早熟で七歳でセルバンデスの「ドン・キホーテ」を暗唱できたという。一九〇四年に「紀元千年の驚怖」で哲学博士号を得る。ライプツィッヒ、ベルリン、マルブルクでカント哲学を研究。スペイン帰国後、マドリード大学で形而上学教授に就任。スペイン王制崩壊の前夜、政治結社「共和国奉仕団」を結成し、一九三一年にスペイン共和国が成立すると制憲議会議員となった。ボルシェヴィズムとファシズムを「原始主義」として批判し、特にロシア革命については「人間的な生の始まりとは逆である」と述べた。主著に『ドン・キホーテをめぐる思索』、『大衆の反逆』などがある。
人間とその環境：本邦未訳の著作で原題〝*Man and His Circumstances, Ortega as Educator*〟by Robert O・McClintock.（New York: Columbia University, Teachers College Press,1971）からの引用。

# 第２部

# PARTE DOS

# 第9章　恵まれた状態

彼の物語は、ベネズエラ現代史とうまく符合しながら、長い年月に渡って状況と絡み合ってきた。しかし、この三人が一つ屋根の下で同じ時に顔を合わせたのは初めてのことだ。ウーゴ・チャベス、ラファエル・カルデラ、カルロス・アンドレス・ペレスの三人である。一人目は、謎である。後の二人は、一つの時代、一つの体制、一つの政治手法の象徴である。時は流れて、一九九九年二月二日。ベネズエラ国民議会本会議場の地味な演壇前で、七年前に軍事クーデターを指揮した元陸軍将校が、退任する大統領から三色のタフタ地のたすきを拝受していた。議会の外では赤いベレー帽を被った無数の支持者大衆が、反政治的演説でベネズエラ人の無関心を熱く変えてしまったアウトサイダーに声を枯らしながら、指導者バンザイを連呼していた。

「神が世界を創られた時、――この一ヵ月前にパリを訪問した際、チャベスは言った――ベネズエラにアルミニウムと石油と天然ガスと金と鉱石と豊かな土地と、あらゆるものを与えたもうた。だが神は、これは少し多すぎると気づかれた。神は申された。『ベネズエラ人にこんなにたやすく全てを与えるのはやめよう』。そして神は、政治家を遣わされたのだ！」

しかし今は、彼の見地からすると、神はこの国のことを哀れに思われ、政治家にはとても似つかわしくない彼を遣わされたのだ。自分ではそうは思っていなくても、彼が政治的動物であることは事実が証明している。その支配者志向にも増して、政治実践の見事な直感力、すばらしい嗅覚を備えた男である。

国会には、招待されたフィデル・カストロなど諸外国の国家元首、外交官に混じった議員連の緊張した顔や退屈そうな顔が並んでいた。セレモニーは通常の形では進行しなかった。現大統領のカルデラが、一九九四年に釈放された元司令官に職務を引き渡すべく演壇に登った時、その顔が苦々しく引きつった。これは彼には耐え難く、そのままに、彼は儀式を執り行なおうとはしなかった。慣例とは異なり、宣誓式を司ったのは彼ではなく、元軍人で次期国会議長のルイス・アルフォンソ・ダビラであった。

「私は、間違いなくチャベスにたすきを授与したくなかった。彼が大統領になったらどうなるか、否定的なものしか見えなかったからだ」

キリスト教民主主義者の元国家元首は振り返る。

礼儀正しい人物として知られていたカルデラがこのような態度に出たのは、昔の経験があったからだ。彼が一九六九年に初めて大統領の座に就いた時の前任者は社会民主主義者ラウル・レオーニであった。

「彼は私にたすきを授与することを拒否した。まず、議会議長のホセ・アントニオ・ペレス・ディアスにたすきを渡し、彼が私に渡したのだった。こうすることで異常な事態になるのを回避した」

すでにこの時、カルデラには見えていた。

「チャベスを支配していたのは権力への野望だった。一定期間大統領の座にありたい、と望むだけではなく、公的権力と行政全般の一切を支配するのだ、という野心だ」

早くミラフローレス入りしたいがためか、何かと急がせてもいた。公私を問わず、ウーゴ・チャベスは「メッセンジャーを通して」、カルデラに選挙の翌日に大統領府を開け渡すよう要求していた。

「私は、憲法に定められた日時に開け渡す、と明確に言い渡した」

つまり、二ヵ月後である。

しかし、地球上の何物も誰も、ウーゴ・チャベスに強制をすることはできなかった。彼もまた、びっくりするような奥の手を出してきて、前任者たちにとってその場をさらに苦いものにさせた。まず手始めに、見るからに無礼な仕草で自分が何をしに来たかをまくし立てた。議会議長の前に高々と手をさし上げると、勿体ぶった調子で太い声を轟かせた。

「私は、新しい共和国が新しい時代に相応しい大憲章（マグナ・カルタ）を有するために、この瀕死の憲法に必要な民主主義的変化を促進させることを、神に誓い、祖国に誓い、我が国民に誓う」

この死亡宣告にも似た宣言が与えた衝撃は小さくはない。新大統領は自分の言葉の重みをよく知っていた。一九六一年以来、基本となってきた法の葬儀を執り行なっているだけでなく、四十年間この国を支配してきた、白と緑の旗印からベネズエラでは通称「グアナバナ」[訳注]と呼ばれる民主行動党とコペイによる二大政党体制の墓石を建てているのである。

続く国家元首就任演説は、ボリーバル——この一点張りだが——の言葉に始まる叱責の二時間であった。民主主義時代が始まる四年前に生まれた最年少の大統領はここで、通信社、外国特派員、そして国内の報道関係者までが裏付けも無く流布させている失業率八〇パーセントという数字を挙げて、危機感を揺さぶった。

「ベネズエラの心は傷ついている。われわれは死に瀕している」

すでにこの頃、実際の貧困指数も十分に憂うべきものではあった。とりたてて誇張するほどでもないだろう。一九九九年でも、ベネズエラの人口の半分以上（全体の五七・二パーセント）の三百万人が必要最低限以下の生活状態にあった。[原注1] しかし、現状を目の当たりするとこれは決して大げさではなく、爆発寸前の「時限爆弾」と言えなくもなかった。チャベスは、これを抑えて見せると言い、新たな政治体制の誕生に貢献する「革命」を共に目指そうではないか、と国民に訴えた。過去に拘泥していたのは聴衆だけではなかった。彼自身も、昔の事を持ち出した。

「一九九二年のベネズエラのクーデター未遂は火山の噴火と同じで、不可避なものだった」

そして、未来に幸いをもたらさないようであれば、あのような叛乱は二度と繰り返してはならない、と自己弁護した。スピーカーから流れる演説を聴いていた街頭の大衆は感動した。就任式の会場では、輝ける統治者が演壇に立つ一時間四十五分間、万雷の拍手で少なくとも三十回は演説が中断した。

ウーゴ・チャベスの話は言葉だけで終わらなかった。彼はそれを具体的に示した。この就任演説で彼は、最初の対策を述べた。現行大憲章（マグナ・カルタ）を廃棄するための制憲国民会議（ANC）を

---

グアナバナ：中南米原産の熱帯フルーツ。ラグビーボール大の緑色の果物で、果肉は白くで柔らかい。「森のカスタードアイス」といわれる。党旗の色から、民主行動党はブランコ（白）、コペイはベルデ（緑）と呼ばれた。

実現するという彼の考えの是非を問う国民投票実施の大統領令である。新憲法は国家に新しい法律をもたらすだけではない。

「この段階では、革命的計画の推進が継続させられるよう、政治地図を緊急に塗り替える必要があった――チャベスは後にジャーナリストのマルタ・ハーネッカーに語っている――この作業をやってくれる知事は三人しかいなかった……それと、国民議会は彼ら（反対派）に牛耳られていた。われわれは少数派だった[原注2]」

これは正確ではない。実際には、チャベスの愛国極は知事二十三人中八人を押さえていた。しかし、新大統領はこれで十分だとは思わなかった。議会では、彼の党、第五共和国運動の議員は少数派で、二十パーセントを超えておらず、軍人派が小党連合でその重みを増すことができたとしても、単純多数をかき集めるのは不可能だった。一九九八年の大統領選挙の一ヵ月前に行なわれた地方選挙と裁判官選挙の結果で、議会は反対派勢力優勢の状況になっていた。選挙管理委員会は、チャベスが勝利して勢いがつくのを避けるために反対派が工作しているとチャベス派が糾弾したことから、大統領選挙と分離、先行して実施されていた。

新国家元首の就任式が終わった時点では、新議会の会期は残りわずかだった。大満足の彼は最後に、いかにも太っ腹な様子を見せながら、議席と報道席と国中の人々を、そしてとりわけ一人の人物を驚かせた。司令官は議員たちが参列する議席の最前列に歩み寄った。

「私は彼に挨拶したくなかったので最前列から外れていたが、彼はわざわざ私のところにまでやって来て、全く一言も言わずに手を差し出した」

ややもすれば、チャベスに最も嫌われ、傷つけられた者の一人、元大統領のカルロス・アンドレス・ペレスは振り返る。権力に上り詰めた栄光を膨らませたい二月四日のクーデター指導者はついに、支持者たちの喝采の中、数ブロック離れた距離にある大統領府、ミラフローレスに向かうと決めた。何と美しい響きよ、ミラフローレス！　大統領府の守衛は制止もままならず、一行はチャベスと共に宮殿になだれ込んだ。大統領としての彼の最初の行動は、即席で行なった「二月四日の事件の犠牲者の追悼式」であった。一人の老女が護衛の輪をこっそりすり抜けて彼に近寄り、黙禱の間にチャベスに強く抱きついた。

新大統領は時間をかけずにその意志を貫徹する。反対勢力はチャベスのめくるめく勝利と、うらやましいほどに大衆の波長に同調する能力に、はたまた十二月に入ってからの彼特有の大統領令の遂行の仕方にも煽られ、すっかりやる気を失くしていた。街中で懲罰を求める声が響き渡り、特に議会の前では反対派の議員たちが過激な軍人派シンパに激しい抗議を喰らった。

「泥棒、腐敗分子、他所で仕事を探せ」

チャベスはそれまでの四十年間の政権を「腐敗階級」と名付け、事実この言葉を自らの政権の肝に銘じさせるのにさほど苦労はしなかった。しかし、何もかもが順風満帆ではなかった。

「当初、大統領は参謀本部のやり方は知っていたが、内閣の運営の仕方が分からなかった。なぜなら閣僚が参謀本部出身者だったからだ」

こう言うのは、最初の国防大臣、ラウル・サラサール将軍である。チャベスが一九九四年に釈放された時に身柄を引き取りに行ったのが彼である。

彼の最初の閣僚たちに――十四人の大臣――行政経験のある者はほとんどいなかった。二人の著名な元ジャーナリスト、アルフレド・ペーニャは大統領府長官に、ホセ・ビセンテ・ランヘルは外務大臣にそれぞれ任命されたが、どちらも記者席から行政を非難、告発することしかしてこなかった。二人とも権力の磁力に引き寄せられたのだが、政府側に身を置いたことは無かった。また、彼の党内には、市町村であれ、州であれ、立法府であれ、正式な行政経験のある指導者は多くはいなかった。サラサールによれば、「彼らは公共的な案件の処理には無知だった」。ここが、障害を避けるのが上手な政治家としてのチャベスの出番である。意外ではあったけれども国民には歓迎された人事として、カルデラ政権の大蔵大臣、マリッツア・イサギーレの再任を批准した。[訳注] 国家予算は危機的状況にあった。サラサールは次のように考える。

「(一九九九年の) 国家予算は原油一バレル十三ドルを規準に算出されていたが、それが七・二〇ドルに下がった。七月には原油価格を上げさせるため、ベネズエラ国内だけでなくOPECという国際政治機関を相手にしなければならなかった。国庫には給与を払う原資が無かった。またカラカソになるかもしれない……。国庫に残っていたのは七百六十億ボリーバル (約一億三千万ドル) で、最初の四半期に五百四十億ボリーバル不足しており、歳入は見込めなかった。大統領はいろいろ学んだが、一つ大きな問題があった。依然として選挙局面が残されていた」

政権を指揮するために、ウーゴ・チャベスは今や彼の右腕となった内務大臣のルイス・ミキレナを前面に立てた。連邦区内務長官には一九九二年十一月二十七日の決起の指導者エルナン・グルベールを指名した。サラサール将軍によると、最初の二ヵ月間、新国家元首はすすんで助言や批判を聞き入れた。その後は、「取り巻きが彼を祭り上げて、何でも分かっているような気になってしまった」。最初のうち、彼と同調しない者も少なくとも、疑わしきは罰せずを通し、腐敗と闘い、貧困を減らすという公約を果たすのを待った。この時点で彼が失敗する方に賭ければ、非国民となってしまう。敵の陣営も似たような雰囲気に包まれていた。

「チャベスが勝って間もなく、私はミキレナとホセ・ビセンテ・ランヘルと会い、次のような事を話した。とにかくこの人物を大統領にしたからには——彼は独裁者になる。これは間違いない——最低でも民主主義の道だけは踏み外させないことだ」

当時、数ヵ月後には制度が廃止された終身上院議員になっていた元大統領ペレスは語る。

「チャベスが初めてコロンビアを訪問した時、私はパストラーナ大統領と、ブラジルのフェルナンド・エンリケ・カルドーゾ大統領にも電話をかけて彼をよろしくと伝えた。私の考えは、こうだった。この男は上り詰めた。さて、彼を民主主義のレールに乗せられるか」

マリッツア・イサギーレの再任：一九九九年二月現在のチャベス政権閣僚は以下の通りである。外務大臣・ホセ・ビセンテ・ランヘル、内務・司法大臣・ルイス・ミキレナ、国防大臣・ラウル・サラサール将軍、大統領府長官・アルフレド・ペーニャ、大蔵大臣マリッツァ・イサギーレ、企画大臣・ホルヘ・ヒオルダーニ、商工大臣・グスタボ・マルケス・マリン、インフラ大臣・ルイス・レイエス（元中佐）、教育大臣・エクトル・ナバーロ、衛生大臣・ヒルベルト・ロドリゲス・オチョア、農業牧畜大臣・アレハンドロ・リエラ・スビジャガ、社会開発大臣・レオポルド・プッチ、鉱山エネルギー大臣・アリ・ロドリゲス・アラケ、環境大臣・アタラ・ウリアナ。

しかしペレスは、アメリカ大統領ビル・クリントンとの会談に関心を持っていたらしいチャベスが招集した秘密会議に出席した事実を隠している。

「一度も会ったことはない。何の交渉もしていない……チャベスとは一切接触していないし、チャベスの方からも何の申し出も受けていない。完全にゼロだ」

議会であのような演説を聴かされたけれど、ひとたび大統領になればチャベスのトーンも変わるだろうと期待していた連中は間違っていた。司令官チャベスは、選挙運動での論調も反体制的演説も、決して改めなかった。無力な者の権力者への報復を訴え続けた。一つの根が、急速に、かつ永続的に、ベネズエラ人の心に張り出していった。いつしかチャベスは、「ハリケーン」と呼ばれ、その勢いは止まるところを知らなかった。そして、過去何年も何十年も離合集散を繰り返してきた政治家たちの全世代を、数ヵ月の間にきれいさっぱり掃き出してしまった。最初に彼が対決したのは、前政権を受け継ぎ、彼に敵対し、大統領令によって国民投票を召集する権限に疑義を表明した議会と最高裁判所であった。無駄な抵抗であった。制憲国民会議のためのキャンペーンは、大統領選の勝利的キャンペーンの延長以外の何物でもなかった。彼はそれにも勝った。ベネズエラ国民は変革を求め、あらゆる調査の結果、彼は八十パーセントの支持を獲得した。

権力は彼に指導者としての地位を確かめるための道具となり、頑強な男たることを世に認めさせた。チャベスの選挙運動アドバイザーを経て、ベネズエラ国営テレビ会長になったマリピリ・エルナンデス[訳注]（元外務次官で現在はジャーナリスト、女性）は、それを身近に見る機会があった。

「チャベスは夢想家ですね。一年後にならないと分からないような話をする人です。分かりやすい例が制憲国民会議でしょう。初めて制憲国民会議の話を聞いた時、『何の事？ それでメシが食えるの？』などと言われたものです。もっと言えば、これが伝わるのかどうか、チャベスのどんな演説にもこのテーマが入るので悩みの種でした。売りになりそうになかったのです。でも彼は、そうじゃないと言い張っていました。そこでわれわれは、投票してくれたら一人残らず付いてくるプレゼントとして制憲国民会議を設定することに集中したのです。彼は努力してやり遂げました。一、二年後、我が国にとっての制憲国民会議の重要性が分かり始めました。革命の鍵となったのです」

大統領に就任して三ヵ月も経たないうちに、司令官は最高の瞬間を味わうことになる。四月二十五日、棄権率六二・四パーセントとはいえ、国民投票[原注3]においてベネズエラ国民は制憲国民会議の召集を承認したのである。ウーゴ・チャベスは国家元首であると同時に、政権担当者は正式な党活動から離れるというベネズエラの慣習を破って、一九九二年五月から彼の党である第五共和国運動の党首となった。「私たちにとって意味があるのは、チャベスが、私たちが『革命』と呼んでいる政治プロジェクトの中心的活動家であることです。もう一つは形式的な性格の問題です。大統領が政党の党首でもあることが偽善的だという意味ではありません。見ての通り、彼は本物であり、ガラス張りの人間です。カルロス・アンドレス・ペレスが大統領の時、彼が民主行動党の活動家ではなかったとは言わないでいただ

---

マリピリ・エルナンデス：チャベス派の代表的なジャーナリスト。元国営テレビ局総裁。最近まで対北アメリカ外務省副大臣を務めていた。大統領罷免国民投票でチャベスの選挙参謀として活躍した。現在はチャベス派の社会主義的テレビ局カナル・iの社長。独身の美人で、チャベスの再婚相手との噂が高い。

きたい」

こう弁護するのも、彼のイメージ戦略アドバイザーであるジャーナリストのマリピリ・エルナンデスだ。かくして、大統領自身が国会議員選挙の戦略を企画する。そして、三ヵ月もすると、ベネズエラの反対勢力はかつてない暗黒の時代に陥ることになる。七月二十五日、千人以上の候補者がわずか百二十八議席をめぐって争った。[原注4]そこで起きたのは正真正銘の追突事故だった。ベネズエラ国民は、生まれてこの方ずっと見てきた伝統的な政治の世界を放逐する決心をしたのだ。百人強の候補者を立てた愛国極の軍人派が議席の九十五パーセントを獲得した。反対派が得たのはわずか六議席だった。[原注5]

この日を終わるにあたり、バリーナスの男はミラフローレスの「民衆のバルコニー」に立って目くるめく一夜を過ごし、曰く「満塁ホームラン」を打った気分であった。勝った方のお祭り騒ぎがすごい分だけ、敗れ去った反対派は意気消沈、言葉も無かった。ベネズエラで一番幸せな男は浮かれる支持者のために、これまた当選を果たしたファースト・レディに珍しくも人前でキスして見せた。人気取りを仕掛けて「キーノ・チャベス」[訳注]という名前で軍人派の候補者名簿に名を連ねていた妻のマリサベルは、アルフレド・ペーニャに次いで全体の二位で当選していた。当選議員には、彼に最も近い協力者、軍人十九名、元大統領候補者三名、有名ジャーナリストや歴史学者のホセ・レオン・タピア、精神科医のエドムンド・チリーノス、リャノ音楽の歌手など文化人がいた。

この三日後、大統領になって初めての誕生日は、――四十五歳になっていた――巨大なバースデー・ケーキと花火で祝い、中心部のカラカス広場でマリアッチ[訳注]が朝から歌っていた。数万人の大衆が歓呼する中、彼は言った。

「まるで二十歳に戻って、これから人生が始まるみたいだ」

大リーガーになって喝采を浴びるのを夢見ていたサバネタの少年は、ここまで上り詰めることを想像していただろうか？　彼はベイスボルを忘れてはいない。ドミニカ出身のスーパースター、サミー・ソーサをわざわざ招いて、カラカス大学のグラウンドで始球式をやり、記念にこの有名カリブ人のバットを貰った。この時期は、彼本人はもちろん、家族の誰かが姿を見せただけで観客席から大きな拍手が起こったものだ。時の人であった。彼は楽しんでいた。だが、目的は忘れていなかった。権力とその発動である。

時に、その考えが口に出る。「完璧にガラス張りの人ですね」とマリピリ・エルナンデスは言う。時に、正反対でもある。その腹を読むのは容易ではない。軍人主義のヘゲモニーと解釈できる制憲国民会議選挙の勝利を受けて、例えばこのように認めた。

「制憲国民会議に権力は集中しないだろう」

---

キーノ・チャベス：制憲国民議会議員選挙に出馬したチャベスの一番目の妻、マリサベル・ロドリゲスの候補者名。反対派からクレームがついたが、結婚している以上問題はない、とされた。国防大臣にもなったマリサベルは後にチャベスと離婚、二〇〇七年にはルイス・ミキレナと組んで憲法改正国民投票に強く反対した。同年十二月二日の国民投票で憲法改正は否決された。

マリアッチ：メキシコを代表する楽団様式の音楽。祭り、宴会、記念日、愛する人へ送るセレナータなどを演奏する。メキシコの牧場の伝統的衣装チャロで着飾り、ギター、ビウエラ、ギタロン、アルパ、トランペットを使う。一九四〇年代から五〇年代にかけ、メキシコ映画の影響で世界的に有名になった。メキシコ・シティーのガリバルディ広場が有名で、恋人たちにマリアッチの名曲を奏でるグループが毎晩観光客を楽しませている。

実はこれこそ、彼が目指し、引き寄せたいものなのだ。制憲国民会議議長には彼の右腕、ルイス・ミキレナが就任し、ベネズエラ中央大学での就任式でこう述べた。

「人生の冬の時代には、春を夢見て過ごしたいものだ」

すでに一九六一年に死に絶えた憲法の改変にたまたま参加していたミキレナに助言を受けたチャベス大統領は、その後すぐに彼自身の企画を提出した。

「議論のための若干の考えなのだが――それは九十ページの冊子だったが――毎晩遅くまでかかって書いたものだ」

誰もその事は疑わない。ウーゴ・チャベスは少ししか眠らない。友人で精神科医でもあるエドムンド・チリーノスは言う。

「カフェインが彼の覚醒剤だ。一日にコーヒーをブラックで二十六杯から三十杯は飲む」

超活動的不眠症で、睡眠時間は三～四時間、暗いうちから起きて元気一杯、エネルギッシュだ。戦闘態勢、万端である。比較されるのは嫌うが、この点ではカルロス・アンドレス・ペレスに似ている。

「疲れを知らない働き者です。一日二十五時間働く勢い」

と、マリピリ・エルナンデスも認めている。

数えるほどの例外を除いて、大統領が提起するものは全て憲法に採用されることになる。制憲国民会議の軍人派議員は四ヵ月間、彼にオーダーメードのスーツを仕立てるテーラーよろしく懸命に働いた。その間に、大統領の中間選挙があり、任期が五年から六年に延び、――チャベスはこれで権力の座に十二年とどまるチャンスを得た――シモン・ボリーバルの思想から出発した倫理的権力形態[訳注]の導入、軍選挙、そしてベネズエラ共和国からベネズエラ・ボリーバル共和国への国名の改称まであった。また、国家元首まで含む公務員の罷免の可能性といった目新しくて大胆な提案もあった。それでも、彼は満足せず、彼の最初の提案の少なくとも二つに関しては意見を変えなかった。大統領の任期に二期目を含むことと、副大統領制新設の場合に副大統領を複数任命することである。今回は花火こそ打ち上げられなかったが、国民に是非を問うた上で憲法は承認された。

「祖国の時の到来だ。再び国民投票が行なわれる。共和国の歴史における二度目の国民投票である……この日は歴史的に大いなる日となるだろう」[原注6]

投票前日、流感にかかったチャベスは、この短いメッセージを発した。天候はすぐれなかったが、大統領はボリーバルのドラマチックな言葉でもって有権者に投票を呼びかけずにはいられなかった。

「もし自然が逆らうなら、戦ってでも屈服させよう」

これは、一八一二年にカラカスを襲った地震を神罰だと言いくるめようとした教会＝スペイン人の独立闘争に対する策略に対抗して、解放者ボリーバルが発した言葉だ。そして、あたかもチャベスの言

---

倫理的権力形態：ボリーバル憲法第四章・市民権力規定第一節一般規定・市民権力第二七三条「市民権力の構成」：

- 市民権力は、人民弁護人、検察長官、共和国会計監査長官で構成される共和国倫理評議会によって行使される。
- 市民権力機関は、人民弁護人局、共和国検察局、共和国会計監査総局であり、それらの代表の中の一人が共和国倫理評議会により、再選可能な一期一年の議長に指名される。
- 市民権力は、独立しており、その機関は、運営、財政、行政上の自治を享受する。この目的のために、一般国家予算より変動の年次予算割当が配分される。その組織と運営は、基本法で規定される。

葉が災いを招いたかのように、十二月十五日の水曜日、天罰の豪雨が降り始めた。雨の勢いは時々弱まることもあったが、有権者の半数は家から動かず、棄権率は五十五パーセントに達した。投票率四十五パーセント、賛成七十一パーセントで承認はされたものの、ボリーバル憲法の誕生はたやすくはなかった。この夜は、祝賀の雰囲気など無かった。大憲章など実際どうでもよくなった。ウーゴ・チャベスは姿を見せない。テレビ局も国民も、日中カラカスで起きている事態しか見ていなかった。首都とカリブ海の間に横たわる、カラカスの美しき霊峰、エル・アビラの一角に土砂崩れが発生したのである。バルガス州沿岸地域の都市部である。

翌日の早朝は、開票どころの騒ぎではなかった。家屋数千戸が倒壊し、多数の死者が出た。沿岸にあるバルガス州の州都グワイラは、エル・アビラの山麓から物凄い勢いで巨大な岩を運んでくる泥流にほとんど覆い隠されてしまった。ベネズエラの主要な港町が消えてしまった。主要な空港は閉鎖を余儀なくされた。ベネズエラ史上最大の惨事で、人々はチャベス派と反チャベス派に分裂していたことなど忘れていた。全国民が、大統領による非常事態宣言の発令を待った。まんじりともせず夜を明かしながら、誰もが同じ事を思った。チャベスは何をしている?

様々な憶測が飛び交った。大統領の別荘があるオルチラ島にいるのではないか。悪天候でカラカスに戻れないのだ。本当の「犠牲者」が他にいることも考えずに、自然に楯突いた罰が当たったのだ、などと口走る意地の悪い軽薄な反対派もいた。彼がどこにいるか誰も知らない。

「行方不明だった。オルチラ島にいたのか官邸にいたのかも分からなかった」

元司令官で、当時は内務警察長官だったヘスス・ウルダネタは語る。翌日の新聞でも明らかにされてはいなかった。

木曜日の昼近く、衝撃を受け、神妙な面持ちをしたチャベスが戦闘服を着て、ついにテレビ画面に現われた。彼は、家屋やビルが倒壊し、跡形もなくなった沿岸地域を上空から視察して来ていた。被災者二万五千人が公園、体育館に収容され、目下のところ死者、行方不明者の数は把握できない、と語った。この地域での略奪行為を防止するため、内務警察と首都警察を配備した、と説明、心痛の表情でそのまま黙ってしまった。ベネズエラの人が決して忘れることのできない最も悲しい十二月となった。二十世紀の終わりを祝うパーティはすべて中止され、人々はありったけの物をカンパした。最終統計では、死者一万五千人、被災者九万人、四十万人が救済を必要としていた。あの日々、ウーゴ・チャベスは愛読書『オラクロ・デ・ゲレロ』[訳注]（戦士の託宣）からは慰めも、アドバイスも得られなかった。一人、彼流に言えば「刀を鞘に納めて」（心静かに）二週間ほど過ごした。しかしまたすぐに、ヤンキーとマスコミと教会と、邪魔する奴、あるいは邪魔をしそうな奴には誰にでも、刀を抜くのである。

悲劇はバルガス州の泥の海で起きただけではなかった。大洪水から三十六時間後、ワシントンは空からの救助網を確保するために、輸送ヘリコプター、チヌーク四機、ブラックホーク八機、ギャラクシー二機、それに兵士百四十六名を送ってきた。

「アメリカはここに一日半いた――当時の国防大臣で、チャベス大統領の権限を得て、ビル・クリン

---

オラクロ・デ・ゲレロ：チリ人の作家ルーカス・エストレリャ（一九六八年生まれ）による東洋的思索の手ほどき書。中国や日本の武道の実践と、仏教哲学に影響を受けて書かれた生き方のヒント集。本邦未訳。

トン政権に支援を要請したラウル・サラサール将軍が述懐する——南部軍事輸送コマンドー[訳注]の隊長、チャールズ・ウィレムが十二月二十三日に現地にやって来た。そこで考えが浮かび、大統領と共にグワイラの将来計画を開始した。復興には十年の期間と十億ドルの資金が必要だった」

重点地区に道路や貯水池を作る任務を帯びたアメリカの技術団は船で到着するはずだった。

「一月二日までは万事順調に進んでいた。翌朝、午前四時に大統領から電話があり、すべて中止せよ、との命令を受けた。チャベスは本気だった。二日の夜に誰と話したのだろう？　カリブ海の誰かではないか——明らかにサラサールは、フィデル・カストロのことをほのめかしていた。船はすでにアメリカを出港していて、ベネズエラに向かって航行中であった——現地ではヘリ十二機と百五十人のアメリカ兵が待機していた。この支援を断るべきではなかった」

数日後、サラサールはこの問題をめぐりチャベスとやり合った。

「私は言った。『あなたは誤りを犯した』。だが彼は、これを内政干渉だとし、国家主権とかスパイの可能性の事を口にした……。訳が分からなくなって、妙な入れ知恵をされたのだと思う」

また、ある事が起きる。二十年来の友である同志、ヘスス・ウルダネタ元司令官との険悪な形での関係決裂である。この事によって、政権内部の対立と、彼の政権だからこそ決してあってはならない腐敗・汚職という話がチャベスの行く手を阻んでいることが露呈された。新大統領がトップに指名した官僚、ウルダネタは一九九八年十二月、チャベスがミラフローレスの大統領府で指揮を執るよりも前から内務警察（DISIP）長官に就任していた。ウルダネタの語るところによれば、選挙直後の次期大統領は「国家安全情報の統制」に固執していた。そして、ラファエル・カルデラは、この早すぎる任命を受諾した。なぜなら、前例があったからだ。

「（一九九三年に）再任した時も、大統領（臨時）のラモン・J・ベラスケスは、統治権が委譲される前に、私の信頼厚い人間を内務警察長官の地位に任命する権限を与えてくれた」

幹部学校時代にチャベスと同室だったウルダネタも、十三ヵ月で政府を飛び出した最初の三人の一人になった。

「この期間を通してずっと、私がいろいろと暴露したことから、チャベスや彼の周辺との関係は悪化し、告発に至ったのだ」

ウルダネタは一年の内に、新政権内部での汚職腐敗を少なくとも四十件は追及した。一九九九年の半ばから職務を辞任する考えでいた、と証言する。

「ある日朝食を一緒にした時、彼に非常に厳しく迫った。私は言った。『いいですか、ウーゴ・チャベス殿。私は無為無策の腐った政府と闘った人間だ。だが、あなたの政府も同じだ！　ルイス・ミキレナは権力構造全般に対し何の策も講じていないし、ホセ・ビセンテ・ランヘルが腐敗の度を深めている。私は繰り返し言ってきた。だが君はこれを止めようとする素振りさえ見せない。それどころか、君は私の足を引っ張り、妨害している。これ以上お人好しでいるのは願い下げだ。この政府で君と一緒にやるつもりはもう無い』。私は言いたい放題の罵詈雑言を浴びせた……。ところが彼は、謙虚にじっと我慢

---

軍事輸送コマンドー：Military Air Lift Comando、略称ＭＡＣ。海外展開を行なう戦略空輸、戦域内での空輸を行なう戦術空輸、特殊作戦部隊の空輸、患者の後送、捜索救難、気象偵察などを任務とする米軍特殊部隊。

しているのだ。逆にこちらが焦った。そして彼はこう言った。『同志、問題を一晩で解決しようとするからだよ』」

大統領はそこで、状況を比喩的に解説した。われわれは今「グアイレ川[訳注]（カラカスを横切る下水道）の真ん中にさしかかっている。大切なのは向こう岸に渡ることだ。川に押し流されてはならない」

ウルダネタは言い返した。

「ミキレナやホセ・ビセンテのような連中と一緒に渡ろうとしてもそれは無理だ。君は川に流されてしまう。すると彼は言った。『心配するな、同志。新しい道具が手に入るまで、少し我慢しろ。新憲法で彼らとは切れる。今必要なのは、あのようなベテラン政治家だ。われわれ（軍人）の中には一人もいない。友達に一緒にやれとは無理強いできない。もちろんこの先、君のことが必要になる』」

そこで、元将校は待つことにした。しかし告発によって、彼は間違いなく厄介者扱いを受けることになる。この年の終わりに起きたバルガス州の大洪水は、彼のことを切りたかったチャベスに好都合に働いた。彼（ウルダネタ）の理解では、政府はグワイラでの略奪取締まりで発生した疑いがあった処刑事件の責任をウルダネタ指揮下の内務警察に押しつけた。そのために、日刊紙『エル・ナシオナル』の女性記者を使った。

「バネッサ・ダビエスは、内務警察がバルガス州で人権侵害を犯した、と告発した。現地には八千人の政府職員が派遣されていたが、私の部下は六十人だけだった。彼らが人権侵害を犯したということだ。――と、皮肉を込める――報道は番組等で追及を続けた。そこで、これは政府機関にではなくて、私、ヘスス・ウルダネタに対して何かが仕組まれていると思った。私自身も調査を始め、『ダビエス』なる人物がランヘルの手持ちの駒であることが判った。これで、弾の出所が判明した」

バルガスの災害はもう一つの不幸をもたらした。被災地での略奪と犯罪的放埒行為である。電灯も無い混乱のさ中、命拾いした人たちが強盗に襲われた。婦女暴行の訴えが激増した。公式発令までには至らなかったものの、事実上戒厳令が布かれた。一月、『エル・ナシオナル』紙が「動くもの、息をしているもの、血が通っているもの」は撃て、との命令を未明に受けていた、と匿名の二兵士が証言している、と書いた。[原注7]

一週間後、この訴えの信憑性を斟酌し、──「証拠は一切無い、単なる推測だ」とウルダネタは言った──チャベスは驚きのジェスチャーを見せ、ダビエスに電話をかけて「緊急アピール」を出させた。これはダビエス本人が言っている事だ。

「被害を訴えている関係者家族に会いたい。会わせてくれるか？」

この日の午後、落下傘部隊の制服を着たチャベスは、ダビエスを案内役に自らジープを運転して行方不明者に関する四人の証人に会いに行った。

すでにその頃ウルダネタは、内務警察が「職員が犯したとされる犯罪に関する情報を提出させるために」問題の記者に出頭を求めたことを非難したランヘル官房長官の行為は、不当な干渉であると考え

---

グアイレ川：カラカス盆地を東西に流れる川で、トゥイ川の支流。川筋は直線で、コンクリートで護岸されているが、河川敷も堤防も無い。大雨の際にはよく溢れて被害をもたらす。また、ベネズエラで最も汚染された川で、生活排水のほとんどが未処理のまま流入する。投棄された大量のゴミが川岸に滞留している。カラカス市の飲料用水はグアイレ川ではなく、グアリコ川上流やトゥイ川の支流のダム湖から供給している。

る、と抗議して大統領に辞表を提出していた。ウルダネタは同時に、バルガス州での保安機関の行動に関する疑惑釈明の記者会見にチャベスが許可を与えなかったことにも憤りを覚えた。

「彼はこう言った。『この記者会見はやめておけ』。『どうしてだ?』『私の立場が非常に悪くなるからだ』。解せない、と私は言った。拙くなるのはこっちの方だ。『これは私の命令だ。私が共和国の大統領だ』。彼がこう言った時、われわれの関係は完全に終わった」

後に、彼の給料では到底買えないような家を建てたことでとがめられたウルダネタは、「あれは虚偽だ、彼らは何も立証できなかった」と、辞任後に証言している。チャベスは彼を呼んで、スペイン大使の職をオファーした。

「私の心を買おうとしているのが許せない、と言ってやった。彼は引き下がろうとせず、陸軍に戻って将軍を目指せ、とも言った。耳を疑いたくなるよ、と答えた。『何の申し出も受ける気はない』。するとこう訊いてきた。『これから何をする? 豚でも飼うのか?』 またもや腹が立った。そして言った。『正直で恥ずかしくない生き方をするなら、それもいいだろう』」

そして、あの時は分からなかったが、今では確信している、あれは告発を無効にするための、チャベスとランヘルによる「でっち上げ」だったのだ、と付け加えた。それが分かったのは、チャベスが元司令官で内務警察の捜査主任のルイス・ピネーダ・カステリャーノスを呼び、「私が扱った汚職関係書類を全て」持って来るように命じた時だった、と語る。大統領はピネーダにこう言った。

「ヘススがいては私が非常に困る。バルガスに行って、彼が人権侵害に関与している情報を流してもらいたい」

これが彼の考えていた事で、今では反対派になったピネーダが証人である。ウルダネタの離脱はチャベス政権最大の離脱であった。二月四日の決起の先頭に立った他の司令官たちが整理されるのにも大して時間はかからなかった。

この時期、カラカス中心部での街頭本屋のベストセラーは、大人気の大統領チャベスが最近最も気に入っていて、演説でもかなり頻繁に引用する、アルゼンチン人作家ルーカス・エストレリャの『オラクロ・デ・ゲレロ』（戦士の託宣）だった。武道家で生物学者でもある著者はカラカスに来た際、この本のメッセージは「エゴは一番後回しにするべきものであり、最も重要なのは他人に尽くす事」である、と語った。

「あなたの著述のどこが大統領を引きつけたのでしょう？」

エストレリャは答えた。

「目の前にある膨大な職務は、戦士の原則をもってしか支えきれないと感じているからだと思う」

戦士の原則とは、「戦士は、一つの戦いに勝利しても刀を納めてゆっくりする暇は無い。明日にもまた新たな戦いが待っている」

元首はいつも「託宣」を小脇に抱えていたが、ある日誰かに、この本は同性愛者に向けた暗号で書かれている、と聞いた。

「チャベスの愛読書に較べたら、正直なところ私の作品は異性愛小説としか言えない、とこの夏中ずっとみんなに言っていた」

ベネズエラで最も有名な同性愛者で機知溢れる作家、ボリス・イサギーレが、スペインでの最新作の発表会でこんな冗談を言った。これが明らかになっただけでウーゴ・チャベスはエストレリャの本をゴミ箱に棄ててしまったらしい。

政権担当一年目を迎え、いわば収支決算として大統領は言った。

「大きな変革が、他の国で起きたような流血の事態を避けつつ平和的に実現され、政治体制の変革を目指し前進している」[原注8]

彼が旗印に掲げる計画、ボリーバル・プラン二〇〇〇[訳注]は一億一千三百万ドルをかけた社会生活向上プロジェクトで、上級軍事官僚が運営する。兵士は、軍民協力体制を強化する考えに沿って、重点施設の建設に従事し、また大衆市場の販売も担当した。国家公務員は将校たちで溢れるようになった。チャベスは軍隊の同志の協力に全幅の信頼を寄せていた。間もなく、彼に近い制服組が有名な汚職事件に絡んだ。割増請求、架空・偽造請求書、幽霊雇用、その他ベネズエラでは慣例となっていた不正の数々が、ボリーバル・プラン二〇〇〇に長くダメージを与えた。

大統領は相変わらず軍事用語を多用していたが、それがはたして彼の気になっていた次なる戦いに向けて、ルーカス・エストレリャが書いた箴言にこっそり頼っていたのかどうかは分からない。二〇〇〇年二月四日、クーデター未遂八年目の日、夜を徹して策謀をめぐらしていた当時の親密な同志たちが、そのために武器を取って立ち上がったはずの革命計画を裏切ったとして彼を糾弾した。腐敗打倒の先頭に立ったヘスス・ウルダネタ、フランシスコ・アリアス、ヨエル・アコスタ、そして五番目の指導者で後にパリで交通事故死したヘスス・M・オルティスが爆弾記者会見を開いた。

「革命は革命家が実行すべきであり、ベネズエラ国民にふさわしくない側に属していた人たちではない」

元司令官たちの声明は、明らかに制憲国民会議に替わって新議会が召集される間に法律を制定する立法委員会（または小議会）を牛耳っているミキレナ、元大統領候補で官房長官のホセ・ビセンテ・ランヘル、内務大臣兼法務大臣のイグナシオ・アルカヤらのことを指していた。政治評論家は、この亀裂を二月四日の指導部と、その彼らが旧体制派として糾弾する老練政治家との間の権力闘争の現われだと解釈した。元司令官たちの話では、彼らは個人的にはチャベスとの和解を計ったが、すでに権力者の周りに群がる取り巻き達に囲まれて孤立してしまっていたと言う。

政権ナンバーツーと目されていたミキレナは元司令官たちのことを「チャベスと直接対決し、彼が採ってきた政策に対する不満を表明する勇気が無く、われわれを引き合いに出して彼を攻めようとしている」とにべも無く切り捨てた。チャベスは、これに苦しめられたことは間違いないが、公的には次のことだけを述べた。

「困難を越え、利害を越え、個人的感情を越えて、真の兄弟だけが永遠の同志となる」

反チャベス派はこの最初の内紛を喜んだが、それから二年も経ずしてミキレナとアルカヤも離反す

---

ボリーバル・プラン二〇〇〇：チャベスが一九九九年二月二日に大統領に就任して二十日後に発表した軍民共同の社会協力計画。保健衛生事業、学校給食サービス、道路・学校・住宅の建設・補修の推進、公立学校を総合的に改善したボリーバル学校の建設、マイクロ・クレジットを使った中小零細企業の振興、食料供給計画による低価格食料品の提供、大衆市場の開設、移動式食料販売車の巡回、無料診察、無料理髪サービスなどを実施した。

るとは思いもしなかった。それでも彼らは、依然としてロープ際に追い詰められていた。反政治の風潮は収まらなかった。たとえば、二年も国を留守にしていようものなら、ニュースやニュース解説に登場する官僚の名前などほとんど様変りしていて見覚えがなかったほどだ。往年の顔ぶれは、幾人かの例外を除いてテレビ画面から姿を消していた。制憲国民会議が発令する全ての権限を法制化するキャンペーンに支持が寄せられた。一九九八年にチャベスに寄せられた大衆的支持は揺るがなかった。貧血状態の反対派はウーゴ・チャベスに対抗できそうな候補者をがむしゃらに探した。どんな手があるというのだ？　皮肉にも、彼を倒したがっている似たような前歴の人物がいた。バリーナス出身司令官よりはかなり大人しいが、元叛乱軍で彼の同志であったフランシスコ・アリアスである。軍人対軍人だ。

大統領は「戦士の託宣」からの引用はもうやめにしていたが、相変わらず国家の方向性を戦士の立場で進めていた。対決することで元気を得る人間なのだ。噛みつき、言いがかりをつける相手に全く事欠かない。マスコミ、教会、組合、企業家、アメリカ。彼の大好きな遊びが何かと言えば、それは敵を見つけることだ。大衆的人気によって大物になったチャベスは逆に、無礼かつ傲慢な言葉遣いで相手を挑発しては悦に入っていた。こう言って教会を刺激した。

「キリストは革命の味方だ」

二〇〇〇年の選挙は、施行日わずか二日前に発生した選挙管理委員会の技術的不備による遅延という若干の障害を伴ったが、彼は決して放棄せず、これを乗り切った。わずか一日で大統領、州知事、国会議員、州議会議員、さらには市長から市会議員まで選出するというこの国始まって以来のいわゆる「メガ選挙」は、五月二十八日から七月三十日に延期になった。選挙戦では、三万六千人以上の候補者が六千二百四十一の公職を求めて争った。選挙の過程でチャベスは、特に世論の後押しを失った。「政権を担当して一年三ヵ月の間、彼は排他性と暴言でいたずらに世間との衝突を繰り返してきた。以前は彼を支持していた部分が離反した。中間層、カトリック教会、――チャベスに大いに共鳴してきた――組織労働者層が離れていった」

二〇〇〇年五月、新聞界の言論人でベネズエラ左翼の歴史的指導者のテオドーロ・ペトコフの指摘である。

ライバルとなった元「魂の兄弟」との対決は熾烈だった。プリミティブであった。アリアスは、今では後悔しているに違いないあの二月四日のチャベスの行動を、――ほとんど痙攣気味の――鶏を使った広告で揶揄した。人気に絶対の自信を持っていたウーゴ・チャベスは、一九九八年と同じやり方をとった。投票日、大統領はリラックスした様子を見せていた。午前中に投票を済ませると、大統領儀仗兵チームと野球をした。大方のベネズエラ人は今回も、不正の根源である「腐敗階級」を非難し、それに対する法的報復を断行する燃えるような言葉を吐くカリスマ指導者に賭けていた。選挙結果は、生半可なものではなく、敵の骨まで砕くような強烈なものであった。国家元首はわずかな支持も失わなかったばかりか、まさしく正反対に得票率を三パーセント以上も延ばした。一九九八年、彼に投票した人は三百六十七万三千二百六十一人（五六・二パーセント）であったが、今回はおよそ八万人増え、三百七十五万七千人（五九パーセント）であった。[原注9]

チャベスのスタイルは、彼を粗野だと見る一部の中間層には侮蔑されていたが、最貧困層をますますフィーバーさせ、何でもありの状態になっていった。一院制の制憲国民会議の五分の三を軍人派勢力が占め（百六十五議席中九十九議席）、これによって思いつくがままに法案を成立させ、重要ポストの官僚を指名することができた。国家元首には一点の曇りも無かった。「私は選挙戦開始に当たっての最初の演説で、国会を変えるためにすべての州知事・市長を獲得しようと訴えた」、それは「この多数派がその他の権力機関を、最高検察庁、最高裁判所、選挙権力、倫理権力（共和国検察局、共和国会計監査総局、人民弁護人局に加えて）という構成に変えると考えていた」からである。原注10

これが全てではない。彼の人気の力が相乗効果を発揮し、全く無名の候補者が十四の州の知事に当選した。軍人派知事が二十六州中、十六を超えた。「電光石火の一発ＫＯだ」とは大統領自身の言である。

現地メディアが大統領の「航空母艦効果」と呼んだ有名なケースは、彼自身の父親、ウーゴ・デ・ロス・レイエス・チャベスがバリーナス州知事になったことである。絶対権力の夢が現実となった。こんなにも地平を広げた大統領はベネズエラ史上初めてであった。

反対派が呆然と立ち尽くしている頃、溢れんばかりの群衆がミラフローレスにどっと押し寄せた。午後十一時前、ミラフローレスの大統領宮殿の重い扉が開き、祝福を受けたばかりのチャベスが姿を見せた。「民衆のバルコニー」の下に数百人の賞賛者が群がる。彼が妻のマリサベルと一緒に出てきた時の歓声は、アイドル登場で一斉に挙がるそれと変わらない。彼らは司令官崇拝者で、この後「腹ペコで無職、チャベスと共に」というシュプレッヒコールをあげた。一息ついた後、誰からとも無く数日遅れのハッピーバースデー・トゥーユーの歌が始まる。そこで彼は口を開く。

「この愛の心にありがとう……そして、かつてキューバの使徒、ホセ・マルティが言ったように、愛に応えるのは愛だ。私には、みなさんを愛することしかない」

民衆の顔を立てながら、自分を引き立たせる。

「われわれに向けられた戦いをことごとく撃ち負かしたあなた方は偉大だ」

いつものように演説は即興だ。そして無名でデビューした時を呼び起こす。

「今あるのは、あの栄光ある壮大な二月四日に始まった」

再確認すれば、ベネズエラの新しい歴史の出発点としては、あのクーデターは失敗であった。彼が呼びかけた事は、一九九八年と同じく、「順風な航海に乗り出し、安全に寄港できる船を手に入れるため、国を前進させるため」の一致団結であった。

チャベスは、企業の閉鎖、資本の流出による不況の真っ只中で、新しい経済モデルを講じると約束した。そして夜中の十二時半、リャノ流にみんなで民謡を合唱して演説を終わった。演壇に立つと、大統領は支持者の期待を裏切らない。彼が出てきたからには、何かやってくれる。


国家元首は反対派を驚かせてばかりいた。飽く事を知らぬ貪欲さである。議会多数派であるにもかかわらず、さらに権力を求めた。そして、カウディーリョ（総統、独裁者）のように振る舞った。ミラフローレスで法を制定しようと望んだ。その結果として、一連の改革案を成立させられる特別権限を与えるよう、彼に従順な味方議員が抑えている制憲国民会議に要求した。これはいずれ国民を挑発する形となり、より反動的な反対勢力をしてクーデターを企図させる発火点になる。ウーゴ・チャベスは約二年間、恵まれた状態にあった。選挙に連勝し、大衆に支持されていた。二〇〇一年近くになって、ほころびが見え始める。子弟の教育に危惧を感じた教員、中流階層の主婦などによる、司令官に対する最初の重大な抵抗活動の動きが出始めた。ベネズエラ史上で初めて、カラカスの裕福な階層の人たちが隊列を組み、メガフォン片手にプラカードを掲げて「子供たちを巻き込むな」と叫んだ。大学入試資格（バチレラート）学習の必須科目としての「軍事予備教育」の実施と、教育省に歴史教科書の改編を認可した制憲国民会議決議第二五九号の承認が、深い怒りを巻き起こしていた。教科書の改編内容、特に民主主義移行前の四十年間の歴史に対する破壊的批判と二月四日クーデター未遂事件とボリーバル革命への賛美が明らかになるとともに、教育現場の不快感は増幅していった。

しかし、ウーゴ・チャベス政権が試されようとしていたのは、マクドナルドのハンバーガーは文化を破壊するものだと糾弾する過激なマルクス主義者のカルロス・ランス教授が編纂した新国家教育プロジェクト（PEN）の提案であった。私立高校は過熱した。新国家教育プロジェクトを慎重に分析する父兄や教師の集会で、こうして、公的政策と闘うことに特定した初のNGO、教育問題市民会議協会が誕生した。特定の思想、主義、キューバ化傾向を持つ視学官についても問題になった。中流階層はピオニール制度に不安を感じ、教育省がエルネスト・チェ・ゲバラ賞の創設を発表したことでさらに不安は強まった。二〇〇一年一月二十日、父兄と教員が初めて反チャベスのデモを行ない、この現象は伝染していった。この危険信号に、エクトル・ナバーロ教育相は、これは「教育をキューバ化するものではなく、我が国の文化に適応した教育モデルである」との声明の発表を余儀なくされた。

チャベスは一部の父兄の反撥を容認する気配は無く、彼らのことを「エゴイストで個人中心主義」と決めつけ、間髪を容れずに彼らとの蜜月を壊し始めた。それまで無かったことだが、彼は自ら、反対派が分裂主義と評価した政令第一〇一一号[訳注]を支持する街頭デモの先頭に立ち、いつもの言い方を多用して演説した。

「いい生活をして、物に溢れて、大きな家や立派なマンションに住んで、心配事も無く、子供は一流校に通い、海外旅行にも出かける。それをとやかくは言わない。だが、一九九八年の十二月六日に何が起きたのか、分かっていない者がいる……。『子供たちを巻き込むな』と言う時、そこには民主主義的社会生活に反する考え方が表われている。これこそが原理主義だ。神の教えに背くものだ……。彼らは、他人をまるで貧民か何かのように軽視する。われわれはボリーバルに一生ついていった貧民と同じだ……政令は実行される。そして私が視学官第一号になる」[原注11]

国家元首は挑発的、挑戦的に振る舞った。これはややもすると反対派を最も怒らせる態度である。

「街に出てよく見ろ！　撃ってきたら何倍も撃ち返してやる。それが私だ！」

そして、いつもの十八番は忘れない。歌って終わる。

「俺は金の成る木じゃないよ。あてにしないでくれ」[原注12]

この論争は、初めての抵抗を印しただけでなく、彼の初めての譲歩も印した。政府は国民の合意を得

政令第一〇一一号：政令第一〇一一号：二〇〇〇年十月に発効した教育関連法『Reglamento del Ejercicio de la Profesión Docente』。教育科目に社会奉仕活動、軍事的教育、訓練等を義務化し、その実践と時間や成果に応じて奨学金や単位を取得することができるもの。カトリック教会の後押しを受けて父兄が猛反対した。

た教育プロジェクトを優先するとし、決議案第二五九号の発効を延ばし政令第一〇一一号を廃棄した。

政党としての第五共和国運動の軍人派は——選挙の勝利的結果以上には——チャベスが期待したようには団結を固めることができなかった。それが理由で、大統領は第五共和国運動を再生させる大衆的運動体を組織した。二〇〇一年の中頃、[原注13]出演番組の『アロー・プレシデンテ[訳注]（もしもし、大統領）』でこれを発表、支持者たちに、革命を防衛するための「人間の一大ネットワーク」への参加を呼びかけた。

「真にボリーバル主義のジャーナリスト、写真家、小作農家、漁民、職場の誠実な指導者などを取り込み、大学、病院、ボリーバル主義の学校、企業などで組織する……。組織が必要である。目標なしに進むことはできない。そのために、各組織に、各街角に、本物の指導者が求められている」

大統領はボリーバル・サークル[訳注]を組織する資金を国庫から出した。そしてその事を隠さなかった。彼は言う。

「司令部はあるべきところにある。どこかって？　ミラフローレスだ。革命の政治本部はここだ。そこから直接に連絡を取り、活動目標をリストアップする」

作戦責任者はクーデター軍人で、当時は大統領府長官のディオスダード・カベーリョ[訳注]だった。チャベス自身は、力のあるボランティアには、電話四回線とファックス三台とEメールのアドレスを一つ提供した。

彼は、二度目の中国訪問を終えたばかりであった。一度目は毛沢東主義者だと言ったが、今回は「第二のフィデル」を自称した。パナマの尊厳隊（ノリエガの私設軍隊）が思い起こされたのであろう、企業経営者、メディア、中流階層の間に次々に不安感が広がり、ここでボリーバル・サークルとキューバの革命防衛委員会との比較をしないわけにはいかなくなる。一週間後、大統領が自分の支持者を獲得し組織化するために公金を使用したとあって、批判が集中し、「公金不正使用」による告訴請求の脅しまでかけられたチャベスは憤りをあからさまにした。[原注14]

「では、裁判にかけてもらおうではないか、裁判に！　大衆を組織するため？　私の仕事をうまくやるため？　馬鹿馬鹿しい……私が憲法に違反しているとは。どこの国の憲法の話をしているのだ……。ボリーバル・サークルは市民直接参加の機構で、何をするのも自由だ」

十二月に百万人を集めて誓いを立てさせるのが目的だ、と言った。

---

『アロー、プレシデンテ』：ウーゴ・チャベスがパーソナリティを務めるトークショー。タイトルの意味は「もしもし、大統領」毎週日曜の午前十一時から国営テレビとラジオで流されている。チャベスがその日の特集を紹介し、政府の社会福祉計画が進められている各地を取材する内容。

ボリーバル・サークル：二〇〇一年五月に、国民の中に政府を組織的に支援する政治的装置としてチャベスが結成した大衆を主体にした政治活動組織。小人数のグループからなり、憲法を普及し、地域の必要に応え、協同組合を組織したり、銀行融資を得るなどの活動を行なう。その後、ボリーバル・サークル以外にも都市地域委員会、住民会議などが作られ、農民や漁民のグループ、消費者を守るグループ、極貧層を支援するグループなど多くのグループが生まれた。

ディオスダード・カベーリョ：チャベス派の軍人政治家で、二〇〇二年のクーデター未遂当時の副大統領。一九六三年生まれ。一九九二年のクーデター未遂のメンバー。その後第五共和国運動のリーダーとしてチャベスの選挙運動に同行、二〇〇一年に大統領府長官、二〇〇二年に副大統領になったが、クーデター未遂ではチャベス拘束中、暫定大統領に就任した。以後、内務・法務大臣、国立通信委員会委員長を歴任し、二〇〇四年にミランダ州知事に当選。二〇〇七年に第五共和国運動が解体し、ベネズエラ統一社会党が結成されると指導部に入った。二〇〇八年の知事選では落選。

百万人まで集められるとは誰も思わなかった。二〇〇一年十二月に向けて、サークルは第二期計画に入る。議会が大統領に与えた特権のおかげで、大統領府から提案された一連の法案が通過し、国中が騒然となった。四十九の法令と政令がほとんど週に一回の割合で成立した。公共事業経営者やメディアは、法案が関連民間セクターとの事前協議を行なわずに、密室審議で作り上げられていることに抗議した。どの法令よりも大きな物議をかもしたのは土地・農村開発法で、これはチャベスが「入念に作られている」と評価し、「個人的に直接関わった」と言う。[原注15] 大統領にとって、これは「土地所有の税を定め、規制し、高水準の農産物自給力を実現する生産性と国益をより重要視するものであり、大土地所有を無くすための憲法の規定を遵守する、真に革命的で、新しく、誰も傷つけることのない法律である」[原注16]

批判は、そうではなく、農業・牧畜活動内容の決定権は私的土地所有者に与えられず、政府の指示によるという点に集中した。政府が、ある農家にとうもろこしの栽培を指定すれば、牧場にとうもろこしを植えなければならなくなる、というわけだ。[原注17] ベネズエラ以外の国で考えられるのとは反対に、新法は大土地所有に関しては大きな変化を生まない。実際には、この法律は「非耕作、無利用の土地」五千ヘクタール以上に対する規定であることに変わりはない。高等行政研究所（ＩＥＳＡ）によれば、当時この対象になる大土地所有は全国で九百ヵ所あり、資料に従えば、生産単位は三百五十万から五百万あった。

歴史的事実にこだわる大統領は、問題の法案を連邦主義者エセキエル・サモーラが寡占大地主を打倒した戦い（一八五九年）の記念日である十二月十日に発効させる決定を下した。そして、まさにその戦いの場となったバリーナス州のサンタ・イネスで発効の式典を行なうことにした。対立の流れそのままに、この月曜日、反対派は隊列を組み、棍棒を持って式場にやってきた。政府打倒をスローガンに、組合運動の中心母体であるベネズエラ労働者総同盟（ＣＴＢ）の指導部と国内の中心的経済団体であるベネズエラ経団連代表が先頭に立っていた。それぞれのリーダーはカルロス・オルテガとペドロ・カルモナで、彼らは反対勢力のスポークスマンになっていく。オルテガは社会民主主義者の民主行動党傘下の石油産業組合指導者で、十一月十二日の組合選挙で初めて落選したが、軍人派の不正行為があったとしてチャベス政権を訴えていた。その際、チャベスはこう非難した。

「……経団連の企業集団は政治政党に変貌している。反対政党不在から、彼らが反対派の中核的存在に変わったのだ。反対政党は何処にいる？　反対派グループの中核たりうる指導者は何処にいるのか？　それは何処にも存在しない。ただそれだけだ。だからこそ、彼ら（企業経営者）がその役を引き受けているのだ[原注18]」

ゼネスト[訳注]は断続的ではあったものの、反対派はチャベスが引導を渡したくなったほどの「虫の息」状態も収まり、どうにか息を吹き返したことを見せつけた。これに気を良くした反対派はすぐに一連の

---

ゼネスト：政府が大統領授権法を通じて制定した四十九の関連法を、民間セクターとの事前協議を行なわずに独断的に成立させたとして、二〇〇一年十二月にベネズエラ経団連がベネズエラ労働者総連盟に呼びかけてゼネストを実施した。これを発端にチャベス大統領の強権的政治手法に対する抗議行動が頻発、二〇〇二年四月にクーデターでチャベス大統領が辞任に追い込まれた。カルモナ経団連会長の暫定政権が発足したが、同政権は国会の機能を停止し、公権力の長を解任するなどして憲法と民主主義を侵害する手法をとったため軍が反発、わずか二日後にチャベス大統領は復権する。

合法活動を展開し、かなりの動揺を引き起こすと、議会も法案中の二十四案についての審議を受け入れた。だが、大統領は譲らず、挑戦的なままであった。マルガリータ島のカリブ海に臨む岬の先端で、フィデル・カストロに伴われ、漁業法の公布式典で参列者からプレゼントされたばかりのペンチを振りかざす戦闘服姿のチャベスの絵はがきがある。「弱者のために、貧者のために、ネジを締めねばならない」と彼は言う。そして、静かな入り江をバックに、その頑なさは「国家を揺るがそうとする反政府陰謀が発覚した……民主主義と、勝手気ままに好きな事をやる放縦との区別がつかない者を許すわけにはいかない」が故である、と述べた。

すでにこの頃、ウーゴ・チャベスはベネズエラ国民に最も愛され、そして最も嫌われている大統領として不動の存在となった。大いなる熱狂と、激しい反撥を同時に呼び起こす男だ。テレビでも、民間放送の番組に、マイクロ・クレジット[訳注]の貸与から勲章授与、砂漠化問題の会議など、時を選ばず理由を問わず割って入り、いつまでも延々と放送し続け、相当な不快感を生んでいた。侵害行為になると思わないのだろうか？　独善的な挑発行為なのか？

「いろいろな形容ができると思う。独善性、ナルシズム、自分に魅力が無いことがあまりよく分かっていないとも言える。人に褒めてもらわないとだめなのもナルシストの一面だ」

近くで彼をよく知る人の一人、友人で心理カウンセラーのエドムンド・チリーノスは証言する。

自然の成り行きとして、メディアでの過剰露出とその戦闘的スタイルから、彼も色褪せてきたと見る向きもある。政権に就いて約三年、未だに的確なレッテルを貼るのが難しい。右翼反対派は彼のことを共産主義者で独裁者であると評する。左翼反対派はネオリベラリストだとする。資本主義の野蛮さを攻撃する演説をぶち、反グローバリゼーションを説いておきながら、通信、ガス、電気の産業部門に対する海外投資の門戸を開放し、IMFが推奨する路線から離れてはいない。借款はきちんと返済しているが、それが税金にしわ寄せをもたらすこともない。軍人派議員のタレク・サーブは言う。

「彼の考えは、社会的バランスを創出するための保護貿易主義の利用だ」

ウーゴ・チャベスは依然、大衆的人気を享受しつつ二〇〇二年に突入したが、一九九九年に彼を選んだ人たちの八割を置き去りにした。彼にはそれが分かっている。贔屓のチームの試合があってもしばらくは敢えて球場に姿を見せなくなっていた。やはり野球が大好きな彼の妻も同様である。有名選手のエンディ・チャベス[訳注]が打席に立つと、観客席が合唱する。

「エンディ、シー。チャベス、ノー。(エンディは良いが、チャベスはだめだ)」

そして今度は、鍋を叩き出す。鍋の音ほどやかましいものはない。頭が痛くなる。この音がすると、

---

マイクロ・クレジット：失業者や資金が不十分な起業家、商業銀行の融資を受けられない貧困層を対象とする小額融資。バングラデシュで始まったグラミン銀行など開発途上国で生まれた仕組み。アジア、アフリカなどの低開発国をはじめとして、世界で数億の貧困状態にある人々がこれらの低額の貸し付けを受けてきている。一九九七年には世界百三十七ヵ国の代表団がワシントンD．C．でマイクロ・クレジット・サミットを開催している。

エンディ・チャベス：ベネズエラ、カラボボ州バレンシア出身の大リーガー。左投左打の外野手。一九九六年にニューヨーク・メッツと契約、マイナーのロイヤルズからタイガース、エクスポズ、フィリーズと移籍し、再びメッツ入りした。二〇〇六年にはワールド・ベースボール・クラシック・ベネズエラ代表に選出された。二〇〇七年のカージナルスのリーグ優勝戦で本塁打性の打球をキャッチ、プレーオフ史上に残るファインプレーを見せた。二〇〇八年末、マリナーズへ移籍、イチローのチームメートになった。

彼のユーモラスな格言などかき消されてしまう。反チャベス勢力は――政治指導者、市民、そして現役軍人までが街頭をデモ行進した――すっかり抵抗する構えであった。彼はと言えば、日曜日のレギュラー番組で、爆竹で鍋に対抗しろと支持者に求めた。本来、花火は禁止されているのに、である。鍋を一つ鳴らしたら……彼は言った。

「大多数の革命支持派が五〇〇個の爆竹を鳴らすだろう」

二〇〇二年は、驚きに満ちた大混乱の年になろうとしていた。まずは、彼があたかも孤児のような思いをした敗北である。彼が政治的父と思い、その右腕となってきた人物が政権から去って行ったのだ。ルイス・ミキレナが内務・司法大臣の職を辞した。彼はこう言って辞めて行った。

「さらばではなく、また会おう、だ……変革の計画を支持する私の立場と意識は決して摩滅することはないだろう」

だが本音は、さらばであった。彼は、まだ政権政党の総括者の前面にはいたが、二ヵ月もせずにチャベスとの関係は決定的に崩壊する。彼は今になって話すが、当時彼は愛弟子の変貌する有様を忸怩たる思いで見ていた。チャベスのラジカルな能弁に次第に我慢ならなくなっていった、と言う。

「空疎な革命的言辞だ……私は彼に言ったものだ。『経済界の誰に一発お見舞いしたと言うのだ！　君の経済政策はベネズエラ最大のネオリベラル[訳注]じゃないか。だが君は、これを革命だの何だのと言っては国民をだまくらかしている。そうやって、ここにいる能天気の革命家連中をだまし、国民や国の発展に寄与する企業家を威嚇している』」

ミキレナはまた、意見を異にする人たちを攻撃する彼の手法を質した。例えば、あるマスコミ関係の企業経営者のことを有名な漫画家を使って公けにバッシングし、――雇われ漫画家だったという――企業経営者の亡父を侮辱した事実の責任を問うた。

「あれはただ、描かれた漫画が気に入らなかっただけだ」

チャベスはこう言って、今後は気をつけると約束したが、また同じ事を繰り返した。かくして、ついに堪忍袋の緒が切れた。法はミラフローレスで作られる。

「私が辞表を出した日、朝の三時に訪ねて来て、私に副大統領を引き受けて欲しいと頼んだが引き受ける気は無かった。すると、駐米大使はどうか、と言った。『気でも狂ったのか、私は英語もろくに喋れない。それに、大使は最も不得手だ。なあ坊主、私はもうお前とはやって行かない。考えが合わないから』」

不遇時代にチャベスと住まいを分かち合ったアパートで、ミキレナは語る。彼に言わせれば、あの謙虚だった男は、その謙虚さをどこかに忘れてきたのである。

「権力の蜜の味、その格別な味を初めて知ったが故に、彼は負けたのだ。権力の座に就いてわずかの間に、ウーゴは人間が変わってしまった」

---

ネオリベラル：経済自由主義を取り込んだ新自由主義に対して革新・左派が批判的につけた呼び名。一九八〇年代にアメリカ、イギリスに登場した。サッチャー政権の経済政策は、国営企業の民営化、規制緩和、社会保障制度の見直し、金融ビッグバンなどを実施した。レーガン政権も規制緩和や大幅な減税を実施し民間経済の活性化を図った。日本の中曽根政権は電話、鉄道などの民営化に着手した。貧富の差を拡大させるネオリベラルの「パラドクス」が急速に進行しているのが中南米で、アルゼンチン、チリ、ブラジル、ウルグアイ、エクアドル、ペルーなどの中道左派だけでなく、ベネズエラ、ニカラグア、ボリビアで反米左派政権が誕生した。

# 第10章　エアバス世界一周の旅

「要求、要求、要求の連続だった。ラ・ビニェータに住みたい、飛行機を使う、旅費が要る。いくらかかったのか想像できないが、チャベスの外遊は間違いなくベネズエラ始まって以来、最も高くついている。そのくせ、飛行機を売却すると言って緊縮財政を謳い……一方で、外遊経費を考えられない水準まで上げるといった矛盾があった」

元大統領のラファエル・カルデラなどは、ウーゴ・チャベスの厳格な人間としての一面にはまず思い当たらない。歴代大統領は皆、大統領に就任して初めてラ・カソーナ（大統領官邸）入りし、それまでは自宅に住んだものだが、チャベスは違う。一九九八年の選挙に当選した翌朝にはカラカス市東南部のアルト・プラドの賃貸アパートを引き払っている。

引越し荷物をすっかりまとめていた彼は、外国高官用の迎賓館として使われていたティウナ要塞基地内の邸宅、ラ・ビニェータに住むことを要求した。

「ラ・ビニェータに落ち着いた彼は、朝食に百人招き、二百人の夕食会を開いた」

カルデラ政権の内務大臣を務めたホセ・ギエルモ・アンドゥエッサが話す。

「経費は全て彼らの飲食代だった。経費削減のため、ミラフローレスのコックをラ・ビニェータに行かせることにした。チャベスのせいで財政の枠組みが壊れてしまった。こうした経費を補塡するために二重帳簿を作らねばならなくなった」

カルデラは、元司令官が次期大統領としてミラフローレス入りした時に初めて彼に会ったと言う。

「二人だけになった時、私に頭を下げて選挙戦での振る舞いでは失礼したと陳謝した」

その時、どのような印象を持ったかは今も「うまく表現できない」と言う。

「インパクトはそれほど感じなかったように思う。メディアを巧みに使い、ある種の親しみ深さも醸し出していて、それを誰に対しても実行するよう心がけていたので、政治に長けた人物だという印象だった」

大統領として出発するに当たり、チャベスは過剰と判断したものは全て売却する提案をした。

「まず政令に署名した……相当な数の航空機だった。こんな数は聞いたことがない。何と、飛行機百二十八機だ！　空軍並だ！」

ベネズエラの巨大国営石油公社所有の航空機隊の飛行機が十四機から六機に削減された。そしてチャベスは、社会統轄基金の売り上げの一部を学校、病院、住宅の建設に充てる命令を出した。また、大統領近衛隊の隊員数を千人から四百人に減らした。友達や同僚の間では、気前が良くて質素で、物質的な事にこだわらないことで知られていた男は、今ではリムジンカーで外出し、何一つ不可能な事はなく、車や、家や、家財道具や、少しはましな生活を夢見る一般人のようにせっせと貯金に励む必要も無い。ヘスス・ウルダネタは語る。

「チャベスは、ずっと生きてきた中で、アパートを買うなど一切考えたことの無い人間だ。彼は、給料を貰うと全部使い果たしていた。他の連中は若い頃からクレジットで買っていた。中佐時代、チャベスの車はフォードのフェアモントで、使い物にならない一番のオンボロだった。ある時、マラカイに向かう途中、カラボボ平原で車に水が入ってきた。たまたま床に隙間があって私は濡れずに済んだ。彼は気前が良くて、私有財産の感覚が無いようだった。彼にこう言ったのを憶えている。『われわれがなすべき事（クーデター）をやるのに、家族の住む所も考えてないのか？』　幹部学校時代、私の部屋でのことだった。私は言った。『手本を見せろよ』。すると彼は、奥さんのナンシーのためにマリアラに小さな家を買った」

元司令官のウルダネタはまた、みんなが物にこだわるのをチャベスが批判していたことを憶えている。

「私がマラカイに百二十平米の大きくて快適なアパートを購入したとき、彼がやって来て言った。『このアパートはなかなか贅沢だな』。贅沢と思うかどうかは知らないが、快適な生活をするのがいけないとは思わない」と私は言った。

「『ベネズエラ人なら橋の下に住むのが模範的だとでも言うのかい』。彼は、そう怒るなよ、君がへとへとになるまで働いているのは分かっているよ、と言った」

チャベスは自腹を切ったことがない男だ。刑務所から出た時も、彼のシンパと名乗る人が住むところの面倒を見てくれた。いつだって助けてくれる人がいる。政権を取って後、演説でこう言ったことがある。

「『アパートを二つ持っている人は、一つ差し出せ』。私は彼に言った。『しかし、こんな事を言う君は何て自分勝手で無責任なんだ！　もし私がアパートを二つ持っていたなら、それなりに働いて稼いだ結果だ。それをどうして差し出さなければならない？　君は自分で一銭も払ったことがないからこんな事が簡単に言えるのだ』。彼は認めることは認めたが、あまり納得してはいなかった」

大統領選挙戦の期間も、協力者の出資を受けてカラカス南東部の中流地域で快適に暮らしてはいたけれど、権力を取るまでチャベスは裕福さとは縁が無かった。そして権力の座についてからも——六年以上も彼のポートレートを撮り続けている写真家のエヒルダ・ゴメスのような忠実な協力者の意見のごとく——「物質的関心が無い人」であることに変わりはない。その一例としてゴメスは、チャベスの大統領としての誕生パーティの話をする。あるゴマすりの人物が彼の誕生祝に金の首飾りをプレゼントした。

「まるで電線のように太い首飾りだった。チャベスはお礼を言った後、受け取った首飾りを娘の首にかけ、送り主の目の前で言った。『これは、私よりお前の方がお似合いだよ』」

しかし、当初から大統領は自分が「ゴリラ」軍人でも、ゴリゴリの共産主義者でもないことを示すため、そして何よりも彼の言うところの「革命」に対する警戒心を解きほぐすため、情宣活動には経費を惜しむことなく国庫金を使った。この執拗さは相当なもので、とどまる所を知らなかった。逆説的なことに、このやり方でものにした過激主義者の名声でもって、彼はこれ以後国外を集中的に攻めまくる。

一ヵ月半に六ヵ国を訪問、次期大統領としては記録破りである。南北アメリカでは、ブラジル、アルゼンチン、コロンビア、メキシコ、ドミニカ共和国、カナダ、キューバ。ヨーロッパは、スペイン、フランス、ドイツ、イタリア。パリではフランス人実業家の集まりで発言した。

「このヨーロッパ歴訪で、私が多くの人が言っているムッソリーニとヒトラーを混ぜ合わせたような悪魔ではないことをお見せするつもりだ。私は暴君ではない」

合衆国訪問は最後に回した。ここでクリントン大統領に十五分面会し、『永遠のボリーバル』という本を贈呈した。初めてのワシントン訪問だった。エネルギー省長官のビル・リチャードソンと、当時IMF専務理事だったミシェル・カムドシュにも会った。後者のことは後に「世界の列強国のために働く、胸くそ悪い搾取装置[原注1]」と決めつけた。いずれの国の首都でも大統領や首相らに好奇心を持って迎えられた。そして、現代的で無難な政治家らしく見せようと努めた。

「われわれは新世紀に向かっており、私はそれを合法的に代表する者である」

ワシントンで、何の臆面もなくこう声明した。残された一九九九年の数ヵ月にさらに二十三ヵ国を歴訪、それまでベネズエラで最も外遊が多かったとされていたカルロス・アンドレス・ペレスも真っ青の新記録であった。

一九九九年、国家元首としての初年度にチャベスは延べ五十二日間国を空けている。彼は二十四年も使われてきた、大西洋横断飛行以上は向いていない古いボーイング737で移動していた。ヨーロッパに飛ぶ時は、各地に四度の寄航を余儀なくされ、十八時間もかかる。しかも騒音がひどく、着陸を許可しない空港もある。大統領は当初から機内ではアルコール飲料を禁止し、特にこれを歓迎する閣僚たちもいた。食事は、変わったものは好まず専用コックを連れて行った。医師も同行した。アジア系の内科医、ルイス・チャン・チェンが、彼のコレステロール値を管理した。たまには、先妻との間に生まれた娘たちを連れて行った。大統領夫人(マリサベル・ロドリゲス)は飛行機嫌いで、恐怖心を我慢するか、一緒に行きたくてたまらない時以外は外遊にはあまり同行しなかった。旅行の際はいつもロザリオ（数珠）を持って行った。超活動的であまり眠らないチャベスは書類に目を通したり、閣僚を集めて会議をしたりして時間を潰した。大統領専用機はいわば空の執務室であった。着陸すると、落ち着きを取り戻す。

世界に乗り出したバリーナス出身の元軍人は、文字通り有頂天であった。一種の、特別待遇の観光客である。反リベラルのお題目など忘れたように微笑んで見せ、一九九九年半ばの通商訪問ではウォール街の証券取引所でカメラマンに取引開始の槌を叩くポーズをとったりもした。時には、シェイ・スタジアム（ニューヨーク・メッツの本拠地）で始球式をやり、「田舎青年」――今だに変わらないと、友人のエドムンド・チリーノスは言う――の夢を実現する姿を見て、彼を悪く言わない人たちは感動した。彼の部下で企画省大臣のホルヘ・ジョルダーニと、当時グヤナのベネズエラ鉄鋼アルミニウム公社総裁であったクレメンテ・スコットが、有力投資家との会議を抜け出してまで球場に足を運んだ。チャベスは以前にも、ファンであるチームのホームグラウンド――自分も一度は本気でプレーしたかった――ヤンキー・スタジアムを訪れたことがあったが、交渉に慣れていない側近たちはやり方が分からず、始球式はできなかった。ヒューストンでは、実業家たちとの朝食会で偶然にジョージ・ブッシュ元大統領と、当時テキサス州知事をしていた息子のジョージ・W・ブッシュと会った。この時はまだ、この男が数年後にはホワイトハウス入りし、――彼の言葉を借りれば――彼の政府を揺さぶり、はたまた潰そうと試み、ついには「反ベネズエラの親玉」と化し、ベネズエラの仇敵ナンバーワンとなるとは思いもよらなかった。

三ヵ月後、ベネズエラ大統領はニューヨークに戻り、初めて国連総会に出席した。南北アメリカ代表団としてクリントンと今回は二時間に渡って会談した。そこでキッシンジャー元国務長官と握手を交わす機会を得たが、キッシンジャーは「エネルギッシュで献身的」だと誉め讃えて彼の心をくすぐった。これは、反ピノチェットの大統領が、アジェンデをほうふつとさせたからだと思われる。ワシントンでは米州機構本部と米州新聞協会本部を訪れたが、これ以上もうどうでもよくなってしまう。それよりか、野球がしたくてたまらなくなり、ここではインターアメリカン防衛大学訳注の将校チームとゲームをした。試合中、ベネズエラ人児童や青年男女が「パハリージョ」や「バルロベント」といったベネズエラ民謡を合唱して応援した。チャベスは、ベネズエラ陸軍の一員でありながら、このアメリカ製の軍事学校への憧れを示すような仕草を見せ、これに辟易とした左翼の仲間も一人や二人ではなかった。

バチカンでローマ法王ヨハネ・パウロ二世に謁見した時は、ひざまずき、祈るように顔の前で両手を合わせた。厳粛に振る舞い、日頃の、またベネズエラ人一般の習慣とは正反対に、小声で話し、身振りも控えめだった。ベネズエラを出ると、チャベスは遊説の時に国内では見せなかった一面をありありと見せた。熱帯からやって来たカメレオンマンとでも言おうか——ウッディ・アレンの話題作の主人公のように——周囲の環境と相手に合わせて——擬態を見せるのだ。それは、自然発生的で、時に無礼である。軍事的な形式に凝り固まった人間は、限度こそわきまえていても、一般人の礼儀を軽く見るものである。

バチカン訪問を終えカラカスに戻ったばかりの一九九九年の終わり、今度はアジア、ヨーロッパ、中東の広範囲十ヵ国訪問を企てた。随員総勢百人の旅だった。おまけに、民俗的キャラクターとして登場することに決めた。ベネズエラでは愚かな行動に走りすぎて大統領を罷免されたエクアドルのアブダラー・ブカラム訳注と比較する者もいたほどである。中国では天安門広場で江沢民に迎えられた。万里の長城に案内された時には、閣僚や随行員をほったらかしにして息もつかずに走り回った。

「ロッキーを思い出しました。音楽が無いだけ。彼は生きる力を伝えていました」

こう言うのは、有名シェフのエレーナ・イバーラである。彼はポラール（ベネズエラの人気ビール会社）グループの総帥でベネズエラの大富豪の一人、ロレンソ・トバールが、訪問先のカクテルパーティをまかせるために契約した人物である。鋭い観察力の持ち主であるイバーラはチャベスを評して「舞台装置に敏感で、儀式的な部分をとても大切にする……そうすることで自分の行為を真正なものに見せられる、彼はそう信じている、と私は思う」と語る。

---

インターアメリカン防衛大学：ワシントンD.C.にある米州機構内の国際軍事教育機関。米州機構と米州防衛委員会が運営する。米州内各国から選ばれた軍部、政府機関の将校、高級官僚が国際情勢、安全保障関係を、政治的、経済的、心理学的、軍事的諸側面から学習・研究する大学院レベルの教育機関。一九六二年に当時の国務長官ディーン・ラスクが米政府から建物その他を提供させて開校した。これまでの卒業生は二千名を数え、南北アメリカ諸国高官を多数輩出している。二〇〇六年には第三十七期生のミシェル・バチェレットがチリ大統領に選出され、エクアドルのルシオ・グティエレスに次ぐ二人目の同校出身大統領となった。

アブダラー・ブカラム：元エクアドル大統領。一九五二年グアヤキル生まれ。大統領在位が一九九六年八月から一九九七年二月までの半年の短命に終わった。レバノン人移民の子で、サッカー選手、短距離選手、警察署長、グアヤキル市長などを経て大統領選に出馬。選挙戦では政策の話はそっちのけで謳い踊るばかりであったが「貧者救済」一点張りで支持を獲得、二万票の僅差で当選した。しかし、奇行著しく数億円の公金横領と精神的欠陥ありとの判断で罷免、国外追放となった。現在はパナマに在住。

ウーゴ・チャベスの積極性とユーモア感覚は——不注意で、場合によっては粗野で、時々下品なため——人の感受性を傷つけ不快感を呼ぶ。ウーゴ・チャベスは、ほとんど知らない相手に対しても、ベネズエラ人特有とも言える強引さを見せる。二〇〇一年五月、初めてのモスクワ訪問でウラジミール・プーチンに会う前から、チャベスは一発ジョークを飛ばしてやろうと考えていた。ロシアのトップが彼の方に向かって歩いてきた時、ベネズエラから来た男は握手の前に空手の構えをして見せた。プーチンは一瞬面食らったが、冗談だと気づいて礼儀正しく微笑んだ。するとチャベスは構えを変えて、今度は格闘技のようなジェスチャーをすると、満面の笑顔でこう言った。

「あなたは空手五段だと聞いた。私は野球選手だ」

まだある。メキシコの元外務大臣のロサリオ・グリーンと現役時代に会った直後、突然ベネズエラ歌謡の「ロサリオ」を歌い出し、大臣をびっくりさせた。これだけではない。カリブ海を臨む突端で、このベネズエラ人は同僚たちと座っていたグリーン女史の背後から近寄り、両手で目隠しすると「だあれだ?」とやった。受けようと思ってやったことだったが、この時は裏目に出た。グリーンはこれを、女性蔑視的行為と受け取った。

チャベスは形式主義や控えめな態度は苦手で、とにかくそれを取っ払おうと急ぐようだ。心理学者のチリーノスが断言するように、好かれたいのである。「俺は金の成る木じゃない、あてにしないでくれよ」の歌を非常に頻繁に歌うのだが、実はそうなるべく頑張っているのである。自分は良い奴だと思っており、みんなにもそう思われたいのだ。チリーノスが解説するには、彼は「根本的にあらゆる規範からかけ離れた男だ。どう見ても、育ちは田舎育ち。貧しく質素で、規範など無い。サバネタのような村では、神父か村長が一番偉いと思われているかどうかは分からないが、みんなが『おい』『お前』の仲で暮らしている。彼も、その『おい』か『お前』なのだ」

彼の経歴に目をやるとき、特に驚かされる事実は、二十年以上も（一九七一年から一九九二年まで）軍隊という、かくも形式的で、階級的で、厳格な機関で過ごしたことである。

日本では、大統領は辞去の際に、天皇昭仁の笑顔を見てこれは態度で表わさねばと、彼を強く抱きしめ、皇居の侍従たちを縮み上がらせた。どこでもやるように、侍従たちの一人一人と握手し、有難うと言った。イバーラは語る。

「相手を無防備にさせるために、彼はこの手を使うのです。成功してもしなくても、相手は彼のことを決して忘れません。不遜な行為であると同時に、純粋でもある。彼はこの手を使うのです。それを分かってやっているのだと思います。人を籠絡する仕掛けです。その成果はあります」

東京の明治神宮球場でも、やはり大統領は自慢の肩を見せびらかせずにはおれなかった。会議、会議の連続の中でも、その合間を見ては随行員にこうしたお楽しみの時間を作るよう命じていた。この人物は、身辺に起こることを見逃さない。エレーナ・イバーラはある日、宿泊していた高級ホテルのロビーで仰天した。随行員に加わっていたベネズエラのミュージシャン一行が演奏しているではないか。

---

ロサリオ・グリーン：メキシコ合衆国の経済学者、外交官、政治家。一九四一年生まれ。セディーヨ政権で外務大臣（一九九四年～二〇〇〇年）。現在は上院議員。コロンビア大学大学院卒業。東独大使、国連大使を歴任し、同国最初の女性外務大臣となった。人権問題、麻薬撲滅、自由貿易交渉など多方面で活躍している。

すると誰かが肩を叩き、アナウンサーのような太い声がした。

「『どうした？　何でそんなに悲しそうにしている？』　確かに私は考え事をしていました。彼は、周りの人間の事を細かく見ていて、感情的な面からとらえてくるのです。飛行機の中では、各席を一つ一つ見て周り、全員の名前を憶えていて、小話をする。旅行中はずっとこの調子でした」

ある時、クリスマスに作るとうもろこしの葉で包んだベネズエラの伝統的な餅菓子の一種、アヤカを持って来いと、一晩中言われ続けたことを大統領のボディガードは思い出す。夜中の三時頃に会議を終えたチャベスが、エレーナの作ったアヤカを所望したところ、もう残っていなかった。護衛連中が平らげてしまっていたのだ。すると彼は護衛たちに軍隊式の懲罰をかけた。蛙飛びをさせたのだ。

さて、百人乗りの古い飛行機はフィリピンまで持ちこたえたが、降着装置の車輪の片方が脱落してしまった。どんな時でも運良く誰かが助けてくれるチャベスに、今回はカタールの首長、ハマド・ビン・カリファ・アル・タニが、外遊を全うさせるため豪華旅客機を手配してくれた。

大統領の食事番ではなかったけれど、イバーラは彼の好みが何かが判っていた。

「彼は、祖国の伝統と習慣と歴史を受け継ぐものには命を捧げることができるのです。彼には、アヤカやチギーレ（とうもろこしで包んだ蒸しパン）だけで十分なのです。食べることにもっと貪欲な人がいます。美味しい物を探し求めて止まない人が。彼は違います。いつもの好物があれば満足なのです。食べることにおいては、非常に素っ気無い人です」

「大食いは焦燥感の表われ」と言うチャベスの言葉はよく知られている。大統領に就任して以来、その外見の変化や体重の過剰から判断して、彼の食欲には歯止めがかからなくなっている。十五キロ以上は太った。青年時代、トリビリン（グーフィー）とあだ名されたやせっぽちは今いずこ、である。

フィリピンで起きた飛行機事故で、二〇〇〇年には都合二度の災難に遭ったことになる。もう一つは、カタール訪問の際にレーダーの故障で機体が滑走路の途中で止まってしまった事故だった。この時、飛行機を貸してくれ、外遊を無事に終える手助けをしてくれたのは、サウジアラビアのファード王であった。何にでもあだ名をつけ、標語をひねり出す癖のあるチャベスは、フィリピンで動けなくなった古飛行機に、ベネズエラでポンコツ自動車を指す「カマストロン（日和見主義者）」と命名し、飛行機の新規購入を命じたが、この決定を批判的な人たちは不必要な贅沢とした。空軍が選択肢の評定を開始した。チャベスは、新機種選択の専門家アドバイザーに一つだけ必要条件を課した。アメリカ製ははず す、という条件である。専門家が推奨したのはフランス製で、執務室、スイートルーム、豪華なバスルーム付きのＶＩＰ級内装の飛行機だった。ロビン・フッドのような統治者が最終的に、六千五百万ドル（約六十五億円）もするこのエアバス３１９に決めたことが明らかにされると、世論は雄叫びを上げた。航空機購入は、大統領が不断に要求する質素節約とは対照的である。購入取引は遅延したが、彼の外遊好きは治まらなかった。大統領は就任後三年間で、百七十日間、五ヵ月以上も国を留守にした。訪れた国は、四大陸七十一ヵ国以上、地球一周である。

二〇〇二年三月、ついに新しい飛行機がベネズエラにやって来たが、少しの間チャベスはこれに乗らなかった。飛行機メーカーはこれ以前の納入を予定していたが、大統領がぎりぎりになって、機体の周りにベネズエラ国旗を描くよう注文した。連日の反政府デモで沸騰状態にあった国内状況の中での公開は慎重さに欠けると判断され、エアバスは格納庫に一週間保管された。事実、その通りになった。四月四日、エアバス、FAV0001の輝ける機体のテスト飛行がカルロタ基地で行なわれると、日頃のお題目と矛盾するではないか、と大統領の虚飾を糾弾する、鍋を手にした人間の鎖が飛行場をぐるりと取り囲んだ。この一週間後に、チャベス大統領打倒をめざすクーデターが起こり、あわやチャベスは、英雄エスキエル・サモーラの肖像を架けるように命じた座席番号一番に腰掛けるのをふいにするところであった。だがしかし、彼は権力に返り咲き、初飛行できる運命にあったのである。数ヵ月後、テレビで豪華な機内の様子が紹介された。そこには、ボリーバルとシモン・ロドリゲスの肖像画も大切に飾られていた。空飛ぶ「三つの根から成る木」である。内部はまさしく超弩級で、ベージュの革張りシートや、金箔の調度品で飾られていた。この経緯を熟知する空軍のパイロットによれば、飛行機の買い替えは必要な事で、大統領はエアバスの全機種の中から、四十二人乗りの一番小さいものを選んでいる。一方、日刊紙『エル・ウニベルサル』はこれを「チュパ・ドラレス（ドル喰い）」と命名した。「『カマストロン（ポンコツ）』機は民間観光会社の看板機に変身し、貧しい人たちがカナイマ（国立公園）を見物したり、カリブ海の島々を訪れたりするのに使われている」

チャベスはこう語るのだが、二〇〇四年の中頃まではそうではなかった。[原注2] ボーイング737機はその後、大統領前夫人のマリサベルと二人の子供がディズニーランドに遊びに行くのに使ったとして物議をかもした。またさらに、元大統領専用機のパイロット、フアン・ディアス・カスティーヨが脱走事件を起こし、ボリーバル・サークルの軍人派のメンバーが大統領専用機を「濫用」していた事実を訴えた。政権初期、チャベスはベネズエラ石油公社の官僚による専用機の私用を追及している。ディアスはさらに、銃を携帯した職員が同乗して安全基準に違反していた事や、彼の同僚がクーガー・ヘリコプターでビーチにいた大統領夫人にシリアル一箱とミルクを届ける「任務」を依頼されたことも付け加えている。

新任大統領は、省の数を十七から十四に減らすことから行政に着手した（二〇〇四年には二十三省に増やした）。護衛を元官僚の中から採用した。これまでの行政との差別化を図るために政府機関や自治体機関の名称を変えた。貯蓄を公約した。何かにつけて「貧困」という言葉を口にした。そして、カラカス市東部の住宅地に位置するコロニアル風邸宅である大統領官邸の贅沢さへの憤りを露わにした。引っ越したばかりの頃、彼は言った。

「世の中の事を思うと苦しみに耐えない。ラ・カソーナに足を踏み入れる度、あの贅沢さ、巨大な客間、庭園を目にする度に、この苦悶はますます高まる。あの家の中では、食べるものも無い子供たちのことが思い出されて眠ることもできない[原注3]」

ラ・カソーナは十八世紀に建てられたコーヒーのプランテーションで、建坪が六千五百平方メートル、庭が三万三千平方メートルもある。一九六四年に大統領官邸として買い上げられ、部屋数は、家族用に十三部屋、客用に二部屋、使用人、警備用に十部屋、各種の居間が十室、食堂が二つ、中庭は七つある。プール、トレーニングルーム、ボウリング場、野外映画館もある。

「私はあんなに大きな家は要らない。妻と子供たちと一緒に住むアパートで十分だ。誰かに石をぶつけられるかもしれないから、ボディガードが一人いればたくさんだ[原注4]」

就任して間もなくの記者会見でこう表明したけれど、ここから出ては行かなかった。

「新聞紙にくるまって寝ている子供がいるというのに、王様のように暮らすわけにはいかない。帝国主義者の財産など欲しくない」原注5

そして、邸宅にプールや「映画館まである！」とけちをつけておきながら、四年後には水槽を改装し、家族で楽しんでいる。チャベスは最初の三年間、ラ・カソーナの贅沢を我慢した。しかし、大衆の鍋たたきデモに加えて、暗殺と陰謀の幻影に怯えたチャベスは、従来は国防大臣が住まいにしていたティウナ要塞基地の官邸を改装して、そこに逃げ込んだ。

チャベス自身の革命的言辞で、大統領の外遊と経費内容をこれまでになく追及させる羽目になった。制憲国民会議行政・公共事業委員会副委員長で、反対派議員のベリスベイティアは、大統領の外遊記録を逐一提出した。二〇〇四年半ばまでで、ベネズエラ大統領は九十八回外遊し、百三十五ヵ国を訪問、――法的認可を必要としない、三日以内の短期外遊は除く――二百四十八日間、国を留守にした。全て新記録である。八ヵ月と三日。最も多く訪れたのはブラジル、コロンビア、キューバだ。じっとしている気が無い。二〇〇三年初頭に外国為替管理法を制定して以来、管理を司る為替管理委員会は、二〇〇四年度の大統領の外遊経費として七百四十九万九千八百ドルを承認した。大統領の勝手気儘はこれだけではない。

服装に関しては常に象徴的意味を持たせてきたウーゴ・チャベスは、ミラフローレス入りするや否や、リキリキを脱ぎ捨てた。そして間もなく、カラカスの富裕層に人気のあるイタリア人デザイナー、ジョバンニ・スクータロのブランド、クレメントのスーツもやめた。だが彼の好みは、軍服であった。すでに退役しているにもかかわらず、公式の場でも部下との会議でも軍服で通し始めた。軍隊内部ではこれに対する不快感が生まれた。二月四日のクーデター未遂で彼の軍歴は終わり、この階級にまで昇進することなど絶対ありえないのに、国家元首は将軍用の白の礼服を着て悦に入っている。そしてある日、一定の世代に属するベネズエラ人をして五十年代のペレス・ヒメネスの軍事独裁時代を思い起こさせるようなワンシーンが現出した。大統領がカラカスのプロセレス通りでの軍隊パレードに、オープンカーに乗って登場した。白の礼服の胸にはトリコロールのたすき掛けと山のような勲章。隣には、ピンクのドレスに身を包んだ、かの独裁者夫人と似たような帽子を被るファースト・レディ。この光景に軍司令部も反対派も激怒した。数ヵ月後、二〇〇二年のクーデター未遂後に初めて公けに姿を見せて悔恨の言葉を述べた時、彼の最初の約束の一つが永遠に軍服を脱ぐ事であった。

ミラフローレス入りしてから最初の頃は、チャベスは太い縞模様の袖口が白い、大統領というよりも、時代遅れのプレイボーイにお似合いの丸首シャツが気に入っていた。非公式の場には、丸首シャツとサファリルックのジャケットのコーディネートに帽子を被って現われ、余計に肥って見えた。フィデルから貰った防弾生地でできていると言う口の悪い連中もいた。彼は、好きな色はブルーと言っていたが、服はむしろグリーンが多く、思想宣伝の見地から次第に彼の党とボリーバル主義革命を象徴する赤色の衣服を身に付けるようになった。ある時、彼が言うに、洋服ダンスを開けるとスーツが百着以上も掛かっていて、度肝を抜いたと公けに語った。知らないうちに側近が買っていたらしい。

「どんな時だか分からないが、スーツを着ろと言われたら、着るしかない」[原注6]

権力の座に上りつめる過程で、彼の趣味も良くなっていった。一九九八年の中頃、長袖の格子縞のシャツに暑苦しいチョッキを着ていた彼は、カラカスの一流ファッション・デザイナーに、ベネズエラ史上最悪のワーストドレッサー候補者と言われたのだが、今ではベネズエラ史上最高のベストドレッサーと目されている。他のラテンアメリカ諸国の仲間たちよりも素晴らしい、とさえ言われている。
大統領は今ではオーダーメードのスーツを着ており、社会評論家でファッション専門家でもあるロナルド・カレーニョに言わせると「イタリアのブランド、ブリオーニがニューヨークから直接大統領にスーツを届けている」[原注7]

そして、二〇〇四年にテレビに特別出演した時には、元司令官はお洒落なダークスーツを着て現われ、一週間はその話題で持ち切りになった。この際、チャベスは尊敬する歴史上の傑物の胸像の間を巡ってはそれを撫で、二〇〇四年八月十五日の大統領罷免国民投票[訳注]を前に、自らの政治活動を守るために戦うことを宣言した、

スーツは約三千ドルするランバン、ネクタイはパンカルディで三百ドル、「チャベス大統領には南米大陸で最も豪華なワードローブがある」と認めるカレーニョによれば、その中には、パンカルディとエルメスのネクタイもあるそうだ。だとすれば、チャベスはベネズエラ一のお洒落である。また、カルティエ、ブシュロン、ローレックスの時計の趣味も相当なものになった。彼が一番弱いのは「カルティエの時計だ」とカレーニョが言う。二〇〇三年、チャベス政権の元副大統領、イサイアス・ロドリゲスが長官を務める司法省に、大統領府の経費が千パーセントも増大しているとの告訴が出された。起訴猶予となり、捜査は流れた。

ベリスベイティア議員は、大統領が国民に向けたテレビ演説で、「素っ裸で飢えていても」革命に命を捧げるという言葉を耳にした二〇〇二年初頭からのチャベスの経費内容を正確に調べ上げ始めた。

現在まとめ上げた公式予算に基づくデータに従えば、チャベスが公職期間中にベネズエラ国民に負担させた金額は、一日当たり六千ドルから七千ドルになる。二〇〇四年度は、大統領府の経費は前年比で五四・三パーセント増加し、ミラフローレスの予算は六千八十九万四千七百六十四ドルであった。[原注8]

チャベスの昔の師、ルイス・ミキレナは言う。

「貧乏侍だったチャベスは大統領になった時、自分には過ぎた家だと、ラ・カソーナを売却し、ミラフローレスを大学に変えたいと言った。それが今や服はグッチで、時計はカルティエのダンディ男。地獄に落ちるとはこの事だ。権力の甘い味に取り憑かれたチャベス、それが今のチャベスだ」

実際、大した根拠も無いまま冒険する人間がいるとでも言おうか、チャベスのしたたかさは金持ちアラブ人エリートとの付き合いのお蔭かもしれない。就任以降、大統領は独特の執拗さでもって、値下

---

大統領罷免国民投票：大統領授権法を通じて制定した関連法を、民間セクターとの事前協議を行なわずに独断的に成立させたとして、チャベスの強権的政治手法に対する不満や反発が表面化、二〇〇二年四月のクーデター未遂へと繋がった。チャベス大統領は一旦辞任に追い込まれ、ペドロ・カルモナが暫定大統領に就任したが、国民議会の機能を停止し、諸省庁の長を解任するなど憲法と民主主義を無視したため、軍が反発し、辞任わずか二日後にチャベスが復権した。チャベスは民間セクターとの対話・融和に取り組んだが、反政府運動が再燃、大統領辞任を求める全国規模のゼネストが行なわれたりして、政局は安定しなかった。その後、政府及び反政府派の代表者が対話を行なった結果、二〇〇四年八月十五日に大統領罷免国民投票が実施され、チャベスの罷免が否決される結果となった。大方の予想に反し、罷免反対五百八十万票、罷免賛成が三百九十九万票と、チャベスは百八十万票近い差をつけて圧勝した。

がり傾向の中で一九九八年に一バレル一〇・八ドルに終わったベネズエラの原油価格を保護する動きを開始した。

「私が相続した遺産を見たまえ。一バレル十ドルを割ってしまった原油だ」

政権に就いた後に洩らした不平だ。そこで彼はOPECの首脳をベネズエラに招集することに力を傾注した。OPEC加盟国は、一九六〇年に石油カルテルを設立して以来、ただ一度だけしか一堂に会していない（一九七五年のアルジェリア首脳会議）。第二回のOPEC首脳会議は、各国の王侯、首長、国家元首を招請するため中東に飛んだチャベスの主導の下、二〇〇〇年九月にカラカスで開催された。リビアのムアンマール・カダフィとはすぐに意気投合した。二月四日のクーデター未遂を準備していた時期から彼の『グリーン・ブック』を読んでいたチャベスはカダフィを賛美した。そして、ワシントンによるイラク孤立化政策に逆らい、湾岸戦争後初めてバグダッドを訪問した国家元首となった。彼のイラク訪問を中止させるためにアメリカの役人がやって来たと言う。

「考えても見ろ！　なんて失礼な話だ！……行きたけりゃ私は地獄にだって行く」

チャベスを横に乗せて黒塗りのベンツを運転しているサダム・フセインの写真が世界中に流れた。

チャベスは二年で目的を完遂した。二〇〇〇年九月の終わり、カラカスは様変わりした。政府は、道路の穴ぼこをアスファルトで塞ぎ、ゴミを回収し、トンネルを改修し、歩道で場所を奪い合う露店商人を追放し、カラカス市民も見たことの無い清潔で秩序ある都市カラカスを海外からの賓客に見せようと奮闘した。十一ヵ国の政府高官や代表が出席したOPEC首脳会議[原注9]の閉会にあたり、ベネズエラ大統領はカラカス宣言[訳注]によって「OPECは団結した」と強調した。これは単なる言葉だけではなかった。

これを機に、石油カルテルは割り当てを決め、減産を実行し、原油価格を維持する防御壁として動き出す。意気に感じたウーゴ・チャベスは、テレサ・カレーニョ劇場のリオス・レイナ講堂で歌曲『ベネズエラ』を歌った。これ以降、ベネズエラの原油価格は二〇〇四年八月段階で倍の一バレル四十ドルにまで上昇した。

　この先、石油問題でチャベスは二〇〇二年のクーデター以来最悪の窮地に陥るが、彼自身の言葉を借りれば、最終的には惨めな気持ちにならずに済んだ。二〇〇二年十二月に反対派が組織した全国ストは街頭デモを伴い、石油産業を完全に麻痺させるに至り――それはベネズエラの総原油輸出量のおよそ八割に及んだ[原注10]――、国内には数日間にわたり燃料が底をついてしまった。消息通の話では、ストは短期間の予定だったらしい。だがそこに、政治政党とは異なる反対派勢力が当初から練り上げていた方針があったのだ。無期限ストである。それによって政府を追い詰め、大統領を辞任に追い込むか、政権の是非を問う国民投票を受諾させるかに持ち込むのだ。国の経済はズタズタになっていたが、チャベスは頑なに誰の意見も聞こうとしない。石油施設に軍隊を配備し、中東の盟邦に輸出損益分の援助を要請したり、退職者や外国人技術者と契約したり、また燃料と食糧不足には主にブラジルからの輸入で対処しようとしていた。

---

ＯＰＥＣ首脳会議：二〇〇〇年九月二十七日、二十八日に加盟十一ヵ国とアンゴラ、メキシコ、ロシア、ノルウェー、オマーンがオブザーバー参加してカラカスで開催された。石油問題の他に、環境問題、開発途上国の持続的発展の促進への関与を討議する会議となった。特に貧困の撲滅が強調され、ＯＰＥＣの基金で研究機関や大学を設立し、加盟各国の経済協力によって発展途上国への援助計画や技術革新を検討する事を決議した。

生産ストップは、ベネズエラ史上最長の六十三日に及び、翌二〇〇三年の二月二日、まさにチャベスの大統領就任四年目のその日まで続いた。[訳注] 政府が「破壊活動」と定義したストライキは、国内原油生産高の一割、およそ九十億ドルの損失となり、石油産業は立ち直るまでにさらに数ヵ月を要した。ストライキ陣営は疲労困憊し、国民は辟易していた。ベネズエラ大統領はこの時とばかり、勝ち誇ったように、石油公社全従業員の約半数である一万八千人の石油労働者を解雇した。[原注11] そして、六名の重役の解雇を発表した後、「陸軍上層部の免職」を引き合いに出して言った。

「全員を解雇しても全く構わない」

一年後、二〇〇四年一月十五日の制憲国民会議における年頭教書で、チャベス大統領は述べた。

「二〇〇三年はベネズエラ石油公社の操業と運営の回復に終始した一年だった。私は今でこそベネズエラ石油公社を取り締まる力があるが、以前は全く無かった。その頃、私がどんな気持ちだったかお分かりだろうか？　実に惨めだった。ボリーバル主義者の私はいつも、彼のあの言葉を思い出していた。『誰も命令に従わないのに頭《かしら》と呼ばれるほど惨めなことは無い』。最も恥ずかしい。この企業は、今最高に惨めだ。ベネズエラ人にとって永遠に」

そこで、次のような事を暴露した。

「……危機は往々にして必要なものだ。時には、上手く加減しながら危機を作り出す必要がある。ベネズエラ石油公社の危機も、われわれが作り出したものだとも言える。（二〇〇二年四月七日の）『アロー・プレシデンテ』で、私は号令をかけて国民を突き放したが、あれは危機を挑発していたのだ。ガストン・パーラ・ルサルドとあれらの首脳陣を任命した時まさに危機を誘っていたのだ。彼ら（石油労働者）はそれに反応し、闘争を始めた」
つまり、彼の言葉から判断するに、あの闘争は前もって仕組まれていた、というのである。カラカス市内を練り歩いた大デモ行進の抗議行動が、である。危機の決算は、結果、彼に都合よく解決し、長い目で見れば、ウーゴ・チャベスに一層の支配力をもたらすだろう。だがその前に、クーデターに権力を奪取され、人生最大の危機に直面することになる。

---

石油スト：全国ストまたはゼネストとも呼ばれる。二〇〇二年十二月から二〇〇三年二月にかけて起きたベネズエラ史上最長の石油労働者スト。商工会議所が煽動し、反対派政党とベネズエラ労働者連盟が連帯して行なわれた。チャベスは「サボタージュ＝破壊活動」と規定し、反対派は「国民スト」と呼んだ。労働者ストが賃金や労働条件、生活条件の改善を求めて闘われるものに反し、このストは経済団体や石油公社の経営陣が主導した大統領の辞任を目的とする政治闘争であった。また、スト権確立のための合法的手続き無しに始められ、同様に終息したため、いわゆる同盟罷業とは認められてはいない。

# 第11章　混乱の四月

ウーゴ・チャベスはしばし考えていた。いよいよ最後になって、全てがあまりにも急激に展開したと感じていたのかもしれない。こんなにも早く武力に訴える事態に至った「現実」がどうしても解せなかった。これが解決になるのか？　銃をぶっ放すしか出口は無い、と決断させるような決定的ポイントはどこにあるのだ？　彼の横には、副大統領のホセ・ビセンテ・ランヘルがいた。闘いましょう、踏ん張るのです。彼はまさしくこう提案したばかりだった。最後の最後まで、と。その視線は、はかなく宙を彷徨っていたが、ちょうどその時、電話ですという知らせが入った。声の主はフィデル・カストロだった。大統領は受話器を取ると、二言三言、言葉を交わし、そして聞き入った。深夜だった。

「みんなを守れ。君自身もだ。やるべき事をやるのだ。堂々と話し合え。犠牲になることはない、チャベス、これで終わりにはならない。命を無駄にするな」原注1

そう言って、フィデルは電話を切った。彼が言った事はこれだけだった。チャベスは考えた。そして、人生で二度目の降伏を決断した。

四月十一日にもいろいろあるだろう。だが少なくともベネズエラでは、この日に多くの事が起きている。あまりにも様々な事がある日付だ。悲しいことに、全てのベネズエラ国民にとって、四月十一日は多数の命が失われ、多くの人が傷ついた日である。二〇〇二年四月十一日から十四日の間に、この国ではありとあらゆる事が起きた。四十八時間の間に、ウーゴ・チャベスは権力の座から去り、そして権力の座に戻った。専横的政策を結晶化させ、それが露と消え、クーデターが失敗した。国軍は、一人の大統領を潰し、また復権させた。四十八時間のうちに、二十人が死に、百十人以上が負傷した。辛い日々であった。あらゆる調査資料、あらゆる出版物、あらゆる映像をもってしても、まだ不可解な事が残されており、政府と反対派は互いに相手を責めるが、それ以上の全容解明は皆目なされぬまま、不透明な領域は深く険しい沈黙の闇に包まれてきた。

チャベスは、事件には三つの関連する要素があったと考えている。一つ目は二〇〇一年九月十一日だ。

「あれでアメリカ政府のやり方が変わった。反ベネズエラに大きく傾いた」[原注2]

大統領は、アメリカ大使館が国内反対派の指導者との接触を図っているのをじっと黙って見ていた。情報が転がり込む。

「大使館も時々ミスを犯し、あるベネズエラ人を間違って招待した。この男はチャベス派ではなかったが、私の友人のところに飛んで来て、アメリカ人がチャベスを倒すか殺すかしなければならないと反対派の連中に話しているのを聞いた、と知らせてきた。ペンタゴンの官僚との会話の中でそう言ったそうだ」[原注3]

二つ目の要素は、これも二〇〇一年に起きている。十一月に大統領政令が承認された時である。全部で四十九あった法案は大統領の言によれば、憲法プロジェクトに準じて税金、土地、石油、金融など国家の基本的要素を法制化するものであったが、これはベネズエラ富裕層の利益をターゲットにしたものだ。三番目の要素は、一つ目と二つ目の結果で、――チャベス曰く――国軍内の軍人グループと、武力によるボリーバル政権打倒の企図を持った反対勢力の一部との連合であった。

公式見解はしかし、国内の社会的痙攣状態が顕著な中でヒートアップし続ける政治的諸党派を、まさに反対派が拾い上げたという側面しか取り上げていない。例えば四月六日土曜日、ベネズエラ労働者連盟（CTV）は賃金闘争の位置付けで二十四時間ストを指令した。四月七日日曜日、チャベスはベネズエラ石油公社の取締役六人を公式に免職した。その理由は、この二年後にチャベスが認めたごとく、危機を誘発し、石油公社の取締役会の支配権強化のために政府が故意に講じた対策だった公社の新執行部の任命に、これらの重役たちが反対し続けたからであった。

政府はこれと同様、最近チャベスに広範囲に押さえつけられており、大統領の通信事業政策に真っ向から対立していた電話通信メディア部門との対決にも備えていた。これにまつわる話は広範囲に残されている。高まる緊張感の中、ある種の自暴自棄的な空気が社会の隅々に蔓延し、不穏な要素が充満していた。しかしながら、こうした状況だけが四月十一日の事件の要因と決めつけるには不十分かもしれない。政府も反対派も言及している特殊な要素の複合の中にこそ、その説明は見出されるとも言えるだろう。社会が大きく動揺していたのは確かだが、陰謀計画の始まりを肯定する証拠があまりにも多いのである。当時、落下傘部隊第四旅団司令官であったラウル・バドゥエル将軍は、事件にはさほど驚かなかったと言う。

「全くの驚きではなかった。すでに多くの動きがあることが報告されていたからだ。ゼネストもそうだし、首都圏でも地方でもデモがあった……。私のカレンダーには四月五日のところにメモしてある。クーデターの恐れあり、と。私はこの後、大統領に話そうとした。だがそれは叶わなかった」[原注4]

チャベスと最も近い側近たちは少し驚いたが、軍内部の危機を過小に評価した。かなり前から、何らかの産業部門がチャベスを権力から追い出す挑発策動を決定していたことを示す証拠は十分に存在した。しかもこの危機の最中にあって、こうした狙いは隠そうともされなかった。誰も大統領の行方を知らなかった四月十一日の夜、クーデター軍人のスポークスマン、フリオ・ロドリゲス・サラス陸軍大佐はテレビで声明を発表した。

「断固たる運動は九ヵ月前から組織されてきた。真摯なる運動は幸いにも今日この日に成就した」[原注5]

また、(クーデターには)軍人集団だけでなく、企業家、メディア、政治政党もメンバーに加わっていることを示す証拠もあった。この構成内容は、これら全ての部門のつなぎ役として動き、これを指導していた政治的黒幕がカラカス枢機卿イグナシオ・ベラスコ猊下《げいか》であることの根拠となる。

事件の一週間前、ベネズエラの実力政治家と実業界の大物の幾人かが出席した会合が持たれた。そこにベラスコ猊下も出席し、お歴々に祝福を分かち与え、現政権の大統領を可及的速やかに排除する必要があると述べ、この場に「ベルデ」(コペイのこと)が出席していないことを嘆いた。この後、四月九日にも別の会合があった。カラカス南東の邸宅で、民間人と軍人の代表がそれぞれの部屋に分かれて陰謀計画を動かし始めていた。ベラスコ猊下は、ここでも民間人と軍人のつなぎ役を演じ、政権移行した場合、必要なら彼本人を政権の筆頭に据える信任投票を求めた。揺れ動く社会情勢と全土的混乱状態の裏側で、クーデター計画が煮詰められていたと考えてよい。

この状況分析から、テオドーロ・ペトコフは次の二点に分けて考えるべきだと提起する。一つは大衆運動、もう一つは陰謀そのものである。

「二つの動きは平行して始まっているが、ある時点から陰謀の方が大衆運動を包括するようになった。数ヵ月前から始まっていた大衆運動が陰謀の戦略に呼応していたとは考えられないが、――すでに最後の週に向かって――陰謀は大衆を利用した[原注6]」

二〇〇二年四月十一日、カラカスに反対派指導者の指令で大量の市民が終結した。最も希望的な観測では百万人が集まったとしている。冷静な見方でも最低五十万人は集まったと言う。[訳注] 確かなのは、過熱する大統領罷免の要求を掲げて熱狂する大衆の中に、正当な許可なく、デモ行進を当初のデモコースを外れて現政権の本丸、ミラフローレスの大統領官邸に向かわせる方針を受け入れ、そう仕向けた指導者がいたことである。デモ隊を誘導するまでもなかった。盛り上がる大衆は、大統領府の前まで行ってチャベス辞任要求を突きつけたいという思いを煮えたぎらせていた。一方、軍人派市長のフレディ・ベルナルは、政権防衛のために政府支持者を官邸近くに招集し始めた。このあたりから、嫌な空気が漂い始める。まだ正午にもなっていなかった。

この時、大統領がどうしていたかを知る人は少ない。誰も彼の姿を見ていない。彼はミラフローレスの執務室で、状況を分析し、情報を集め、決断を下していた。[訳注] 午後一時頃、出来事が起こり始める。国家警備隊の将校が、デモ隊がミラフローレスまでやって来るのを阻止する。[訳注] 混乱状態の中でけが人が倒れ出す。銃弾は四方八方から飛んでくるようだ。それも不意に。誰もがそばにいる誰かを盾にしようとする。恐怖心が瞬く間に広がる。群集が血を流せば、次に何が起きても不思議ではない。一時間後、国営テレビに国軍の総監督官、ルーカス・リンコン・ロメロが軍上層部将校と共に登場し、共和国大統領の辞任と拘束の噂を否定した。市民に対し、カラカス中心部で若干の擾乱が発生したことを伝え、チャベスは官邸で執務中であると語った。

「国内情勢は平常である」

だが、ミラフローレス周辺の情勢はとても平常どころではなかった。この日になっても、これまで

---

二〇〇二年四月十一日のデモ参加者数：デモ参加者数について、消防隊は百万人以上だとし、ランヘル副大統領は百万人以下とした。『エル・ナシオナル』『エル・ウニベルサル』の二大紙はベネズエラ史上最大の百万人説をとった。デモは東公園から出発し、約八キロの行進を行なってボリーバル通りを終点にした。終点位置から大統領官邸までは一キロほどで、このデモを当日になって突如、大統領官邸に向かうルートに変更することを主張した指導者がいたが、結局は予定通りに実施された。デモ参加者の中には、チャベスの右腕だったルイス・ミキレナ元内務司法大臣もいた。

決断を下していた：チャベス大統領は、軍情報部と政治警察にテヘラ元外相や疑わしい軍人の家を捜索させ、クーデター計画が発覚し阻止されたと発表した。テヘラ元外相は、英字紙『デイリージャーナル』のインタビューで「私は全く反対だが、軍事クーデターの陰謀がある。首魁はトップの将軍で、きわめて裕福な人々が協力している。私も協力を求められたが拒否した」と告白した。デモ当日にも、マルティン海軍中将が、軍の高官が秘密会合を行なったと公言した。

来るのを阻止する：直接デモ警備に当たったのは、国家警備隊、首都警察、応援の警察、消防隊の総計四千人と言われている。ベネズエラの警察組織は、国家警備隊、州警察、市郡警察の三階層がそれぞれの政府に属している。国家警備隊はチャベス政府の下にあるが、首都警察は野党のペーニャ知事の指揮下にあり、カラカス中心市であるリベルタドール市警は与党のベルナル市長の下にあり、デモコースにある郊外のチャカオ市警は野党「正義第一」のロペス市長の下にあった。

実際に起きた事について誰もが納得できるような安心感の回復はならなかった。反対派は、政府が抗議デモに武装部隊、将校または見習い士官を配備したことを糾弾した。政府側は、反対派の市長、アルフレド・ペーニャが掌握している首都警察と傭兵がデモ隊に発砲し、混乱を作り出し、体制危機、つまりクーデターを醸成しようとする奸計を企んでいると反対派を糾弾した。[訳注] 二つに分かれる解釈を両派がそれぞれに裏付ける映像や、それぞれに有利な主張として固執する調査資料や証言はふんだんにある。また、事実関係の説明をそれぞれの立場で訴えるドキュメンタリー映像が世界中に流れている。そして悲しいことに、両陣営にかなりの数の死者と負傷者が出た。死んだ人間に、チャベス派も反チャベス派もない。

大統領は時計を見た。午後四時十五分前だった。彼は全放送局に指令を出して、メッセージを発信した。彼が緊張感を露わにしたのは初めてだ。余裕が無い。緊張している。いつもの流暢な言葉遣いが消えている。彼はデモの狙いを衝いた。ミラフローレスに近づこうとする者は、彼を権力の座から追い落としたいだけなのだ、と言った。そのくせ、国内は平常に動いている、と矛盾した事を言った。この時、民間テレビ局は画面を二つに分割し、一方に演説するチャベス、もう一方にカラカス中心部で起きた痛ましい流血の惨事を映し出した。市民が敵味方に分かれて乱闘している光景だ。大統領の演説の間、政府は民間放送の電波を遮断した。演説が終わると同時に再び民間放送の電波が回復すると、各局は再びカラカス中心部の映像を流した。カラカスは、催涙ガスの臭いが漂う恐怖の街と化していた。

これ以後のチャベスの消息については、これまたよく分からない。彼は夜明けまで、テレビには姿を現わさなかった。午後五時半頃に、軍隊を使った強硬な弾圧手段と言えるアビラ計画[訳注]なる治安対策の実行を発令したことが分かっている。チャベスがこのような対策を敢行するとは、数ヵ月前にはとても想像できなかった。彼の演説内容が他と違うところは、市民の抗議行動を弾圧するための軍隊の使用に対するラジカルな批判であった。いずれにしても、軍内部に複雑な危機が如何ともしがたく膨れ上がっていたことを想定せずして、このプロセスを解明するのは難しい。ジャーナリストのラ・フエンテとアルフレド・メサは著書『四月の謎』で、四月十一日から十四日の間に軍部内で生じた複数の動きを詳述し、緻密な分析を加えている。そこには、象徴的で、きわめて重大な事実が書かれている。テレビ出演を終えた大統領は自室に戻ると「服を着替えることに決めた。そして戦闘服を着た」[原注7]。このくだりは、問題がもはや新局面に入っており、この日の午後の事態が軍事的対処によってしか解決できない様相に変化していたことを物語っている。

四月十一日の早朝から、軍の上級将校数名がクーデター策動を開始した。夕刻が近づくにつれ、軍の叛乱と大統領の権威の否認が公然化する。ここでもまた、事件について異なる解釈が生まれる。これは、政府を打倒するために共同で作り上げられ、精緻に組織された計画であったとする見方。正反対

---

反対派を糾弾：当日早朝から、チャベス派が高速道路出口を封鎖しデモ隊のバスを阻止した。反対派との衝突や警官の介入で銃撃戦となり、死者一名、負傷者数十人が出た。死者が出たサンフアン・デ・モロスでは、チャベス派が道路を封鎖し、反対派と睨み合っていた時に突然爆発音がして銃弾が飛び交った。住民の一人が撃たれて死亡。カラボボ州のラ・カブレラ・トンネルでは出口をチャベス派が封鎖し、ここでも負傷者が出た。アラグア州のエル・パルディィリャルでは、チャベス派の一団が国家警備隊の歩哨所を制圧しバスの通行を阻止した。

アビラ計画：事前にOPEC事務総長アリ・ロドリゲスからクーデターの情報を受けていたチャベスは、治安計画「プラン・アビラ」を策定、非常時には戦車隊を緊急出動させて官邸の防衛に当たらせる準備をしていた。

に、国民を弾圧するために兵を市街に配備するのを拒否して、叛乱に組みした将軍たちの一部がアビラ計画の発動に反撥したにすぎない、とする見方。チャベスはその間、官邸にいて、勢力バランスを見計りながら、決断を模索していた。最も近い側近たちが付き添っていた。テレビ出演後に軍人派州知事の会議を招集していたが、結局これは流れた。バリーナス州知事の父親と彼の母親もこの午後、官邸に着いていた。エレーナ夫人はこの日を振り返って言う。

「ひどいものでした。四日（一九九二年二月四日のこと）よりもひどかった。いっそ心臓麻痺で死なせて下さい、と神様にお願いしていました」

確かに、国内情勢は心臓麻痺になったようだった。混乱が対立を生んでいた。この夜、眠りについたベネズエラ人はおそらく一人もいなかったのではないか。軍司令官のエフライン・バスケスは叛乱を公式に声明し、そこで宣告した。

「大統領、あなたへの忠誠は今日が最後です」

また、この日荒れ狂った暴力の責任はチャベスにあるとする多数の将軍と上級将校が、一定の態勢を固めた。ファースト・レディと子供らは、ベネズエラ中央部にあるバルキシメトの町に移送された。国営放送の電波は遮断された。政府のテレビ画面は消えた。政権初期の三年間、大統領の指南役だったルイス・ミキレナ元内務司法大臣は、これまでの経緯に批判を加えた上、「血塗られた」政権との決定的訣別を表明した。全ては混沌とした深い謎に覆われているようであった。何が起きているのか、誰にも分からなかった。ただ、ひそひそ話と憶測と水面下の交渉が繰り広げられているだけであった。ベネズエラ中がテレビに釘付けになって、息を凝らしていた。少しでも目を離せば、決定的瞬間を見逃すかもしれない。あるいは何も起こらないまま、長い夜が明けてしまうのだろうか。チャベスの協力者であるマリピリ・エルナンデスは、「この数時間、実に多くの人が、最後まで抵抗すべきだ、ミラフローレスを死守すべきだ、と言っていた。でも、チャベスは肯じなかった。降伏すると言った」と証言する。

午前三時頃、エレーナ夫人が息子に会うため執務室にうまく忍び込んだ。

「あの子は私に言いました。『どうやらここを出ることになるよ、ママ』『出るって、お前』。私は言いました。『大丈夫だよ。家ならあるじゃないか。バリーナスに。みんなで住めばいいさ。バナナと粉があれば、それを食べてこれまで通りにやってくさ』。あの子は私を抱きしめ、言ったの。『ああ、母さん。辛い思いをさせてごめん』。私は涙一つこぼさなかった。『何を言っているの。大したことないのよ。お前の母親なのが一番の自慢だよ』。それから、祝福を与え、キスして、部屋を出たの」

この朝、彼女が息子に会ったのはこれが最後ではなかった。この少し後、彼女は大統領府の中庭で数人の兵に付き添われてティウナ要塞に移送される息子を見送る。まるで映画のようにドラマチックな場面だった。母は思い出す。

「私は庭に飛び出して行きました。でも、もう車に乗せられていたの。私はドアにしがみついて閉めさせませんでした。憎たらしい奴が言ったわ。『奥さん、出発します』。『いやよ、私も一緒に行くわ』と言うと『それはできません』と言われました。あの場には息子のアダンもいて、私が車にしがみついて出るのを邪魔していると聞いたのね……。ウーゴは何も言わなかった。黙っていました。私はずっとしがみついたまま動きません。向こうは閉めようとするし、私は開けて中に入ろうとする。そこへアダンがやって来て私をつかまえ、『母さん、行こう』と言いました。私はまるで、魂を根こそぎ持って行かれたような思いでした」

午前三時二十五分頃、突然、ルーカス・リンコン将軍が全国のテレビ画面に再び登場した。彼は言った。

「昨日、首都において発生した憂慮すべき事態について、軍司令部は遺憾の意を表明する。このような事実を前に、共和国大統領閣下に対し職務を辞任する事を要求、大統領はこれを受諾した」

夜明けのベネズエラにこの短い文言を放ったルカス・リンコンは歴史の大舞台に乗り出し、チャベス不在の政府に生じる大混乱の幕が切って落とされた。この文言を出発点に、陰謀計画とクーデターによる政権奪取論に対峙する「権力の空白」論が形成された。この数時間のミステリーは全てこの事に関わっている。軍事的交渉とあっけない辞任。大統領に戦う用意はできてはいたが、状況を鑑みた上で、断念した。まさにこの時、フィデル・カストロの電話が運命的なものとなったのだ。チャベスは告白している。

「最大のジレンマだった。共和国大統領たる者にとって銃を持った兵隊に囲まれて、武装放棄し、囚われの身になるのは容易な事ではない。私がそれを受け入れたのは……どこかの町に行くこともできたろうし、武装部隊を擁して戦うことも、カラカスのどこかに陣取って、そう、三百人か五百人か、市民に呼びかけることもできたろう。だが、そうすれば内乱の口火を切ることになったかもしれないではないか」[原注8]

この決断をもって、治政者と陰謀を計画した軍人との交渉が開始された。この時点では、軍上層部である。実際に何が起きているのかは誰もあまり明確に把握していなかったと考えてよい。チャベスも、である。組織化されたグループがいたのは確かで、それが権力奪取計画を進めていたとすれば、もう一方で、展開する事態をどうやら把握できぬまま、優柔不断に終始した軍人がいたことも明らかだ。この極度のいい加減さと事後の不協和音の好例が、アビラ計画を拒絶し、その後にチャベスの辞任を公式発表しておきながら、最後には忠誠な部下だったとされ、叙勲し、内務司法大臣を拝命したルーカス・リンコン将軍であろう。

しかし、本当のところ、チャベスの辞任の経緯もまた難解な話である。ほとんど言葉の遊びか、早口言葉のようなものだ。ベネズエラ司教協議会委員長のバルタサール・ポーラス師がこの真夜中に大統領に呼び出された。用件は、交渉の席に証人として立ち会って欲しいというものであった。

「辞任したのか、それとも辞任しなかったのかをめぐる議論に終始した」

ポーラスは語る。

「彼は、辞任という言葉は使わなかった。彼は私に言った。『この三時間、いろいろと相談した結果、権力を渡す決断をした。あなたが保証人として、彼らに私を亡命させてくれるなら、いつでも署名する用意がある』。亡命先はキューバだった。拘束状態でのやり取りの録音を聴くと、チャベスは監視係りの中佐にこう言っている。『私をどこに連れて行くか、もう教えてくれてもいいだろう。でなければ、ここから動かん』」。

将校が言い渡す。

「われわれの意向は、閣下をラ・オルチラ（カラカスから百三十キロ沖合にあるカリブ海上の軍事要塞島）

にお連れし、以後の亡命に備えることであります」

大統領が付け加えた。

「キューバであれどこであれ、行き先は自分で決める。指図は受けない。キューバは適当だと考えていた所で、可能性の一つだ……」[原注9]

四月十二日の早朝、キューバ政府がチャベスをキューバに入国させるため、二十一ヵ国の大使館に連絡を取ったことが分かっている。

辞任問題は、事件の前中後のわずかな時間に成立した、軍部と政府の所為の合法性あるいは非合法性に関わる。署名のない、しかし公式に発表された辞任、これがこの事件最大の重要ポイントになった。このお蔭で、例えば最高裁判所は権力空白論を承認し、この陰謀計画行動の全般に参加した軍人と民間人の刑事責任を免除した。

確かなのは、チャベス自身が時に彼自身の話の内容を操作したことである。彼は、様々な機会に、流血を避けるために降伏したと主張した。アルゼンチンの新聞『パヒナ12』の記者、ミゲル・ボナッソは、彼が叛乱軍に降伏する事を決断したのは戦略的判断であり、ティウナ基地で軍人たちと自然な雰囲気で顔を合わせたいと望んでいたからだ、と言う。彼の話では、チャベスは四月十二日の早朝、叛乱計画者と向き合っていた時、辞任をあからさまに拒否し、相手を譴責している。

「私はこの書類にはサインしない。あなたたちは私を分かっていないようだ。サインはしない……。あなたたちは自分のしていることが何か分かっていない。陽が昇るころになれば、もう少しだが、何をしているかを国民に説明しなければならなくなる」[原注10]

この対決の中、現場にいたある証人が記憶しているのは、どちらかといえば、大統領に軍服を脱ぐことを強要した軍人の一人、ネストル・ゴンサレス将軍の乱暴な態度である。この状況の全体を通じて、軍事的指揮体制のみを最善として押しつける象徴的な一幕と言える。このようにして、チャベスは私服に着替えさせられ、大統領だけが有する絶対的権限をも剥奪された。

別の証言によると、大統領はティウナ基地移送の決定を、軍事的権力をほぼ全面的に失った者としては当然の結末として、まず避けがたいものと受け取った。この時、彼は現場にいた側近を集めて言った。

「私は政権を辞任する用意があるが、それには四つの条件がある。一つ、全員の肉体的安全を尊重すること……。二つ、憲法を遵守すること。すなわち、私が辞任するなら、それは国民議会においてなされねばならず、大統領選が公示されるまでは副大統領が共和国大統領の地位を引き継がねばならない。三つ目の条件は、国民に向かって肉声で語りかけることだ。四つ目は、現政権の全職員が私と一緒に行くことだ」[原注11]

ポーラス師は、あの朝の経験を語るに、チャベスは署名するように渡された辞任の文案を受け入れなかった。

「彼が拒否したのは文面に彼の辞任しか書かれていなかったからで、そこで彼は面倒を避けるため、自分が免職し『このために機能する』副大統領ディオスダード・カベーリョに委譲する、と付け加えた。さらに内閣閣僚を免職にした。これを入れて書き直すよう手渡させた」

国外に出る要求が通らなかった際に、チャベスの最初の辞任了承が二転三転した事実は、いくつかの証言に共通している。裏切られたと思ったのは明らかで、生命の危機を感じ、軍部の誰を信用すべきか判らなくなったのだ。一日半後、叛乱軍がこの要請を受け入れたが、時すでに遅しだった。軍部の危機はすでに大統領の復帰に傾いていた。

この時、ウーゴ・チャベス・フリアスが署名した辞任の文書も手紙も一切存在していなかった。たたき台の文書はたくさんあったが、署名は二日間、様々な理由から後回しにされていた。最初に、叛乱軍人の一部がチャベスの国外脱出に反対し、国内で裁判にかけることを要求した。なぜなら、チャベスが提案文を蹴り、国外行きの飛行機のタラップを見るまでは署名しないと言い、辞任者が要求する条件を即座には満たすことが叶わなかったからだ。事態が解決した後、全面的勝利を語る中でチャベス自身はまた異なる内容の事を言っているが、これも状況の解明に光を当てるほどのものではない。

「私は圧力に屈して自分の職務を辞任するつもりは決してなかった。ただ放棄だけを考えていた」[原注12]

いずれにしても、この遅れ、行ったり来たりがあったために、彼の最も有能で老練な政治戦略家のホセ・ビセンテ・ランヘルの助言が功を奏したのである。

「ウーゴ、サインはするな。これはクーデターなんだ」

軍民連合暫定政権のトップとしてペドロ・カルモナ経団連（FEDECAMARAS）会長の暫定大統領就任が公式発表される四月十二日の朝まであとわずかという時点で、ウーゴ・チャベスは辞任文書にも、放棄文書にも、何にもサインするべきではなかった。ポーラス師はこの間に繰り広げられた人間ドラマに思いを馳せる。

「チャベスは、間違いなく打撃を受け、子供の頃から始まり、軍隊時代に身を置いた各地の情景を走馬灯のように思い出しては、物思いにふけっていた……時には感極まって泣き出しそうになり、こうして（眉と眉の間を）手で覆って涙をこらえ、そしてまた話を続けていた」

そうこうするうち、カルモナ新政権の発足のニュースが入ってくると、国民の間にいろいろと異なる反応が生まれてきた。それを喜ぶ人と、残念がる人がいた。社会の諸部門でも全くの不協和音が聞こえてきた。反政府派のラジカルなデモ隊がキューバ大使館前に集結し、暴力的シーンを展開した。チャベス支持派の方も、この進行状況への対応を検討するために集会を開いた。

カルモナが弁護士を集めて大統領令の発布を準備し、新政府の組閣に向けて各界の面々と協議している頃、チャベスは監視兵の一人が貸してくれた携帯電話で何度か試みた後に、娘の一人（最初の妻ナンシーとの次女、マリア・ガブリエラ）とようやく連絡をつけていた。

「マリアかい。よく聞きなさい。ある人に連絡して欲しいのだ。できたらフィデルに電話して欲しい……私は辞任していない。今捕まっている。殺されるだろう。でも辞任はしなかった。そう伝えてくれ」[原注13]

同時に、水面下では国軍内部の危機が飽和状態に達しつつあった。その後の記者会見でバドゥエル将軍は、変事が起きた当初の段階で大統領に味方する者は軍上層部に一人もいなかったと言う。彼はこう片付けた。

「弱虫はどこにでもいるものだ」[原注14]

しかし、陰謀計画が徐々に専横的で全体主義的になってくるにつれ、軍内部に違う展開を求める傾向が出てきた。

こうした事態が進む中、まだ体裁の整っていないカラカスの政府を早くも危機が襲う。クーデターを指揮した軍人と、ペドロ・カルモナがかき集めた新しい取り巻き連中とで構成した新組閣が孕む問題点を仔細に検証するのは容易ではない。だが、軍内部が再編成されたことは確かである。四月十一日にアビラ計画の遂行を拒否し、テレビでチャベスへの不服従を声明した当時の陸軍司令官、エフライン・バスケス将軍が、この過程の鍵を握る人物である。新政府が、憲法決議で重要な変更を実現しなければカルモナへの権力移行を認めないと決めた中級司令官将軍の会議を招集したのは彼である。一方その頃、次女マリア・ガブリエラ・チャベスは、父は拉致されており、辞任はしていないと公式に抗議して父との約束を果たした。

同日午後、共和国司法長官のイサイアス・ロドリゲスは、政変はクーデターによるものであり、カルモナ政権は憲法に違反するものだ、とマスコミ声明した。市民が続々とに街頭に出てきて、抗議し、チャベスの安否を尋ねた。午後五時半、ペドロ・カルモナは、始まりつつある事態に構わず、ミラフローレス大統領府のアヤクチョの間で共和国大統領就任を宣言し、間髪入れずに公的権力を解体し、国名から「ボリーバル」の部分を削除するという一連の政令を読み上げた。

「目的はもちろん、九十日以内、つまり二〇〇二年七月に最初の議会選挙を公示、六ヵ月後の十二月に大統領選挙、そして二〇〇三年一月には政権に就くという、市民の権利を尊重した既成事実を短期間で積み重ねることだった[原注15]」

こう語るカルモナは、クーデター当日にはこれほど見事な緻密さは持ち合わせていなかったが、この政令の合法性の正当化を試みた自著『歴史の証言（Mi testimonio ante la historia）』ではこの問題に多くのページを割いている。しかし彼の努力も、反チャベス派の多くの人々も含めた大半の大衆にとって意味がなかった。提案そのものが受け入れ難かったからである。

陰謀計画を総じて「ピノチェットの降臨」と定義したテオドーロ・ペトコフは言う。

「この政令は国軍内の相関関係の変化を生み出す根本原因となり、チャベスの政権復帰のターニングポイントを決定づけた。軍の姿勢は、四十年間続いた民主主義時代が無駄でなかったことをわれわれにはっきり見せてくれた。クーデターに直面して、この国が国際的に孤立していることに気づき、そして、独裁体制によるあらゆる種類の反民主主義的転倒を糾弾する政権を手放すことはできないと気づいたのである。政治危機の解決策としてチャベスの退任を受け入れた張本人たちが言った。『大統領を呼び戻せ』。政令が曲がり角になった。クーデターはここで瓦解した」[原注16]

四月十三日の朝は、ベネズエラ中が頼りない気分に包まれいた。国中が妙な予感を抱いていた。暫定政府の人気は下がる一方だった。拘束されている大統領を支持する小規模のデモが弾圧された。魔女狩りの噂が流れ、事実、与党の閣僚と議員が、法的手続きに違反し人権を無視した形で逮捕投獄された。前夜には、多くの集会が持たれた。政府支持派は最終的に、チャベスを守るための大衆行動を組織した。軍幹部内にも、国家尊厳回復計画なる計画が立ち上げられた。リーダーはバドゥエル将軍、彼を第三師団司令官のガルシア・カルネイロ将軍と国防委員会委員長のガルシア・モントーヤ将軍が補佐した。左翼指導者、政治学者、そしてチャベス支持派でない知識人までが、カルモナ一派の提案とは距離を置いた。この日は、チャベス夫人マリサベル・ロドリゲスと副大統領のディオスダード・カベーリョが、国内某所からCNNのニュースに登場し、大統領は辞任を受け入れていないと声明した。時間が経つとともに、あの頼りなさは、まさしくペドロ・カルモナその人を表わすものとなり、四月十三日の終わりにはベネズエラ史上に「短命ペドロ」としてその名を刻すこととなった。

同じ四月十三日の午後には、エフライン・バスケス将軍がカルモナ政権不支持を公けに声明した。国家警備隊の監察長官、カルロス・アルフォンソ・マルティネスが後に続く。両将軍は、新政府には憲法の筋が通っていないと考えた。バスケスは、今回の事態を通じ独自の変わった行動から、不可解と目され論議の的となっていた人物だった。チャベスを放逐し、カルモナも放逐した責任を追及され、彼は答えた。

「私が放逐したのではない。彼ら自身が憲法を踏み外したから、放逐されたのだ[原注17]」

ちょうどその頃、チャベスはカラカスに近いアラグア州沿岸のトゥリアモ湾にある軍守備隊に移された。罷免された大統領はここで、そろそろ死ぬ時が近いと感じた、と言う。

「いよいよ来たな、と思いこの十字架を握り締めて神に祈り始めた[原注18]」

彼はこうも言う。

「カルモナは、夜明けまでには私を片付けておけと海軍大将や陸軍の将軍らに命令していて、しかも逃亡罪を適用して、事故に見せかけようとした[原注19]」

大統領自身が語ったところによると、この情報の出所はミラフローレスの給仕で、この男が組閣したばかりの新閣僚たちにコーヒーを運んでいた際に、そのような指示がなされているのを耳にして、チャベスに忠誠な兵士の所に飛んで行ったと言う。

「大統領を殺すと言ってます！」

ペドロ・カルモナは、このような可能性をきっぱりと否定している。

「チャベスは、この十二日の日に殺されるものと自分勝手に決め込み、しかもカルモナが殺害命令を下していたと言う。これは虚偽であり誇大妄想的発言である。なぜなら、私自身はこのような命令を決して下してはいないし、人の上に立つ人間として、これに似た暴挙を他人にふるう道理がない。そうなれば、多くのベネズエラ人が喝采を挙げたかもしれないが……。しかし、もしこのような方向性の計画が存在していたとするなら、それを成功裏に遂行する機会はいくらでもあった」[原注20]

大統領は、しかしながら、トゥリアモ海軍基地に移送されたのは殺害計画の一環だったと固執する。彼の話はこうだ。

「ヘリコプターから降りて歩き出した時、私を監視していた兵士たちの間でいさかいが起きているのが判った。二人は私を殺そうとし、他の兵士は違った。合憲主義者だった。彼らが命令を遂行しようとした時、私は立ち止まっていたが、傭兵の一人が私を回れ右させて背後に立った。後ろから撃たれると思った。私は振り返り兵士の顔を見た。自分のやる事をよく見ておけよ、と私は言った。すると、一人の将校が突然そばに来て言った。『大統領を殺したら、みんな殺し合いになるぞ』。これで二人の傭兵が中立の立場になり、私は助かった」[原注21]

この話はしかし、トゥリアモ基地における罷免大統領を撮影したビデオ映像とは少し対照的である。ビデオでは、大統領は監視兵たちと楽しげに語り合っている。冗談まで飛ばし、撮影していると判ると、カメラに向かって挨拶までしている。暗殺されそうだなどの言葉は全く聞かれない。むしろ、一人の中佐が面会に来ると、彼にこう言っている。
「この男たちは到着以来すごく良くしてくれている。私に言葉までかけてくれる、兵士としても、人間としてもすばらしい」[原注22]
トゥリアモ基地で大統領が書きつけ、ゴミ箱に投げ入れた小さな宣言文を仲間の兵士が回収し、事態の中身を伝える証拠とメッセージとして外部に持ち出された。この紙切れにはこう書かれてある。
「私こと、ベネズエラ人でベネズエラ・ボリーバル共和国大統領、ウーゴ・チャベス・フリアスは、国民から与えられた法的政治権力を放棄していない。永遠に!!!」[原注23]
このような状況ですら、彼の対話能力は活躍を見せる。あの二月四日の「今のところは」と同じ絡みを彷彿とさせ、同じ筋書きを象徴するひと言を付け足した。「永遠に!!!」。
四月十三日の午後、それも夕刻には、クーデターは最早、難破船状態であった。カルモナはイメージ回復を図り制憲国民会議解散という打開策を出した。しかし、これは何ら意味を持たなかった。政府と関係のある指導者たちは街頭に出て大衆に呼びかけた。国軍はすでに再編成され、計画が失敗してしまったクーデター派は少数派となっていた。辞任を実現させる最後の手として、チャベスはオルチラ島に送られる。この島に、小型の自家用飛行機でイグナシオ・ベラスコ枢機卿とフリオ・ロドリゲス陸軍大佐が赴いた。『四月の謎』でラ・フエンテとメサは書いている。
「目前に迫った暫定政府の崩壊を救わんがためのぎりぎりの対策だった。軍上層部は国外脱出の要請を受け入れていたが、チャベスが主張を変えた。今は職務の放棄を計画していた。チャベスはディオスダード・カベーリョに委譲すると約束する覚書を口述筆記させ、コンピューターに打ち込み次第、署名

捺印すると決めた。だが、とうとうその時間は無かった」[原注24]

抗議の大衆がますます街頭に溢れ、新体制批判がより一般的になってきても、民間テレビ放送局は起きている事実を伝えず、ニュース報道の代わりに子供向けのアニメや外国映画ばかり流していた。しかし、事態の進行は止められなかった。夜十時、ペドロ・カルモナは共和国大統領を辞任し、職務から去った。夜中の十二時少し前、バドゥエル将軍が三機のヘリコプターを率いて、大統領を帰還させるべくオルチラ島へ向かった。

ウーゴ・チャベスとイグナシオ・ベラスコが、十三日の夜にオルチラ島の浜辺でどんな話を交わしたのか、それは未だに不明である。真相が深い闇に包まれたまま、二〇〇三年六月、大司教は癌でこの世を去った。浜辺にいたのは、陰謀計画を指揮した重要な政治的人物の一人で、「ボリーバル主義」大統領がベネズエラに「軍事共産主義」を持ち込もうとしているとした教会人、とその犠牲者であった。犠牲者は、わずか数時間後にはもう犠牲者ではなくなった。二人は何を言い合ったのか？　何について話したのか？　ベラスコは、チャベスは深く反省していた、過ちの許しを乞うた、と語った。大統領はそれを認めているが、別の機会では、神父に対しクーデターに直接参加したことと、教会がこの政治的陰謀に介入した事を厳しく咎めたと語っている。カルモナ政権の憲法案には、他の人物に混じってベラスコの署名も見られる。しばらく後に神父は、何の事か知らずに白紙にサインだけした、と認めた。テレビでは、署名する場面が映っている。四月十一日の事件の裏にある人間模様と裏話を良く知る人ならば、ウーゴ・チャベスが権力を奪還したあの夜明けに最初に語った言葉に、もう一つの意味を見出したであろう。ベネズエラ大統領として国民に向かって、彼は言った。

「神の属するものは神に、カエサルに属するものはカエサルに、人民に属するものは人民に」

体制を立て直すにあたり、チャベスは自分の誤りを認め、修正の意志を示すために、国民との対話集会を開き、内閣改造や石油公社幹部との協議の見直しなど新たな対策を講じた。反対派のいくつかの部門は相変わらずこの言葉が信用できないでいた。彼は、この過程の事実の解明と裁定に当たっては、いかなる政治的かつ人為的介入をも行なわないことを確約した。最高裁判所が「権力の空白」論を持ち出して、四月十一日に叛乱を起こした軍人に有利な裁定を下したが、起きた事実は容易には消せないことを全てが示していた。二年後、司法は新たに、チャベスを「裏切った」と思われる将軍たちを捜査した。二〇〇四年には、検察庁も捜査を開始し、ペドロ・カルモナ政府の憲法草案に署名した者全員を告発しようとした。

クーデターの企てが政府を強化した。新たな弾みを与えた。国際的レベルでの合法性を賦与し、クーデターを断罪し、暴力的手段で権力を得ようとした反対派を否定する政治的主張を許した。それだけでなく、制度的な範疇でも利点も生み出した。マリピリ・エルナンデスはこんな事を言っている。

「四月十一日は私たちにとても役立ったと思います。なぜなら、裏切り者を取り除くのに必要な下剤をくれましたから」

国民会議における長時間の査問を経て、最高裁判所は「権力の空白」論に有利な判定を下した。これはしかし、軍部内の粛清を強制するまでには至らなかった。民間レベルでは、何人かのクーデター共謀者が国外に逃亡した。数日間自宅軟禁になっていたペドロ・カルモナは、五月に逃亡し、コロンビアに亡命を申請、現在も彼の地に在住している。一年後にベラスコ師が亡くなると、政令で三日間の喪に服したが、カラカス近郊の教会での葬儀の間、チャベス支持派はその死を祝ってシュプレヒコールをあげた。

「えい、えい、おー！　イグナシオが死んだ！」

二ヵ月後、ある訓示の折、ついにウーゴ・チャベスは大司教についての本音を述べた。

「いずれあの人には、地獄の二丁目で会うことになるだろう」

この時期の軍事的、政治的危機は解決したかに見えたとしても、人権問題、殺人と虐待の問題は――四月十一日とその後のカルモナ短期政権下での――ベネズエラ社会の上に、大きな傷口を残したままだ。作家のネストル・フランシアは主張する。

「四月十一日のクーデターの最も顕著な特徴の一つは、事実関係をうやむやにするために、真相の究明を妨害し、真摯な信頼性のある調査をすることなく社会の一定層を断罪した巨大メディアがグルになって仕組んだ攻撃が後に続いたことである」原注25
特に強調するのは、軍人派のメンバーが橋の上から発砲しているところが映っている、あの世界中に流れたビデオ映像の事だ。その後、反対派の市長、アルフレド・ペーニャの配下にある首都警察の警官が発砲しているビデオと写真も出てきた。

これら全ての映像から、各派は建物の屋上に狙撃者がいた事実を認めてはいるものの、彼らはお互いに相手の狙撃者のせいにするだけである。多くの専門家が首をかしげるのは、国民会議の多数派である政府が、国際的監視の下に事件を真底まで調査し、ガラス張りにする中立的立場の真相究明委員会の設置を妨げていることである。チャベス政権の最初の国防大臣で、その後に駐スペイン大使になったラファエル・サラサール将軍がこの事件の後に辞任し、「政府内にいた人間を裁く結果になるような多くの真実が明るみになりそうなので、（真相究明）委員会は機能させなかった」との見解を表明している。

おそらく、国民の大部分にとって最大の悲劇は、両派とも正しいかもしれない、ということである。人が互いに相手を責める時、そこには嘘がない。あの日々に起きた説明できない死と暴力は、両者の間を危うく行き来しているのだ。どちらも、心底では、真実を知られたくはないのだ。

# 第12章　ミラフローレスの芸能人

「チャベスは絶対に職業を間違えた。彼は一流の司会者になっていただろう。この国のテレビや映画の世界に彼みたいな男はいない」

こう言うのは、一九九八年の彼の選挙参謀、アルベルト・ムイェル・ロハスだ。もっと多くの人たちが、同じ事を言うに違いない。敵も味方も、傍観者も、一度会っただけの人も、ウーゴ・チャベスの親しみやすいうち解けた性格は否定できないだろう。彼の周りに漂う信頼感と温かみにはいつもながら驚かされる。これこそが彼の最高の資質である。一九九二年のクーデター未遂も、実際のところ基本的にメディア的クーデターとみなすことができるだろう。チャベスはこの日、軍事的には失敗したが大向こうを相手に最初の大成功を収めた。そしてまた、視聴率という絶対神を相手に、初めてつまずきもした。

とは言っても、一見したところ、こうした方向を確信をもって見据えていたらしき徴候は、彼の半生からはそれほど認められない。陸軍士官学校時代、弁舌をふるいたがり、文化活動を組織し、演劇活動にも参加していたことは知られている。同様に、エロルサの村に配置転換された時には、スポーツ文化活動のプロモーターや郷土の祭事の後援者を買って出るなどの活躍を見せた……。しかし、これがその後のメディア的パワーに直結したとは言えない。これだけでは何か物足りないのだ。彼の人生の別の面では、他人からむしろ引っ込み思案な印象を持たれていたことも事実である。少なくとも、幼少期の友だちの何人かはそう証言している。臆病とも言える性格だったらしいが、今では想像もつかない。

ウーゴ・チャベスはテレビ時代に生まれた最初のベネズエラ大統領だ。それまでの大統領は、誰も首都生まれではなく地方の出身で、小さい時から放送産業とは全く縁が無かった。彼の子供の頃の友だちの一人は、生まれて初めてテレビがやって来た時の事を事細かに記憶している。

「サバネタで最初にテレビを買ったのは、村の金持ち家族の家長の一人で、実直な働き者のフランシスコ・コントレラスだった。一九六四年の話だ」

当時、ウーゴはまだ九歳か十歳の子供だった。この頃の仲間の一人、エフレン・ヒメネスも、自分たちは映画を観て育ったと言う。

「唯一の楽しみは、一レアル[訳注]払って観る映画だった。どんな映画だったかって? メキシコ映画とか、たまにはカウボーイ映画もあった」

この国も今とは違っていた。チャベスはおそらく、幼児期からメディア産業や大量消費社会とかかわりを持ち始めた最初の世代に属している。

「私のヒーローは、スーパーマンではなくてボリーバルだった」[原注1]

一九九九年にチリの雑誌『ケ・パッサ』にこう告白させたのもうなずける。振り返るに、ボリーバルはこの頃はまだ漫画の主人公で、ようやくアニメ化されたが白黒画面のスーパーヒーローで、初歩的な特殊効果しかなく、あまりカッコよくはなかった。

しかしメディアが、環境として、また少なくとも未来を予感させる兆しとしてすでに存在していたとは言え、幼年期から少年期にかけてのウーゴに、現実社会にダイレクトに関わりたいという強い関心がそれほどあったとは思えない。彼の一番古い原体験は、ラファエル・アンヘル・ゴンサレス神父がバリーナスで最初の司教に任命されたことを祝う学校での催し物である。

「私は六年生で、マイクを通してひと言喋るよう言いつけられた[原注2]」

それ以降、祭事などの挨拶や司会や人前で歌うなど、頼まれればいつでも引き受けていたが、将来芸能人になるのでは、と思った憶えは誰にもない。彼は常に、キャスターあるいは司会者として身を立てる道より、プロ野球のピッチャーになる夢の方を強く抱いていた。

「ウーゴはいつも道化師みたいに冗談を飛ばして、情に厚く、とても話し上手だった」

高校の同級生の一人はこう指摘する一方、学生仲間は「完全に無名の存在だった」とも言う。この頃の仲間だったルイスとヘススのペレス兄弟も、彼のなみなみならぬ演劇的才能、豊かなユーモア精神、舞台度胸などを列挙する……。このような特徴はことごとく、チャベスが有名人になるや文句なしに発揮され始め、花開くのである。たったひと言が歴史を変えたまさにあの二月四日、彼が「今のところ

レアル：十九世紀から宗主国スペインのペソに替わり使われ始めたベネズエラの貨幣単位。その後ベネソラーノに替わり、十九世紀末にボリーバルが採用された。一九三〇年から紙幣が導入され、貨幣も金貨、銀貨から銅貨、ニッケル貨に変わった。二〇〇八年からボリーバル・フエルテ（一ボリーバル・フエルテ＝約〇・四六米ドル＝一〇〇〇旧ボリーバル）がベネズエラの通貨になった。レアルは一九六〇年代には一レアル＝〇・五ボリーバル（約二十円〜三十円）くらいで流通していたが、現在は使われていない。

は」と言ったその時、「今のところは」はベネズエラの国是となった。

ウーゴ・チャベスがテレビに出たのはこの時が最初ではない。ただ、最初のテレビは主役としてではなかった。一九七四年の大統領指揮権の伝達式で行進した兵隊の一人にすぎなかった。いずれにしても、若きウーゴにとっては別に大した事ではなかった。三月十三日、彼は日記にこう書いた。

「夜、消灯後に行進の再放送をテレビで観る。演壇の前を通る自分をよく見た。家でも観ていただろうか?」[原注3]

びっくりすることが起こる。数年後、マラカイボ市で土曜日に長時間のテレビ番組が放送された。イベントには美人コンテストもあり、最後にパラシュートが空から舞い降りてきて優勝した女性に花束を贈呈する段取りになっていた。ヒルベルト・コレア(ベネズエラの人気歌手)がこの番組の司会を担当していた。数年後、ウーゴ・チャベスは、あの時優勝したミス何とかに会いに空から降りてきた兵隊は実は彼自身だったと敢えて打ち明けた。この告白は別の番組で放送され、この人物について驚き以上のものを与えた。陰謀計画を実行し、マルクスを読み、チェ・ゲバラを崇拝し、それでいて商業テレビの最高に陳腐な番組に出演を承諾するとは。

だが、個人的な好みはさておき、メディアが持つパワーに対抗できるものを選べと言われれば、答はウーゴ・チャベスである。彼はメディアに近いところでの経験がある。メディアを深く知っている。個人的にも直接的にもメディアの絶大な力を知る男だ。ウーゴ・チャベスには将軍に上りつめること以上の運命は考えられなかった。そしてその運命は、長い刑務所生活と政治生命の剥奪以外の何物でもなくなってしまった。しかし、メディアには歴史の条件、何よりもメディアの虚像が用意されていた。

テレビ画面に登場した軍人は、クーデターの責任と失敗を全て引き受け、きわめて多くのベネズエラ国民大衆が待ち望んでいた代表者の位置をものにした。そして瞬く間に、国内情勢ひとつ判断できなくなってしまったエリートたちに絶望し、辟易していた大多数がおそらくは抱いていた、反政治の完璧な具現化として登場したのである。

一九九二年二月に催されたカーニバルには、チャベスの仮装をした子供たちがいた。怪傑ゾロの衣装や、その他様々なスーパーヒーローなどいかにも典型的な子供の仮装に混じって、戦闘服に落下傘部隊の赤いベレーを被ったニューファッションが目立った。二月四日のチャベスの姿は決定的であった。それから、彼自身の性格、彼のやり方が見え出す。クーデター計画者たちの礼賛文を真っ先に書いたが、現在では反対派になっているジャーナリストのアンヘラ・サゴは、最初の出会いを振り返る。[原注4]

「刑務所に面会に行って、ウーゴ・チャベスではなく全員と話そうと考えていました。でも、一番よく喋り、積極的で、好感が持てたのは誰だったたか？　チャベスでした。面会室に入ると、遠くの方から――なかなかの曲者ですよ――声をかけてきました。『嬉しいですね！　信じられませんね！』それから近づいてくると『お会いできて光栄です。あなたのものはずっと読んでいますよ』と来ました。それから実によく喋りました」

チャベスは回転が速い。インタビューアーの好みが読める。籠絡するのが上手で、すぐに親しくなる。刑務所にいながらにして、全国から様々な階層、部門の代表がクーデター軍人に面会にやって来ると、チャベスは見事なばかりの話術で誰彼かまわず丸め込んでしまう。また、メディア関係者との個人的関係も、刑務所にいながらにして作っていた。

この過程で、クーデターグループの中に不穏な空気が生まれた。もう一人のクーデター責任者、ヘス・ウルダネタは、全員がサン・カルロス総司令部に収容されていた時の出来事を語る。

「二時間おきに公衆電話が使えた。みんな女房や子供と話すのに使っていた。チャベスはそうではなく、三十分も一時間もかけてマスコミに宣言文を送っていた。そのせいで電話が使用禁止になり、彼と喧嘩になった。『君が一生懸命になったせいで電話を取り上げられた』。彼にそう言った。彼には計画があったが、私は違った。私は家族の事を思っていた」

この現実的力学がすぐに集団としての結束を弱め、運動の絶対的シンボル、チャベスが強大化していった。同志間の内部的議論、討論を超えたところで、今後の全てを規定するようになる外的ファクターが凌駕してくる。チャベス人気、である。

刑務所を出ると、元クーデター軍人はその公的な顔作りを始めた。彼の釈放を後押ししたマスコミのフィーバーは、（カルデラが）召喚を棄却し、一九九八年の選挙に出馬する事を決めた時に、やっと報われた。チャベスは一時期、検閲体制に服従するメディアを嘆き、責めていた。当時チャベスと一緒に動いていたウィリアム・イサーラも、「国内紙のほとんどがわれわれを叩き、発言の場を与えなかった」原注5と強調している。メディアがチャベスをあまり宣伝したくなかったとも考えられるが、民主主義と選挙手続きに反対するような主張ばかりしているうちにチャベスの人気を失っていったのも確かである。抜本的変化は一九九八年にやって来た。この時以降、彼とメディアとの関係は円滑であり続け、より緊密になって行く。協働する時もあるし、対立する時もあるが、関係は生きている。

「見つめるだけで泣かせる事ができる」

これは、マリピリ・エルナンデスの言葉である。ハンフリー・ボガートの事ではない。ウーゴ・チャベスの話である。エルナンデスは与党の重鎮である。彼女もジャーナリストである。非常に早い時期から一九九八年の選挙戦を支えてきた。指導者に対する崇拝の如何を超えて、この言葉はコミュニケーションの重要性の一面を表わしている。チャベスは感性的だ。生まれつきテレビ映りが良い。親近感があって、愉快で、誰とでも簡単に仲良くなれる。彼のようなカリスマ性は、広告や興行的分野からは評価が高い。フィーバーを巻き起こし、人心をつかむ。

一九九八年の選挙戦中の世論調査でこうした感情が高まるにつれ、チャベスの支持も上がった。とりわけメディアの支持であった。最も熱心だったのがベネズエラ二大新聞の一つ『エル・ナシオナル』紙と4チャンネルのオーナー、ディエゴ・シスネロス・グループである。いくつかの例を除けば、全てのメディア、つまり国内の大多数がチャベスを後押しした。つまるところ、不安感を越えて、彼が国民の長年訴えてきた不満への回答と映ったのである。元陸軍将校は、既成政党を批判し、反政治を打ち出すメディアと波長を合わせていた。一九九九年初頭、チャベスが権力を獲得した時、そのメディア的盛り上がりは最高潮に達した。政府はメディアとの蜜月を享受していた。国中が期待に胸を膨らませていた。希望が流行語になった。

統治するより選挙に勝つ方がはるかにやさしい、とよく言われる。間もなく、大統領とメディアとの関係が緊張し始める。チャベスは新聞媒体が広めたいくつかの情報に対し、独特の臭覚を見せた。同様に、すばやく代替メディアの創設と、彼が中心になって発信するメッセージの責任を負い、彼本人が事実を伝えることができるという番組の制作に乗り出した。かくして普及を狙った政府広報新聞『コレオ・デル・プレシデンテ（大統領の手紙）』が生まれた。新聞情報局長のウンベルト・ハイメスは「国は、戦略性を持って、世論のために重要だと考えられる情報を広める権利があり、他の商業メディアと同様に国の見解を公開する権利を有する」[原注6]と考えていた。

国営テレビでは、チャベスは——彼はアナウンサーの資格を持っている——最初のレギュラー番組に挑戦した。当時、国営テレビの総裁はマリピリ・エルナンデスで、「これは、特殊な機会に呼応する情報戦略の一環であり、今こそ、国民に向かって語りかける指導者が求められている」と異論続出した番組枠を守った。これら最初の企画は、どれも期待した結果を得られなかった。チャベス自身はそれなりに総括している。

「『コレオ・デル・プレジデンテ』という小さな新聞からスタートした。いい新聞だったが失敗した……。それから、毎週木曜の夜、人を一杯入れて、質問を受け、電話も受けるスタジオ生番組『デ・フレンテ・コン・エル・プレシデンテ（大統領と向き合って）』を作った。悪くはなかったが、次第に中身が重くなってきて、視聴率も下がった」[原注7]

この二つの実験は失敗したが、——新聞の場合は汚職摘発の最中だった——チャベス政権は、新設公共テレビ局のビベTV、ボリーバル革命政治局議長、ギェルモ・ガルシア・ポンセ主幹の軍人派新聞『ベア』、イグナシオ・ラモネを中心にした雑誌『クエスティオン』、そしてフランスのルモンド・ディプロマティックまで、様々な情報コミュニケーション・プロジェクトを援護し、物質的にも財政的にも決して援助を惜しまなかった。同様に、文化省を通して、ボリーバル革命を明確に踏襲する各種情報メディアやウェッブ・サイトを開発促進した。

だがしかし、チャベスがその形態、及び得られた結果に満足できたのは『アロー、プレシデンテ（もしもし、大統領）』に他ならない。この番組は、毎週日曜日朝の生放送であった。開始時間は一応、午前十一時前後とされていたが決まってはおらず、いつ終了するかも判らなかった。番組参加者は電話で応募し、選抜され、司会者の好みで選ばれた。通常、ベネズエラ人や外国人を問わずゲスト間の一種のパネル・ディスカッションを行ない、大統領はそれを聴く側に回り、要求があれば議論に加わる。そして、内閣閣僚が毎回出演し、数分間にわたって山ほど喋る大統領の言葉に、うなずいたり笑ったりする。番組時間に関して、チャベス自身はこう言う。

「私はこういうのが好きだ。気に入らない人もいるのは分かっている。短くする努力はしたが、――結局、私のせいだったが（笑い）――傾向としてどうしても長くなる」[原注8]

最長記録は二〇〇二年三月十七日放送の第百回番組で、七時間三十五分だった。脚本などは一切無く、チャベスの即興的判断で進行した。その週の政府の活動を議論したり、彼の孫の話題や私生活での出来事や、時には歌を歌ったり、新聞記事についてコメントしたり、政府による公共事業計画について説明したりすることもある。チャベスは、彼の番組が最もよく見られていると自慢していたが、全国の

AGB：国際的視聴率調査会社AGBニールセン。二〇〇五年にニールセンと合併、AGBの最新テクノロジーとニールセンの既存のマーケットを融合し、米国を除く世界最強のテレビ視聴率調査のシェアを獲得した。アジアでは日本を除き、中国、韓国などほとんどの国をカバーしている。

テレビ視聴率を調査するAGB社[訳注]によればそれほど喜ぶべき数字でもない。

そうは言っても、チャベスの『アロー、プレシデンテ』が諸方面、特にメディア部門からの注目の的になったことは確かだ。番組、そして大統領から飛び出す特ダネを、ジャーナリストはもちろん期待した。例えば、二〇〇〇年一月二十三日、国家元首はイサイアス・ロドリゲスを副大統領に任命すると番組で特別発表してまたもや国民を驚かせた。二〇〇二年四月には、ベネズエラ石油公社の大部分の取締役に「出て行け！」と一喝して彼らをその場から叩き出した。

「あれは私が犯した最も大きな過ちの一つだった。しかも口笛まで吹くとは……（苦笑）あれは私のやりすぎだった。あんな事は二度とやらない」

この出来事を振り返って、マルタ・ハーネッカーに述懐している。[原注9]二〇〇四年八月二十二日の日曜日、大統領の地位継続を決定した大統領罷免国民投票勝利[訳注]の一週間後、チャベスは番組の中で、通信情報、国内関係の重要部門の新大臣任命を発表した。

こうした事柄は、彼特有の盛り上げる才能、ユーモアセンス、小話を挿む、といった番組を彩る要素と一体となって、チャベスとメディアとの緊密なつながりを培った。大統領と親しい間柄にある心理学者、エドムンド・チリーノスは言っている。

「彼のテレビ番組『アロー、プレシデンテ』はベネズエラのジャーナリストの情報源に変貌した。番組について、月曜日の新聞がどんな解説をするかをみんな楽しみにしていた。チャベスがいなくなったらどうするのだろうと思ったほどだ」

反対政党はしかし、この見世物はその制作費とスタジオの観客やゲストの量から、国庫の大きな負担になっている、と指摘した。反対派議員のカルロス・ベリスベイティアは、二〇〇四年五月二十三日現在で、百九十二回を経た番組の総制作費が三千七百万ドルに昇っていると告発した。政府はこれに対して眉一つ動かさなかった。目指す地平は、はるか遠方にあった。チャベスは、ラテンアメリカ大陸全体のテレビネットワークと、シカゴからパタゴニアまでカバーする週一回一時間のラジオ番組を創る発想をあたためていた。

一九九九年五月二十三日の『アロー、プレシデンテ』第一回放送で、チャベスはすでにメディアの問題を取り上げてこう語っている。

「ここベネズエラも含め、メディアのいくつかは人を傷つけ、中傷し、嘘を言い、名誉毀損のキャンペーンまで張っている……。これはベネズエラのための、子供たちと祖国の未来のための闘いであり、私はこの責任を果たすために立ち上がる。友よ、われわれは表現の自由を目指して闘うのだ」

これは、始まったばかりの闘争宣言であった。

政府に反対する立場のジャーナリスト、ラファエル・ポレオはこう考える。

大統領罷免国民投票：二〇〇二年四月の政変後、チャベスは各部門との対話に取り組んだが、反政府運動が再燃、石油部門も参加して辞任要求のゼネストが行なわれた。これを契機にチャベスはベネズエラ石油公社内での権限を強化しつつ、反政府派との対話を行なった。その結果、大統領罷免国民投票を余儀なくされた（二〇〇四年八月十五日）。チャベス不利の予想に反し、罷免反対五百八十万票、賛成三百九十九万票と、百八十万票近い差でチャベスが圧勝した。これに先立つ二〇〇八年七月十四日付の『ル・モンド』紙に、チャベスの省庁新設の報道がある。これによると、チャベスは大統領在位十年を経て、従来の二十八省庁を百四十に増設し、副大統領職を新設した。新設省庁は、共同経済省、栄養省、文化省、社会参加保護省、スポーツ省、通信情報省、先住民省、婦人問題省など。

「多くの重要な位置にあるメディアは、それまで大衆的基盤の政治家を上手に操ってきたように、チャベスも操れるだろうと勝手に決め込んでいた。テレビ、新聞、ラジオの経営者連中はそれぞれが、脅威と野心と欲望の入り混じった幻想を作り上げて来た。それを見抜いたチャベスは、彼とメディアのパワーとの関係を決定づける事実に自信を深め、彼らと対決すべき時が来るのを待ちながら、彼らを利用した[原注10]」

やはりジャーナリストだが、チャベス陣営に属し、国営テレビの現総裁であるブラジミール・ビジェーガスに言わせれば、最初はむしろ「メディア全般がウーゴ・チャベス・フリアスなる厄介な現実を受け入れざるを得なかった」のだが、両者の蜜月が終わると、「国家元首と通信企業の経営者との間の絶えざる疑心暗鬼」が原因となって、対立関係が始まったのである[原注11]。

いくつかのメディアが、過去四十年間の政府と付き合ってきたような形で新政府とやっていけるものと考えていたのは、ある意味以上に確かな事である。ディエゴ・シスネロス・グループ——その主要企業は民間テレビ局のベネビジョン——のケースはよく知られている。政権当初、グループの信頼厚い人物が通信委員会の座長に任命されるものと思い込んでいた。チャベスはそれを蹴った。両者はその後、数年にわたる対立関係に突入した。しかし、最終的にはメディア王グスタボ・シスネロスとの交渉で問題は実利的な決着をみた。二〇〇四年中頃にチャベスがシスネロスと会談し、仇敵は一定の合意に達したように見えた。双方のせめぎ合いは、しばらく鳴りを潜めた。ベネビジョンは政府を厳しく叩いてきた朝の番組枠を編成からはずし、トーンを下げた。そして——軍人派に近い消息筋によると——、朝の六時から六時半までの情報通信大臣との、言わばやらせの、インタビュー番組枠を提供した。

通信事業省副大臣のアルシデス・ロンドンは、チャベスは引き下がらないと断言する。

「チャベスは戦闘的だ。メディア業界で彼（シスネロス）に楯突く者はいなかった。これで釣り合いが取れたというわけだ」

別の解釈もある。当初の過程で政府サイドにあり、大統領に付いて動いていたアンヘラ・サゴは、一九九九年の終わり頃に、新憲法にある「真実の情報」の概念の包摂をめぐって大統領と激論を交わした。カルデラ政権時代にチャベスが強固に議論を戦わせ、促進していた概念である。将来、表現の自由の統制につながる危惧を呼び起こすであろうデリケートなテーマである。サゴは、メディア経営者やジャーナリズムと対立して、政府がどのような利益を得られるのか理解できない、と言う。ある種の規制を加えると言う考え方は、しかも、適切なものとは思えなかった。チャベスと議論を深めようとしたが、返ってきた答はただ一つであった。

「アンヘラ、私はこの喧嘩がしたいんだ」

この女性ジャーナリストは呆然とした。彼女は言った。

「すみません、大統領。私は国家の問題だと思っていました」

そして、口をつぐんだ。

「権力を有し、別の部門のもう一人の権力者の顔をこづき回したい人の口から発せられたこのいい加減な考え以外に、国の最高決定者は、その姿勢を正当化するような主張は一切しませんでした」

サゴは、一九九九年十一月のこの日を境にチャベスはメディアとの永続的戦いに突入した、と語っている。

一九九九年には、他にもこの緊張関係の兆しとなる出来事が起きている。カナダで開かれたOPEC首脳会議の議論の席上、チャベスはこの会議に関するCNNの「ごまかし」と「虚偽」の報道を告発した。同月、すでにその前から政府閣僚が「メディアの国際的陰謀」を告発していた。抗議と称して、政府の息のかかった活動家がAP通信の事務所を占拠した。チャベスもまた、『エル・ナシオナル』紙に掲載されたマリオ・バルガス・リョサ[訳注]のインタビューに関してAP通信社に対してただちに激しい攻撃を加えた。この週の『アロー、プレシデンテ』で、ペルー人作家を「文盲」と呼び、その意見を批判しつつ、主権の防衛を訴えた。

関係が敵対的になるにつれ、チャベスはテレビ出演を拒否したり――就任当初はよく訪れた――、国内の新聞の取材を断った。活字媒体――とりわけ二大紙の『エル・ナシオナル』、『エル・ウニベルサル』――との衝突は止むことなく、ジャーナリズム講義を気取った訓示を垂れては、これら新聞社の経営陣を勝手気ままにののしっていた。彼と敵対しなかった唯一の新聞は政府寄りの著名ジャーナリストで学者のエレアサール・ディアス・ランヘル主幹の、あまり人気の無い『ウルティマス・ノティシアス』紙であった。国内メディアとの関係に厳しいものがあったとすれば、外国メディアとの関係はいつもがたついていた。政府に好意的な記事が出れば『アロー、プレシデンテ』で、表彰状もので紹介した。だから例えば、『ウォール・ストリート・ジャーナル』をカメラの前で振りかざして見せることもあった。しかし、彼の政策に否定的もしくは批判的な社説には、大統領の政府に敵対する巨大資本による国際的なメディア戦略の一環であり、全て世界のニューリベラルの陰謀だ、と切り捨てた。

二〇〇二年四月の危機後、かなりの期間、大統領はアメリカのニュース・チャンネル、CNNを、彼が文句をつけたことの無い初めてのメディアとし、優れたジャーナリズムの見本に選んだ。クーデター騒ぎの最中、CNNは夫がクーデターに遭遇したと伝えて、当時のファースト・レディ、マリサベル・デ・チャベス危うし、と喧伝していた。二年後、大統領の見方は一頭の動物に関する話でがらりと変わった。ウーゴ・チャベスは、単なる思いつきで勝手にはしゃぐタイプの人間だ。おぼえたての言葉を、みんなが誉めてくれるまでいつまでも繰り返す子供のように。他人の名前を勝手に変え、あだ名を付けるので有名なチャベスは、二〇〇四年頃はほぼ一年中、ニュース・チャンネルのCNNのことを、セー・エネ・エネではなくCÑM（セー・エニェ・エメ）と呼んでいた。[原注12] 要するに「母親のXXX」の略語で、ベネズエラの言葉では非常に下品な蔑称を意味する（Cは女性性器コンニョの頭文字、Ñはニョの部分、Mはマドレ＝母親の頭文字）。彼の不快感――と、思いつき――は、カラカスのビジネス街にマリポッサ（蝶の意）という名の痩せた雌牛を飼っているチャベス派の活動家がいて、この牛をバーベキューにしようとしている、という小ネタのルポに端を発する。大統領はこの番組を観て怒り狂った。あ

---

マリオ・バルガス・リョサ：ペルーの小説家でラテンアメリカ文学の代表的存在。一九三六年生まれ。一九九〇年、ペルーの大統領選挙に出馬するが、アルベルト・フジモリに敗れて落選した。邦訳された著作としては『都会と犬ども』（一九八七年、新潮社）、『緑の家』（一九九五年、新潮社）、『パンタレオン大尉と女たち』（一九八六年、新潮社）、『官能の夢』（一九九九年、マガジンハウス）、『密林の語り部』（一九九四年、新潮社）、『世界終末戦争』（一九八八年、新潮社）、『誰がパロミノ・モレーロを殺したか』（一九九二年、現代企画室）、『フリアとシナリオライター』（二〇〇四年、国書刊行会）がある。

んなつまらない番組に、どうしてそんなに怒るのか?

「そこに全てが集積しているからだ。牛が問題なのではない。ベネズエラの事件と、クーデターを機にわれわれ国民が抱いてきた熱望を、特にCNNなどの国際メディアがかくも冷たくあしらっている事実がそこに凝縮していたからだ」

アルシデス・ロンドンはこう言いながら、大統領の反応を可笑しがる。

二〇〇〇年中盤から、チャベスとメディアとのざらついた関係は擾乱の要素を孕む。通信事業組織法の規定するところでは、その二〇九条において、国家の利益を守るために、いかなる通信メディアの放送も停止させる権限を国家行政権力に委ねるとある。翌年、全ての通信メディアの活動を規制することになる社会責任法別名コンテンツ法の基本ラインが発表された。反対派はこの企図を「抑止法」であると規定した。市民の抗議と国際団体や組織の批判にもかかわらず、軍人派勢力は規制法を通過させるための議会手続きを開始した。いくつかの修正を加えた上で、二〇〇四年の終わりには、法案が審議され、通過寸前となった。この法的手段によって、テレビ局は番組編成の整備にとりかかり、一定の時間帯における番組コンテンツの放送禁止基準を設置しなければならなくなる。

例えば、テレビドラマの時間帯などが官僚の自由裁量に委ねられてしまう。委員会が定める評価と規準次第で、昼ドラなどは——一時期は国内向けではなくトップの輸出製品だった——午後十一時以降でないと再放送できなくなる。

評論家たちは、新法と、行政サイドが予測する法的枠組みの改変との関係がどうなるかを強く懸念した。刑法改正である。真面目な学者に言わせれば、それは通信社、情報番組、時事評論番組などの規制を狙った操作、ということだ。暴力と陰謀を煽動する恐れのあるものに制裁を加えるために、幅広い漠然とした枠組みが設けられようとしていた。例えば、視聴者参加型番組でゲストが誰かに悪口雑言を吐いたりすれば、番組司会者ひいては当該テレビ局がその責任を取らされることになる。夕刊紙『タル・クワル』主幹のテオドーロ・ペトコフは、この法律が政府に与える自由裁量権が意味する危険を執拗に指摘してきた。コンテンツを評価し判断する委員会委員十一人の内、七人は行政が直接任命する。これらは全て、チャベス自身がその端緒から促進してきた一つのサイクルの完了を意味するとの考えもある。二〇〇二年のクーデター失敗で、国軍は粛清された。二〇〇二年十二月と二〇〇三年一月のゼネストで、石油産業の支配権を得ることができた。二〇〇四年の大統領罷免国民投票は、政権を強化した。そしてついに、より賢明で効果的な仕組みである自主規制が奨励される折も折、コンテンツ法は政府にメディア規制と支配の可能性を与えたのである。

チャベスとメディアとの関係におけるもう一つの擾乱的要素は、――通信情報省の命令により――共同の放送を実施するため、国内全てのテレビ局とラジオ局は公式番組編成に「連動して」、国の発信した電波に時間枠を譲らねばならないとした、いわゆる「連動（カデーナス）」である。チャベスは政権発足以来、この国に前例の無い力学を行使して異常かつ頻繁な形で「カデーナス」を使ってきた。一九九九年は、六十二時間二十七分。二〇〇〇年は約百八時間。二〇〇一年は百十六時間五十八分。二〇〇二年は七十三時間に減少したが、二〇〇三年は百六十五時間三十五分に増加した。二〇〇四年七月二十四日までで八七・二三時間を数えている。この統計は、チャベスの「カデーナ・メーター」がどこまで上がるかを記録している『エル・ウニベルサル』紙によるものだ。二〇〇四年七月までで、連動の総時間量は延べ二十五日と八時間である。

これは、大統領自らが作り指揮する国家政策に関わっている。多くの場合において、公式行事で――外交の儀礼的行事、マイクロ・クレジットの貸与式、勲章の授与式、法令の発布、音楽行事、地方遊説などの――チャベスがいかにもさりげなく出てきて雰囲気を盛り上げる。すると、誰かが叫ぶ。「カーデーナ！　カーデーナ！」。それに続いて観衆が「カーデーナ」を合唱する。そこでチャベスは微笑んで見せ、部下の閣僚の誰かに確かめる。「いいかね？」

答えはいつもイエスだ。大体、初めから決まっている。

「これを担当し、シンパと反対派の動向、各放送の強さと弱さを報告するスタッフがいる。作業はシステマチックで、実際にチャベスは彼らの報告に耳を傾ける。だが、決定を下すのは大統領だ。カデーナスの決定は大統領の仕事なのだ」

アルシデス・ロンドンはこう指摘し、細かい点までうるさく注文をつけるこの大統領に仕えるのは楽ではないと言う。特にメディア関係には気を使う。六年間で、情報大臣は九回替わっている。

説教が多すぎると知りつつも、政府支持者の多くが、これを必要なことだとも考えている。情報には、「戦争」とか「戦い」のニュアンスが刻み込まれている。商業メディアはどれも似たような情報を生み出し、客観性に欠け、政府を叩く傾向がある。政府だけがメディアの輪を保護し、チャベスはベネズエラに真の情報を伝えるためだけに「カデーナス」を使い、これも「連動」である、とする。マリピリ・エルナンデスは、「昼間に放送し、必要も無いのに夜にも再放送した点では、カデーナスは過剰で時間も長かった。これは避けられた」と認める。しかし、民間放送局が、完璧な政治目的から、あからさまに情報枠を操作したことも責める。

「極端までやるべきではなかった。チャベスはカデーナスを何回も繰り返したし、民間メディアはチャベスを追い出したい通信社の情報ばかり流した」

情報メディアが、一致して政府に対する批判的行動をとったのはまず間違いないとして、国営放送のカデーナスが、反チャベスの明確な政治的立場に対して「カデーナ」の形で統一して対抗したと責められるべきケースは、現実には二度だけかもしれない。一度目は、二〇〇二年四月の出来事（クーデター未遂）の過程だ。四月十一日、国営放送で大統領が出演していた間、民間テレビ局はカラカス中心部で発生していた悲劇を見せるために画面を分割した。大量の反対派デモ隊が襲撃され、少なからぬ死者が出たと発表された事件である。この時、国営放送局はそ知らぬ顔をしていた。二日後、軍隊内の混乱がチャベス支持に落ち着いて収まり、支持派は街頭に繰り出して気勢を上げた。国営放送局はその状況を報道し、スローガンを流す。

「民主主義を守れ」

国内の主だった民間放送局は、別の物を狙っていた。数時間に渡って、事実解明を探っていた。画面にニュースは流されなかった。映画だった。何が起きているかを伝えもしなかったし、市民が街に繰り出している状況も見せなかったし、暫定政府が事実上指示を失っていることも、チャベスの大統領復帰が目前に迫っていることも伝えなかった。

二度目は、二〇〇二年十二月から二〇〇三年一月までの六十三日間に及ぶ石油ゼネストの間に起きた。メディアは、共同行動は取らなかったものの、まるで教会と同じようにゼネストを促進し、政府に対決する姿勢を固持した。

大学教授でメディア研究が専門のマルセリーノ・ビスバルは、これを「極端な反対派と、これも極端な立場をとる政府側セクターのどちらもが、メディアを使えばどんな内政問題も解消できると考える『メディア精神分裂症』」と名付けた。[原注13] これはすべてのベネズエラ人の日常性の中でそれと確認できる感覚である。この国は、メディアがこれでもかとばかりにこき下ろす、一事実に対するあれこれの意見に毒され、情報過多の飽和状態に陥っている。この（情報の）十字砲火を浴びて、最悪の羽目に立たされるのは一般市民である。どちらの陣営に組しようが、メディアの果たす役割は不明瞭だ。境界線が急速に崩れる。反対派に組したメディアは、多くの場合、結局は間違いだったという結果に終わるような情報を発信するとか、何の根拠も無い悪質な情報を紹介する愚を犯してきた。二〇〇二年九月、少しの期間、エウカリス・ロドリゲスという人物が、マスコミの寵児となった。彼は、政府が民間人向けの軍事訓練場を持っている、と訴えた。「サソリ計画」と呼ばれる、民兵を使い政府を武力で防衛する計画だと語った。彼自身、このグループに属していたことがあり、チャベス派の指導者、ファン・バレトと近い関係にあったと言う。しかし、数日間の大騒ぎの果て、事件はうやむやになった。全くウラは取れなかった。そしてついに、当のエウカリス・ロドリゲスが、全部でたらめでしたと白状して一件落着した。

その一方、国営放送は大統領を防衛するためには何事にも対処できるプロパガンダ軍団に変貌する。ベネソラーナ・テレビジョン（8チャンネル）は、政府に反対する人物同士の電話盗聴テープを放送した。これは、憲法で禁止された違法行為である。8チャンネルのテレビ画面に、ある時、初放映の前に盗難に遭っていた、ニュース・チャンネル、グロボビジョン制作／著作の独占インタビュー映像が流された。このメディア戦争の最中、政府は全く新しさの無い、過去に酷評された処置を講じた。大統領に反対するメディアに対しては、正式な広告認可を与えない、というものである。同時に、彼らのことを公にクーデター計画者、ファシスト、テロリスト呼ばわりして攻撃した。商業テレビ局に対しては「アポカリプスの四騎士[訳注]」と呼んだ。

マルセリーノ・ビスバルもであるが、チャベスが「最初に石を投げた」と主張する評論家もいる。大統領の攻撃的言辞が全てこの状況の起爆剤だった、と彼らは考える。政府系のジャーナリストは、チャベスの言い過ぎ、あるいはカデーナスの派手な使用は認めるものの、この数年間メディアが受けてきた様々な攻撃を大統領の責任に直接帰することはできない、と言ってはばからない。「国境なき記者団[訳注]」

アポカリプスの四騎士：『ヨハネの黙示録』に記される四人の騎士。小羊（キリスト）が解く七つの封印の内、四つの封印が解かれた時に現われるという。それぞれが、地上の四分の一の支配、そして剣と飢饉と死と獣により、地上の人間を殺す権威を与えられているとされる。グロボビジョン、ベネビジョン、RCTV、テレベンの四テレビ局をこれになぞらえた。

国境なき記者団：報道の自由の擁護を目的としたジャーナリストのNGO。一九八五年、フランスの元ラジオ局記者ロベール・メナールがパリで設立した。世界中で拘禁や殺害されたジャーナリストの救出と家族支援、各国のメディア規制の動きを監視・警告するのが主な活動。毎年、『世界報道自由ランキング』を発表している。二〇〇八年四月、パリでメナール事務局長が北京オリンピックの聖火リレーを実力で妨害した。八月には開会式に合わせてパリの中国大使館抗議デモを計画したが、禁止されシャンゼリゼ通りで実行した。日本の記者クラブ制度を「排他的で報道の自由を阻害している」と強く批判している。

の年次報告によると、二〇〇三年だけで、ベネズエラでは「少なくとも」七十三名のジャーナリストが自由を侵害され、二名以上が取材活動中に逮捕、短期投獄され、報道関係者三名が脅迫を受けている。報告には、ベネズエラにはジャーナリズムの発展を阻害する「圧力と締め付け」が存在する事を示す記録も掲載されている。そこには、機材の盗難、焼却から、デモ隊グループを使った脅し、いくつかのテレビ局の設備機器の損壊、個人に対する攻撃などが記されている。

しかし、現政権で様々な職務を歴任したジャーナリストのブラジミール・ビジェーガスはこう言う。「このように一般化するのは良くないし、逆説的に、個人攻撃も勧められるものではない。なぜならば、報道の弾圧があったと言っても、一つ一つは見過ごせるような、弾圧とは言えないものもあったわけで、そこそこに判断して、——これは知っておくべきだ——大統領にはそんな意図は無く、彼の表現が刺激を与えたのだ[原注14]」

もう一方では、これは全て既成の構造を破壊し廃絶する計画の一部をなしている、と主張する人もいる。チャベスの権威的な計画は、早晩、表現の自由を奪い、ついにはメディアを追い詰めるに至るだろう、と言うのである。

二〇〇四年七月二十八日、チャベスは全国のラジオ・テレビ局に共同番組を連結放送させた。リャノの農場で、家族に囲まれて幸せそうな大統領の姿が映った。この公式放送の理由は、ウーゴ・ラファエル・チャベス・フリアスの五十歳の誕生を祝うためであった。

チャベスがテレビに出たがる特別な訳があるかと訊かれて、この時、中央情報局総局長の地位にあったフアン・バルレトは答えている。

「それが好きだからです。悪い事ではない。マドンナも好きらしい。だからメディアを求めるのです」原注15

しかし、バレトは軽率にも、真実の輝き、すなわち、メディアの魔術から逃れるのはそう簡単ではないという、この産業が生みだす真実を隠している。ブラウン管の輝きには他の何よりも増して絶大な力がある。どんな戦略、どんな政治的計算をもってしても、虚構の力をコントロールすることはできない。歴史的チャベスは、果たしてメディア的チャベスに魅了された自分自身を制することができるのか？　どちらが本当のチャベスなのか？

# 第13章　ブッシュの馬鹿とフィデル・カストロ

ラテンアメリカ人に対するワシントンの近視眼的——むしろピンボケの——見方を治すのは難しそうである。ウーゴ・チャベスも例外ではない。分類困難な珍種——本当に共産主義者なのか？　革命家なのか？　ニューリベラルか？——アメリカ国務省にとって、このベネズエラ人は中南米地域における最新の頭痛のタネである。チャベスは一貫して「アンファン・テリーブル（恐るべき子供たち）」のごとく振る舞ってきたわけではない。無名の存在から突如世に出た数日後、初めてアメリカ合衆国について公式に語った彼は、慎重に言葉を選んでいた。

「われわれの戦いはアメリカ合衆国に対するものではない。われわれの戦いは、腐敗と現政府に対するものである……。私はアメリカがわれわれの計画に介入しないと信じている。なぜなら、これはその国際政治に真っ向から対立するものではないからだ」[原注1]

そしてさらにまた、——刑務所での初期のインタビューで——自分の計画には「六〇年代の時代遅れの反帝国主義的、反米的論理は全く無い」と言明した。[原注2]

しかし六年後、選挙戦の煽動的言辞では、米国務省ではあの埃にまみれた情報などどこかに行ってしまい、ビル・クリントン民主党政権はチャベスの当初の好意的声明など憶えてはいないだろうとばかりに、ベネズエラの過去四十年を粉砕し、エスタブリッシュメントを解体すると公約した。大統領選候補者として、仇敵とのテレビ中継会談出席のためにマイアミ訪問を計画した時は――勝利がほぼ目に見えていたにもかかわらず――クーデターの前歴ありという理由でビザの発給を拒否された。今やみんなが微笑みかける元クーデター司令官は、一九九八年には逆にクーデターを非難する立場になり、当初とった懐かしの態度を封印せざるを得なくなる。十二月六日、ジミー・カーター元米大統領が、彼の地すべり的勝利を「平和的革命」と評価した時には、多分またこれを思い出したであろう。間もなくワシントン政府は、過去の埋め合わせとして、銀製のお盆を贈った。

彼の信じられないような政治へのダイビングに、国際社会は好奇の目を持って注目した。「彼が姿を現わすと、この図々しくて傲岸不遜な一味違う政治家の話を聞こうと、人々が殺到した」

愛国極のチャベス派連合コーディネーターで、一九九九年一月十一日から十七日まで次期大統領としての最初のヨーロッパ諸国歴訪に随行したイラム・ガビリアは回顧する。チャベスは絶頂期にあった。マドリッドで企業家との夕食会の席上、新大統領が即興演説を滔々とまくし立てていると、緊急の電話です、と部下の一人が遮った。彼は携帯電話を取り、しばらく聴いていたが、「これは電話で話す事ではありません」と言って切った。翌日、パリに飛び、ジャック・シラク大統領の手厚いもてなしを受けた。フランス大統領との会見は親しみ溢れ、チャベスはマドリッドでの前夜の出来事を話した。「彼は、アメリカのピーター・ロメロ国務次官補からラテンアメリカ問題を話したいと電話があったと言い、『どうですか、シラク大統領。アメリカ人というのは国際政治、特にキューバに関してはよく間抜けなことをやりますね。我が国に対する扱いもおかしい。ご存知ですか、大統領。私はアメリカの入国ビザが無いのですよ。ピーター・ロメロは、クリントン大統領が私に会ってもいいと言っている、もうビザの心配は要らない、でもアメリカに行く前にキューバに立ち寄るのが気に入らないと言うのです。私がアメリカに行く前にキューバに寄るのがそんなにも心配なのですな。私は、ベネズエラの外交に対するアメリカの干渉を一切認めるつもりはありません。これはロメロにも誰にも言いません。だから、ピーター・ロメロの電話を切ったわけです』――ガビリアはベネズエラ大統領の言葉を思い出す――これが、ウーゴ・チャベスの外交政策が何を目指しているかをはっきり示した最初だった。アメリカ大統領に歓迎されたくておべんちゃらを言ってきたこれまでの大統領とは違い、彼は自らの信ずるところに従って行動した」

チャベスの最初のワシントン訪問は二度招請された。一度目は、訪問予定日の数日にクリントンが首都に不在ということが判り、チャベスの方で中止にした。二度目は、チャベスが結腸炎を患い中止された。ついに実現した会見は――一九九九年一月二十七日の事である――あまり成果は無かった。多分、単なる順番だったのかもしれない。会談は公式の性格のものではなく、アメリカ大統領はホワイトハウスの国家安全保障問題担当大統領補佐官、サンディ・バーガーのオフィスで十五分だけ彼と会った。五ヵ月後、すでに大統領職に就いていたチャベスが通商問題でアメリカを訪れた際には、ワシントンには立ち寄らなかった。チャベスとクリントンが、二度目に、そして最後に会ったのは国連総会の機会だった。両者は、多国間協議北米委員会で同席し、一時間ほど麻薬密輸問題、ベネズエラの憲法改定計画状況、コロンビア紛争問題について話し合った。この年チャベスは、麻薬撲滅のための米軍機によるベネズエラ領空の航行が不快感を引き起こしていると、――ワシントンはこれに驚かなかったが

——麻薬密輸取締りのためにアメリカが策定した「コロンビア計画」に反対した。ベネズエラ大統領は譲らない。麻薬撲滅の帝王、バリー・マカフリー〔訳注〕が個人的にカラカスにまで行って説得を試みても、彼の態度を変えることはできなかった。

一九九九年末のバルガス州での出来事は——アメリカに救援を要請しておきながら、救助部隊が向かっているときにそれを断った——ワシントンとカラカスの関係を悪化させた。ピーター・ロメロはそこで恫喝的に動く。スペインの保守系日刊紙『ABC』は、チャベス政権の一貫性の無さに疑問を呈した。

「政府は正しく舵取りされているのか。アメリカ人が我慢強いとはあまり聞かない話である」

ここから先、チャベス大統領は、共和党の次期大統領に対しても変わらずぶつけていくことになる舌鋒のトーンをさらに高め続けた。この時、ベネズエラ大統領の腹を何とか読もうとしていたアメリカの駐ベネズエラ第一大使、ジョン・マイストが、チャベスに戦いを挑んでくる。当時のカラカス外交派遣団団長によれば、チャベスは、その発言ではなく、その行動で判断すべきである。彼は言う。

「彼の口ではなく、手の動きを見ろ」

国務省はこの忠告を非常によく聞き入れた。マイスト大使は二〇〇二年、強い性格の女性で、おそらくチャベス政権と最もオープンに議論したアメリカ人官僚とも言えるドンナ・フリナク〔訳注〕に替わる。

---

バリー・マカフリー：元米陸軍将軍で陸軍士官学校客員教授、軍事アナリスト。一九九六年から二〇〇一年までクリントン政権時代の麻薬撲滅対策事務局（ONDCP）を指揮し、麻薬撲滅のツァーと呼ばれた。

カラカスとハバナとの関係の接近とフィデルの挑発的発言の幾つかにより、北米の最保守のタカ派に乱れが生じる。『ニューヨークタイムズ』紙は社説でチャベス—カストロ連合批判に紙面を割き、まずは「ラテンアメリカだけでなく、世界におけるアメリカの影響力に対抗する強力なシンボルになりたいと望む」と語る前者の「危険性」を訴えた。[原注3]

ロメロは、スポークスマンとして国務省の不快感を表明した。チャベス政権の全期間を通して、ロメロは悪役警官の役回りで、後にはホワイトハウスからのラテンアメリカ向け特使、オットー・ライヒや[訳注・原注4]西半球担当国務次官補のロジャー・ノリエガなどのような強面もこれに加わった。[原注5]究極のところ、元クーデター司令官は揉め事を楽しんでいるようである。挑戦することを楽しみ、ニュースのネタになるのが好きで、議論の中心になってかき回す。この時期には、アメリカと共謀した破壊活動の動きがあると推測されるが、ワシントンとの良好な関係は心配していない、と述べている。

二〇〇一年一月、共和党のジョージ・W・ブッシュがアメリカ大統領に就任するや、チャベスの口からアメリカ帝国主義を攻撃する言葉が次々飛び出し、ラテンアメリカやヨーロッパの左翼の共感を広汎に獲得した。彼はこれに喜んだ。彼の人気は国境を越えた。アメリカ国務省のトップが交替し、これ以上の摩擦とひっきりなしの毒舌は許さなくなった。クリントン政権の国務長官、メイドリン・オルブライトも最後には、カラカスへの態度を硬化させる無口な後継者コリン・パウエルの横では穏健派に納まっていた。一ヵ月後、当時国民議会副議長（軍人派）だった国民議会議員、ラファエル・シモン・ヒメネスが議員代表団と共にワシントンを訪問した時、ホワイトハウスでマイスト元大使が言った。

「チャベスは、アメリカ（との摩擦）について話す時はいつも言っていました。『大使、ご心配なく。私は赤線がどこに引いてあるか分かっています。この線を越えたりしません。ぎりぎりまで行きますが』」

これに関して、ヒメネスも言う。

「彼は押さえて、押さえて、押さえる。しかし、やるとなったら解き放つ」

チャベスは一九九九年四月にカナダで開催された第三回米州サミット[訳注]期間中にブッシュと非公式に

---

ドンナ・フリナク：アメリカの外交官。一九五〇年生まれ。ドミニカ大使、ボリビア大使を経て二〇〇〇年から二〇〇二年までベネズエラ大使、二〇〇二年から二〇〇四年までブラジル大使。ペンシルバニア州出身。スペイン語、ポルトガル語、ポーランド語を話す。

オットー・ライヒ：キューバ系アメリカ人。父親はユダヤ系オーストリア人。キューバに生まれ、十四歳でアメリカに移住、除隊後ジョージタウン大学で学士号を取りラテンアメリカ関係専門分野で頭角を現わした。レーガン政権、親子二代ブッシュ政権の高官を務めた。一九八六年から一九八九年にはベネズエラ大使。二〇〇二年には西半球担当国務次官補。二〇〇二年のベネズエラでのクーデター未遂事件ではクーデター側を支援したと疑われたが、本人、米政府ともにそれは否定している。現在はコンサルタント会社「オットー・ライヒ・アソシエーツ」を経営する。二〇〇八年大統領選ではマケイン候補のラテンアメリカ問題顧問を務めた。

米州サミット：米州機構（ＯＡＣ）加盟国定例特別首脳会議のこと。南北アメリカとカリブ海のキューバを除く三十四カ国と、日本を含む四十四カ国とヨーロッパ連合が常任オブザーバーとして出席して行なわれる。二〇〇一年、アメリカは加盟国を民主主義国に限定しようと提案したが採択されず、二〇〇二年四月、ベネズエラのクーデター未遂でチャベス政権の正当性を認めた。二〇〇三年四月、ベネズエラで国民和解の仲介をした。本部はワシントンＤ.Ｃ.。

会った時のことを、こう語っている。

「私と友人になりたいと言った。私は言った。『I want to be your friend, too.』お互いよろしく、とは言ったが、何の打診も、約束も、二国間会談も何もない。今後、何ができると言うのかね」[原注6]

チャベスが口にした希望は実現しなかった。六〇年代のような時代遅れの話も含めた果てしない議論を通じて、アメリカ人とベネズエラ人は到底分かり合えそうになかったし、友人になるなどさらに考えられなかった。公式な外交レベルでは、両国関係は、地獄とまではいかないにせよ悪化の一途を辿っていた。通商関係では、常に追い風だった。アメリカは――ベネズエラの原油輸出高の約七十二パーセントを輸入する[原注7]――このカリブの国の一番の得意先であり続け、ベネズエラは確実な原油供給国であり続け、アメリカの海外投資先として何の問題も無い。一つはジョージ・W・ブッシュ、もう一つはシェブロン―テキサコである。後者のラテンアメリカ代表、アリ・モシリはウーゴ・チャベスに胸を開いて迎えられた。

9・11のニューヨーク世界貿易センタービルの同時多発テロは、新たな歪みのきっかけになった。約一ヵ月後、ウーゴ・チャベスが赤線の端に触れた時に、超大国アメリカは自らの弱点を思い知らされた衝撃から立ち直っていなかった。チャベスはテレビ画面で、数人のアフガン人の子供の死体が写った写真を指していた。

「これはオサマ・ビン・ラディンのせいでも誰のせいでもない」

それから、ワシントンに対し、アフガニスタンへの爆撃を停止し、「無実の人を殺すのを止めるよう」要請し、言った。

「テロリズムにテロリズムで勝つことはできない」[原注8]
アメリカはこの言葉に、「驚き、深く失望している」と表明し、フリナク大使に連絡して協議させた。一週間後、チャベスは彼の発言が誤解されたことを遺憾に思う、と述べて引き下がった。ベネズエラとアメリカは仲間である。そして「革命政府は、この関係を壊すような意志も意向も無い」と明言した。[原注9]

これでも十分ではなかったようだ。二〇〇二年初頭、この年は、チャベスにとって内政的におそらく最も難しい年で、コリン・パウエル国務長官自身が直接、チャベスがイラクのサダム・フセインやリビアのムアンマール・カダフィといったアメリカに敵対する政府指導者を訪問したことに異議を表明し、チャベスの民主主義作法に疑問を呈するブッシュ政権の意向を伝えてきた。

「われわれは閣下の政策の幾つかに直接異議を表明した。これはわれわれの関係にとって、深刻な不安材料であると大統領は受け止めている」


フリナク大使は、耐えざる緊張関係がまた新たなピークに達した時、ベネズエラを後にした。出発に際し——彼女はブラジル大使に転任した——、着任中に感じた印象を述べることは避けた。彼女は、チャベスのコロンビア・ゲリラに対する「ある種のシンパシー」を懸念し、苦い失望感を覚えて去って行った。

「私はベネズエラに、真の革命を期待していました。真の変革を。腐敗の無い、より効率的な行政。より経済が発展し、国民により多くの機会が与えられることを。それを見ることはありませんでした」[原注10]

彼女の替わりに赴任してきた、いつも神経質そうに笑う男、チャールズ・シャピロ[訳注]の前には、すでにしっかりと蜘蛛の巣が張られていた。新大使は、三月二十日に信任状を提出する。大統領との初めての面会は、四月十一日のわずか一週間前に持たれた。
クーデターの翌日、ベネズエラ国民がチャベスは罷免されたものと思い込んでいた頃、ホワイトハウスはアリ・フライシャー報道官を通して、大統領は権力の座から降りるに際し窮地に立たされ、カルモナ暫定政府に可及的速やかに選挙を実施するよう要請した、と発表した。リオ・グループ[訳注]が表明した態度とは異なり、ワシントンはクーデターを敢えて非難せず、それが後にアメリカの国内外で議論を巻き起こすことになった。四月十二日、シャピロは事実上の大統領、カルモナと会見した。一週間後に彼が説明したところによれば、「国民議会を再開すること、そして米州機構の代表団を歓迎することの二点について示唆するために」[原注11]彼は、朝一番にミラフローレスに赴いた。クーデターから反クーデターへと事態が急速に展開し、チャベスが大統領に復帰すると、軍人派はワシントンが大統領の打倒に力を貸したと糾弾し始めた。上は、国家安全保障問題担当大統領補佐官の有力なコンドリーザ・ライスから、下は全ての官僚に至るまで、口を揃えてこれを否定した。ブッシュ大統領は、以前にチャベスが悔恨と和解の言葉を述べたのを良い事に、「教訓を生かして欲しい」と勧告し、パウエルは、「今回ベネズエラで起きた事態は、今後民主主義の求めるところをより良く理解する大統領が登場することを予知しているものと期待する」と声明した。[原注12]
都合の悪い支配政権を解体するための陰謀に、アメリカが加担した疑いがたちまち浮かび上がってきたが——国内外の多くの報道がワシントンの虚偽を暴いた——、チャベス大統領は、それに関しては告発する構えを見せなかった。二ヵ月経った後、日曜日の自分のテレビ番組で、ワシントンに対して四月十一日に示したその緩慢な反応の説明を求め、それに関する証拠がある、と明言した。米軍関係者がティウナ基地でベネズエラ軍将校に合流し、米軍艦隊は彼が拘束されていた三十六時間、ベネズエラ領海内にいた、と述べた。ワシントンはこれを否定した。上院議員のクリストファー・ドッドが率いた議会内調査報告は七月、ブッシュ大統領はベネズエラの憲法に反する行為を支援することは行なっていない、と結論した。しかし、問題には疑問が残された。アメリカの加担の疑いは排除されず、チャベスが挙げた証拠も公式には立証されなかった。

カラカスの主要軍事基地に米軍将校がいた可能性は高い。米軍は、一九五一年の協定に准じてベネズエラ国防省本部であるティウナ基地で作戦任務についていた。チャベス政権が始まってから、ベネズエラはワシントンに対して米軍が他の場所に移るよう要求していたが——この交渉は進展しなかった——、話はいつも長引いていた。かくしてクーデターから二年経った二〇〇四年五月になっても、依然として米軍はベネズエラ国軍の中核で作戦任務にあり、ベネズエラ国防省は撤退要求を繰り返している。民主主義を推進する組織を支援する議会基金、全米民主主義基金[訳注]（ＮＥＤ）がベネズエラの反政府派に資金援助していたと結論する大統領の重大告発を考慮に入れれば、問題の説明は簡単にはつかな

チャールズ・シャピロ：アメリカの外交官。一九四九年生まれ。二〇〇二年にベネズエラ大使に赴任。在任中はチャベスと仲が悪く、クーデター陰謀に関わったとも言われている。その後、国務次官補となり、現在は自由貿易タスクフォースを率いている。

リオ・グループ：中南米地域の政治問題を中心とした諸問題について意見交換し調整することを目的とした政治協力組織。一九八六年十二月結成。加盟国はブラジル（議長国）、ペルー、アルゼンチン、パナマ、コロンビア、ベネズエラ、メキシコ、ウルグアイ、エクアドル、パラグアイ、ボリビア、コスタリカ、グアテマラ、ホンデュラス、エル・サルバドル、ニカラグア、ドミニカ共和国、チリの計十八ヵ国。

い。四月十一日以降は、ああ言えばこう言うの議論が過熱し、チャベス以下閣僚たちは毎日のようにアメリカに反論し、アメリカの閣僚の何人もがそれを受けて立って、元クーデター司令官の民主主義的公約に疑問をぶつけた。[原注13] 論争には父親ブッシュまで割って入り――メディア王グスタボ・シスネロスが時にはベネズエラに釣りに招待するほどの親友の間柄だ――、われわれ、が誰であるかは明言せずに、「われわれはチャベス大統領のすることはあまり気に入っていない」と語った。

二〇〇四年、統治権をめぐる国民投票の手続きに向けて民主的に対処せよ、とのワシントンの要求にベネズエラ大統領は不承不承ながら対応した。歯に衣着せぬ物言いと一流の挑発屋として名高いチャベスは、コンドリーザ・ライスのことを、ベネズエラの現実を読むことができない「文盲」と呼びすてた。G・W・ブッシュに対してはもっと痛烈だった。三月に開かれた軍人派の集会で、二〇〇二年四月十一日に短期間権力を奪われた時に、彼が国民の支持を失ったものと思い込んだブッシュは「ペンデッホ（アホ）」だ――アメリカの新聞はこの言葉を「アスホール（尻の穴、馬鹿のこと）」と訳した――と言い放った。詐欺行為で大統領になったことを衝いた上、さらに挑みかかった。

「私は、ブッシュ殿に賭けを申し込む。ホワイトハウスの彼か、ミラフローレスの私か、果たしてどちらが長持ちするかを」

これだけではない。さらに、原油輸出を停止すると脅し、いかなる内政干渉も許さないと付け加えた。

「祖国を守るのは生半可なことではない、ふざけるな！[原注14]」

これ以降、二〇〇四年八月十五日に在位を承認した大統領罷免国民投票のキャンペーン中も、ブッシュは——対イラク戦争を始めた罪で逮捕されるべきだとチャベスは言った——彼の得意ネタになった。このように罵倒しても両国の関係には変化は無かった。ホワイトハウスは何か学んだらしく、知らん振りをしていた。

チャベスが、侮辱の言動を吐き、大衆的支持を得るためアメリカ大統領を選挙演説のライトモチーフに設定していながらも、ベネズエラ政府はワシントンでのイメージアップを図るため、アメリカで一、二を争うロビー活動専門の圧力団体、パトン・ボッグスLLP[訳注]に百二十万ドル払っていたフシがある。これが最初ではなかった。政権一年目、ベネズエラ政府は、ロビー工作に「新記録の一千五百三十六万三千三百九十八ドル」使って、『ラテン・トレード』誌[訳注]発表の、合衆国内有力団体と契約関係にあるラテンアメリカ政府ランキング一位に躍り出た。そして、ワシントンに独自にベネズエラ・インフォ

---

全米民主主義基金（NED）：レーガン政権時代の一九八三年に「他国の民主化を支援する」名目で、NGOとして設立された基金。事実上の出資者は連邦議会。国務省から資金を受け、直接政党に交付することは違法なので、他国の野党候補、軍と強く結びついた候補、米国企業の利益を守る候補などのみに資金提供を続けてきた。一九九〇年から一九九二年まで、キューバ系アメリカ人財団に二十五万ドルを提供していた。二〇〇四年、チャベス大統領は全米民主主義基金が二〇〇二年のクーデター計画のために二十五万ドルから九十万ドルまでの資金を反政府組織に提供していたことを示す文書を公表した。最近では、二〇〇八年に北京オリンピックで抗議行動を起こした「国境なき記者団」への支援が暴露されている。その他、中米、西欧、東欧など広い地域で「国内民主主義勢力」に裏の資金援助を行なって来た。

パトン・ボッグスLLP：国際貿易事業を専門とするワシントンのロビー会社。一九六二年創立。共和党系の圧力団体で、ブッシュ－チェイニー大統領選でも主要な役割を果たした。特別委員会等では、時には違法とされるビデオ映像を使った効果的作戦で世論に訴える広告代理店的手法を得意とする。

ーメーション・オフィス（VIO）を開設し、テレビ番組『アロー、プレシデンテ』で「全米民主主義基金（NED）がスマテ[訳注]（SUMATE）に五万三千四百ドルを資金提供している」[原注15]と警告した弁護士、エバ・ゴリンジャー[訳注]他と契約した。スマテは、チャベスの大統領永世在位の是非を問う署名運動を組織した市民団体である。

　チャベスの言論攻撃から五年、ワシントンはウーゴ・チャベスが言われているほど厄介な人間でもないことが判った。そして、マイストの例の助言を思い出す。

「彼の言う事を気にせず、やる事に注意しろ」

　ベネズエラは約束どおり、カナダ、サウジアラビア、メキシコに次ぐ四番目の輸出国の位置を維持してアメリカに原油を供給し、反帝国主義志向を抑えてヤンキー石油会社と取引きした。オリノコ川のデルタに二百五十キロメートルに渡って五ヵ所建設された巨大油田プラットフォーム開発利権の大部分をシェブロン・テキサコに譲渡した。同社のラテンアメリカ担当責任者、アリ・モシリははっきりしている。チャベスが原油輸出の停止を盾に脅迫的態度に出た時、モシリは涼しい顔で言った。

「政治とビジネスとは別であり、これまでわれわれの計画にはいかなるつまずきも無かった……あの（オリノコ川の）油田地帯の開発は前進しており、lots of money（大儲け）が期待できる」[原注16]

　大統領在位を決定した大統領罷免国民投票の二日前、ウーゴ・チャベスは記者会見の席上、アメリカの主要経済誌の分析が、チャベス政権下においては商業経済がさらに安定し、不安定要素が減少すると予測している、と発表した。この時は、左翼小児病的発言は影をひそめ、帝国主義と野蛮なネオリベラルに対する声高な攻撃はしなかった。数字を挙げる場合でも、イラクの死者の数やアメリカの内政干渉的性向には言及しなかった。石油ビジネスにおいては、チャベスは「ヤンキー、ゴーホーム」とは叫ばない。

ブッシュとの関係がヘビメタ・ロックの騒音だとすれば、フィデル・カストロとのそれはグアラッチャだ。[訳注]一九九四年の終わり頃、刑務所を釈放になった数ヵ月後、元司令官はハバナからある連絡を受けた。ルイス・ミキレナの話によれば、クーデター指揮官は駐カラカスのキューバ大使、ヘルマン・

---

ラテン・トレード：ラテンアメリカ、カリブ海諸国を対象にした英語とスペイン語の経済誌。一九九三年創立、発行部数四万部、九割がスペイン語圏で読まれている。毎年、優れた実績を残した経済団体にラテン・トレード特別賞を授与し地域の経済活動振興に寄与している。

スマテ（SUMATE）：二〇〇二年に、マリア・マチャードとアレハンドロ・プラスによって設立されたベネズエラのNGO。二〇〇四年の大統領罷免国民投票実現の原動力となった団体。チャベスが五十九パーセントを獲得したが、不正があったと抗議した。カーターセンターは問題なしと声明したが、チャベスが二十パーセントで負けていたとする出口調査もある。また、二〇〇六年の大統領選ではテオドーロ・ペトコフ候補がスマテの横暴を批判、候補からはずされマヌエル・ロサレスが対立候補に立ったが、チャベスの圧勝に終わった。NGOを自称しているが、全米民主主義基金（NED）などアメリカの諸団体からの資金援助が目立ち、中立性に疑問を呈する意見も多い。

エバ・ゴリンジャー：ベネズエラ系アメリカ人女性弁護士。親チャベス派。二〇〇二年のクーデター未遂でのアメリカの関与を扱った『チャベス・コード』、『ブッシュVSチャベス、ワシントンの戦争』などを書き、アメリカのベネズエラ攻撃を批判している。アメリカは反チャベス勢力に対する豊富な経済援助だけでなく、市民団体、教育団体などに深く浸透して反政府的活動を後押ししている、と指摘する。

グアラッチャ：キューバ音楽の一つ。スペインからの独立闘争時代に発展した、テンポの速い、スラングに溢れた民衆歌謡。主にハバナで流行した。

サンチェス・オテロから直々の招待を受けた。初期政権の重鎮であったミキレナは記憶している。

「カサ・デ・ラス・アメリカス[訳注]で講演するのが目的だったので、フィデルがわざわざ出迎えに来てくれるのかどうかは分からなかった。もちろんこれは、フィデルのカルデラに対する面当ての一種だった。カラカスには、あの名高き亡命キューバ人、ホルヘ・マス・カノッサ[訳注]がカルデラに会いに来ていて、カルデラは無内容な対応しかできなかった。フィデルは言った。『それなら、私の方はこの暴れん坊を呼んでやろう』。だからこれは、カルデラをただ（闘牛士のように）単に赤い布を振って挑発するためだった。フィデルも挑発なら負けてはいない。ウーゴのキューバ行きを演出した。そういうわけで、彼は出迎えに来ただけではなく、飛行機のドアまで昇って行きチャベスを迎えたのだ！　国賓待遇の歓迎だった。二人は深夜、ベネズエラ大使館まで行って食材を手に入れ、料理するために迎賓館に戻った。このような間柄になるとフィデルは……ハバナに着いてから帰りの飛行機のドアまで、ずっとチャベスと付き合った。チャベスには大収穫だった」

　キューバ島滞在期間中、チャベスはハバナ大学で短い講演をした。

「キューバはラテンアメリカの威厳を守る保塁だ。そのように考えるべきであり、そのように育てていくべきである。――聴衆の期待に応えるように、まずこう切り出した――アメリカ合衆国がその領土に足を踏み入れさせないと言うなら、反逆の兵士たるわれわれにとって名誉な事と言わねばならない」

　さらにこう続けた。

「ベネズエラが武装闘争の道を棄てることはない」

そして、

「キューバには、二十年から四十年を視野に入れた私の計画に多大なものをもたらしていただきたい」と言明した。[原注17]

ミキレナによれば、これが最初の出会いだった。

「しかし、チャベスはフィデル式革命論をいじくるようなことは決して無かった。一度も……」

チャベスが大統領に就任して以来、両指導者の間に出来上がったほとんど親子のようなつながりから、多くのベネズエラ人が想像しているのとはむしろ正反対である。二人が会うのはそれから五年後の一九九九年一月で、チャベスがすでに次期大統領としてハバナを訪問した際で、たまたまコロンビア大統領のアンドレス・パストラーナ[訳注]も来ており、彼とコロンビア内紛について話し合った。病気の三人の子供にキューバで治療を受けさせるため、妻のマリサベルも同行し、これが後に彼女が医療援助活動をする基となった。その後、一九九九年二月二日、チャベス勝利を祝って列席した十五人の各国大統領と

---

カサ・デ・ラス・アメリカス：一九五九年、革命直後にキューバでアイデー・サンタマリアによって設立されたラテンアメリカとカリブ海諸国の交流を図る文化組織。諸分野の研究、文学、芸術活動を支援し、カサ・デ・ラス・アメリカス賞を設けている。

ホルヘ・マス・カノッサ：一九三九年生まれ。キューバ系アメリカ人の反カストロ活動家。マイアミをベースにした亡命キューバ人組織のリーダー。一九九七年のハバナのホテル、ナイトクラブ爆破事件やキューバ航空機455爆破事件の首謀者と見られる。一九六〇年にアメリカに亡命し、苦労して建設会社を設立して成功、ラジオ局やテレビ局も作った。カストロを打倒すればキューバの大統領になるだろうと言われたが、肺癌により五十九歳で亡くなった。

最前列に並ぶカストロの上機嫌な姿が見られた。四十年来いつもの事ながら、この髭面の存在は内外の報道陣の注目の的であった。

次に二人が会ったのはこの年の終わりで、この時にチャベスの口から飛び出した熱狂的発言が反対派をまともに刺激した。この時は、チャベスがスペイン語圏アメリカ諸国首脳会議に出席のためキューバを訪れ、気分良く三日間滞在延長を決めていた。熱狂する五万人の観客が埋めつくすラティーノアメリカーノ球場で、若い頃にはこれもピッチャーだったフィデルとの忘れがたい野球の試合を楽しんだ。カストロが冗談を飛ばす。

「君の人気も大したものだな」

チャベスは、オリンピック代表チームのベストメンバーが年寄りに化けているみたいだ、と応じる。何を思ったか、ベネズエラ大統領は――彼のチームはボロ負け状態だった――一瞬、勝負を忘れて笑って言った。

「彼らの汚れ具合ときたら、つい今しがたシエラ・マエストラから降りて来たみたいだ」

その後、幾つかの講演で、チャベスはこんな問題を投げかけて、同志との団結を固めた。

「キューバにやって来ては、民主主義の道を、ニセ物の民主主義を押し付ける人間がいる」

そして、間髪入れずに、ベネズエラが率いる運動とは、

「キューバ人民が目指しているのと変わらぬ、幸福と真の社会正義と平和の海の彼方を目指すものである」

と述べた。[原注18]

チャベスは自分の言葉の重みと、それが与えるインパクトを良く分かっている。ベネズエラ国内に、彼に対抗する者がいる、そして多くの者がそうなるかも知れないと思っただけで、彼は毛を逆立てる。一方では、それを楽しんでいる。常に議論を楽しみ、時には相手を脅かして楽しんでいる。このキューバ人と、このベネズエラ人との明らかな親しさに、ベネズエラ人は心配したり、喜んだりするだけではない。全アメリカ大陸が、カストロとチャベスの遭遇を、何らかの理由をもって、虫眼鏡で観察している。駐ワシントン・ベネズエラ大使、アルフレド・トロ・アルディは数ヵ月後、『ワシントン・タイムズ』紙でこう述べた。

「チャベスとカストロは性格的に似通っている。どちらも、カリブ海の強力なカリスマ的指導者だ。しかし、思想的類似性は無い」

この同じ時期、ブラジルの週刊誌『ヴェジャ』は、こう書いた。

「キューバの独裁者の眩惑的言辞は実に鉄面皮で、まるでチャベスが権力獲得の際の演説の仕方をフィデルに仰ぎ、前もって教えを乞うていたのは間違いないと、外交ジャーナリズムの世界では言われて

---

アンドレス・パストラーナ：コロンビアの元大統領。一九五四年生まれ。一九七〇年代に大統領を務めたミサエル・パストラーナの息子。ハーバード大学卒業後、ジャーナリスト、テレビキャスターとして活躍していた一九八八年、コカイン王エスコバルのメデジン・カルテルに誘拐されたが、一週間後に救出された。直後政界に転身し、ボゴタ市長に当選。一九九四年に大統領選に出馬したが、麻薬疑惑のあるサンペル候補に僅差で破れ、一時政界を引退。一九九八年に復帰、再び大統領選に出馬し当選を果たした。ゲリラ組織のコロンビア革命軍（ＦＡＲＣ）と国民解放軍（ＥＬＮ）との交渉を進め、安全地帯を設定するなどの妥協策を実現した。アメリカの「コロンビア計画」を支持、退任後は駐米大使を務めたが、二〇〇六年にウリベ大統領がサンペルを駐仏大使に任命したのを不服として辞職した。サンペルも大使職を辞退した。

いる」[原注19]

ベネズエラ大統領が国際会議の場で、キューバの米州機構への復帰と、「我が兄弟、キューバ人民に対する情け容赦の無い経済封鎖」の停止を求めてキューバを弁護する度に、いろいろな詮索が――「カラカス―ハバナ枢軸」まで取り沙汰された――雨後の筍のように出てきた。

二十八歳年上の老兵フィデルとの友情は、彼を力づけるものだ。独立と主権と革命性を強く感じさせてくれる。彼は、ベネズエラは日産五万三千バレルの原油を――キューバの消費量の三分の一に当たる――、二〇〇〇年の終わりから特恵的条件で供給するとの石油協定を議会の承認を経ずして決定して「偉大なる長老」に報いた。この取引きには、物々交換の様相がある。とりわけ、キューバは一般医薬品、ワクチン、医療機器を石油代金の一部に充てた。この協定で、ベネズエラは一年で二国間の通商を倍加し[原注20]、スペインを抜いてキューバとの通商国第一位になった。カストロは、チャベスが社会主義者ではないと言明して、ベネズエラに蔓延したカストロ恐怖症を何とか切り抜けた。

「私は彼の口からベネズエラに社会主義を打ち立てる考えに関わる言葉を一言も聞いたことが無い」

キューバを訪れたベネズエラ人記者団との、いつ終わるとも知れない十一時間に及ぶ記者会見でカストロは、「彼の思考は社会主義やマルクス主義の哲学によって形成されてはいない」と強調した。そして、「チャベスは武力に訴える人間ではない……、ボリーバルやワシントンのように、彼は革命家である」と言い[原注21]、二月四日のクーデター以来、彼に親近感を覚え始めた話をした。かくしてベネズエラ大統領は、先輩革命家に保証して貰ったのである。

間もなくして、九十人のキューバ人先発隊が――野球選手、芸術家、技術者、議員、学生、ませた弁論児童などを交えた――カストロ歓迎の露払いとしてベネズエラにやって来た。五日間、ベネズエラの軍人派グループがキューバ指導者の周りに集結した。閣僚はこぞって彼と写真を撮りたがった。フィデルがベネズエラの土を踏むのは、これが七度目であった。キューバ指導者は、反帝国主義の教えを垂れながら入国した。マイケティア空港に到着するや、彼は言った。

「あなたたちの国は、私たちの国より偉大だ。ここは大陸であり、(キューバという) 小島が持ちこたえられるなら、ボリーバルの大陸、幾多の傑物を生んだこの大地が持ちこたえられないことがあろうか。私には何の疑いも無い。チャベスのような人がいる限り、持ちこたえられないわけが無い」[原注22]

四人の医師がベネズエラに政治亡命を願い出て、お祭りに水をさした以外は、何事も順調に運んだ。チャベスは中央銀行の丸天井からボリーバルの剣を取り外させ、神と崇める英雄の遺骨が納められている国立霊廟に移し、賓客に高覧してもらった。

「チャベスとフィデルに力あり」

霊廟の外で、子供と崇拝者たちが歌う。そして一行は、クーデター司令官が投獄され、現在は博物館になっている近くのサン・カルロス総司令部へと向かった。

翌日、国民会議での演説で、フィデル・カストロはまた教訓を垂れて、正統派議員を一人ならず落胆させた。

「市場主義経済体制でも革命は可能である」

そして、これまでの四十年を批判し、手を結んで権力を行使していた政治家と反対派を刺激した。キューバの指導者とベネズエラの指導者とが笑顔と賞賛を交し合う数日であった。シエラ・マエストラの伝説の司令官はその後、専用機でリャノ地方に入って行った。大統領が生まれた小さな村、サバネタ・デ・バリーナスを訪れた最初の外国国家元首である。サバネタの村人にとって、これは大事件であった。ウーゴとフィデルは、この見捨てられた村の蒸し暑い小道を歩き回り、角で足を止めて大統領が育った家をしばしながめ、チャベスの小学校、フリアン・ピノ統合学校まで行き、大体の要所見物を終えた。フィデル・カストロは村の鍵を授与された最初の外国国家元首となり、サバネタの「名誉村民」宣言を受けた。チャベスに「千倍も、五千倍も、一万倍も、二万倍も」この名誉に応えたいと宣言した。それから、数キロ離れた、今はロス・ラストロッホス（刈り跡地）と呼ばれている本当の誕生地に記念碑を建てたらどうかと言った。全ては対抗マラソンのように展開した。カストロの溢れるアイデアをチャベスは手放しで賞賛、初対面以来初めて二人で過ごした日々を文字通りこう表現した。

「五年と十ヵ月前に初めて会った時、ハバナを発つ夜、別れに抱き合いながら私はあなたに言った。是非、ベネズエラで会いたい。あなたに相応しい歓迎をしたい、と。ここサバネタで、また同じ事を言いたい。村人と一緒になって、あなたに相応しい歓迎ができた」[原注23]

またも野球の試合をしたのは言うまでもないし、フィデルは「アロー、プレシデンテ」[原注24]に出演し――ベネズエラ大統領と翌日調印される石油協定に大機嫌だった[原注25]――、一種の甘美なバラード曲「アルマ・リャネラ（リャノの魂）」の現代版である「ベネズエラ」をデュオで歌った。フィデルは、メロディーは知らないし歌詞も知らない。ひどい代物であった。イヤホンを聴きながら、歌の節を書いた紙片を懸命に見ては、メロディーをつかもうとしていた。この滑稽な様子から、あの伝説的革命闘士のイメージは全く想像できなかった。この後、カストロはマイクを通じて、宣言した。

「チャベス、あなたの替わりはいない！」

そして、もっと自分の命を大切にするよう促した。確かにこう言われたことで、ずっと以前から暗殺を恐れて、歴代のベネズエラ大統領の誰よりも厳重な身辺警戒態勢を布いてきた大統領は、さらに用心するようになった。一九九八年の頃でも、彼は非常に警戒厳重な候補者だった。彼の繰り返しての訴えによって、警備担当係官の人数を十人から十八人に増やした。そしてカストロもサバネタ訪問の数ヵ月前、一九九九年十二月と二〇〇〇年七月の二度、チャベス暗殺計画をキューバ情報機関が察知したと国家元首に知らせている。要人暗殺の恐怖がチャベスを何度も襲う。それは、自分をベネズエラから抹殺しようとする陰謀だと推定されるだけで容疑者を起訴したことでも明らかだ。彼は政権に就いてから五年間で、四月十一日のクーデター関係を除いて、ベネズエラの国外と国内での暗殺計画を少なくとも十五件告発している。公式見解によれば、その背後には反カストロ派に加えて、コロンビア系準軍隊、ベネズエラ極右、それに彼の仮想敵ナンバーワン、カルロス・アンドレス・ペレスがいる。しかしながら、陰謀計画はどれ一つとして証明されていない。

ウーゴ・チャベスは彼を殺したがっているとおぼしき者に警告した。

「そのような事はあってはならない！　私のことではない。ベネズエラがどうなるかが問題なのだ」

これは、チャベス自身の抹殺の影響を、一九四八年の内戦で伝説的政治家のホルヘ・エリエセル・ガイタン[訳注]が暗殺されて、その後コロンビアが辿った運命になぞらえた言葉だ。四月のクーデターの後の数ヵ月、ミラフローレスは正真正銘の塹壕に姿を変えた。大統領宮殿の周囲は砂袋が積まれ、鉄条網が張り巡らされ、街角毎に戦車が待機し、自動車の通行が禁止された。それからしばらくして、着陸する大統領専用機の撃墜を目的とした陰謀計画を内務警察が未然に防いだとの発表があった。証拠物件としてロケット弾発射装置が公開され、大統領は、すでに容疑者の写真も手に入れており、主犯を追跡中であると語った。しかし、国民は半信半疑のまま、事件はうやむやになっていった。二〇〇一年一月、チャベスは国際的暗殺計画の証拠が見つかったと発表した。

「首謀者の姓名を挙げて、アメリカ大陸の外交関係を複雑化させかねない具体的な内容と計画を明らかにせざるを得ない時が来るかもしれない」原注26

彼はそうしなかった。二〇〇四年九月になっても、その名前を挙げる日は——それはジョージ・W・ブッシュという名に違いなかったが——、やって来なかった。

フィデル・カストロが最初のチャベス訪問を終えた時、大統領は雨の降る夜のマイケティーア空港に彼を送った。別れの様子は、大統領の命令で全てのテレビ・チャンネル共同で放送された。機体が離陸する時、画面はサバネタ生まれの男をとらえていた。感極まったウーゴは、空に向かって何度もキスを送りながら、ノスタルジックな表情で飛び立つ飛行機を追っていた。この感動的なシーンに驚いたのは一人や二人ではなかった。それから一年もしない二〇〇一年の八月十三日、カストロは七十五歳の誕生日をベネズエラで祝うためにまたやって来た。チャベスは彼をベネズエラの南にあるカナイマ国立公園の散策に案内した。シウダー・ボリーバル訳注のボリーバル広場に溢れる、貧しさに耐え切れなくなった大衆を前にして彼は言った。

「心配事も、書類も、請求書も全部忘れよう。今日は、せめて今日だけは、魂と心をもってフィデルと過ごそうではないか」

その後、五年間で二人の「革命家」は少なくとも十五回会っている。ウーゴ・チャベスは七回、公式にキューバ島を訪問した。最後は、二〇〇四年一月、モントレー・サミットの帰路に不意に立ち寄った。フィデル・カストロは四度、ベネズエラを訪れている。最近は、二〇〇三年のクリスマスだった。後の五回は、国際会議や行事などの機会で顔を会わせている。二人はまた、きついジョークや小話のネタにもなっている。マイアミのラジオ局のアナウンサーが二人で何ヵ月かの間に、編集した録音声を使ってカストロとチャベスをからかったことがある。一つ目の番組では、チャベスがひっかけられた。ラジオ局が、カストロを装ってチャベスに電話をかけた。電話に出たチャベスに、アナウンサーが政府について質問を始めると、彼は怒って電話を切った。六ヵ月後、今度はカストロがやられたが――ニセ

---

ホルヘ・エリエセル・ガイタン：コロンビア自由党の政治家。一九二八年にユナイテッド・フルーツ社のバナナ労働者虐殺事件を糾弾したことからカリスマ的な魅力を発揮し、農民、労働者、学生から圧倒的な支持を受け、自由党党首となった。一九四八年の大統領選挙では当選確実と言われたが、直前に開かれたボゴタでの米州機構会議最中にガイタンは暗殺された。これをきっかけとして、自由党派の市民と保守党派の市民が衝突し、ボゴタ暴動（ボゴタッソ）が発生した。コロンビアは再び十九世紀までのような暴力の時代に入って行った。

カナイマ国立公園：ベネズエラの国立公園。一九九四年にユネスコの世界遺産（自然遺産）に登録された。未だに人跡未踏の場所が点在し、世界最後の秘境と言われる。面積は関東地方より少し狭いだけの三万平方メートルを超える。テーブルマウンテンが百有余ジャングルに浮かぶ一帯はギアナ高地。公園の北西部には、世界最大の落差九百七十九メートルのアンヘル滝がある。熱帯気候で、カリブ海からの湿った風が吹き込みジャングルを形成している。

シウダー・ボリーバル（Ciudad Bolívar）：ベネズエラ東部、オリノコ川流域のボリーバル州の州都。金や鉄、家畜などを生産する港町で人口は約三十二万人。一九八〇年代以降は不況の影響を同国でもっとも強く受けた。カナイマ国立公園への観光の出発拠点。一八一六年にスペインと戦った革命政府の拠点が置かれ、一八四六年に解放者シモン・ボリーバルの栄誉を称えて、シウダー・ボリーバル＝ボリーバル市と改名された。

者のチャベスと二十五分間喋った後——、相手の母親を侮辱する言葉を投げつけるほど腹を立てた。カストロとチャベスはツーカー以上の間柄である。始終、話をしている。二人は極秘でキューバや——カラカスから飛行機で三時間だ——、軍隊しか立ち入ることのできないベネズエラ領のオルチラ島で非公式に会っているとベネズエラでは言われている。

「ウーゴ・チャベスにはカストロとのホットラインがあって、チャベスは自分に関わる重大事が起こるとすぐにカストロに御注進申し上げる。自動的だった。われわれ（下っ端）にはそれは冗談みたいになっていた。何か拙い事が起きると、チャベスの出発かフィデルの到着に備えなければならない、というわけだ」。大統領専用機の元パイロット、ファン・ディアス・カスティーヨが、二〇〇三年の初めごろに『エル・ナシオナル』紙で明らかにしている。また、『エル・ウニベルサル』紙は、三人が亡くなり、負傷者多数を出した一ヵ月前のアルタミラ広場事件訳注でチャベスが何もコメントしなかったのは、間違いなく彼がアンティール の島に極秘滞在していたからだと書いた。

チャベスはフィデルを擁護し、フィデルはいかなるベネズエラへの内政干渉も否定し、チャベスを擁護するだけでなく、反対派に厳しい疑問を投げかけている。キューバとの関係における両派の対立は、ベネズエラに今まで決して無かった両極化の状況を生んだ。反対派にとってカストロは、チャベスの次に最も嫌悪すべき存在である。政府の閣僚を一まとめにしても、それよりまだ憎い。その好い例が——おそらく自然発生的なものだが——チャベスが二〇〇二年のクーデターで辞任したと思われていた時、一団のグループがキューバ大使館を襲った事件である。大統領の元相談役、ルイス・ミキレナは言う。

「私も、あれは両国関係におけるキューバの影響力に少なからず打撃を与えたと考える一人だ。（キューバへの）評価が偏りすぎていた。アメリカの内政干渉ばかり槍玉に上がるが、キューバ大使は何にでも首を突っ込む。「アロー、プレシデンテ」にも、土地分配にも……。私個人は何とも感じないが、公けの目からすればこれは問題だ。キューバに多大の親近感を抱いてきたベネズエラ人だが、強い反感を抱くようになっている。このまま行けば、これ（チャベス政権）が終わった時、キューバと揉めないためには大いに苦労する事になるだろう」

キューバに関わる事は全て、厳しい目で見られている。ある時、キューバが石油代金を支払っていないと大見出しで報道されたことがあった。二〇〇三年、エネルギー大臣のラファエル・ラミレスは、ハバナが事実上一億九千万ドルも借りを作っていることを認めざるを得なかった。砂糖の価格が下落し、石油価格が高騰した際、助け舟を出したウーゴ・チャベスはフィデル・カストロにとって貴重な同

---

アルタミラ広場事件：二〇〇二年十月二十二日に現役及び退役の軍将校が、カラカスの東にあるアルタミラ広場に非武装で集結し、チャベスに辞任を要求した。反政府派軍人の数は次第に増え、百二十人にも達した。政府は弾圧せず静観していたが、ベネビジョン、グロボビジョン、ＲＣＴＶなどのメディアは二十四時間報道し続けた。米州機構のガビリア事務局長が仲介に入り、国民投票の実施で合意が成立したが、憲法では大統領罷免国民投票は任期半ばの二〇〇三年八月まで行なえず、反チャベス派のデモは激化の一途を辿る。十二月二日に反政府派は無期限市民ストに突入、次いで石油精製部門とタンカーがストライキに入った。選挙委員会は、二〇〇三年二月二日に国民投票を実施する方針をまとめた。十二月六日、アルタミラ広場のデモ隊に銃が乱射され、三人が死亡し、約三十人が負傷する事件がおきた。犯人はジョアン・デ・グベイアと言う名のポルトガル人で、チャベス派だった。これで対立は一挙に過熱化したが、アメリカは不介入を選択し、反対派も穏健路線をとり始め、罷免国民投票は行なわれず、ゼネストも終結した。反対派は二月四日に自主的罷免国民投票「フィルマッソ」を行なった。

盟者となった。「親父、兄貴」と呼び合いながら議論する間柄だと打ち明けるほどカストロを敬愛するチャベスにとって、彼に手を差し延べるのは——それができることが——喜びである。彼は、オイルダラーたっぷりの国の最高権力者なのだ。またベネズエラでは、何千人ものキューバ人が入ってきて、政府の指示で識字活動、医療援助、スポーツ訓練などで働いているのを疑問視する声がある。反対派は人的資源の導入が必要だとは見ておらず、政府の施策に国内の高い失業率を重ね合わせる。二〇〇三年には、ベネズエラ人の一六・八パーセント、二百万人の失業者があった。[原注27] ベネズエラ政府は、極貧地域にあって、ベネズエラ人警察官の給料にも満たない月収二百ドル程度しか無いキューバの仲間の方が、ベネズエラの専門職より優れた仕事をすると主張して、これを正当化している。

「バリオ・アデントロ」と呼ばれる、貧困地域の医療援助計画で現在活動している約一万三千人のキューバ人グループの先発隊の入国が始まった時、これを不法医療活動だとするベネズエラ医師会（FMV）は、——ベネズエラの法律によれば——国内の専門医は、いかなる外国人専門職にも優先して医療に従事すべきであると抗議した。また二〇〇四年八月には、二千人の識字活動家と六千四百人のスポーツ指導員がいた。もっといただろう。反対派議員のペドロ・カスティーヨが実施し、『エル・ウニベルサル』紙が発表した調査結果では、二〇〇三年十月だけで、一万一千三百五十人がハバナからやって来た。[原注28] こうした情報を、政府も否定はしていない。いずれにせよ、国内で得られた正式な数字が示すキューバ人専門職、技術者約二万人の存在は、親チャベス派民兵の訓練を助けるだけでなく、チャベス大統領に特別な貢献をもたらし、ベネズエラ政府のためにも情報活動を行なうカストロ配下のG2保安部隊の「潜伏」疑惑の口実となる。軍隊内でもカリブ地域特有の訛りを耳にしたと言う者もいるが、このウラは取れていない。

反対派の一部のセクター、そして政治アナリストの一人ならずが、キューバ指導者がベネズエラにおいて途方も無い権力を握っていると言って譲らない。チャベスは、もっぱらハバナから日々送られてくる筋書きに沿って行動している、と言うのだ。一つ明らかな事は、ベネズエラ大統領が、フィデル・カストロをこれまで無いほど特別扱いし――それどころか、おだて挙げ――、ラテンアメリカ最長の権力在位記録を誇示する独裁者に変貌してしまった老革命家と同一視されるのをいとわないことだ。ベネズエラの歴史の最前線に長きに渡って君臨する、と宣言した彼の志向からすれば、これ（権力在位のラテンアメリカ最長）こそがウーゴ・チャベスが魅せられる凄さなのだ。自らを「フィデル二世」と呼んだことがあったが、この憧れのなせる業なのかもしれない。

# 第14章　近所とのいざこざ

その物議をかもすやり方で図に乗るウーゴ・チャベスは、ラテンアメリカ隣国で意見が合う者と同盟関係を作り上げたが――キューバのフィデル・カストロ、ブラジルのルイス・イナシオ・ルーラ・ダ・シルヴァ、アルゼンチンのネストル・キルチネル――、考えがあまり似通っていない国とは若干の摩擦もある。そんなわけで、けっこうな数の国とつかず離れずの関係で来ている。コロンビア、ボリビア、チリ、ペルー、ドミニカ共和国、エクアドル、コスタリカ、パナマ、がそれだ。ベネズエラ大統領は、はっきりと左翼政権好みで、正統派の逆を行く性格から、各国での選挙過程においては戦闘的候補者への支持をあからさまにしてきた。またそれと平行して、ラテンアメリカの変革運動とも外交関係を結び――彼らが本国政府とどのような戦争状態にあろうとも――、自分の要求を満足させるために圧力をかけてきた。

彼の反対派セクターへの接近が、ここ十年以上いろいろな問題を生んできた。彼は一貫して否定するが、ヤーレ刑務所に収監されていた時期、アルゼンチンの「カラピンターダス」[訳注]と関係があったことは分かっている。現に、彼が書いた手紙が証拠だ。一九九二年十一月一日の日付で、ダリオ・アルテアガ・パエス大尉宛に、「カラピンターダスと接触できて良かった。こちらにも彼らから連絡があった。

セイネルディン[訳注]についての手紙は受け取っていない云々……」とある。[原注1]
釈放された数ヵ月後には、ウーゴ・チャベスはコロンビア・ゲリラと接触している。彼と反政府軍との関係は、八〇年代の終わりに軍人としてコロンビア国境に近いアプレ州の村、エロルサに赴任した頃に始まったと言う未確認情報もある。彼の元恋人で今ではあとくされも無くなっているエルマ・マルクスマンの記憶によれば、一九九五年、ベネズエラ軍の軍事施設を激しく攻撃したコロンビア・ゲリラとチャベスが結託していた疑いで、コロンビア政府調査団がやって来たことがあった。元クーデター指揮者は、これは彼のイメージを損なおうとする反対派の策謀だと主張して、この追及を逃れた。だが、これ以後二〇〇四年まで、彼が隣国の反体制派の思想に共鳴しているという噂は絶えない。しかし、昔の同志たちの証言の他には、それを証明する物は何も示されてはいない。
ヘスス・ウルダネタもこうした証言者の一人である。一九九九年の終わり、チャベスとの友情にま

---

カラピンターダス：一九七六年から一九八三年の間に起きたアルゼンチンの軍事政権による民間人大量虐殺時代（「汚れた戦争」と呼ばれ、三万人の犠牲者が出た。）後、それに対する追及をめぐって出された政令「プント・フィナル」は虐殺を否定するものであった。これに抗議する将校が、以後三年に渡って叛乱を起こした。彼らは、全員顔を黒く塗っていたことから「塗った顔＝カラピンターダス」と呼ばれた。一九九〇年にもセイネルディン中佐が叛乱を起こし三百人が逮捕されたが、ドゥアルデ大統領の恩赦で全員釈放された。
ムハンマド・アリ・セイネルディン：アルゼンチン軍将校、一九三三年生まれ。一九八八年のカラピンターダス叛乱に参加し、一九九〇年の叛乱で逮捕されて終身刑になったが、二〇〇三年に恩赦で自由になった。その後、農業関係の企業経営に従事している。反米、反帝国主義、反イスラエルだがペロニスト的保守主義者でもあり、中国を帝国主義と規定している。軍部にも支持者は多く「再建人民党」を率いて政治活動を続けている。

だ亀裂が生じていない頃、彼は情報局長官の地位にあった。一連の作戦活動を展開する中、「チャベスが、コロンビア・ゲリラに接近している」ことが分かった。彼が言うには、これは「フロンテーラ（国境）」と呼ばれるゲリラと、政府との交渉を提案する計画であった。ゲリラはベネズエラ領内に入らないことを確約し、ベネズエラ国家はゲリラに金銭と武器を特別に援助する、という内容だった。ウルダネタは語る。

「計画案を読んだ私は彼を叱責した。『こんな事に首を突っ込んでどうするつもりだ？　コロンビア政府とアメリカ政府、両方とも大きな問題になるぞ。君の責任でも、やるべき仕事でもないだろう』。すると彼は言った。「コロンビアが、ラテンアメリカ最悪の寡頭社会だからだ」。私が、それはコロンビアの問題で、ベネズエラには無関係だと答えると、彼は『私はいつの日か、ゲリラに勝利してもらいたい。その日はいつか来る』と言った」

曰く、ウーゴ・チャベスの勝利にコロンビア革命軍（ＦＡＲＣ）と国民解放軍（ＥＬＮ）は満足した。曰く、チャベスはコロンビアの内紛には中立の立場であり、反政府ゲリラをテロリストとは見なさないと声明した。曰く、チャベスは「和平交渉」を支援するためにコロンビア革命軍のリーダー、マヌアル・〝ティロ・フィッホ〟・マルランダ[訳注]との会見を希望し、そして準軍隊（国境警備隊など）から親ゲリラと告発された。曰く、ベネズエラ大統領の明らかな反乱軍支持――「われわれは同類である」と革命軍のリーダー、ラウル・レイエス[訳注]が言った。そして、コロンビア、ベネズエラ、アメリカなどの新聞記事はチャベス―ゲリラ、接近す、と書き、チャベスは五年間、否定を続け、ボゴタ―カラカス外交危機[訳注]が起きる。しかし、ベネズエラとコロンビア革命軍（ＦＡＲＣ）あるいは国民解放軍（ＥＬＮ）とのつながりを結論づける証拠は無い。

だがしかし、反チャベス派の誰もが、兵士チャベス・フリアスがゲリラ魂の持ち主であることをよく知っている。おそらく、彼が陸軍士官学校時代から「現状維持」に対する闘いにシンパシーを感じていた事実があるからだ。大統領になるはるか二十年前の一九七七年十月二十五日の日記に、彼はこう書

マヌアル・〝ティロ・フィッホ〟・マルランダ：コロンビア革命軍リーダー。本名ペドロ・アントニオ・マリン。一九三〇年生まれ、二〇〇八年三月死去。十八歳の時、エリエセル・ガイタンの暗殺を機にゲリラ活動に入る。コロンビア共産党の影響でマルクス主義者となり、FARCの前身「南前線」に参加する。以来四十年、わずか四十八名だった農民ゲリラ集団を数千人の強力戦闘集団に作り上げた。公けに姿を見せた最後は一九八二年で、その後何度も死亡の噂が流れたが、二〇〇八年三月FARC自身が死亡を発表した。死因は不明。七十八歳だった。穏やかで知的な人物だったと言われている。〝ティロ・フィッホ〟とは「百発百中」を意味する。

ラウル・レイエス：本名ルイス・エドガル・デビア・シルバ。一九四八年生まれ。マヌエル・マルランダに次ぐコロンビア革命軍ナンバー2。牛乳工場の労働者として組合活動に参加しマルクス主義の活動家となった。コカイン取引の拡大を提唱し、数千トンものコカイン産業、密輸を支配し、米国務省とコロンビア政府から起訴されていた。二〇〇八年三月一日、プトマヨ川のエクアドル側で野営中、コロンビア軍の爆撃を受けて殺された。エクアドルのコレア大統領は領空侵犯として抗議、襲撃を虐殺であるとしてコロンビア大使館を閉鎖し、国境に兵を配備した。ベネズエラのチャベス大統領は「卑怯な殺人」だと非難し、ベネズエラで同様の行為を行なえば戦争となると警告した。コロンビアのウリベ大統領は「テロとの戦い」などの名目でアメリカから多額の援助を受けている。

ボゴター・カラカス外交危機：ベネズエラは二〇〇八年三月二日、コロンビア軍が前日、ベネズエラの同盟国であるエクアドル領内でコロンビア・ゲリラを殺害したことを受け、コロンビア国境に戦車を移動させ、戦闘機を出動させた。チャベス大統領は、コロンビアから外交関係者を全員帰国させ、コロンビア軍がベネズエラ国内で攻撃を行なえば、戦闘機を送り込むとの姿勢を示した。コロンビアのウリベ大統領は、軍事作戦に踏み切ったのは国境を越えて攻撃を受けたためだったとし、エクアドルの主権を侵してはいない、と主張した。

いている。

「兵士たちは、彼の戦いの持つ意味を感じることもないし、理解もできない。単に、何かを得るため、職業としてやっているだけで、戦いの目的とは関わりが無い。ゲリラ兵は違う。反逆の犠牲となること、喪失、孤独、誰もがこの必要条件を満たしている」

一九九六年七月、ウーゴ・チャベスはサンパウロ・フォーラム[訳注]に出席するためエル・サルバドルに行った。サンパウロ・フォーラムはラテンアメリカの左翼運動組織・団体の結集を目的に一九九〇年に発足した国際会議である。

「われわれはよく知られていたし、会議のメンバーとも知らぬ間柄ではなかったが、『気をつけろ、クーデターをやった中佐があらわれたぞ！』と言う声も少なからず聞こえた[原注2]」

一年後、メキシコ訪問の際には、一九九四年にチアパスの反乱[訳注]を指揮した副官マルコス[訳注]と先住民たちに会った。

「メキシコに入って、偶然にもサパティスタの行軍を見るチャンスがあった。彼にメッセージを残してきた。多分、十二月にはまた戻って、ジャングルに入れるかもしれない[原注3]」

メキシコ・シティでの短い滞在を、チャベスはこう語る。

「次期メキシコ連邦区庁長官（メキシコ・シティ市長）のクワウテモク・カルデナス[訳注]と話ができたが、メキシコ民主革命党[訳注]（ＰＲＤ）がサンサルバドルでのサンパウロ・フォーラムでベネズエラの参加に最も強く反対していたので、具体的進展は無かった。何か取調べを受けているようだった。彼らは、フォーラム参入の検討を促す書状を出せと言われたが、出すことは無かった。なぜなら、非常に冷たい扱いを

受けたと感じたからだ」[原注4]

この時期、チャベスはサパティスタ国民解放軍とメキシコ民主革命党との連合は可能だと思っていた。[原注5]

一九九七年のポルト・アレグロ会議でサンパウロ・フォーラム加入を強く要請するが、一九九八年

---

サンパウロ・フォーラム：ベルリンの壁崩壊後のネオリベラリズムの台頭に対処するために、一九九〇年にブラジル労働者党によって始められたラテンアメリカの左翼、ナショナリスト政党や運動の国際会議。現在まで十二回開催され、参加国、団体、組織（反政府ゲリラ組織も含む）は百を超えている。手段、方法の違いを越えて、二十一世紀の新しい左翼運動、思想の方向を探る、という主旨を持つ。すでに政権を獲得したメンバーも輩出してきている。

チアパスの反乱：一九一七年の憲法で土地の共同所有を認められてきたメキシコ最南部の州チアパスの先住民農民は、一九八二年の農地改革と一九九四年の北米自由貿易協定（NAFTA）加入により、農耕地を失った。これに抗議して、サパティスタ国民解放軍（メキシコ独立革命指導者エミリオ・サパタに因む）が武装蜂起した。一九九六年に政府との間で和平協定が結ばれたが、大地主が傭兵を使い先住民を抑圧、多くの婦女子を虐殺した。二〇〇〇年にはサパティスタは自治政府を樹立、反サパティスタ陣営（大土地所有者）は軍事攻撃を拡大し、両者の対峙はまだ続いている。

副官マルコス：メキシコのサパティスタ国民解放軍代表。チェ・ゲバラ二世とも呼ばれ、作家、詩人、反資本主義、反グローバリゼーションの論客でもある。常に覆面をしていて顔を見せない。本名は、ラファエル・セバスチャン・ギーエン・ビセンテで、元首都自治大学教授。アントニオ・グラムシの影響で社会主義者になり、マオイストの国民解放軍に所属した後、チアパスに本拠を置き、現在に至る。

クワウテモク・カルデナス：メキシコの政治家。一九三四年生まれ。ラサロ・カルデナス元大統領の息子。一九八六年、メキシコ最大の政党であった制度的革命党左派の大統領候補指名争いに敗北して離党、一九八七年に親政府系左翼諸政党を集めてメキシコ民主革命党を結成した。一九八八年には大統領選に臨んだが、不可解な経過をたどって与党の制度的革命党のカルロス・サリナス候補に敗れた。メキシコ連邦議会上院議員、メキシコ連邦区庁長官等を歴任。

のモンテビデオ総会に候補として正式招請されるまで待たねばならなかった。

ウーゴ・チャベスは刑務所から出て以降、民間人支持者の援助を仰ぎながらラテンアメリカを見て歩き、計画を進めるための運動のネットワーク作りに専念した。ついに大統領になった時、外国の反政府潮流に対してシンパシーを抱いていることが周辺諸国とのトラブルの原因になった。まず、先住民への支援が原因となって、ボリビアのウーゴ・バンセル[訳注]大統領との問題が生じた。バンセルは、ベネズエラが提案したアンデス諸国大統領サミットへの招待を断り、二〇〇〇年十二月にカラカスで予定されていた会議が流れてしまった。それは、元独裁者のボリビア大統領が、チャベスがラパス公式訪問の二日間を利用して先住民リーダーのフェリペ・キスポ[訳注]とこっそり会い、政治的な、またある消息筋によれば、経済的な支援を申し出ていたことを知った上での行動だった。

この時期はまた、チャベスがエクアドルの元クーデター軍人、ルシオ・グティエレス[訳注]を支援しているという噂も流れていた。グティエレスは一九九四年にクーデターを起こしたが――ほとんど文字通り――チャベスが出していたのと同じ要求項目を訴えていた。すなわち、改革と愛国の精神を有する「軍民対話」から始まる「民主主義革命」である。CIAの情報によって、キトーに資金を運んだ事実を押さえたワシントンの圧力で、要職にあったベネズエラ領事館員が職務からはずれるという事態にもなった。アメリカ国務省中南米担当次官補（当時）のピーター・ロメロは、二〇〇一年二月の『マイアミ・ヘラルド』紙に、「チャベス政権が、ボリビアでは先住民武装闘争を、またエクアドルの場合はクーデター軍人を援助している証拠」がある、と語った。その証拠自体は公開されなかった。

バンセルがカラカス会議招請を蹴った数週間後、当時のエクアドル大統領、グスタボ・ノボアも出メキシコ民主革命党：一九八七年に結党されたメキシコの中道左派政党。社会主義インターナショナル加盟。制度的革命党左派の有力政治家クアウテモク・カルデナスが離党して結成した。一九九七年には下院選挙で躍進し、同時に行なわれた第一回のメキシコ市長選挙（それまでは任命制だった）でクアウテモク・カルデナスが当選したが、二〇〇〇年の大統領選挙と下院選では再び後退した（右派野党のビセンテ・フォックスが大統領に当選）。メキシコ市長選でも、同党のオブラドールが当選した。二〇〇三年の下院選でも大きく議席を伸ばした。オブラドールの個人的人気は非常に高く、二〇〇六年の大統領選挙に立候補したが、僅差で敗北した（開票に不正があったとしてオブラドール陣営は提訴している）。連邦議会選挙でも得票を大きく伸ばした。日本共産党の第二十二回大会（二〇〇〇年十一月）、第二十三回大会（二〇〇四年一月）に代表を派遣している。共産党からは神田米造書記局員・国際局次長が二〇〇四年三月に行なわれた党大会に代表として参加した。

ウーゴ・バンセル：ボリビアの軍人、独裁者（一九二六年～二〇〇二年）。ボリビア大統領を二度務めた。一度目はクーデターで一九七一年から一九七八年まで。二度目は選出されて一九九七年から二〇〇一年まで就任した。ドイツ移民の子孫として生まれ、ボリビア、アルゼンチン、ブラジルの軍学校やパナマにあったスクール・オブ・ジ・アメリカス（米軍が南米の軍人に拷問や殺害などの反乱鎮圧技術を訓練する施設）に通った。一九六四年、レネ・バリエントス政権の教育文化大臣に就任。一九七〇年、右翼クーデターを起こしたが、失敗し、国外に逃亡した。一九七一年八月、サンタクルス市で革命蜂起に成功、全権を掌握した。軍最高司令官を兼務し、独裁支配した七年間、三千人が政治犯として逮捕され、二百人が殺害された。一九七八年に九年ぶりに行なった大統領選挙は不正投票疑惑で成立せず、アスブン空軍大将によるクーデターで辞任。一九九七年、民族民主行動党党首として復帰、民主的に大統領に当選した。一九九九年から二〇〇〇年にかけて起きた「コチャバンバ水紛争」やコカ栽培農民の暴動などの渦中、肺癌を患い、二〇〇二年五月に亡くなった。

フェリペ・キスペ：ボリビアの先住民反政府活動家。一九四二年生まれ。通称マユク（アイマル語でコンドルの意）。一九七八年にトゥパク・カタリ・インディオ運動を設立、一九八八年に政治組織アユス・ロッホスを作った。九〇年には過激派組織トゥパク・カタリゲリラ軍を創設し、インカ帝国時代の再生を目指す反政府武装闘争路線を採った。その後、武装闘争を止め、大学で学び、自伝等数冊の著書を出す。二〇〇二年に大統領選に出馬し落選。二〇〇五年にも出馬したが敗れ、同じ先住民のエボ・モラレスが大統領となった。一時期はモラレスを陰で助けていると言われたが、現在は直接政治には関わらず、NGO活動を行なっている。モラレスについては「彼は、自分が先住民である事を忘れてしまった」と、その政策を批判している。

席を取り止めた。そして、ペルーも――当国政府が伝えるところによれば――二〇〇〇年十一月にリマから逃亡したブラディミロ・モンテシーノス[訳注]がベネズエラ国内に潜伏している、との理由で参加を辞退してきた。

ペルー側は、アルベルト・フジモリ政権が――モンテシーノスも含め――、一九九二年十一月の決起後、リマに逃げたベネズエラのクーデター軍人グループを匿ったことに対する見返りとして、チャベスはモンテシーノスを保護している、または少なくとも見て見ぬ振りをしていると疑った。チャベス政権は断固として、モンテシーノスの存在を否定した。しかし、綿密な捜査が行なわれ、――ペルーの新聞報道や民間情報などで足どりが明らかになり――二〇〇一年六月、アンデス諸国会議の会期中にベネズエラ当局からモンテシーノスの逮捕が発表された。事件の不可解な展開によって、バレンティン・パニアグア[訳注]大統領政府とチャベス政府との間に外交危機が生まれ、双方とも一ヵ月間、外交官を引き上げた。しばらくして、大統領の座に就いたアレハンドロ・トレド[訳注]は――モンテシーノス事件の結果として――ベネズエラの隣人に嫌な思いを抱く。両国家元首の間には、少しの親しみも無かった。トレドは二〇〇二年のクーデターに関してベネズエラ大統領を次のような言葉でこき下ろした。

「我が友チャベスは民主主義の神聖なる申し子などではない。だが彼が選ばれた[原注6]」

ラテンアメリカの大統領候補者と新任大統領たちは――見かけ上は――ウーゴ・チャベスから離れ始めた。誰も、わけが分からないと言うか、土着的と言うべきか、ベネズエラ大統領の振る舞いと比較され、少しでも似たところがあると言われるのを例外なく否定した。その筆頭だったのが、二〇〇〇年の選挙で制度的革命党の支持基盤の切り崩しを図ったメキシコのビセンテ・フォックス[訳注]である。この時、彼は言った。

「チャベス、ノー。ブカラム、ノー」

ルシオ・グティエレス：元エクアドル大統領（二〇〇三年〜二〇〇五年）。一九五七年生まれ。二〇〇〇年一月、フンタ（軍民共同体制）を指揮し、大統領ジャミル・マウアドを降ろし、権力を短期手中にした。二〇〇二年に愛国社会党から大統領選に立候補し、バナナ王でエクアドル一の富豪、グスタボ・ノボアを破り、当選。しかし、就任三ヵ月後には公約を破り、親米的経済施策を復活、ネオリベラル政策に戻った。二〇〇四年には野党諸派から罷免要求を受けたが、辞任は逃れた、しかし、二〇〇五年には反政府デモが激化、戒厳令を敷いたが軍部が実行を拒否、ついに四月、議会がリコールを決議した。その後、大統領職を放棄して亡命、中南米各国を転々としたが、二〇〇五年にエクアドルに戻り逮捕された。二〇〇六年三月、職務放棄が不起訴となり、政界に復帰、現在も愛国社会党を率いている。

ブラディミロ・モンテシーノス：一九四五年生まれ。フジモリ政権時代のペルー国家情報局長官。絶大な権力を持って恐れられていたが、二〇〇〇年に反対派議員買収工作が発覚し、さらに海外の隠し財産が暴かれ、国外逃亡した。その後、ベネズエラで逮捕され、横領、収賄、武器密売などで起訴され、現在服役中。

バレンティン・パニアグア：ペルーの政治家。一九三六年生まれ。フジモリ辞任の後を受けた選挙管理暫定政権を担当した大統領。二〇〇〇年十一月初め、スイス政府はウラジミール・モンテシーノス国家情報局元顧問がスイス銀行に四千八百万ドルの口座を持っていることを明らかにした。モンテシーノスは十月末にヨットでコスタリカに脱出していた。

十一月二十日、フジモリ大統領は滞在先の東京から、サラス首相に辞任の意志を伝えた。これを受けて内閣は総辞職し、バレンティン・パニアグア国会議長が翌年七月までの暫定大統領に就任した。

アレハンドロ・トレド：ペルー元大統領（二〇〇一年〜二〇〇六年）、経済学者。一九四六年生まれ。フジモリ大統領罷免の後、アラン・ガルシアと争って当選した。元世界銀行にいたエコノミストで親米経済政策を採った。「フントス（共同）計画」を実施し、六パーセントの経済成長を実現、公共投資が増加し、インフレ率はラテンアメリカで最小となった。退任後は、アメリカに移り、スタンフォード大学の客員教授、研究員をしている。

二年後、エクアドルの大統領選の最中、ベネズエラ大統領は、テレビ番組「アロー、プレシデンテ」で、当時、まるで双子のように似通っていた考えのルシオ・グティエレスのことを「パパ（友だちの意）のルシオ」と頻繁に引き合いに出していた。エクアドル軍の元将校が大統領選に勝利した時には、チャベスは大喜びしたが、チャベスの主張と関連付けられるのを避けようとするグティエレスの言動、差しさわりの無い発言、その後のパチャクティク先住民運動[訳注]からの離反などで、彼はすっかり興ざめしてしまい、今では名前さえ思い出さなくなっているほどだ。この頃は、ブラジルのルーラ大統領も記者団を前に、自分かチャベスか二つに一つだ、と繰り返し迫ったくらいだ。彼との間に何の問題も無いとしても、チャベスと関わるのは具合が悪いし、票を失うとみんなが考えていたようである。

問題児ウーゴ・チャベスに国境は無い。彼は「ボリーバル革命」を提唱し、国内外で敵とぶつかる。中でも、最も象徴的で強烈だったのは、ドミニカ共和国との出来事だ。アメリカ在住の前大統領、カルロス・アンドレス・ペレスが、ドミニカに頻繁に出入りするのを止めさせろ、との要求が聞き入れられないのに業を煮やして、大統領はベネズエラからの石油供給中止命令まで出した。彼に言わせれば、彼の仇敵はドミニカで暗殺計画を準備中だからである。

「これは、彼（チャベス）のカルロス・アンドレス症候群であって、本当はそんな事は無かった。彼には、我が国の政府はしっかりしているから心配いらない、と言った」

ドミニカ大統領のイポリト・メヒアは、こう言ってチャベスの抗議を退けた。[原注7] チャベスは引き下がらず、ドミニカの警察が捜査に当たったが、何ら陰謀の証拠は出てこなかった。チャベスは無関心さに腹を立て、ベネズエラでは前例の無い措置である原油供給打ち切り命令を出した。メヒア大統領はカラカスから大使を引き上げさせて抗議した。石油を圧力手段に用いたチャベス政権に対する批判が一気に巻き起こり、ベネズエラ政府が緊張緩和に動き出さざるを得ない流れになった。それでも、原油供給は三ヵ月間停止された。元クーデター司令官は、ペレスを——一九九三年に大統領を辞任し、公金不正使用の罪で二年四月の自宅軟禁を宣告された——ベネズエラにおいて不正蓄財の疑いで再度裁きたかったのである。

大体これと同じような形で、チャベス大統領は、コスタリカに対して一年間、同政府が二〇〇三年三月に認めたベネズエラ労働者総連盟（CTV）議長、カルロス・オルテガ訳注の政治亡命を撤回するよう圧力をかけた。オルテガは、二〇〇二年の石油公社ストに関与した事で有罪判決を受けた後、国外逃亡していた。大統領は、オルテガが反チャベス陰謀計画を画策していたと断言した。

---

ビセンテ・フォックス：メキシコの第六十三代大統領（二〇〇〇年～二〇〇六年）。一九四二年生まれ。野党から選出された初の大統領。裕福なスペイン系メキシコ人の一家に生まれ、イベロアメリカ大学経営学部およびハーバード大学経営コースで学んだ後、コカ・コーラ社に就職、メキシコ・コカ・コーラの社長に出世し、ラテンアメリカ全体のコカ・コーラ責任者になった。一九八〇年代に、メキシコの野党の中で最も古い歴史を持ち、自由市場経済の促進および保守的政策を基本方針とする国民行動党に加わった。一九八八年にグアナファト州から連邦下院議員に選出され、一九九五年にグアナファト州知事に選ばれた。

パチャクティク先住民運動：一九九六年に結成された「プルイー・ナシオナル・パチャクティク連合運動・新しい国」と呼ぶエクアドルの先住民運動。先住民を社会参加させるよう既成政党に求めた。独自の大統領候補を立て、議会でも議席を獲得し、二〇〇二年にはルシオ・グティエレスを擁立して大統領選を勝利させた。しかし、三ヵ月後から方向転換した大統領と訣別し、二〇〇三年にはマカス候補を立てて戦った。一時は力を失いかけたが、アメリカの自由貿易協定反対を主軸にした運動を通して再建を果たし、議会闘争を継続している。

「もし、コスタリカ政府が（ドミニカ共和国と）同じ態度をとるのならば、首都サンホセ・デ・コスタリカにおいて我が国に敵対する陰謀が仕組まれているのであり、ベネズエラは黙っているわけには行かない。もちろん、そのような事は無いと考えるが、私はここに敬愛するコスタリカ政府に対して、警告の知らせを送るものである」

チャベスは自分の出演する日曜日のテレビ番組の中で、こう声明した。[原注8]

二〇〇四年三月、圧力を受けていた数週間を経て、コスタリカ政府はついにオルテガに対して政治亡命を取り消し、出国するよう要求した。チャベスは目的を遂げた。

戦士チャベスにとって、外交で気の休まる年は一年として無かった。チャベスは虎視眈々と、カルロス・アンドレス・ペレス元大統領が昔のよしみからボリビア経由で海外脱出を図るのを見計らっていた。ペレスは七〇年代に、昔からのチリとの国境紛争[訳注]への連帯の象徴としてボリビアに一隻の船を贈呈していたからだ。一九九九年、チャベスはエドゥアルド・フレイ[訳注]から、ボリビア弁護を抗議する重要メモを受け取った。しばらくの間、ベネズエラ大統領は、この案件を失念していた。しかし、二〇〇一年に就任したリカルド・ラゴス[訳注]大統領と国際フォーラムで若干立場を異にしたことから、チリとの論争が再燃した。

二〇〇三年の中頃、新聞が人身攻撃と論評した――「相互の反感」とチリの日刊紙『ラ・テルセラ』は呼んだ――チャベスとラゴスの舌戦がペルーのクスコで開催されたリオ・グループ総会の席上で展開された。ある委員会で、チャベスがある文書を取り上げて、それに対する不満を表明した。配られた資料は古いもので、訂正もしてあった。チャベスはこの日、虫の居所が悪かった。ペルーの新聞『カレカルロス・オルテガ：二〇〇一年にベネズエラ最大の労働組合CTV議長に選出され、チャベス政権を独裁者と非難、二〇〇二年四月のクーデター未遂ではデモ隊を組織してミラフローレスで軍隊と衝突、十九人の死者を出した。二〇〇二年のストライキで十六年の懲役刑を受けたが、コスタリカ大使館に政治亡命を願い出て受理され、同国に保護された。しかし、二〇〇四年三月、所定の手続きを守らなかったとして政治亡命を取り消され、二〇〇五年三月、カラカス郊外のナイトクラブで逮捕され、十二月に再び十六年の懲役判決を受けたが、二〇〇六年八月にラモ・ベルデ刑務所を脱走して海外に逃亡した。その後、ペルーのリマにいるとの情報が入り、それを受けてペルーのベラウンデ外相は、人道的見地から政治亡命を認める、と発表した。

ボリビア・チリ国境紛争：硝石などの鉱物資源が豊富なことから紛争の元となっていたアタカマ砂漠に関する条約が一八六六年と一八七四年に結ばれ、南緯二十四度がチリ・ボリビア国境線と決められた。さらに、アタカマの課税権や鉱山採掘権がチリに移った。これをめぐって、太平洋戦争（一八七九年～一八八四年）が起こり、一八七九年にチリはボリビアの港アントファガスタを奪った。ボリビアと同盟国ペルーは敗北。この結果、ボリビアは海岸地帯を失くし内陸国となってしまった。一九四五年、ボリビアは国際連合の設立メンバーになり、八年後にアメリカ諸国と結束し、米州機構を設立、両国際組織に太平洋沿岸の港の返還を訴えた。この要求に対して、チリは一九五三年にアリカを自由港と宣言し、ボリビアに関税の特別待遇を与えた。

エドゥアルド・フレイ：チリ共和国元大統領（一九九四年～二〇〇〇年）。一九四二年生まれ。同名の父親も元大統領。チリ大学時代に学生活動家で、卒業後キリスト教民主党に入党し、父親の大統領選を手伝った。一九八八年に「自由選挙促進委員会」を立ち上げ、翌年には上院議員に選出された。一九九二年に大統領予備選で党内のラゴス候補を破り、一九九三年に大統領に当選した。二〇〇六年、上院議長に就任した。

リカルド・ラゴス：チリ共和国前大統領（二〇〇〇年～二〇〇六年）一九三八年サンティアゴ生まれ。チリ大学法学部卒。アメリカ、デューク大学経済博士取得。チリ大学、ノースカロライナ大学客員教授を経て、一九八〇年代より政界に進出。一九八六年にピノチェット軍事政権により逮捕された。一九八七年に民主主義のための政党を創立、ピノチェト軍事政権が崩壊した一九九〇年に文部大臣に、一九九四年に公共事業大臣に就任。二〇〇〇年三月の大統領選挙で初当選を果たす。日本に亡命中のフジモリ前大統領が突如、日本からチリに出国した件では、日本政府が日本出国・チリ入国の事実をチリ政府に事前通告しなかった事を批判した。

タス』によれば、出席していた十ヵ国の大統領がコロンビア問題を分析検討している最中にチャベスが発言した。

「皆さんに申し上げておきたい。多国間戦力が組織された場合、われわれはそれに介入しない」

ベネズエラ大統領の態度に不快感を覚えたラゴスがやり返した。

「私が一体いつ、多国間戦力の話をしましたか? 一度もしていません。国連安保理でチリが何に賛成したのかご存じないのですか? ひょっとして、何の事か分からなかったのですか? それに、多国間戦力を組織した唯一のラテンアメリカ人は、ボリーバルだけです」

我が神様を公衆の面前で冒瀆され、チャベスはもう我慢ならなかった。席を蹴って、怒りの場から立ち去った。

さらにラゴスは――『ラ・テルセラ』紙によると彼はチャベスをけっこう道化者扱いしていた――、チャベスが出席するつもりでいた、九月十一日にサンチャゴで行なわれたサルバドール・アジェンデの命日の記念式典へのベネズエラ大統領の出席に反対した。面子をつぶされたチャベスはお返しに、一週間も経たない九月十六日、サンタ・クルス・デ・ラ・シエラ(ボリビア)で行なわれた第八回イベロアメリカ・サミット訳注でのボリビアの声明を呼び起こして言った。

「ボリビアから海への出口を奪ったのは正しくない。ボリビアには海があった。私はボリビアの海で海水浴をするのが夢だった」

チリはそこで、ベネズエラ大使を召還して、内政干渉ではないかと質し、ベネズエラはそれに対して慎重に対応した。チャベスは執拗に痛いところをつつき回り、両国関係を回復する試みは、チャベスの一言で暗礁に乗り上げてしまった。

「正直に申されよ。チリはボリビアから海を奪った、と」

この問題は、二〇〇四年にメキシコのモントレーで開かれた米州サミットで俎上に上った。ラゴスは、ボリビアを熱心に擁護し続けるチャベスとの会話を拒否した。ベネズエラ大統領は、おそらく恨み骨髄だったのだろう、また新たな事を持ち出してチリを非難した。この時彼は、若干の恨みを込めて、チリは二〇〇二年、反チャベスのクーデターを撥ねつけたとラゴスは言ったが、それは事実ではない、とした。そしてサンチャゴ政府がとる姿勢に反論し、駐カラカスのチリ大使、マルコス・アルバレスは風前の灯だったペドロ・カルモナス政権を支援し、リオ・グループ声明でチャベス政権の倒壊を宣告した、と述べた。これでチリ大使館が即刻外交断絶する結果となった。

チリ・ベネズエラ関係は最悪の事態を迎えた。『ラ・テルセラ』紙の見解によれば、チャベスの不快感は、二〇〇二年のクーデター前にあった紛争の可能性や秩序の乱れをベネズエラ大統領の責任に帰す内容のコミュニケを流布させる命令をラゴス大統領が発していた、との推測から来ていた。チリのマ

---

イベロアメリカ・サミット：スペイン・ポルトガル語圏諸国首脳と政府が毎年集まって行なわれる国際会議。一九九一年発足。アルゼンチン、ボリビア、ブラジル、コロンビア、コスタリカ、キューバ、チリ、エクアドル、エル・サルバドル、スペイン、グアテマラ、ホンデュラス、メキシコ、ニカラグア、パナマ、パラグアイ、ペルー、ポルトガル、ドミニカ共和国、ウルグアイ、ベネズエラが最初の参加国。二〇〇四年にアンドラ、プエルトリコ及びアメリカ合衆国の準州の参加も始まった。また、ベリーズ、フィリピン、赤道ギニア、東チモールも参加を要請している。

スコミの報道に従えば、チリがベネズエラの政治的危機に介入しない替わりにベネズエラはボリビア擁護を止める、という極秘交渉の結果、ようやく両国は正常な関係に復帰した。両国の外交官は、二〇〇四年二月初めにそれぞれの職務に戻った。そして、ベネズエラの指導者は、もう太平洋を泳ぎたいとはせっつかなくなった。

「チャベス大統領は、チリとボリビアの交渉が成立してから、ボリビアの海岸で海水浴をしたい、と言った。もしそうでなければ、泳がない」

チリのベネズエラ大使館はこのように発表した。[原注9]

解放者ボリーバルを崇拝するチャベスは、ラテンアメリカ大陸の壮大な叙事詩に魅せられた。ラテンアメリカ諸国連合である。十九ヵ国を連合させるという野望だ。尊敬するヒーローが二世紀前に頭に描いていた事を広めようと決めた彼が、なぜそれが推し進められないのか?

「(ラテンアメリカの)国々が一つのブロックとして団結する事が必要である。これが私のメッセージの思想だ……これは昔、シモン・ボリーバルが考えた事である」

彼は大統領になって間もなく、ある会議でこう話した。元司令官は、ベネズエラだけでは物足りないと時々思う。祖国はアメリカだ、とボリーバルは言っていた。友人の精神科医、エドムンド・チリーノスは言う。[原注10]

「チャベスは、人生の厳しい現実に立ち向かうよりも、叶えられそうにない夢を抱く方を好む」

その闘争的手法から、一見矛盾して見えるが、元陸軍将校は自分では統一者でありたいと思っている。皆を平等にまとめる統一者である。

正式には、ラテンアメリカ版NATO――「SATO（南大西洋条約機構）があっても良いじゃないか」と言う――、ラテンアメリカ地域のための通貨基金、ペトロアメリカ（ブラジル、コロンビア、エクアドル、メキシコ、ペルー、そしてキューバも入れた石油機構）、ラテンアメリカ大陸通信プロジェクト、ワシントンが提唱している米州自由貿易地域（FTAA）の替わりに、ラテンアメリカ・カリブ地域自由貿易協定（ALCA）など、こうした形の結束をチャベスは呼びかける。毎回の会議で同じ話を聞かされる各国の代表はため息を洩らす。三十二回皆勤で出席した地域会議で、彼は常套句のようにこう言っていた。

「大統領は会議から会議の毎日、人々は地獄から地獄の毎日」

だが彼は出席した。無駄な会議だと責めてはいたが、決して欠席しなかった。

強情な男で、決して匙を投げない。そして、実際にできることを工夫する。自分は先駆けであると考えている。この考えは、サンパウロ・フォーラムを通して生まれた。それぞれの祖国における変革運動が一堂に会する、というのはどうだろう？　発起人の一人、日刊紙『エル・ナシオナル』のマキシミリエン・アルベライスは、フランス紙『ルモンド・ディプロマティック』編集委員でチャベスの無条件な支持者のイグナシオ・ラモネとベルナール・カッサンが――ブラジル、ポルト・アレグレの世界社会フォーラム[訳注]で――、「この革命的闘いは、ネオリベラルのグローバリゼーションに対する世界的闘いの文脈に位置づけられる」としてベネズエラでの開催を提起しなければチャベスの主導性は喚起されなかっただろう、と言う。

誰の入れ知恵があったにせよ、二〇〇二年のクーデター未遂後に、「ボリーバル革命との連帯の出会い」[原注11]が生まれ、彼の基本的立場と機を一にする世界の著名人がベネズエラ政府から招待された。イグナシオ・ラモネとベルナール・カッサン、フランス人コミュニケーション学者のアルマン・マットラール、アメリカ人社会評論家のジェームズ・ペトラス、チリの評論家、マルタ・ハーネッカー、ボリビアの先住民指導者、エボ・モラレス、アルゼンチンの映画監督、フェルナンド・ソラーナス[訳注]、「五月広場の母達」のエベ・デ・ボナフィニ[訳注]、ニカラグアのサンディニスト大統領、ダニエル・オルテガ、ドイツ系メキシコ人学者、ハインツ・ディートリッヒ、英紙『ザ・ガーディアン』の記者、リチャード・ゴットなど、みんなチャベスの賛美者である。ゴットは熱心な支持者の一人で、著書『解放者の陰で』の中で、ボリーバルは——スペイン人直系のクレオールだと言われているが——肉体的にチャベスに似ており、この世紀の偉人は歴史学者や資料の説に反し、「混血児、サンボ」[原注12]だった、つまり黒人とインディオの子だったと書いている。

しかし、団結の出会いだけでは不十分だった。ベネズエラ大統領は、さらに大きな規模と重要性をもったイベントを仕掛ける。左翼の政党、運動組織、ＮＧＯが参加する「ボリーバル人民会議」がそれだ。ベネズエラ政府が招請し、経費を負担する。ベネズエラのような（裕福な）国だけにできる投資である。すぐに、ボリーバル革命は石油の富の散財だと言われた。第一回は、カラカスで開催された。ブラジルの「シン・ティエラ（土地無し）運動」[訳注]、アンデス地方の先住民運動、アルゼンチンのピケテロス運動[訳注]が参加した。このピケテロスのリーダー、ルイス・デリアがブエノスアイレスで語ったところによれば、ベネズエラ政府に経費を一切負担してもらいベネズエラに行ったと言う。[原注13]会議の最後に採択

世界社会フォーラム：「世界経済フォーラム＝ダボス会議」に対抗して、グローバリゼーションが世界にもたらす影響と問題を民衆の立場から考える国際会議。ブラジルのポルト・アレグレで二〇〇一年一月に第一回が開催され、世界中から一万二千人が参加した。第二回も、二〇〇二年に再度ポルト・アレグレで開催され、出席者は六万人。二〇〇三年には、ノーム・チョムスキーも参加した。毎年参加者が増加し、二〇〇七年の第七回（ナイロビ）は、六万六千人が集まり、最大の大会となった。スローガンは「もうひとつの世界は可能だ」。しかし、アフリカなど貧困地域の活動組織は排除されており、左翼的なNGOがフォーラムを牛耳っているとの批判や、左翼的運動を無差別に含み、ネオリベラルや帝国主義に対する立場が明確でない、といった批判もある。

フェルナンド・ソラーナス：アルゼンチンの代表的映画監督、政治家。一九三六年生まれ。一九六八年に新植民地主義の暴力を描いた記録映画『ラ・オーラ・デ・オルノス（炉の時）』でベネチア映画祭審査員特別賞、カンヌ映画祭でパルムドールを受賞した。一九七〇年代のアルゼンチン映画革命グループの旗手で、ペロン派活動家としても活躍した。一九七六年から一九八三年の民主化までフランスに亡命。一九八五年に『タンゴ、ガルデルの亡命』を発表。政治的テーマの追求を続けた。メネム政権を激しく批判、一九九一年に銃撃されたのを契機に政治活動に傾注、フレンテ・グランデ党から国会議員選挙に立候補して当選。二〇〇七年の大統領選挙にも正統派社会党から出馬した。

エベ・デ・ボナフィニ：アルゼンチンの女性人権活動家。一九二八年生まれ。イサベラ・ペロン大統領の「汚れた戦争」時代に虐殺された若者たちの母親の会「五月広場の母達」代表。現在は、「母達の新聞」、ラジオ局「母達の声」、住宅建設協同組合、保育園建設、母親大学などの活動を指揮している。一九七九年に、これまでの活動を評価され、ユネスコから平和教育賞を受賞した。スペインに亡命していたペロン元大統領（七十七歳）は二〇〇八年にスペイン最高裁の判決で有罪とされたが、本国送還は逃れた。

シン・ティエラ運動：ブラジルの農民運動組織。土地と農業改革を求める非政治的無党派、無宗教活動。一九七五年から一九八五年にかけての農業の資本主義的開発による大土地所有で多くの農民が土地を失ったことから起こった運動。各種の地区、地域委員会から成り立ち、官僚機構を持たず決定機関は唯一、全国総会。法制的、行政的観点から、他の業種セクター組合組織との連帯も強めている。デモ、集会、座り込み、建物占拠などの集団示威行動を主旨とする。

ピケテロス：アルゼンチンの道路封鎖運動。路上にバリケードを作って交通を封鎖し、流通を阻害し、政府の経済・社会政策に抗議する集団。自然発生的なものではなく、左翼活動家が組織的に指導した。

された宣言によれば、フォーラムには「社会的、政治的組織、大衆運動組織、進歩的組織などラテンアメリカ、カリブ地域二十ヵ国の代表、四百人が結集した」そうである。

何らかの社会的要求を持ち、反帝国主義「ボリーバル革命」を信じ、ネオリベラルと闘うと言う者は誰でもパスする。暫定政治局には、ベネズエラのボリーバル・サークル、キューバの革命防衛委員会、エル・サルバドルのフェラブンド・マルティ国民解放軍（FMLN）、エクアドルのパチャクティク、アルゼンチンのピケテロス、バリオス・デ・ピエ、ブラジルのシン・ティエラ運動、ボリビアのエボ・モラレスの社会主義運動、アルゼンチンのエマンシパシオン（解放）プロジェクト[訳注]が名前を連ねている。元司令官が、国際領域における政府計画の中に輪郭を描いた「平行外交」が動き出す。議会の承認と、国庫負担無しにである。石油にどっぷり浸かった、チャベスの壮大な夢。カラカス・フォーラムは彼のものだ。

チャベスの反権力という言葉は十分に魅惑的で、――そして、説得力がある――それかあらぬか、「変革の風」が吹き始めたこの国を自分の目で確かめようとするリアリティ・ツアーも組まれるようになった。

アメリカのNGO、グローバル・エクスチェンジがベネズエラ・ツアーを企画した。「有色人種」にしっかりターゲットを絞った、ボリーバル・サークルの活動を見分し、チャベス政権の革命的閣僚の話を聴こう、という料金千百五十ドルの「ボリーバル革命進行中」企画が、二〇〇四年八月十日から二十日まで行なわれた。貧困の現状視察もツアーの目玉だった。発展途上の革命に立ち会うという冒険ツアーの終わりに、旅行会社は特別にロケス諸島にツアーを招待した。金持ちベネズエラ人しか行けない、水晶のような砂浜のパラダイス島だ。旅行者たちは、この特権階級の場所に連れて行かれ、生きた革命を目撃した経験を大いに高く評価したのであった。ここは、貧困ばかりではないのだと。

---

エマンシパシオン(解放)プロジェクト:ラテンアメリカの解放運動を知的に強化するために、ボリーバルと、アルゼンチン、チリ、ペルーの解放者であるホセ・デ・サンマルティンの二人の思想と理想を今に伝えようとするアルゼンチンの文化運動組織。

# 第15章　みにくいアヒルの子

元来、母親というものは息子の嫁とはうまく行かないものである。場合によりけりではあるが、多少なりとも、フロイドの母親のように息子を溺愛するがゆえに、可愛い息子が愛のもつれに悩まされでもしようものなら、うるさいほど嘆き、悲しむ。息子に相応しい女性など、どこにもいるわけが無いのである。エレーナ・フリアス・デ・チャベス夫人も例外ではない。彼女は息子についてこう言う。

「神様は全てを与えてくれるわけではないわ。あの子は神に祝福されています。でも、女運がとても悪いのです。ぴったりの女性に出会ったためしがありません」

これは、共和国大統領の知られている中では一番安定していた三つの女性関係を指している。三児をもうけた最初の妻、ナンシー・コルメナレス、九年間暮らした愛人、エルマ・マルクスマン、二番目の妻で末娘ロシネスの母、マリサベル・ロドリゲス。チャベスの飽く事を知らない女たらしのドンファン伝説には、この三人の他にもまだまだ女たちが登場する。

青年時代も、ウーゴ・チャベスが次々に女を征服するプレイボーイだった、といった話はまず聞かない。高校時代の同級生は、優しくて親しみやすい男だったとは言うが、それ以上は何も無い。この頃の、ある女子学生はむしろ反対の事を言う。

「ウーゴは不細工で痩せっぽちだったわ」

現在、ベネズエラ外務大臣で当時からチャベスの友だちだったヘスス・ペレスはしかし、こう強調する。

「よくアタックはかけていた……。彼には魅力があった。好い男の規準は容姿だとは思わない。昔は、ベネズエラの女性たちは毛深くて、背が高い男が好みだった」

と笑いながら、ホセ・バルディーナとかラウル・アムンダライなど、当時のテレビドラマの主役たちの名前を幾つか挙げる。

一九九二年のクーデター未遂をきっかけに、このようなセックス・シンボルのイメージとは全くかけ離れた男が登場し、一躍有名になった。若い美男子たちの絶世期から、メロドラマもあれば、お色気番組もあったろうが、ここに新しい神話が生まれる。一九九八年のチャベスの保安長官、ルイス・ピネーダ・カステリャーノスが語る。

「何ということだ！　女たちをあれほどにまで狂わせられるのは、この男がとんでもない何かを持っている証拠だ。少女、若い娘、中年女性、老女、独身、人妻、離婚女性……。みんな彼に会い、触り、彼の子供を産みたがった……」原注1

女に、夜っぴて言いなりになるほど欲望の虜になられたら、男冥利に尽きるだろう。誰にもこんな経験は無いだろう。ウーゴ・チャベスにも無かったはずだ。こと女性に関しては、エレーナ夫人の躾《しつけ》は厳しかった。

「家にはほとんど女友達を連れて来ませんでした。恋人を連れてくるのは禁止していましたから。付き合いは、外でしていました。でも……所帯を持って、子供がいる妻なら家に入れても良いですが。変な事をしたいから、家に引っ張り込むなんて、だめ、だめよ。今でもそれは許しません」

そして、すでに見たように、この厳格なしきたりを守りつつ、チャベス・フリアス一家のおふくろさんのおめがねにかなうのはたやすい事ではなさそうである。最初の妻は、このチャンスに恵まれなかったようだ。

「あの子のことは憶えているけど、話もしたくないわね」

エレーナ夫人は、彼女の話と結婚の話は終わり、とばかりに口を閉ざす。

ナンシー・コルメナレスは、ウーゴ・チャベスが二十三歳で結婚した最初の妻だ。彼との間に三人の子供がいる。ナンシーがずっと目立たない陰の存在であり続けられたのは不思議だ。これは、チャベスが世間の注目を浴びる存在になった時には、すでに二人の関係は終わっていたか、崩壊していたからだとする人もいる。それはむしろ、ナンシー自身の控えめで人見知りする性格のせいだ、と考える人もいる。また、彼女が人生をやり直し、他の誰かと一緒になり、自らの意志で物語の表舞台から消えるのを選んだからだと言う者もいる。彼女については未だによく分からない。彼女は「ネグラ（黒人女）」と呼ばれている。とてもベネズエラらしい呼び方だ。ほとんどどの家でも、家族に一人は「ネグロ」または「ネグラ」と呼ばれる子がいる。これは、人種差別とは別のルーツから、親愛の気持ちを込めた日常的表現として自然に出来上がってきた言葉である。

黒人のナンシー・コルメナレスは取材を受けない。マスコミに紹介される彼女の写真も多いとは言えない。彼女のイメージは、一九九二年にクーデターに失敗して牢獄にあった夫の面会に背中を丸めて向かう妻の姿である。彼女を何らかの形で知っているか、または知っていた人は、今はチャベスとは離れてしまったか、反対の立場になった人も含めて、皆一様に彼女のことを良く言う。ネド・パニスがその好い例だ。

「確かある時、チャベスに殴られたことがあると言わせられようとしたことがあった。ナンシーはその手には乗らず、彼女自身の話ばかりした」

当時、大統領候補だった相手を悪者にしようとした、政治党派の使い古された戦術であった。

この彼女の人間性に対する評価は、二人と付き合いのあった人たちに共通している。ナンシーと仲がよかったカルメン・ティラード（ルイス・ゲバラの元妻）は、新婚の頃を憶えている。

「とても質素な夫婦だった。ネグラは質素な子だし、とても良い人です。彼も同じで控えめだった……彼女は全然、学は無かった。家庭の女だった」

カルメン・ティラードはまた、こう指摘する。

「ナンシーはとてもよくできた、謙虚で、立派な女性です……。ウーゴが彼女を虐待したというのは嘘です。だって、私たちはとても親しかったですから。絶対にありません！」

二人は一九七七年に結婚した。エルマ・マルクスマンによれば、ネグラはすでに長女のロサ・ビルヒニアを妊娠していた。それから、マリア・ガブリエラとウギートが生まれた。この年月のウーゴ・チャベスに関する情報はふんだんにある。彼の政治的、地理的行動の記録まである。だが、妻子に関する記録は無い。ナンシーと家族はまるで影のような存在だ。見えてこない。チャベス本人も、その人生を公けに振り返ることは多いけれど、最初の結婚生活には触れないし、この時期のナンシーの存在を口にしたことなど皆無だ。これ以上何も無い。

一九九二年の陰謀計画に最も関与した二番目のリーダー、フランシスコ・アリアスは語る。

「ナンシーはリャノの女性に典型的なタイプだと思う。夫に忠実で、結婚して、料理を作り、暮らしを支え、亭主を世話し、子供を育てる、これはとても基本的な事だ。違うかね？　だが、彼はナンシーをとても大切にしていたし、尊敬もしていた、と思う」

しかしながら、この頃から、アリアス本人が、伝説に現われる一つの性格を指摘する。

「彼は、ナンシーとは上手くやっていた。しかし、どうも惚れっぽい性質で、箒の柄を見ただけで騒ぎ出すのだ……」

これは、スカートの前では無防備になってしまう男の性癖を表わす俗な言い方である。こんな風にして、早くから、ウーゴ・チャベスが女たらしだという噂が広まった。当時の仲間、ヘスス・ウルダネタは語る。

「彼は、大尉になった時からナンシーと別れかかっていた。つまり、八〇年代の前半だ。うまく行っていなかったらしい。自分の事ばかりではなく、子供の事を考えてやれ、と何度もアドバイスした。『家庭だけは守れ』とね。それから全然この話はしなくなった。その後、別れることにした、と言ってきた……。起きるべき事が起きて、ナンシーが刑務所に面会に来た。すばらしい女性だった。謙虚で気高く、質素で働き者だ。彼女は今、バリーナスに住んでいる。初恋の人と再婚したと聞いている」

軍隊特有の動きのある生活がウーゴ・チャベスには向いていたようだ。こうして、エルマ・マルクスマンと知り合い、十年間彼女と精神的に結ばれることになる。それは一九八四年四月のことだった。彼女ははっきり憶えている。全く偶然だった。離婚して、二人の子持ちだった歴史学者のエルマは、カラカスで仕事を探していた。姉のクリスティーナの家に身を寄せた。家主のエリザベス・サンチェスがウーゴ・チャベスの友だちだった。偶然の出会いに、いわゆる「青天の霹靂」が走った。五ヵ月後の一九八四年九月、関係は出来上がっていた。二人は愛人同士になっていた。エルマは語る。

「知り合った時、彼は女好きで有名だったわ。この頃も、誰かと付き合っていたようね。精神科医じゃなかったかしら……。私と一緒になってからも、女たらしを続けていたかどうかは知りません。していないと思います。彼は、魅力的で口説き上手ですけれど……」

知り合って五ヵ月後、彼は誕生日に「花束を持って現われ」、その誠実さに彼女はすっかり参ってしまった、と語る。彼は、どれくらい彼女のことが好きか話し、自分の状況も説明した。

「一度も嘘はつかなかった。刑務所にいた時はついたけれど。同時に、真剣な付き合いをするため、はっきり話してくれた……今でも彼のことを、けだものだとか堕落しただとかと言う気はありません」

今では、元恋人の政治姿勢に真っ向から反対するマルクスマンである。

エルマも質素な家庭の生まれだ。父親は、グワイヤナ地方の労働者救済闘争に深く関わった人だった。ボリーバル的情熱を持った愛国主義者だった。これも明らかに、マルクスマンとチャベスの関係を別の水準へと移行させたもう一つの要因である。彼女は、彼の陰謀計画に非常に早くから加わった。チャベスは最初から、自分は結婚していて、政府転覆を計画していることを彼女に告白していた。彼女を隠密活動に利用したことも謝った。彼女を大切にしなければならなかったから、何もかも話したのであろう。戦争と愛。両立させるのは簡単ではなかった。それは二重生活どころではなかった。

この頃のウーゴ・チャベスは、少なくとも家庭生活の領域では、ベネズエラ人の典型的亭主関白スタイルと、軍隊世界ではごく当たり前だった男社会のスタイルの区別がつかなかったようだ。彼は二つの「顔」を持っていた。「本店」と「支店」である。多分、距離が離れていたのも幸いしたかもしれない。二人の女は、同じ町には住んでいなかった。いずれにせよ少なくとも最初の数年間、この陸軍将校は知恵を絞って、どちらの家でも揉め事が起きないようにうまくやっていた。エルマとは頻繁に会い、できるだけ日常的な生活を分かち合っていた。彼女の思い出の中には、非常に愛にあふれた男、チャベスが生きている。

「とてもすてきな手紙をくれました。チョコレートを持って現われたり、セレナーデや民謡を歌いながら入ってきたり、誕生日に忘れず花束を贈ってくれるタイプの男性です」

この頃はまだ、愛人関係に乱れやもつれの要素は無かったようだ。実は、エルマは離婚したばかりで、その痛手からまださめやらず、特に新しい関係を求めていたわけではなかった。そうは言うものの、彼との関係はますます夫婦のそれになって行き、毎日が夫婦生活の習慣的なものまで顔を出すようになっていった。

「彼はそんなに亭主関白だと思いませんが、嫉妬深いのは確かです。私の母は、やきもち焼きだから注意しなさいよ、と言っていました。彼も私にその事を書いたり、言ったりしました」

彼女の家族はみんなそれが分かっていた。

「そうですね。母も子供たちもよく分かっていたから、これは正直に言うべきだと思いました」

まともに受け取らない者もいた中で、家族は二人の仲だけでなく、彼の陰謀計画も後押しした。

「娘は、あの人たちって、叛乱するぞって口ばっかりで、結局何もしないんじゃないの？　と言っていましたね……」

エルマの母親は、娘の相手の既婚の陸軍将校を決して好きにはなれなかったけれど、カラカスから二時間で行けるバレンシアの町にある彼女の家では、何度も秘密の会議が行なわれた。事実、一九九二年の決起の前にウーゴ・チャベスとフランシスコ・アリアスが最後に顔を合わせたのも、この家の広いテラスでだった。

エルマの姉のクリスティーナ・マルクスマンはウーゴととても親しくなり——彼女も陰謀を支援した——チャベスも彼女のことを「姉さん」と呼んだ。彼女とはもう一つの絆が生まれた。迷信深いと言われているチャベスは、彼女に運勢を占って欲しいと頼んだ。

「姉は手相を見ますが、それがよく当たるのです。彼は姉に、自分が好きなカード占いをしてもらっていました。彼は、姉の言う事をとても信じていました」

クリスティーナは数年後に亡くなったが、チャベスは「自分は苦しみを背負わされた人間だ」と言って、彼女に悪霊を取り払ってくれと頼んでいた。マルクスマンはこう言って、昔の恋人の特徴的な一面を取り上げる。

「彼が何かの原因で非常に気分を害して部屋にこもっていたとして、そこへ誰かが訪ねて来ると、あの人はまるで何事も無かったかのように迎える事ができるのです。実に簡単に表情が変えられる。今笑っているかと思えば、パッと後ろを向いて、涙を流して見せる……それも心の底から！……本当に。

見事なまでの役者です」

二人の関係は大した問題も無く、八〇年代の終わりまで続いた。そこでエルマは語る。

「一九八八年、私たちの状況を正常なものにしようと決めました……ある日彼から電話がかかってきて、こう言いました。『エルマ、僕らが結婚できる可能性を考えたことはあるかい？　僕は君と結婚したい。君は僕と結婚したいかい？』　私は言いました。『アミーゴ（友だち）、私と結婚したいなら、奥さんと別れてくれる？』　するとウーゴはこう言ったのです。『君が結婚すると言ってくれたら、妻と別れる』」

ここから、なかなか中身の濃いロマンスが始まりそうである。だがしかし、巷でも、テレビドラマでもよくあるように、幾つもの障害が出てくるのである。エルマには、ウーゴが試みたことは分かっている。バリーナスに行き、ナンシーと話し合った。別れ話をしたのだ。一家の反対にあったのも分かっている。エレーナ夫人自身が、数年後、チャベスが刑務所に入っている時に彼女に話している。エルマが思うに、夫に他の女がいるのをナンシーは知っていた。まず、最初の一歩を踏み出さなければ結婚の計画は進まない。ウーゴの離婚である。計画はずるずると崩れ、流れて行った。

「一九八九年三月だったと思うけれど、ウーゴがやって来て、子供たちはまだ小さいから、と言ったの」

こういう成り行きで、禁じられた結婚の章は閉じられた。

エルマ本人の話によると、一九九〇年にチャベスは彼女に子供を産んで欲しいと言っている。

「彼は、私たちは子供を持つべきだと言い始めました。『でも、こんな動きの激しい生活をしていて、どういうつもりなの？　それにこの歳で？』　すると、こう答えました。『急ぐべきだと思うんだ。何もかも、今やっておくべきだ。子供が僕らの絆になる。二人をつないでくれる。結婚は無理でも、子供がいれば二人は一緒でいられる[原注2]』」

ついに二人は、そうすることにした。一九九一年は一年中、二人は子作りに励んだとエルマは言う。甲斐あって、やっと妊娠したが、一ヵ月半で流産してしまった。陰謀計画の、最も厳しい冬の時代とも言える日々のことであった。エルマは、流産の原因をそこに見る。ピリピリとした毎日、高まる不安、かくも長い間積み上げてきた計画がもうすぐにでも実行されるのだ。一九九二年二月四日はあまりにも目の前に迫っていた。このクリスマス、彼はボリーバルの肖像――彼が描いた絵を写真に撮ったもの――を印刷したカードを仲間と家族に贈った。そして、「新しい時代を告げる年、一九九二年を謳おう」

エルマ・マルクスマンは、クーデターの失敗が成功に転ずるとは全くもって想像していなかった。しかもそれが、彼個人に集中し、憧れの男よ、と皆が口を揃えてアイドルのように殺到するとは。牢屋にいながらにして、彼女の恋人は時の人に変貌した。まだある。

「実在の人物かどうか確かめようと、人々はただ彼に触るためにやって来ました……、ここで神話が誕生し、彼自身もそれを信じてしまったのです」

また、刑務所にいる時からすでに彼の女遍歴の噂が飛び交い、チャベスが釈放されると、これをネタに話はどんどん膨らんだ。当時の同志の言葉がある。

「女を見ると腑抜けになる。それが彼だ。彼を包むオーラと名声がこの面を強めた」

彼と親しい関係を結んだと思われる女性たちのリストは長く大量だ。その内の何人かを、政権に就いてから登用している。

マルクスマンは、これを辛抱強く耐えたが、難しかった。この時期に二人と親交のあったジャーナリストのアンヘラ・サゴはしかし、問題は別の方向から生まれてきたと言う。

「決定的な別れにつながったのは、まだ獄中にある時に、あるラジオのインタビューで妻のナンシーについて語った事です。『陰謀計画中、彼女はどうしていましたか?』彼はこう言いました。『私の妻がしてくれた活動と支えが無かったら、どのように運動を組織できたか分かりません』。まあこれで、よくもエルマが死なずに済んだものね。彼女は、陰謀計画者の軍人たちを受け入れるために危険を承知で、自分の家も、子供たちも、全てを犠牲にしました。九二年の決起計画を書いた文書を何年も預かっていました。経済的安定も社会的安定も個人的安定も、命の危険も冒していたのです」

これが起爆剤になったと考えられるが、その底にはまだ他の何かが煮えたぎっていた。エルマ自身、チャベスが享受していた高まるマスコミ人気に対する不快感を仔細に語った。それは、政治的な問題にとどまらない。個人的な事に関わる話である。おそらくはこの時期、彼女はウーゴ・チャベスを失いつつあると様々な形で感じていたのではないか。彼女は、刑務所で彼と最後に激しく口論したことを憶えている。

「私は、彼にこう言いました。『どういう事になっているか分かる? 外では私だって同じ囚われの身よ。あなたはこの中でちゃっかり守られているけれど、私は歩いていても尾行されるし、写真は撮られるし、子供たちまで危ない目にさらされているわ。私が最低でも頼りにできるのは、あなたの忠実さ、誠実さなの』」

エルマは一九九三年七月にチャベスと別れた。彼はまだ刑務所にいたが、もうこの関係には耐えられなかった。牢屋で、政治的領域で、そして私生活で起きている事が嫌になった。彼女の知っているあのウーゴは――「どこにでもいそうな大尉殿」だった――誰か知らない別人になりつつあった。「人を踏み台にするチャベス」に。

「私はいつも言っていました。『なるようにしかならなかったのね、本当に残念!』私の理想の恋人が彼だった。あれから誰とも付き合わなくなったのも、多分そのせいね。私が一緒に暮らした人は、死んだの。そう、私は未亡人。この思い出を大切にするわ。あそこにいるあの人は誰なのか知らない。私とは何の関係もありません。あんなにたくさんの事を分かち合った人とももう……彼は、二人が何年もかけて実現しようとした夢を裏切りました。全てをどぶに棄てたのです」

以来、彼のところには戻らなかった。一度だけ、一九九九年に、すでに大統領になっていた彼が、亡くなった彼女の母のお悔やみを言うため電話をかけた時に言葉を交わした。

「この日、彼は私にこう言いました。『君ならお母さんの死を乗り越えることができると思うよ』。私は答えました。『いいえ、それは簡単じゃないわ。誰でも母親は一人しかいないから。そして必ず死ぬの。それに、母はすばらしい女性だった。私にとって最高の人よ』。すると、こう言ったわ。『君なら乗り越えられるとも。なぜなら、ここ数年で君が見せつけてくれたのは、君が強すぎるということだからだよ』。決してそんなつもりは無かったけれど、だから言ったのでしょう……」

この親密な関係から、いつか世間の注目を浴びるのを予測していたかのように、歴史学教授、エルマ・マルクスマンが密かに隠し持っていた「遺産」が残されている。若き日のウーゴ・チャベスが陸軍士官学校時代につけていた日記の一部、彼女や祖母や家族宛に書いた幾つかの手紙、家族からのたくさんの手紙、数々の写真、おばあちゃん兼ママのイネスがサバネタの家でウーゴを生まれて初めて散髪した時の記念の毛髪。

チャベスはマルクスマンとの関係について、一度もはっきりと公けにコメントしたことが無い。エルマは逆に、二〇〇二年以降、友人のジャーナリストに一九九二年二月四日のクーデター未遂十周年記念のテレビ番組出演を説得されて以来、公けに姿を見せるようになった。各種のラジオ、テレビに出演し、研究者やジャーナリストにも協力した。

「ある日、ラジオの視聴者参加番組で一人の女性に訊かれました。『あなたのようなしっかりした女性が、あんなマンディンガ（鬼）と一緒にいたなんて、どういうわけですか？』私はこう言いました（笑）。『あのね、これってラソン（理屈）では説明できない、コラソン（心）の問題なのです』」

牢屋から出て始まった彼の公的生活とともに、恋多きウーゴ・チャベスの日々は、彼の側近の何人かの話によれば、ますます煮えたぎっていく。一九九四年から一九九七年の間にナンシーと離婚し、エルマと破局を迎えたチャベスはその後、マリサベル・ロドリゲスとの関係に入った。時あたかも、プエルトリコ人歌手のリッキー・マーティン歌う[訳注]ところの『リビン・ラ・ビーダ・ロカ（Living the Crazy Life）』が大ヒットする寸前の頃である。

現在では、反対勢力の過激派に属して大統領に対立しているネド・パニスは、釈放されたチャベスを自宅に引き取った。

「ナンシーは一度も会いに来なかった。子供たちだけだった。随分、息子のウギートと二人の娘の面倒を見たものだ。非常にばらばらな家族であることは間違いない。娘たちやウギートを連れて出かけたりもした」

離婚が決まった時、パニス自身が言うに、ウーゴ・チャベスはもうすでにジャーナリストのラウラ・サンチェスと関係を持っていた。二人の噂は、獄中にいた頃から広まり始めていた。一九九二年三月二日の月曜日、『エル・ナシオナル』紙が、写真入りでチャベスの獄中インタビュー記事を全紙で掲載した。この独占報道を仕掛けたのがラウラ・サンチェスだった。彼らはこのようにして知り合った。関係は長くは続かず、喧嘩別れしたことが分かっている。ネド・パニスが語る。

「彼のボディーガードの一人から、ぞっとする話を聞いた。チャベスが彼女をマルガリータの道路で車から放り出せと命令したそうだ。彼らは実行した」

ラウラ・サンチェスの友人はこの事実を肯定する。しかもその上、原因は痴話喧嘩だったとのこと

---

リッキー・マーティン：プエルトリコ出身の歌手。一九七一年生まれ。本名エンリケ・ホセ・マルティン・モラレス。一九八四年に、プエルトリコ出身の少年アイドルグループ、メヌードの追加メンバーとしてデビューした。一九八九年に脱退、ソロ歌手デビュー。一九九八年ワールドカップのテーマソング『ザ・カップ・オブ・ライフ』を歌い、一九九九年に『リビン・ラ・ビーダ・ロカ』で全米デビューを果たした。ユニセフの活動に積極的に参加し、リッキー・マーティン・ファンデーションを設立、学校へ行けず働かされている子供たちや災害で家を失くした子供たちに教育の場などを与える活動を続けている。

である。

チャベスの警備責任者、ルイス・ピネーダ・カステリャーノスによれば、ラウラも、この数年間にチャベスと何らかの親しい関係を持ったほとんど数え切れない数の女性たちのリストに入っている。この中には、ビルヒニア・コントレラス、イリス・バレーラ、ナンシー・ペレス・シエラ、マリピリ・エルナンデス、アイシャ・ゲバラなどの名前が見える。[原注3] この大部分がチャベス政権の公務に就いている。彼女たちの多くは、繰り返して関係を否定する。残りは、ただその話をしたがらないか、あるいは沈黙を守るだけである。だが、カステリャーノスのこの時期に関する証言を信用したとして、次の話は少なくとも驚愕に値するのではないだろうか。ピネーダが聞かせてくれるのは、選挙キャンペーン・ツアーにおけるチャベスの、向かうところ敵無しのプレイボーイ武勇伝である。彼はいつも「女たちが集会中にチャベスの手を引っ掻くので消毒薬とバンドエイドを入れたファーストエイド・キットを携行していた」そうである。女たちは二月四日のクーデター指導者に夢中になっていた。チャベスの方も、この淫靡な誘惑を拒まなかった。

「手当たり次第でね。どんな女が好みのタイプなのか、まるで判らない」

元クーデター司令官の行くところ、彼と一緒に夜を過ごしたがる女が必ず一人や二人、いやもっといた。彼は独特の方法で女を選んだと、ピネーダが明かす。

「会場の演壇に上がると、まずは女性関係者たちの品定めをした。誰が見ても好い女というのはどこにでもいるもので、彼は集会の最中に私を見てその方を指して、合図してくる。そこで私が、今夜のお相手候補の女性に近寄って行き、話をつける。交渉成立です。彼は首を縦に振る」[原注4]

それからピネーダが、こっそり落ち合う場所を決める。選ばれなかった女たちや積極的な女性委員などが夜中に候補者を急襲するかもしれないので、ホテルではずっと見張っていた。彼の話はとめどないが、ある女性委員がらみの勘違いのエピソードがある。チャベスとピネーダは友人の家に泊まることになり、ピネーダは候補者の部屋に寝ていた。しばらくすると、部屋の片隅から一人の女がそっと現われ、彼の上に覆いかぶさるとひそひそと言い寄ってきた。喜びも束の間、すぐに勘違いと分かってがっかりし、女性はあわてて部屋から出て行った。

この手の話は五万とある。この点に関しては、ピネーダは昔の仲間の顔を立てる気は無いようだ。こんな事も白状した。彼のこの好色三昧にきりきり舞いしたピネーダは、「ソファ・ベッドを買ってきて、ネド・パニスがメルセデス地区に持っていたチャベスの選挙事務所に置いた。そして、この新方式でお客さんを接待してくれと彼に言った」。この方式は、間もなくチャベスがマリサベル・ロドリゲスと深い仲になった時に活躍した。こうなると、警備は日常的となり、世間に知られないようにするため、その名も文字通り「アンチマリサベル」なる警戒態勢がとられた。ところがこんな中でも、ウーゴ・チャベスの心をある意味つかんだのではないかと思われる女性がいた。その女性というのは、少なくとも首都圏地域ではほとんど無名のフォークロア歌手だった。芸名は、アグワミエルといった。彼女の正体は未だに判っていないが、すでに結婚していたと言う人もいる。ピネーダが語る。

「あの頃で二十七、八歳だったと思う。チャベスより十四歳年下だった。髪は栗色で、白人で、とてもきちんとした控えめな女性だった。彼は一度、サン・クリストバルのカスティーヨデ・ラ・ファンタシーア・ホテルに誘ったが、彼女は来なかった」

これ以上はあまりよく分からない。多くの謎に包まれているにもかかわらず、チャベスがこの女性を深く愛していたという点では、誰の話でも共通している。ネド・パニスが言う。

「たった一度だけ、ウーゴが泣いているのを見たのは、グラン・サバナで私が彼女の話をした時だった」

ピネーダも同じ事を言っている。彼の目の前で一度、やはりチャベスはアグワミエルの事で涙を流したと言う。

「マリサベルが妊娠したので、大統領候補としては結婚しなくてはならない……。だが彼は、われわれの友人の将軍の姪でもあるこの女性歌手を愛している……。彼女もウーゴが好きだったと思うが、もっとまともな関係を求めていたようだ。チャベスはこの時、彼女と真剣に付き合う気は全然無かったようだが、それでも泣いているのを見た」

これが確かだと誓って言える者はいない。しかしながら、マリサベルとの愛の物語が始まるまでに、ウーゴ・チャベスにはこれら全ての伝説が秘められている。

マリサベルがチャベスを初めて近くで見たのは、カラカスから三百六十三キロメートルも離れた中西部ララ州の州都、バルキシメト近郊の、太陽がぎらぎら照りつけるカローラの町の広場だった。彼女はすでにこの頃、武器を持って権力奪取を試み、ボリーバル主義の下、国中駆け巡り、声を大にして新しいメッセージを発信するこのニューリーダーに魅了されていた。この日、マリサベルは、短い言葉を書きつけたメモを渡そうと彼女の小さな息子を抱えて群集をかき分けて進んで行った。

「司令官。祖国は限りなくあなたのものです。心の底からあなたと共にいます。あなたの闘いに必要とされるなら、どうぞ私を呼んで下さい」[原注5]

メモにはこのように書いてあった。一言一句文字通り。そして、自分の名前と電話番号を書き添えた。しかし、このメッセージは決してウーゴ・チャベスの目に触れることは無かった。おそらくは、他の誰かのポケットに紛れ込んでしまったのだろう。

二人が出会ったのは、一九九六年の一月である。彼女の記憶では、一言二言、言葉を交わし、握手しただけであった。バルキシメト市のラジオ・パーソナリティがチャベスたちに彼女を紹介したのだった。メモ、握手、電話の次に訪れた最初の直接的出会いだった。彼女は、彼の頭の良さに恋心をそそられ、彼は彼女を口説くのに様々な手を使った、と彼女は言う。二人は次第に近づき、ついに一九九七年一月十四日、ディビナ・パストーラの祭り[訳注]の日に結ばれることになった。これは少なくとも、彼女の話である。一九九八年の二人揃ってのインタビューで、この日の夜に何があったかについて訊かれ、うまくごまかしている。[原注6] 曖昧な笑いは、愛に燃えるウーゴとマリサベルが肉体関係を結んだのはこの夜だった、という解釈を認めるものであった。二人は車の中で愛を交わしたのだが、この最初の交渉

---

ディビナ・パストーラ：ベネズエラ、ララ州バルキシメト近郊にあるサンタ・ロサ教会にある聖母子像。一七三六年に有名な彫刻家が処女懐胎像の替わりに間違えて作った聖母子像が、守護神として祭られるようになったと言われている。一八一二年の地震で教会は倒壊したが、像は無傷で残ったことから、信仰がますます強まった。十九世紀の中頃から毎年一月十四日にディビナ・パストーラ祭が行なわれるようになった。この像は、有名ファッション・デザイナーの寄進によって母子とも常に美しい衣装を身に付けていることでも有名である。

でマリサベルは妊娠した。二〇〇一年の取材では、すでにベネズエラ大統領夫人になっていた彼女は、否定も肯定もしないまま、妊娠は予定外の事だったと認めている。

「初めて結ばれた日にできたのね。二人ともそんなつもりは無かったから、当然準備も何もしていませんし、どちらのせいとも言えないですね」原注7

妊娠は他でもない、ベネズエラで長く重要な位置を占めてきた輸出品目、テレビドラマの伝統的なテーマである。ウーゴ・チャベスとマリサベル・ロドリゲスの結婚は――二人の娘が二ヵ月を迎えていた一九九七年のクリスマス――いつまでも、この子が出生したからだと言われるだろう。愛の生活の中での妊娠は貴重な出来事である。選挙キャンペー中の妊娠となると、これは大事《おおごと》になる。当時チャベスと親しく、エルマの友人であるジャーナリストのアンヘラ・サゴは独自の見方をしている。

「私は彼にこんな事まで言いました『何て厄介な女なの。もう三十六よ』。彼女が彼と寝たとすれば、彼女の方が誘惑したからです。彼がチャミータ（若い娘）と寝て、妊娠させたのとはわけが違います。政治的都合による結婚、これが真相です」

一方これは、不道徳である云々を超えて、責任感を持った父親、家庭的人物の面を打ち出し、頼れる大統領のイメージを考慮しての対応だった、と考える者もいる。

彼女は、大胆で、現代的で、自立した女性だった。それに加えて彼女には、反対派がチャベスに貼っていた攻撃的というレッテルを剥がすのに最適な特性があった。若くて、ブロンドで、色が白くて、青い瞳をしている……。過去に何の問題も無い。彼女は自分が求められている事を理解し、意識的にこの方針に従った。

「私は、夫についてのアンケート結果をくつがえし、頭の固い一部の層を切り崩すために、あそこにいたのです[原注8]」

この戦略は予想以上に成功を収めた。マリサベルは、独立した独自のブランドとして、政治的な顔となった。彼女は夫に勧められて、大統領選挙から数ヵ月経って行なわれた制憲国民会議議員の国民選挙に立候補し、第二位の得票数で当選した。この時点ですでに、彼女は間違いなく全国民が知るところのファースト・レディのイメージを完全に確立していた。チャベス夫人、という大統領の単なる妻というだけでは収まらなくなっていた。

しかしながら、このイメージの向こうでは、話は違っていた。チャベス－ロドリゲス夫妻の家庭生活はやさしいものではなかった。政治リーダーの日常はまずシンプルさとは縁遠い。しかもそれが、選挙戦の最中であればなおさらである。もしそれが、共和国大統領のそれであったとすればさらに大変だ。初っ端から、マリサベルと姑との関係は決して良好ではなかった。ファースト・レディはこう語っていた。

「義母は私には決してキャラメルではなかったわ。甘くはなかったということね。でも、とても耐え切れないような仕打ちもしなかったし、世間の姑が嫁にするような事もしなかった……。明らかに、初めから私のことが嫌いだったし、私も、もっと理解してもらえるように振る舞うべきだったかもしれませんね[原注9]」

アンヘラ・サゴは、もう少し的確で、さほど広げた見方はしない。ウーゴ・チャベスが選挙に勝利した日の裏話を紹介する。ウーゴとマリサベルがある番組に出演するため、みんなでグスタボ・シスネロスのテレビ局、ベネビジョンに行った。

「エレーナ（チャベスの母）が私の横に腰掛けて——サゴの話では——マリサベルが話しているのを聴いていました。そして私に言ったのです。『この女はニセ者よ。油断ならないわ』。彼女はマリサベルを嫌っていましたね」

チャベスがマリサベルと結婚するまでアパートを貸していたルイス・ミキレナは、これが便宜的結婚だとは考えてはいない。

「違うね。彼女はすばらしい女性で、美人だ。彼は離婚していた。彼はこれでやり直せるだろうと思っていたのだ。結局、うまく行かなかったけれど」

家庭不和という面では、姑の反感よりも若妻とチャベスの子供たちとの問題の方がもっと大きかった。この時期に夫妻と親しかった何人もが、口を揃えてこの緊張関係を指摘する。この頃、チャベスの父親代わりだった——政治的にも、私生活でも——ミキレナは次のように評している。

「この結婚は初めから、本当にきつくて問題の多い結婚だった……。問題は最初の結婚で生まれた彼の子供たちだった。子供らとマリサベルはまるで理解し合わなかったし、そこから深い溝ができてしまった。この溝は深まるばかりで、それがどんなものか想像はつくだろう」

しばしばミキレナは、夫婦のいさかいの仲裁に入った。

「われわれは厚い友情で結ばれていたから、どのような家庭的な問題でも、彼または彼女の次にまず私の耳に入った。そして、三人の間で話し合ったものだ。われわれはこうした関係にあった。ウーゴはマリサベルとの問題を私に打ち明け、そこで私はチリーノス（チャベスの友人で精神科医）に相談に行った」

夫婦の知られざる確執には、話せば長い物語がまだ隠されている。多分、最悪とも言えるのは――ピネーダ・カステリャーノスの言うには――ウーゴがある晩、住んでいたカラカス市の南東部にあった新開発地区のビルに帰って来ると、今は二十歳になっているが当時十四歳かそこらの泣きじゃくる息子のウギートに出くわした話だ。ウギートはマリサベルに家から叩き出されていた。チャベスが大統領に就任する寸前の日に、先妻との間の三人の子供を、あるユダヤ系後援者が貸してくれたアパートに移すという非常に厄介な状況になった。大統領選に勝利した翌日、次期大統領はティウナ基地にある官邸、ラ・ビニェータに移った時、ロサ・ビルヒニアとマリア・ガブリエラの二人の娘は一緒ではなかった。それは「マリサベルが望まなかったからで、この娘たちはカラカス近郊のサン・ベルナディーノにあったアパートに残った」とピネーダ・カステリャーノスが語る。

ネド・パニスは明快だ。

「マリサベルは非常に勝ち気だった。問題が多かった。彼女の扱いには本当に骨が折れた……。チャベスは彼女との関係ではとてもしんどい思いをしていた。いつもピリピリしていた」

特に選挙キャンペーンでは、彼はいつも夫妻と同行していた。彼女が急に一緒に行くと言い出すこともあった。生まれたばかりのロシネスと乳母が一緒だった。乳母は体重が「百二十キロ以上あった」とパニスは言う。食料をまたたく間に平らげてしまうのには、いつも手を焼いた。マリサベルはある時など、滑走路の真ん中で離陸寸前、墜落する予感がする、みんな死んでしまうと言い出し、飛行機を止めさせたこともあった。チャベスが暗殺されるかもしれないという恐れをいつも抱いていた。ここから、彼女が精神不安定で誇大妄想症だという評判が立ち始めたが、それは今でもつきまとっている。チャベスに近い協力者の女性の話では、ボディガードたちは彼女の警護を嫌い、ラロ（la loca ＝きちがい女を縮めた形）というあだ名で呼んでいたらしい。

彼女は口にしないが、チャベスが他の女と浮気するのではないかという心配はいつも頭から離れなかった。二人が一緒だった間、彼女はずっとやきもちを焼いていたと多くの人が言っている。今どこにいるか、何をしているか、誰と会っているかを知りたがり、大統領を管理しようとした。話によれば、一度ならず奇襲作戦に出たこともあるようだ。ピネーダが語る。

「次期大統領になったチャベスはヨーロッパを歴訪した。マドリッドに到着するとすぐにマリサベルが後を追って来た。そして、革命政権の首班閣僚の娘を引っ張り込んでまさに事に及んでいる現場に踏み込んだ……これは大変なスキャンダルだった」[原注10]

しかし全ては、推測、噂の域を出ない。事実どれ一つ、公けの目にさらされるまでには至っていない。

時と共に、マリサベルのイメージは低下し始める。あたかも自然の成り行きのように、彼女自身よりも、ウーゴ・チャベスの妻としての存在でしかなくなって行く。チャベス周辺の人々がまず彼女を嫌っていたのは確かで、政治の表舞台からも、主役の座からも次第に遠ざかる。彼女は、この過程を何とか説明する。

「夫の近くにいた人たちの多くが、権力と金に飢え、むしゃぶりついているのを見ました。私の間違い、多分私が愚かだったかもしれないのは、彼らに向かっていったことでしょう。私は、自分の権力を守ることもせずに、早い時期からそうしました。彼らは即座に、敵に変貌したのです[原注11]」

別の見解もある。大統領の妻が主役になるのは革命にとって適切ではないとし、公的な場から姿を消すよう圧力をかけたのはチャベス自身であった。一九九九年、自身の健康上の理由と、軍人主義政党の一派との対立により、マリサベルは制憲国民会議議員を辞職した。それでも、憲法制定過程での世論調査で、マリサベルはチャベスに次いで第二位の人気を獲得した。各方面から政治的要請が舞い込んだ。二〇〇〇年のミランダ州知事選挙の候補に――調査によれば――彼女を望んだ者までいたが、彼女の夫は――軍人主義政党の党首でもあった――それを適切ではないと見なし、別の候補を立てたのだが、選挙には敗れた。

夫妻がペロン大統領夫妻の雰囲気をかもし出し、危険信号が出ていたとも言われている。マリサベルの中に、アルゼンチンのヒロインに対する一種のシンパシーを感じさせる変化を見てとった者もあった。いろいろと変わる彼女の髪型に、多くがエビータを思い浮かべた。確かなのは、妨害があっても、このような変化が無くても、いずれにしても二人の関係は崩れかけていたと言うことである。マリサベルは二〇〇一年一月、数ヵ月間耐えてきた悪いイメージを打破し、『エル・ナシオナル』紙のインタビューに答え、大統領を怒らせた。彼女はこのインタビューで、議会の活動を批判し――国民議会は時間を浪費している[原注12]――、ショーツ姿の写真を撮らせ――十三キロもダイエットしていた――、その間、彼女の専属トレーナーで国立体育協会会長のフランシス・テランと一緒にラ・カソーナの大統領官邸内でインドア・サイクリングを漕いでいた。翌日、シラ・マリア・カルデロン[訳注]の知事就任式に列席するためにプエルトリコを訪問する予定で飛行機に乗り込んだチャベスは、マリサベルを飛行機から降ろし、長い謹慎を命じた。それ以降、二〇〇二年四月十一日のクーデターの日々まで約一年以上、マリサベル・ロドリゲスの名は新聞の見出しから消えた。

二〇〇二年に入ると、状況はもはや耐えがたいものとなった。と言うことはつまり、二月二十七日、判決によりファースト・レディは、ラウル（テニス・インストラクターとの間にもうけた子）とロシネスの、それぞれ十一歳と四歳の子を連れて官邸を出ることを認められた。この時の説明では、反対派による執拗な官邸へのデモも理由の一つとされたが、彼女はその後こう述べている。

「家財道具を担いで三度も逃げ出したような場所で生活するストレスを、これ以上子供たちに与えることはできません。こんな生活は、誰もできません」

彼女のこの行動は、二人が別れるかもしれないという噂を肯定するものであると多くの人が考えた。この時から、マリサベルはバルキシメトに戻った。

いずれにしても、関係は浮き沈みしながらも保たれていたようで、彼女は、どうしても好きになれないカラカスの町をしばしば抜け出していた。そんな時、四月十一日のクーデターに意表を衝かれる。この夜、ルーカス・リンコン将軍は、チャベス大統領の辞任を公式発表する前で、軍事作戦の真っ只中にいて、彼女はまたもバルキシメトに向かう飛行機の中にいた。政府の者も軍人主義政党の者も、誰も彼女の行き先がどこか気にかけていなかった。この数日は混乱続きで、アドレナリンの出っ放しで、とにかく彼女は夫が一番必要としていた貞淑さを示した。四月十三日、マリサベルはＣＮＮを通して警告した。

「夫は辞任しておらず、拘束されており、連絡を断たれ生命の危険にある」

そこには、全世界に向かってクーデターが起きたことを認めるベネズエラのファースト・レディがいた。チャベスの権力への復帰はしかし、二人の関係の復活を意味しなかった。夫婦仲の修復にはつながらなかったのだ。

二ヵ月後、大統領官邸で行なわれた『エル・ウニベルサル』紙のインタビューで、マリサベルはきっぱりとこう語った。

「私は二年前に、便宜的な、見せかけだけの妻の役割を担うことはお断りよ、と言いました。私は、この時が来ないことを神に祈りました。なぜなら、誰も家族を壊したくはないし、家族が社会の核であり、生きる力の源だからです。でも今は、大統領とファースト・レディが別れる方向に向かっているのはすでに秘密でも何でもない事であり、私的手続きも法的手続きも完了した今、この事を国民のみなさんにお伝えする場にさせていただきたいと思います。みなさんがお待ちの事だったでしょう。誰も驚いたりしないと思います。今は、大統領が離婚証書に署名するのを待つだけです」[原注13]

彼女はこの場を借りて、夫が彼女に暴力を振るっていたという反対派がばら撒いていた噂を否定し

シラ・マリア・カルデロン：プエルトリコ米国自治連邦区第七代知事（二〇〇一年～二〇〇五年）。初の女性知事。一九四二年生まれ。実業家の家に生まれ、ニューヨークで学び、数々のビジネス、公職を経て一九九六年に首都サンファアン市長、二〇〇〇年に知事となった。在任中に元閣僚と結婚して話題となった。女性政治家、社会活動家として数々の賞を受賞している。

た。

「いいえ、暴力の事実は一つも発生していません」

しかし、こう指摘した。

「私は二年前に彼に言いました。多分私が神経過敏だからなのかもしれないけれど、別の形の暴力があって、それは例えば、耳を貸さない、ということです」[原注14]

国内の意見が二極化する只中、この年の四月に起きた事実に関する国民同士の対立の記憶も新しいままに、新聞記者のこの質問は当然のものだった。

「ボリーバル革命とも別れるのですか？」

マリサベルの答えは、これまた明快な、彼女の性格と、この全過程に対する考え方をはっきりさせるものであった。

「私がボリーバル革命と結婚したと、誰がおっしゃったのですか？　私が結婚したのは、ボリーバル革命の指導者です。私がウーゴとうまく行かなくなったのは、普通の人間として、一人の娘の父としてであり、他は全て私たちの周りに起きた状況に過ぎません」[原注15]

翌日、彼の聴罪師であるイエズス会の司祭ヘスス・ガソはたまらず、ウーゴ・チャベスに聖体を授けることにし、それから離婚の観念的解釈を垂れた。

「マリサベルはウーゴ・チャベスが国民と結婚していることを受け入れなかった……政治的過程を理解しなかった。革命を理解しなかった。彼の大きな可能性がなしうる事を理解しなかった」[原注16]

この言葉は歴史の中に、ぶら下がり続けるだろう。あたかも、未解決なままの、厄介で難解な命題であるかのように。しかも、彼が頻繁に訪ねていたこの宗教家は次のような意見を述べる。

「彼らは互いに分かり合えず、それぞれの人格のいくつかの部分を受け入れなかった。性格が異なり、将来の展望も、人生計画も異なっていた。これが両者の問題の本質だ。ラ・カソーナに落ち着く前から存在していた問題なのだ。現実の政治状況とは関係が無い。二人と以前、互いが多くの事を許し合うよう話したことがある」

次にマリサベルが公けに姿を見せるのは、「サナ・ヌエストラ・ティエラ」という福音教会の音楽会に出席した時だった。音楽会の最後、出席者は神の前にひざまづき、国と政府のために祈り、加護を求める。年の終わりに、二〇〇二年の十二月から二〇〇三年の一月にかけて、およそ二万人の石油労働者がストライキに突入して、ベネズエラを大混乱に陥れたゼネスト期間中、ファースト・レディはほんの短時間だけテレビに登場し、二人の子供に囲まれて、短いメッセージを投げかけた。

「大統領、国民の声を聴いて下さい」

この感情に訴えるメッセージは通用せず、政府はこの反対派の新戦術をひねり潰した。これがおそらく、マリサベルの社会的可能性は最終的に葬られた時でもあったのではないか。以後、もう何も無い。

二〇〇三年の中頃、マリサベルはこう言ってインタビューを断った。

「この方のことはもう何も知りたくありません。奇跡でも起こらない限り、この方の人生から逃れられません。良し悪しにかかわらず、一切コメントしたくありません。彼の人生と関わりたくないのです」

間もなく満足の行く裁判所の決定が出た。離婚は二〇〇四年一月、最終的に成立した。現在彼女は、旧姓を名乗っている。ロドリゲス・オロペッサ。ダイエットを助けてくれた医師と一緒に活動し、子供基金の理事長を続けている。チャベスはチャベスのままである。

ウーゴ・チャベスのこれまでの人生で様々な女性が彼と関わったが、様々なのは女性の方だけではない。一人の男が様々に変貌してきた、とも言えるのではないか。彼女たちが知るチャベスは、その都度違うチャベスだったのだ。二度目の離婚の後、ウーゴ・チャベスの愛の生活は、権力の秘密のマントが覆い隠してしまった。噂、小話、勘ぐりなどには事欠かない。曰く、友だちの将軍の娘で二十三歳になる恋人がいる、曰く、マリピリ・エルナンデスと寄りが戻った、曰く、アルジャジーラのリポーターと恋に落ちた、曰く、ミス・ベネズエラ候補のブロンド、ラケル・ベルナルと二〇〇四年十月の最終週に結婚する、と丁寧に日付まで付け加えられていた。彼もこれを少なからず楽しんではいたが、ある公式会見で自ら否定している。

「よくも出まかせばかり！　結婚、私が？……おふくろまでが電話をよこして、招待もせずに結婚するのかと叱られたよ。これは真っ赤な嘘だとはっきり言っておく」

そして、少なくとも政治から身を引くことにしている二〇二一年までは三度目の結婚をする予定は無い、と断言した。チャベスの愛の生活は、依然噂の域を出ないようだ。

より家族を大切にする印象を打ち出していることだけは分かる。上の娘二人とは公式の場によく姿を見せる。二〇〇三年を皮切りに、ウーゴ・チャベスの私的世界は、彼が愛するのは民衆だけだ、という神話に対応したものになっていく。そこから先は、私生活はミステリーに包まれ、個人的生活はほとんど国家機密のようである。

こうなると母親は、それ見たことかと、この大変な話をのんきな一言で混ぜ返すだけだ。

「あの子は女運がとても悪いのです。理想の人に出合ったことがありません」

もしそうだとすれば、逆に女性の側も、彼と出会ったのは運が悪かったと反論するのではないか。多くの、あまりにも多くの女性たちとの間に、多分こうした部分があったとは言える。愛の問題はこれでは片付かない。おそらくこれは、ウーゴ・チャベスの愛のとらえ方、あるいは他者との関係のとらえ方に関わっている。彼は二度、落ち込んだ。その時の証人、ネド・パニス、そしてエルマ・マルクスマンは、チャベスが愛のもつれを嘆きながら、同じせりふを吐くのを聞いている。

「私が触れると、みんな壊れてしまう」

# 第16章　チャベーラ荘[訳注]

この夜、テレビの前でドラマを観ていたか、十時のニュースを待っていた視聴者は、突然画面が変わったのに驚かされた。今夜もまた、いつものように大統領のウーゴ・チャベスはテレビ番組を中断して、ベネズエラ人にその姿を見せ、声を聞かせ、存在を示そうと決定したのである。二〇〇四年七月二十八日のことであった。国民に向けた重大メッセージがあった。彼はこの日、五十歳の誕生日を迎えたのである。そして、それを全国民に知らせたかったのだ。

「ボリーバル革命」の最高指導者は黒いジーンズにテニスシューズ、赤いシャツを着て、真っ白な鉄柵に腰を掛けて、南部アメリカの大平原にでもいるようであった。ウーゴ・チャベスは、鉄柵が細くてバランスがとり辛そうであったが、一冊の本を手にしていた。今日は何の話だろう？　最初、不意を衝かれた視聴者は何の事か見当がつかなかった。今ごろ何だ？……。国家元首は、アナウンサー式発声でおごそかに朗読を始めた。『百年の孤独』[訳注]第一章であった。彼は言う。

「これは貰ったばかりのプレゼントです」

これがいつもの話の持って行き方だ。

「ベネズエラ国民の皆さん、今日は私の誕生日です！　続きがありますよ。ドラマを観るのはあきらめて下さい」

これから始まるのは、半世紀の人生のバランスシートである。彼のテレビドラマだ。

これはテレビスタジオの背景画なんかではなく、本物の牧場なのですよと言わんばかりに、バックには美しい若馬が悠然と散歩している。大統領は、もうすぐ岐路に立たされる。彼の政権運営に評価が下されるのだ。ベネズエラ国民は、三週間以内に大統領がとどまるべきか、立ち去るべきかを決定する。世論調査は彼に有利だが、これが彼の大統領としての最後の誕生日になるかどうかはまだ分からない。ウーゴ・チャベスは感動しているようで、なぜか少し緊張気味である。しかしながら、場面はしっかり抑えている。鉄柵から降りながらカメラに向かって話し続け、よく刈り込んだ緑鮮やかな牧草地を歩き、一軒の家の正面に並ぶ一団の人たちの方に向かって行く。彼らも感動して、しゃちこばっている。チャベス・フリアス一家勢揃いである。

カメラは最初に両親を映す。ウーゴ・デ・ロス・レイエス・チャベスとエレーナ・フリアス・デ・チャベス。結婚五十二年、男ばかり六人の子供がいる。今や人生の絶頂期にあるが、昔は経済的に困難

---

チャベーラ荘：チャベスの父、ウーゴ・デ・ロス・レイエスがサバネタ郊外に持っていた農家。

『百年の孤独』：ガブリエル・ガルシア・マルケスの長編小説。世界各国でベストセラーになり、ラテンアメリカ文学ブームを巻き起こした。ノーベル文学賞を受賞。あらすじは、ホセ・アルカディオ・ブエンディアを始祖とするブエンディア一族が蜃気楼の村、マコンドを創設し、隆盛を迎え、やがて滅亡するまでの百年間を描いている。幻想的で奇妙な出来事、多数の個性的な人物が数世代にわたって登場する。生と死、希望と絶望などを含ませながら、ブエンディア家の孤独な運命について描いている。

な時期もあり、心労も多かった。若きウーゴが陸軍士官学校にいた数年間は心配させられた。七十二歳になる父親は、一九五〇年代に田舎教師として生計を立て始め、その頃に小さな村、というよりも村落の——サン・イポリートと言う名の——娘、エレーナと知り合った。サン・イポリートは、今はもう地図には載っていない。ロス・ラストロッホスと名前が変わった。サバネタから数キロのところにある。

「あの人が十九歳で、私が十六。小娘よ」

こう振り返るエレーナ夫人は、このサン・イポリートに生まれて育った。祖母に育てられたが、この時代のベネズエラの田舎ではそれが一般的な習慣だった。二人の恋は、一目惚れではなかった。少なくともお互いに、ではなかった。

「あの人と付き合いたいとは思っていませんでし。彼がホセ・ドゥッケさんという人と仲良くなって、このホセと私が友だちだったのです。よく家に来てカードで遊んだり、炒ったコーヒーを一緒に挽いたりしていました。そこへ彼（ウーゴ・デ・ロス・レイエス）が割り込んできて、そのうちに好き合うようになりました」

エレーナが十七歳の時、お祖母さんは賛成しなかったけれど、二人は結婚した。

「昔はみんな早熟でした。私も十四歳になるともう一人前の女で、料理もできたし、バナナの刈り取りも、とうもろこしやカラオタ（豆）の収穫もこなしていました。祖母と一緒にすべてやっていました。こんな作物をたくさん作っていましたからね。我が家はたくさん畑仕事をしていました、何でも……」

ベニータ・フリアスの娘、エレーナは要するに農家の娘だったのだが、とても学校に行きたかった。

「教えることが好きで、教師になりたかったの。サン・イポリートで見ていた事のせいでしょうね……。

学校があって、女の先生がいました。先生はとても綺麗にしていて美人で、あんな先生になりたいな、とずっと憧れていました。『勉強して、先生になって、お洒落がしてみたいな』ってね」

しかし、学校には上がれなかった。すぐに子供が産まれたからだ。次々に産まれた。七人産んだ。アダン、ウーゴ、ナルシソ、アルヘニス、アニバル、アデリス。アデリスの前に生まれたエンソは生後六ヵ月で亡くなっている。実家は子沢山を自慢し、彼女が家を取り仕切った。

「男七人（夫も入れて）……みんな、しっかり躾けました。今だってまだ目が離せないけど」

新婚時代、わずかな収入しか無いにもかかわらず、姑の手助けはあったが、エレーナは子供の世話で手一杯だった。義母のロサ・チャベスが上の息子二人、アダンとウーゴの養育を引き受けた。下の四人の息子を小学校に行かせるために一家がバリーナスに引っ越して、働きに出られるようになると、エレーナは当時「エコノマ」と呼ばれていた仕事を始めた。これは、公立学校の給食の食糧、食材の買出しをする仕事で、エレーナ夫人の正式な職歴には書き込まれていないが、一家の知り合いが教えてくれた事実である。二〇〇四年に、バリーナスの教育界功労者の名誉を讃えるホール建設が決定した時、エレーナ・チャベスの名前が「優秀」教授のリストに挙げられているのを見て驚いた教師たちがいた。いずれにせよ、彼女の履歴には、二十五歳で教職から引退する、と書かれている。彼女は時々、代用教員として貢献したと話している。

「私は成人教育の方をあずかっていました。子供を教えるのはあまり好きではありませんでした。夫が責任者をしていたクラスに行きました。お腹に子供を抱えて最低三ヵ月働いて、休みを取って……これでプラティーカ（お金）が貰えましたが、教えたのは大人でした。大人の生徒の方が、礼儀正しいし、静かでしたから好きでしたね。それに引き換え、子供はやんちゃですから」

大統領の母親は、六年来住んでいるバリーナス州の知事官舎で、こう語る。

彼女の夫のウーゴ・デ・ロス・レイエスは、教育省が実施する講座に通って教員資格を取得し、サバネタ唯一の学校、フリアン・ピノ学院グループで二十年間教鞭をとった。彼の教え子の何人かは、このように話している。

「非常に実直な人で、責任感が強く、規律にやかましい先生だった。態度が悪いと、すぐにコスコロン（頭に拳骨制裁すること）が飛んで来た。誰彼分け隔て無く、厳しかった……。この父親は、家庭でも規律、勉学にうるさく、州都バリーナスに出なくてはだめだ、と好成績を上げさせるために力を入れていました」

学校での仕事と平行して、ウーゴ・デ・ロス・レイエスはキリスト教民主主義党コペイの党員として二十二年間積極的に活動し、ルイス・カンピンス・エレーラ政権（一九七九年〜一九八四年）には州政府の教育委員長にまでなった。政治的関心はここまでで終わる。勤続三十年で引退し、バリーナス郊外の小さな農家に引っ込むが、息子に、生まれ故郷でトップの地位に就かないかと説得されて、人生の方向が――エレーナ夫人の方向も――変わる。かくして、息子の人気に便乗し、彼の後押しも手伝って、軍人主義政党の第五共和国運動（ＭＶＲ）派の候補者に名を連ねた。息子、ウーゴ・チャベスが大統領に当選する一ヵ月前、父親は対立候補に三千票の差をつけてバリーナス州知事選に勝利した。

バリーナスは蒸せ返るように暑い町で、周辺の家々や風景に魅力など無い。エセキエル・サモーラ記念リャノ大学とマクドナルドが一、二軒あるだけで、七〇年代のまま取り残された町並みである。町で最高級のホテルは二軒あるが、せいぜい三ツ星レベルだろう。土地の音楽と料理と、早起きして正午には家に戻ってしまう生活リズムで、一人黙々と生きているような町である。世間がいみじくも「チャベス王室」と命名したチャベス一家は、ここでは絶対的存在である。住民たちの間では、「州の政治を仕切っているのはチャベス先生ではなくて、エレーナ夫人だ」という声をよく聞く。そして彼女は――家庭内で指図するのに慣れているのか――笑いながら、こう言う。

「まんざら嘘でもないわね」

大統領の母は――子供基金の地区支部長である――、田舎のおばさんで、親しみがあって、しっかり者で、はっきりものを言う性格だ。今泣いていたかと思うと、もう笑っている――本人も認めている。

「つまらない事でもすぐに泣いちゃうの」。

息子のウーゴが巻き込まれた二度のクーデター未遂事件、彼自身が指揮した一九九二年二月四日の決起と、彼に対する叛乱が起きた二〇〇二年四月の事を思い出す時など、もう涙が止まらなくなる。彼女は、息子が自分にとてもよく似ていると言う。

「あの子は、私と性格がそっくりです。率直で、嫌なら嫌だとはっきり言います」

また、迂闊なところも指摘する。

「時々、言ってはいけない事まで言ってしまう。後で後悔しても、もう遅い」

父親からは「感受性の豊かなところを引き継いでいます。夫は、とても人間的で、感じやすくて、大人しい人です」。

彼女の夫はまた、ストレスにも強い。知事になってから一年も経たないうちに、カラカスの病院に救急車で担ぎ込まれた。「神経衰弱を伴う動脈性高血圧による軽度の局部的脳出血」と診断された。数日間、集中治療室で過ごした後、チャベス先生はありとあらゆる高血圧の治療を受けた。数週間後にはもう公務遂行のためにバリーナスに戻り、二〇〇〇年の地方選挙にも出馬、得票率五十八パーセントを獲得して再選された。

大統領の母親は、十二年前、刑務所に息子の面会に行った際に撮られた写真が初めて新聞に載った時より、今ははるかに綺麗になった。あの頃は、心痛を隠すための化粧もしていなかったし、アクセサリーも着けていなかったし、美容院にも行っていなかった。今はすっかり身奇麗になって――質素な生活から権力の頂点に移行した反映だ――バリーナスでは格好の話題を提供している。彼女の話題は、カラカスの国会にまで及んだ。興味深いエピソードであるが、彼女のかかりつけの形成外科医、ブルーノ・パシーヨ医師が、大統領の母君に施術し、それ以降チャベス支持派と見なされたことで――他にも社交界に出入りしていることも否定しつつ――彼が迷惑を被っており、人権を侵害されていると、二〇〇四年五月に内務法制委員会の喚問で訴えた。

大統領の家族は、ウーゴ・チャベスの名声と人気に全く無縁ではなさそうだ。彼に対する反撥もまたしかりである。すでに一九九九年、こんな落書きが壁に書かれていた。

「チャベス・フリアスのせいで鍋が空っぽだ」、「大統領よ、同志よ、ぶち壊しているのはあんたの家族だ」――これが事情を語っている。家族が槍玉に上がるのは、現在ほとんど全員が政治に関わっているからである。一九九八年に元司令官が勝利するや、彼の兄弟の内、五人が政治に食指を示し出す。

権力には魔法の磁力がある。兄弟全員が――以前と変わらず銀行関係の仕事を続けている末っ子のアデリスを除いて――すぐに公人生活の虜になってしまった。そして、大統領も彼らを権力から遠ざけようとはまるでしていない。正反対に、チャベス・フリアス一族によるバリーナス制覇に鼻高々なのである。

父親が知事に就任して以来、大統領の家族の生活は、バリーナスの人たちの格好の話題になっている。反対勢力は、チャベスは成り上がり一族の生活を維持させるために州政府の金を利用しており、その影響力を悪用していると言う。これに関する執拗な調査から、次の事が明るみに出た。二〇〇〇年の地方議会の調査で、大統領の直系家族がバリーナス州の農地を三千五百ヘクタール以上取得していたことが暴露された。反対派議員の疑惑の対象になった土地の中には、チャベーラ荘も含まれていて、これが五年間で――反対派によれば――八十ヘクタールだったのが三百二十ヘクタールにも増大し、地価としては七十万ドルを超える価値があるという。ベネズエラの知事の月給はおよそ千五百ドルである。

この件を担当する反対派議員のアントニオ・バスティーダスは『エル・ヌエボ・エラルド』紙で、彼の情報はバリーナス州会計監査局の監査内容と、知事と親しい企業（名義人と推定される）が所有する資料と、チャベス家が取得したと推察される土地の隣人らの証言に依拠する、と公表した。「共和国検察庁は二〇〇二年に、バリーナス州政府において二〇〇〇年から二〇〇一年にかけて発生した一億五千万ドル以上の背任と公金横領事件の捜査申請を了承したが、捜査は決着していない」[原注1]

チャベス家は、この件は反対派のでっち上げによるもので、大統領の権威をおとしめる作戦の一部だ、と述べている。

自分の州政府で公金横領があったことを強く否定するチャベス先生は、チャベス派陣営からも叩かれた。バリーナスの落書きにこうあった。

「おいぼれ、もうたくさんだ、辞職しろ！　第五共和国運動より」

二〇〇四年三月、軍人派第五共和国運動が実施した十月の地方選挙に向けた世論調査では、彼に対する票は期待できなかった。軍人派政党内では、内部対立を引き起こした彼の再選にはあまり熱意が見られなくなった。地域では、チャベス一族に替わる指導者を推す第五共和国運動の活動家がいた。党内不満分子は、次期知事候補決定の党内調整に自分たちの意見を反映させるべく、選挙の数ヵ月前にカラカスに赴いた。案件は即刻、党委員長と大統領、ウーゴ・チャベスに上げられた。鶴の一声。候補は彼の父親。以上終わり、であった。

エレーナ夫人は、このやり方はあまり好かないと言う。

「主人は、今年は立候補しなかった方がよかったと思っています。と言うのは、私は責任ある仕事はもう終わりにして、身を引いてもらいたかったのです。そしてゆっくり骨休めをしたかったの。カラカスに息子に会いに行くにしても、仕事や会議の心配無しで行きたいですもの。これが私の願い。でもだめね。つまらない事に『いいえ、先生に続けてもらいます』という話でした」

五十歳の誕生日にウーゴ・チャベスがテレビで紹介した二番目の家族は、アダン、ナルシソ、アルヘニス、アニバル、アデリスの兄弟たちである。アデリスはソフィタサ銀行グループの地域責任者で、ただ一人だけ政治と無関係だ。他の四人は、兄弟の一人が大統領になった時に、人生を変えた。それまでは、アダンだけがメリダのロス・アンデス大学の学生時代に政治に関心を持ち、ベネズエラ革命党の闘士として活動した。父親が選挙に勝利すると共に、アルヘニスとナルシソはそれまでの仕事を辞めて、州政府に勤務するようになった。

アルヘニス・チャベス・フリアスについては、彼が実際にバリーナスの行政権力を操っていると言われている。彼によって、国内のどの州政府にも存在しない役職が設けられた。内務長官である。バリーナスで聞かれるジョークがある。

「全世界には国務長官は二人しかいない。コリン・パウエルとアルヘニス・チャベスだ」

もし、チャベスの父が十月の地方選に勝てば、大統領の息子の後押しがあったように、アルヘニスが――昔は電気技師だった――間違いなく内務長官の地位に就くであろう。

二〇〇一年初頭、この大統領の弟は党の同僚四人から「バリーナス州政府の取引業者から搾取した」[原注2]と訴えられ、州内での第五共和国運動の組織活動の停止を要求された。大統領は、国内メディアに漏れていた党内対立を押さえるよう党の国内戦略局に命じて、この件に介入してきた。すると、党は訴追した四人を除名し、アルヘニスを軍人派運動の地方組織部からはずすという選択をした。

もう一人のチャベス兄弟、ナルシソ――通称、ナッチョ――も、バリーナス州の自治体であるボリーバル市の市長選に敗れた後、州政府に入り、行政に口を出すようになる。一九九九年、新聞は彼の権力濫用の疑惑を告発する報道を行なった。ナルシソは英語教師で――アメリカのオハイオ州に五年間留学した――公共事業の施行に際し、特定業者との契約を推薦した。これに関して、ある機会にこう言っている。

「アデコ（社会民主主義党）の浸透を避けるために、われわれが入札するよう頼んだ」[原注3]

このスキャンダルはナッチョと、ウーゴ・チャベスの旧友で、ウーゴ・デ・ロス・レイエスが休職中、臨時に知事職にあったブラジミール・ルイスとの間に軋轢を生じさせた。その後、二〇〇〇年の地方選挙で知事職をめぐり単独候補として出馬することになるルイスは、こう声明した。

「起こっている事は何か。それは、バリーナス州では、政府と党と家族との区別が混乱していることである。チャベス先生は、その境界がお分かりになっていない」[原注4]

「不肖の弟」ナルシソは、大統領がカナダ大使館の職を与える決定によって、世間の目を逃れた。最近、彼はキューバに転勤になり、ベネズエラ大使館商務部配属になり、両国間の協力協定に携わっている。

アニバル・チャベス・フリアスの職業は教員であるが、彼も権力の影響を断ち切ることはできず、一家の出身地であるサバネタの市長選に第五共和国運動の候補として出馬した。しかし、チャベス州政権における権力と影響力を圧倒的にコントロールしているのは、六人兄弟の長兄でウーゴの大好きなアダンである。この二人の関係は、そろって父方の祖母に育てられたこともあって、非常に緊密だ。現大統領が軍隊内で陰謀計画に手を付け始めたときに、彼をベネズエラ革命党の元ゲリラ戦士に引き合わせたのがアダンである。メリダのロス・アンデス大学にまじめに通い物理学を学んだアダンは、一九九二年の決起計画では重要な役割を果たしている。

ウーゴ・チャベスは言っている。

「兄は、私の政治活動に最も影響を与えた一人だ。非常に謙虚で、でしゃばった発言はしないが、私の

人格形成において大きな位置を占めている」[原注5]

以前、エセキエル・サモーラ記念リャノ大学教授の職にあったが、大統領は一九九九年に就任して以来、常に彼を身近に置いてきた。初めは、制憲国民会議議員、次に国立土地研究所所長、そして私設秘書。二〇〇四年、ウーゴ・チャベスは彼を、政府の重要任務を帯びた駐キューバ大使に任命した。

ある時、エレーナ夫人が質問された。

「閨閥主義をどう思いますか?」

「大嫌いですね。まず、私たちは政治家ではありません。正直者で真面目な一家で、この国の役に立ちたいと一所懸命願っているだけです」[原注6]

第五共和国運動の選挙戦参謀だったジャーナリストのマリピリ・エルナンデスは、政府内に閨閥は存在するかと質問されて、こう指摘した。

「アダンは区別して考えるべきです。国民が選挙で選んだ大統領、国民が選挙で選んだ大統領のお父さん、この二人の仕事をやって来ました。つまり、この人たちはチャベスではなくて、国民が指名したのです……。それから、リーダーは必要です……それが民衆が選出したものなら、私は閨閥だとは思いません。投票したのはチャベスではなく、バリーナスの人たちです。他の人に投票することもできたのですから」

閨閥の定義が何であれ、はっきりしているのは、一九五八年以来これまで、大統領に賦与された権力が全家族に感染したことは一度も無かったことである。何の野心も抱かずに生きてきた結果、チャベス一族は政治に熱心に取り組む自分を発見したのだ。

テレビ画面に並ぶ人たちの中で、最も若いのは、国家元首の子供たち、最初の妻の子のロサ・ビルヒニア、マリア・ガブリエラ、ウーゴ・チャベス・コルメナレス、二番目の妻の子で末娘のロシネス・チャベス・ロドリゲスだ。最初の二人にはあまり焦点が当たらない。この子たちのことはよく知られていない。大統領は二人の娘を一九九八年の選挙遊説に同行させたり、正式行事に伴ったり、さらに外遊にも連れて行ったが、ベネズエラの新聞はおしなべてさほどの関心を払わない。彼女たちを追いまわすパパラッチも、うるさいリポーターもいない。

ロサとマリアは、それぞれ二十六歳と二十四歳になるが、独立記念日のパレードの日のように、チャベスの前妻、ファースト・レディ、マリサベル・ロドリゲスがいなくなった後の空きを埋めている。彼女たちは服装も振る舞いも謙虚だ。どんな声をしているのか誰も知らない。一度も発言したことが無い。二人とも子供がいる。チャベスの孫だ。マリアは女の子で、七歳になる。ロサは男の子で、一歳だ。娘たちは、過去には想像もできなかったような特権階級の生活をエンジョイしているが——例えば、大統領官邸に住み、パリに留学したり——、普段は世間の目から隠れた地味な生活を送っている。これも、戦略の一部をなしていると言えるかもしれない。どの新聞も、大統領の私生活周辺に近寄れないのが事実だ。しかも、家族のプライバシーを防御するために、いくつものセキュリティー網が敷かれている。

だが何よりも、ウーゴ・チャベス・コルメナレスこそ最大の謎ではないだろうか。娘たちとは対照的に、大統領のただ一人の男の子が公衆の場から排除されていることは誰もが知っている。実際、二〇〇四年の半ばまで、大統領罷免国民投票の勝利を喜び、ミラフローレスの大統領府の窓に姿を見せた時、大多数のベネズエラ国民にとって二十一歳になる青年の顔を見るのは初めてであった。それまでは、道ですれ違ってもそれが大統領の息子だとは誰も気づかなかった。よく知られている事なのだが、ウギートは問題児で、大統領が人に話せるような息子ではないし——何かと話題にする娘たちとは大違いで——、実際、彼について話したことが無い。チャベス大統領と親しかった人たちは——ルイス・ミキレナやネド・パニス、ルイス・ピネーダ・カステリャーノス——次のように指摘する。ミキレナは言う。

「あの子は、行動に問題がある。チャベスは困っていた。非常に注意深く扱っていた」

ウギートはマドリッドに住んだ後、キューバにも滞在したことが分かっている。

三人兄弟は辛い時期を過ごした。まず初めに、軍隊勤務によって長く父親と離れて暮らした。そして、周知のごとく、陰謀計画があった。彼が言うところの「政治的動機」、これが一番であった。八〇年代の終わり、彼らの母、ナンシーとの結婚生活は危機にあった。ウーゴ・チャベスが一九九二年にクーデターを試みた時、子供たちは思春期だった。それぞれ、十三歳、十一歳、八歳だった。二年後、離婚となってしまった。ナンシーはけっこう長く子供たちを父親にまかせた。すると、元司令官は全国遊説の旅に没頭した。時には子供たちを連れて行った。でなければ、女優のカルメンシータ・パドロンとかシンガーソングライターのアリ・プリメラとかソル・ムセットといった友人の家に預けた。その後、父親が一九九七年に再婚すると、マリサベルと深刻な対立関係になった——多くの証言が一致するところでは——彼女は子供たちが大嫌いだった。ウーゴ・チャベスが大統領選挙に勝利した日、子供たちはカラカス近郊のサン・ベルナディーノに借りていたアパートにいた。

大統領になってからしばらくの間は、チャベスのお気に入りは、現在七歳になる末っ子のロシネスだった。大統領のクリスマス・メッセージに至るまで、国家元首は妻のマリサベルと末娘だけを伴っていた。行く先々でも、番組『アロー、プレシデンテ』でも、何かにつけて娘の話で、めったに話さない最初の結婚で生まれた子供とは対照的だった。二〇〇二年半ばの別居で、マリサベルはカラカスから車で五時間のバルキシメトに移り、チャベスはそれほど頻繁には娘に会えなくなった。

「可哀想なことに、パパにはほとんど会えなくなって、私なんかめったに会えません」

祖母のエレーナ夫人は悲しそうに話す。

大統領ウーゴ・チャベスは政敵に対しては情け容赦無い。子供たちはたっぷりと恩恵に与ってはいるが、敵は子供たちまでは標的にはしていない。子供たちをめぐっては無言の紳士協定があるようだ。大統領は、権力が支配し争い合う公的生活から彼の跡継ぎを遠ざけている。おそらく、彼が生きているこの戦場から、子供たちを守ろうとしているのだろう。一方、彼に対立する側も、この領域を対決の場にしようと、スキャンダルを探し求めて家族に近づこうとはしていない。

だがこの夜、このすべての事実がひ弱なものに変わってしまった。ラジオとテレビの商業チャンネルを通じて、チャベスは彼個人の祝い事を全国放送した。ベネズエラ国民は、その場に座ったまま、この家族の肖像をほとんど無理やり観させられた。公開する必要性とか、うぬぼれの現われだとか、そんな事よりも何よりも、毎回着実に、公私混同が甚だしくなっていることだけは確かだ。この両者の境界線を守れないというのは多分、大統領が自分の誕生祝もまた公式行事だと考えている、ということになるのではないだろうか。

# 第17章　二〇二一年に向かって

一九九九年が過ぎて行く。まだ情報局長官の地位にあったヘスス・ウルダネタに、チャベス大統領から電話が入った。

「あの老いぼれルンペンにからまれてうんざりしている。何とかしてくれ、いいな？」

アルゼンチン人社会学者、ノルベルト・セレソーレ[訳注]のことである。彼はこの後、四十八時間の猶予を与えられて国外退去を命じられた。彼がベネズエラを国外退去になったのはこれが初めてではなかった。四年前の一九九五年六月十四日、ラファエル・カルデラ政権時代に、このアルゼンチン人は内務警察に逮捕され、追放されている。この時は、ウーゴ・チャベス・フリアスの協力者として訴追されたのだった。逆説的に、そのチャベス自身が、四年後には元の指南役の存在が疎ましくなったのである。大して長居もできぬまま、セレソーレは再びマイケティーア空港に舞い戻り、国境の彼方に去る羽目になった。背景はドラスティックに変わってはいたが、どちらの場合も名目は同じだった。内政干渉罪である。一度目はチャベスに味方して、二度目は彼に敵対して。

ノルベルト・セレソーレは、この件に関して異なる見解を持つ。二度目の国外追放は、ユダヤ人問題による、と主張する。

「ユダヤ人が私を攻撃し、破壊する[原注1]」

間違いなく、不可解な人物である。六〇年代、彼はアルゼンチンの「無政府主義左翼」グループ、プラクシスの分派に属していた。その直後に、ペルー大統領のファン・ベラスコ・アルバラード政権（一九六八年～一九七五年）の補佐役を務めてもいる。一九七六年には、ヨーロッパに亡命した。アルゼンチンに戻ると、右派軍人グループ「カラピンターダス」に加わった。また、ソ連にも渡り、活動している。アルゼンチンの軍事独裁諸政権、そしてまた、アラブの諸政府とも深く関わっている。彼の立場は幾度となく物議をかもしてきた。例えば、「『五月広場の母親たち』はイスラエル国家の手先であり、ラテンアメリカにおけるイスラエルの情報機関である[原注2]」と発言している。

セレソーレとチャベスは、一九九四年の冬にブエノスアイレスで知り合った。二人を引き合わせたのは、メキシコの新聞の特派員をしていたアルゼンチン人の新聞記者だった。二人はすぐに意気投合した。その後、コロンビアで再会し、一九九四年の終わりにまたベネズエラで会った。オンボロワゴンに乗って一緒に国内を旅したこともあった。

「私はチャベスの活動をこの目で見ている。チャベスが民衆に語りかけるのを見ている。ものすごい支持を受けていた。一文無しだった頃のチャベスの話だ。着たきりスズメで、孤軍奮闘していたチャベスの話だ[原注3]」

軍民運動による軍人と民間人の結合に支えられた権力を、唯一のリーダーに集中させる必要性を説く理論を、この時期から元クーデター司令官に吹き込んでいたのがノルベルト・セレソーレだ。選挙勝利後、これと同じテーゼを次のように表現している。

「一九九八年十二月六日に、ベネズエラ国民が発動する命令は、明瞭かつ決定的なものである。抽象的な思想や一般的な『政党』ではなく、一人の物理的人間が、権力を行使するために――この国民によって――選ばれたのである……。よって国家の社会的支配権は、多数決から、総統となった元軍人リーダーに移される[原注4]」

一九九九年を通じて、二つの対立するチャベス主義の存在が大いに議論された。一方は、ホセ・ビセンテ・ランヘルに代表される民主主義的チャベス主義、そして他方はノルベルト・セレソーレを中心的スポークスマンとする軍事的チャベス主義である。しかしながら、ネオ・ファシスト、反ユダヤ主義の狂人と告発されたアルゼンチン人社会学者は、ベネズエラを追われた。そして、二〇〇三年にアルゼンチンで亡くなった。それでも、敗れたかに見えるその理論が提起したいくつかが、その後のベネズエラの進行過程とウーゴ・チャベスの個人的展開の中に着実に浸透しているのが認められる。二〇〇〇

ノルベルト・セレソーレ：アルゼンチン人社会学者（一九四三年～二〇〇三年）。左派ペロニストと自己規定していたが、ネオ・ファシストで反ユダヤ主義者とも言われている。ヨーロッパで学び、ペルーのアルバラード左翼軍事政権に協力、その後アルゼンチンの左翼ゲリラ闘争に参加。軍事クーデター後スペインに亡命、ペロニスト指導者としてラテンアメリカに影響を与え、ソ連、キューバ、アラブ世界に接近した。九〇年代には「カラピンターダス」と共闘した。この頃にチャベスと知り合い、一九九二年のクーデター未遂に関与した。ベネズエラを国外追放されたがチャベス政権になってから戻り、ご意見番として活躍した。一九九九年にミキレナやウルダネタらに再び追放された。アルゼンチンで政治活動に戻ったが二〇〇三年に死去。チャベスは、二〇〇六年に「彼とは一九九五年に、オリノコ川の岸辺でラテンアメリカの将来を語り合った。偉大な知識人であり、素晴らしい友であった」と語っている。

年にマドリッドで正式に出版されたアルゼンチン社会学者の著作[訳注]によれば、総統は軍民政党を通してリーダーと大衆の意思の疎通を図り、権力を安定させる、とある。この政治モデルは「ポスト・デモクラシー」と名づけられ、中央集権の維持に集約、一本化された価値観を見出している。

ベネズエラの歴史は、この政治モデルに最も適した培養基のように思える。一八三〇年から一九九九年までのベネズエラの歴史において、六十七パーセントの政権が軍部関係者か、独裁者か、軍閥専制君主に支配されるかまたは率いられて来た。[原注5]ウーゴ・チャベスの場合にも、唯一の望み、政治的大英断として、個人崇拝的専制政治と軍事的ヘゲモニーを正当化するのに格好の足場を与えている。大統領就任式で宣誓した二ヵ月後、「軍民融合」について書いた論文でチャベスはこう述べている。

「これは、国家の発展と、全ての部門における国家的計画を進行させる基本的流れであり、基本方針である」[原注6]

チャベスは軍隊的表象を決して破棄しない。新大統領になった時も、憲法を制定して直ちに国軍総司令官に就任した時も、軍人として宣誓した。この持つ意味は、普通の市民社会の人間にとってと、ウーゴ・チャベスにとってとではおそらく異なる。民主主義が彼を軍隊で出世させた。軍隊にとどまり出世を待つよりも近道だったのだ。

権力を手にした時、軍の各部門から出された管理行政計画案を適用したことや、公式行事や訓令における軍服の着用を見ても、状況ははっきりしていた。そしてそれは、事あるごとに軍隊生活の話をし、中等教育に軍事教練を必須科目にしたことにも現われている。国政に新しい主役がとって変わったことは、その組閣を見れば一目瞭然である。

「二〇〇二年初頭、副大統領も、スール・デ・ラゴ地方（マラカイボ湖の南）の農業計画責任者も軍人であった。インフラストラクチャー省、国家予算庁、グワイヤナ協同組合、国立農業研究所、都市開発基金、ベネズエラ石油公社、Ｃｉｔｇｏ（精油会社でアメリカの一万四千箇所のガソリンスタンド・チェーン）、ＳＥＮＴＡＴ（国家徴税税関統合庁）、民衆銀行、ベネズエラ工業銀行、社会統括基金、これら全てを軍人が抑えていた。経済的権力である。交通、通信、メディアも支配していた。カラカスの地下鉄、マイケティーア空港、航空会社のアベンサ、同じくセトラ、ＣＯＮＡＴＥＬ（全国電気通信委員会）、ＶＥＮＰＲＥＳ（国立通信社）、ベネソラナ・デ・テレビシオン。軍情報局、ＤＩＳＩＰ（内務警察）、内務省の外国人登録局及び国家治安局の治安部門も軍人の指揮下にあった。州知事ではタチラ州知事、メリダ州知事、トルヒーヨ州知事、コヘデス州知事、ララ州知事、バルガス州知事、ボリーバル州知事が軍人出身者であった。もちろん外務省も、大臣、副大臣、多くの次官、ペルー、ボリビア、エクアドル、ブラジル、エル・サルバドル、スペイン、マレーシアなどの外国大使も軍人出身者である。議員、与党第五共和国運動組織局長、ＩＮＡＧＥＲ（国立老人協会）、ＩＮＣＥ（国立職業訓練所）、国立体育協会本部も軍人である[原注7]」

伝統的に民間人が占めてきた部署の軍人化が進行した。『エル・ウニベルサル』紙によると、百人を

アルゼンチン社会学者の著作：セレソーレが一九九九年にベネズエラで書いた『総統、軍隊、国民：チャベス司令官のベネズエラ』のこと。最初マドリッドで出版され、次いでアラブ語に訳されベイルートで出版、カラカスでも再版された。ベネズエラではセンセーションを巻き起こした。

超える制服組の大部分が現役軍人で、国営企業、法人、国公立のサービス部門、政府基金、ファンデーション、特別委員会などの責任者または管理職の地位にあった。二〇〇四年十月の地方選挙には、二十五人の候補者中十四人が、チャベスが直々に軍隊内から選択して軍人派（ＭＶＲ）から立候補した。

ベネズエラ市民の日常生活では、軍隊的世界との接点が増した。軍隊用語は、人々の言葉使いにまで影響した。チャベスは、選挙戦の運動員たちを「斥候」と呼び、「起床ラッパ」だの、「敵を殲滅」するため「戦闘」を開始せよだの、と言いながら遊説していた。二〇〇二年十一月二十八日の国営テレビで、彼は全国に警告を発した。

「私が武力革命と言う時、それは単なる喩えではない。武力とはすなわち、革命を防衛するための銃、戦車、飛行機、数千人の兵士のことである」

口先だけではなかった。二〇〇一年度、ベネズエラにはメキシコとアルゼンチンの両国を合わせた数よりも多くの将軍と提督がいた。二〇〇四年度は、憲法の定めるところに反して、民間人百二十人が軍事法廷で裁かれた。[原注8]この事実に、軍隊を政治政党、公共事業の管理運営、社会の中核に変身させて配置するという、ノルベルト・セレソーレの書いた筋書きが読み取れると分析する評論家も少なくない。

チャベスに追随する人たちは、一度ならず、彼のことを「司令官閣下」または「最高司令官閣下」と呼んでいる。この敬称をきっかけに、政権初期には「司令官殿」を意味するスペイン語「ミ・コマンダンテ」の音節の区切りを変えて「ミコ・マンダンテ」と読み、僻地のジャングルに住む無知で遅れた人々を蔑視するモノ（猿）と同義語のミコ――ベネズエラ社会に根強く残る人種差別、階級主義――にかける情けないジョークが流行った。

　どこの国にも存在する排他性を示す一つの表われでもあるジョークなのだが、ベネズエラでは二〇世紀末になって幅を利かせてきた。一部の階層は、ウーゴ・チャベスがベネズエラ国民の中に階級対立と憎悪を執拗に煽り立て、世論の怒りをけしかけ、国を分裂させた、と告発した。政府はこれに対し、国民はこれまで幻想の調和に生きてきたのに過ぎない、チャベスは、格差を作り出したのではなく、それを白日の下にさらしたのだ、と主張した。おそらく、これまでも何度となく起きてきたごとく、どちらの言い分にも一理ある。

　ベネズエラ人自身が抱いてきた自国のイメージは、――相次ぐ石油大発見の富のおかげによる――平等主義的、多様的、多層的な文化が織りなす滑らかで摩擦の無い社会であろう。しかしながら、このイメージはもう一つの現実を巧妙に覆い隠してもいる。それは、膨大に膨れ上がる貧困であり、お祭り騒ぎと天然資源の恩恵から爪弾きにされていると感じている人々の憤り、である。大統領罷免国民投票が行なわれた二〇〇四年八月十三日の夕刻、記者会見で副大統領のホセ・ビセンテ・ランヘルは念を押した。

「ベネズエラ国民を分断しているのは貧困である。貧困がこの国の二極分化をもたらした」

　それは確かである。しかし、高くヒートアップしたチャベスの演説が、きわめて発火しやすい爆薬の起爆剤にもなったのだ。その過激な言辞が選挙戦で絶大な効果を発揮したことは疑いない。その言葉に国民は度肝を抜いたが、彼も国民がここまで反応するとは想像していなかった。テオドーロ・ペトコフは言う。

「チャベスが公衆の面前に憤然と現われて大演説をぶち始めると、聴衆は片時も動こうとしなかった。そこには、ベネズエラ人の絶望と不満を一身にまとったまごう事なき復讐の鬼がいた」[原注9]

しかし政局運営が始まると、この特性が決定的な衝突を生む核となった。チャベスは告発し、否定し、あまりにも軽々しく罵声を浴びせた。「私に従わない者は、反逆者と見なす」ともとれる政令を出した。当時、彼の相談役で内務大臣をしていたルイス・ミキレナが述懐する。

「彼が論争を始めると、私はよく言い聞かせたものだ。『いいか、選挙戦の流れの中での論争と、権力の行使とは別物なのだ』」

問題は、軍隊的範疇に属する対峙方法である、と多くのアナリストが分析している彼の戦略と方法にある。最初の政権で国防大臣を務めたラウル・サラサール元将軍はこう言う。

「チャベスの問題は全て軍隊式であることだ。政治的対立を交渉で解決せずに、命令で片付けようとする」

具体的政策にも増して、まさしく不快感を与える要因になったのが、権力を笠に着た彼の論調の過激度である。イリア・プヨッサ[訳注]の調査研究は次のように指摘している。

実利的論理性という観点から見ると、チャベスの論調の最も興味深いところは主語の設定にある。ウーゴ・チャベス・フリアスはつねに、われわれ、と言う。

われわれ、とは国民のことであり、その対極にあるもう一つの現実的中心軸は「腐敗、災いと同義語」の政治的敵であり、それは「根絶やし」にすべきである。[原注10]以前から言われてきた事であるが、これが候補者チャベスを勝利させた重要な要素になったことは認めざるを得ない。一九九八年の大統領選挙に勝つ前の個人集会で、彼は大衆に向かってこう言っている。

「十二月六日（投票日）は、われわれ、あなたがたと私が、アデコ（社民党）を馬鹿でかい――ここで一息おいて、続けた――何にまるめるかはちょっと下品すぎて言えないが……」

彼が言うまでもなかった。聴衆が一斉に大声で叫んだ。

「クソのかたまりいーっ！」

これを見ていたエルマ・マルクスマンは驚いた。

「あれには、私も驚きました」

それは、彼女が知っているウーゴではなかった。驚いたのはこれだけではない。この攻撃的で好戦的で野卑なイメージに――昔の彼を知っている人が――慌てふためいたことだ。単なるマスコミ戦略だと受け止める人もいた。人気が権力に変貌した、と思った人もいた。あるいは、この両方が一緒になったのでは、と考えた人もいた。

陸軍士官学校時代からの同僚、アルシデス・ロンドンはこうしたチャベスの一面にこんな論拠を与える。

「彼は大衆を前にすると興奮する。大衆があのような反応で応えると、誰でも感情が高まるものだ。こ

---

イリア・プヨッサ：ベネズエラの社会政治学者、大学教授。意識調査をベースにした行政、教育問題の研究を専門にしている。最近は、NGOのフォルマ・コムナを通して、世論動向、代替メディア、政治紛争の分析などや市民の行政参加や教育プログラムを実践している。

こから直接引き出された対応もあった。しかし、政治や論調の変化や、アグレッシブさも含めた全面的攻勢を現実的に考えると、これは思慮と意図が生み出したものだと確信できる。彼には単なる思いつきとは異なる意図がある」

これは、従来の決まり事や権力の厳粛な格式をぶち壊し、原稿無しに即興で演説し、躊躇することも恐れることもなく、頭に浮かんだ事を口に出すチャベスの性格への一般的な評価とは明らかに対照的である……。それは、彼自身が作り出し、広め、世界中にさらけ出しているイメージである。朝の二時に思いついた新しい行動計画を国民に向けて発表する時に、彼はこのイメージで迫る。しかしこれは、わざと暴れん坊に見せる、意図されたイメージなのだ。副大統領のホセ・ビセンテ・ランヘルも同じ事を言う。

「人はチャベスを衝動的人間と見ているが、彼は非常に内省的な人間だ。彼のすることは全て、計画の産物である」

これは、大統領の怒れる言葉はおよそ、永続的対峙関係における一つの規律であり、見事に設計された計画であり、挑発を基盤にした軍事的戦略である、とする理論を裏付ける。

マリオ・バルガス・リョサも強烈な攻撃を受け、決闘を挑まれた。作家バルガス・リョサがチャベスと新政権を批判する意見を述べた時、大統領は間髪入れずに反応し、リョサはベネズエラの「現実が読めない」無知、文盲だ、と叩いた。カトリック教会に対してもすぐにえぐるような厳しい対応を見せた。一九九九年に彼はこう発言していた。

「もしイエス・キリストがわれわれと共にここにいたなら、憲法に賛成し、革命に投票したに違いない」

　そして数ヵ月後、革命の方向を断固として認めなかった司教たちとぶつかった。

「悪魔祓いをして、彼らに取り憑いた悪霊を地下室に追い払わねばならない」

　このような空気は様々な社会セクターとの間でも生まれた。チャベスはあまりにも早期に、あまりにも多くの衝突を招いた。チャベスの共鳴者であるマリピリ・エルナンデスは別の観点から評価を与えている。

「ひるまずに立ち向かうこともできず、はっきりとノーと言えないような大統領が何の役に立つでしょう？　私は嫌いではありません。あのやり方は政治的ではないし、礼儀を欠いていると思ったこともありましたが、一方では我が国の大統領がこのような発言をする勇気を持ってくれて心地良くもあります」

　この議論の構造は、チャベスが政府のトップにありながら、まるで反対派のトップに立って発言しているような逆説的な印象を生んだ。ルイス・ミキレナは当時、大統領に非常に近い立場にあった。内務大臣であると同時に、彼の政治的親代わりでもあり続けていた。大統領が、企業家、教会、メディア、その他国内の諸セクターとの衝突を始めた頃、彼は言った。

「権力を行使するに当たり、こんなやり方をしていては社会的付き合いが保てない。すると、チャベスは言った。『国家を独裁的に運営できる判断力をもった人物を権力が必要とする時、選挙戦を闘った戦闘性と対決姿勢は権力を獲得した後も変わらない』」

　ベネズエラ国民は、非常に短時間のうちに、異様な興奮状態に突入して行った。政治が社会生活の隅々にまで影響し、入り込んでいった。この国を訪れた人は、まるで内戦下の国に来たような印象を受けた。イデオロギー的な問題や政治方針のドラスティックで具体的な変化、といった事ではない。ここにも、セレソーレが提起していたテーゼに近いものが見える。議論の唯一の主題は、一個人への集中、である。リーダーを熱烈支持するか、しないか。彼に賛成か、反対か、色分けの基準はチャベスだけである。それ以外に何も無い。権力の言う事は、選択の余地無しに実行された。大統領の側近も、この状況の凄さを認めている。アルシデス・ロンドンも認めている。

「私は時々、これほどダイレクトで厳しくなくてもいいのではないかと思っていた。私はそう判断していたし、それが私のやり方だった。私の生き方でもある。彼の演説に私は悩まされた」

この点に関しては、もちろん様々に分析されている。反対派はこの状況の根源が、攻撃的なスタイル、反対派の切り捨て方、自分の計画に絶対服従を強要するやり方など、チャベスの言論の暴力に根ざしているとした。他方、これは単なる防御的な行動に過ぎず、チャベスは攻めているのではなく、相手に合わせているのだ、とする意見もあった。ロンドン自身も、次のような裏話でこの見方を裏付けている。

「数年前にわれわれはボリビアのサンタ・クルス・デ・ラ・シエラに行ったことがある。飛行機に乗る前に嵐になり、ホテルに戻ることにした。私が部屋に戻るとすぐに大統領に呼ばれた……。彼のスイートルームに行き、座っていると、彼はテレビを観ながらこう言った。『私の横に来いよ』。テレビはその日彼が行なった記者会見を放送していた。全部見た。そして、大統領ではなく、一人の男の言葉を聞いた。『これが本当のチャベスだ。これがベネズエラが求める人物なのだ。平和を語り、愛を語り、国民の統合を語る、武人ではない。力を貸してくれ』。私はこんな彼を見ている。彼はこうありたいと望んでいた。だがそうさせてもらえなかった。とても厳しい見方をされていた」

政権の不備や過剰な指導性を釈明あるいは正当化する際に、チャベスは犠牲者なのだという見方が都合よく広まった。チャベスは、反対派と過去と権力の中枢と、自身の政権の欠点も含めて、全ての犠牲者なのだ、とされた。この観点から、その毒のある言辞は、政敵の行き過ぎた攻撃への対応策だと見られた。大統領は自己防衛のために戦闘的になる。彼の攻撃性は防御の一形態なのだ、と。アメリカ人ジャーナリスト、ジョン・リー・アンダーソン[訳注]は二〇〇一年にベネズエラの指導者の横顔を取材し、チャベスが持つ一定の側面が国民の分裂を緩和したことを指摘した上に、大統領に反対する政界、実業界の一部をも批判している。

「彼らは、教育や資源を生かして国民の可能性を引き出すような努力は一切していない。それどころか、国の富を手に入れ、悪巧みを繰り返し、ジャーナリストに向かっては、人々を震え上がらせる軍人は『怖ろしい』と言ってみせる。チャベスを認めず、その悪口を言う。彼のことを『モノ（猿）』と呼ぶ彼らの政治的議論の水準は低く、哀しい」[原注11]

しかし、従来の政治・経済エリートと政府との対立の先にある、チャベスをめぐる二極化現象が、同

ジョン・リー・アンダーソン：作家、国際問題研究家。一九五七年生まれ。雑誌『ニューヨーカー』にイラク、アフガニスタン、ウガンダ、イスラエルなどの取材記事を執筆している。一九九七年に『チェ・ゲバラ、革命の生涯』を発表したが、その取材でゲバラの遺骨が埋葬された場所を発見した。現在、イギリス在住。

じような形でベネズエラ国民を二分化しているわけではない。問題を扱うに当たってよく持ち出されてくる、金持ちと貧乏人、白人と黒人、といった二元論の線引きはできない。その反対に、分裂は単一の家族の中で発生している、という現実が起きている。しかも頻繁に。彼の協力者自身が、家族や友人と政治的信条をめぐって過去には考えられなかったような問題を抱えていることも珍しくない。同じ家族の中に、チャベス派と反チャベス派がいたり、似たような典型的社会経済水準にある隣人同士が対立することもある。これは、まだ十分に解明されていない、外国の知識人も気づいていない特殊な現象である。

チャベスは、きわめて身近な場でも攻撃的な姿勢をとり、彼の協力者に対してさえ悪態をつき、ことさらぶつかりたがると証言する人もいる。アンヘラ・サゴがそれだ。

「粗暴な振る舞いをする人です。政権のスタート時に、彼がアリストブロ・イストゥリス（現教育大臣）に侮辱的な事を言ったのを見ました。彼の仕事についてだったのですが、みんなの見ている前で罵倒していました。言いたい放題でした」

ルイス・ミキレナも、チャベスは権力の座についてから大きく変わったと言い、このような一面について語る。それによると、彼は「家来の前では専制君主で……独裁者で協力者を乱暴に扱った。大臣たちには難儀な仕事を押し付けていた。ディオスダード・カベーリョに対する仕打ちなど、もし私ならたとえ父親の命令だったとしても受け入れなかっただろう」。

はっきりしているのは、チャベスは喧嘩を避けたりしないということだ。むしろ、喧嘩をしたがり、喧嘩を売る。革命はこの方法に依存してきたとも言えよう。政治制度を浄化するために衝突を挑発する。二〇〇二年四月のクーデターの前、政府は軍事クーデターが計画されていることが分かっていた。クーデターは国軍の浄化に寄与した。同じように、二〇〇二年十二月と二〇〇三年一月のゼネストも、ベネズエラ石油公社を「掃除」するのに利用された。従業員一万八千人を解雇して、政府は喉から手が出るほど欲しかった国営企業の支配権を手に入れた。信じ難い事ではあるが、チャベス自身がこの危機を利用したことを認めている。彼が一大犯罪と責めた事件の共犯者になったのだ。事件を英雄的なものにねじ曲げただけかもしれないが。勝てば官軍である。

堅固さ、真剣さも別の見方では横暴と映る。指導性を発揮しても、救世主気取りだとか、暴走ポピュリズムだとか言われる。責任を果たしても、自己中心的個人主義のみ指摘される……。それでも、誰もウーゴ・チャベスにカリスマ性を見出さずにはおれない。ベネズエラの貧しい人々と共に作り上げた魔法。彼らにとって、公的なチャベスと私的なチャベスが存在する、といった話など有り得ない仮説である。彼らにとってチャベスとは、深く揺るぎない思い、である。すでに信仰とまでなった感情である。

チャベスの権力の根源は、国内の大衆的部分と共に作り上げた情緒的、宗教的な絆に潜んでいる。理論家のピーター・ワイルズはラテンアメリカのポピュリズムに関連付けて、これを「大衆との宗教的接触」と名づけた。[原注12] チャベスは限りなくこれに近い。権力の権威に押し潰されない者の象徴になった。儀式的厳粛なるものはいつだってぶち壊しにかかる。公式パレードで、大声で呼びかける老婆を抱擁したり、幼児を抱き上げたりしてみせる。行く先々で貧しい人々が小さな紙切れに書きつけた直訴状を手に待ち受ける。彼や護衛の者はそれを受け取り、持ち帰る。チャベスは人々を触る。手を握る。名前を訊き、どんな生活をしているか尋ねる。いつも本気で聞いてくれているようなのだ。彼らの立場から語る。みんなと同じように、どこにでもいそうな人のように語りかけてくる。大統領就任六年を経て体重が十五キロ以上増えても、ブランド物のスーツを着てカルティエの時計をしていても、大衆との絆は十分に熱い。

もうスーツを買わないでくれと命じたように、時には贅沢な生活の犠牲者のような振りをする。そして、真実の名において、物質的享楽以上に名声を求めているようだ。政敵にも、彼の中に無欲さと本物の社会的感受性が混じり合っているのを知っている者はいる。ここでも、個人的チャベスと公的チャベスがごっちゃになってしまうようだ。自分は何も所有していないと、しばしば口にする。ほとんどフランシスコ会の僧のように、何も欲しくない、何も要らない、と付け加える。いつものチャベス節が出る。人々の愛で十分だ、と。ところが、自分を売り込み、権力を維持するためには、膨大な資本を投入し、自腹を切った振りをして高価な贈り物をする。

彼の演説はとても心に訴えるところがあり、感動的で、信頼感と忠誠心を生む。潜在意識の中の感情、恐れ、憤りを刺激する。差別、拒絶された経験、不正などを衝く。そこから声を上げる。主語は複数形だ。だが、主役は彼だ。

「われわれは疎まれている」「独占資本はわれわれを馬鹿にしている」「いつもわれわれをあざ笑う」「われわれは反吐が出そうだ」

彼の表現の多くが、例の「電子教会」[訳注]の預言者たちの言葉に似てきた。分かりやすい言葉で、常に例を挙げながら、実話を引き合いに出しながら、民衆の法を完成させようとする。また、言葉使いに限っては、正しい言い方などは無視し、形式主義を否定する。自由奔放さが売り物である。大衆的な自由さだ。マリピリ・エルナンデスは言う。

「彼は自分が説いている事を深く信じています。そこに生き、そこで悩み、毎日そのために働いています。多くの人が、あいつはほら吹きだと言いますが、私は全くそう思いません。彼は自分の言うことを真っ正直に信じていますし、その実現に向かって死んでも努力を惜しまないと思います」

ネド・パニスは、ウーゴ・チャベスがまだ大統領ではなかった頃に、一緒にコロンビアを旅行した時の逸話を語りながら、これとは非常に異なる解釈を示す。二人はボゴタで、キンタ・デ・ボリーバル訳注での記念式典に招かれ、チャベスが演説することになっていた。そこでパニスはチャベスに、主催者のボリーバル協会会長に何かプレゼントを贈るよう薦めた。

---

電子教会：テレビ、ラジオを使ったカルト教団の布教活動。ラテンアメリカで近年盛んになり、百万人単位の信者を獲得している。

キンタ・デ・ボリーバル：ボゴタにあるボリーバル邸跡。現在はボリーバル博物館。一六七〇年に礼拝堂として建てられ、その後持ち主が変わり、廃墟同然となっていたが、一八二〇年、時の政府が独立コロンビア初代大統領となったシモン・ボリーバルのために改修して寄贈した邸宅。同志のマヌエル・サエンスが管理し、ボリーバル主義者の政治集会所として使用した。十九世紀後半、保守派の会議場、女学校、保養所、酒造工場、皮なめし工場などに使われたが、一九二二年に政府が買い取り、改修して博物館にした。一九七四年、反政府運動が「ボリーバル、あなたの剣は戦いに戻る」と書き残して、ここからボリーバルの剣を奪った。

カラボボの戦場：一八二一年六月二十四日ボリーバルはカラボボでラテンアメリカの独立を賭けた戦いを仕掛け、激戦の果てに勝利し、ベネズエラの解放を決定づけた。一八二一年、彼の軍は解放の書状をキトーに送り、ヌエバ・グラナダ、ベネズエラ、エクアドルの三国でグラン・コロンビア共和国の設立を宣言した。

「するとチャベスは、ホテルの近くの庭から土を一摑み持ってきて小さな箱に入れた。会場で彼は、燃えるような演説をぶった。それから、箱をとり出すと、この土は特別にカラボボ[訳注]の戦場（ボリーバルが、スペインからの解放を決定づけた戦いを指揮した戦場）から持ってきたものです、と言った。芝居だった。しかし、みんな感動した。多くの人が泣いた」

大統領は他人を大切にすることで通っているが、彼は本当に貧しい人たちのことを心配している。ホセ・ビセンテ・ランヘルの言だ。

「素朴な言い方をする男だ。人々の生活とつながっている。チャベスは政治家のステレオタイプからはみ出している。大衆迎合主義ではなく、俗っぽい話し方はしない。大衆の言葉をすくい上げ、それを大統領演説に混ぜ込む。彼も大衆の一人なのだ」

常に、質素な田舎生まれの身の上を語る。英語は話せないし、自分自身の怪しい発音を公然と笑う。醜男だと自認する。一庶民で、財産も無く、エリート教育も受けておらず、ただ純情で優しいこと、最も必要としている人のために尽くすこと、それだけが望みだ。二〇〇四年の彼のスローガンは一貫して、代議制民主主義から直接民主主義の領域に移行するものであった。

「チャベスは人民である」

この観点からすれば、彼の存在、彼の権力の獲得と享受が、すでに多くの人々の勝利を意味しているのである。

大学教授のパトリシア・マルケスは言う。

「長い間、社会的疎外感を味わってきた多くの人たちが今、変革計画の一員になっていると感じ、少な

くとも社会的、政治的体制を自分たちが作り変えるのだと信じている」[原注13]

そして、公式に発表された数字によると、彼の政権になってから貧困率は一七・八パーセント上昇しているにもかかわらず、[原注14]チャベスはこの変革と貧困から脱出する希望の具現化の象徴的、情緒的な保証である。彼の存在は、産油国の幾百万のドルと、貧困に喘ぐ国民の大部分の夢との聖なる架け橋の役割を果たしている。

しかしながら、政権獲得後四年間に、国民の期待が具体的な答えを得ているとは思えない。大部分の変革は政治的には完遂したが、社会保障計画は効果を見せていない。正反対である。顧客優先主義、官僚主義、腐敗摘発で窒息した前政権の行政とあまりにも似てきた。この全体像は二〇〇三年に、「ミッション計画」の実施に踏み切った時に変わり始めた。これは、社会保障と貧者救済の総合計画であるが、依然として大きな議論の的になっている。

ミッション計画の最初の一つが「バリオ・アデントロ」と呼ばれる、国内各都市の人口密集地区の公衆衛生対策計画である。この計画の主役は、こうした地域に乗り込んできたボランティアのキューバ人医師で、地区の診療所をベースにして医療問題の解決に従事する。この計画提案には二つの大きな利点があった。救急患者が出た時は、その場で効果的治療が施せ、同時に、――一般的に不十分なことが多い――公共病院の混雑を緩和し、診療を迅速化できることである。しかも、地域住民に対してはいざという時でも大丈夫だという大きな安心感を与えることができる。反対意見には、医師がキューバ人であるという事実は、ウーゴ・チャベスの「カストロ共産主義」計画を進展させるという一定層の不安を強める、というものがあった。政府がベネズエラ医師会との合法的承認手続きを無視し、当該組織の規制外にあり、学術団体の検定を受けていない特定思想集団の医師の職業的医療活動を許可するという事実は問題にされなかった。

この計画に続いて、一連の教育プランが各地で実施された。これはシモン・ボリーバルの師であったシモン・ロドリゲスの別名を冠して「ロビンソン・ミッション」と呼ばれる識字活動計画である。その後、小学校、中学校教育を受けていない人、何らかの理由で放棄せざるを得なかった人のために、独立戦争の歴史的人物の名前を付けたスークレ・ミッションとリバス・ミッションが作られた。その次に、リャノ出身の独立戦争の英雄、ホセ・アントニオ・パエスが戦場で発した言葉を名称にした、失業を無くし、自主営業を奨励するために闘うというブエルバン・カラス・ミッションが立ち上げられた。この他に、食料品の販売、メルカルと呼ぶ自由市場網の確立を目指すミッションもある。ミランダ・ミッションというのは中でも特殊で、国軍に入っているか、または入っていた人なら全て恩恵が受けられるというものだ。

もうこれ以上福祉計画が見つからなくなると、チャベスは大仰な言葉を使って国民を巻き込もうとした。

「われわれは貧困とおさらばしたい。そして、貧者に権力を渡さねばならない。われわれは新たな権力の誕生を迎えている。この権力は、独占企業や金権政治の世界を過去に葬り去るものである。そうでなければ、人生は無い[原注15]」

そして、プロテスタントの牧師の説教のごとく、二〇〇三年十二月二十四日のクリスマスに、二〇〇一年に貧困を追放する目的を持ったあらゆるミッションを総合したキリスト・ミッション[訳注]をスタートする、と発表した。
これらのプロジェクトに対する批判は基本的には三点に集約される。まず、これはポピュリスト政策であり、その場凌ぎのもので社会的規制力を全く有していない。長年に渡って貧困問題を調査し、現在アンドレス・ベリョ・カトリック大学の貧困プロジェクトを組織している社会学者のルイス・ペドロ・エスパーニャは、これらのミッションが政府のその他の社会事業計画と同じく、貧困を無くすための計画というよりも、権力の維持継続に役立たせるための道具として設計されているように思われる、と主張する。どれも、政府派の機関からの奨学金や手当ての支給で成り立っており、活動内容の水準を監査する何の機構も無い。従って、専門家に言わせれば、その成果についてもあまり信頼性が無い。どれだけの数の人間が参加したのか、幾らの資金が投入されたのか、どのような結果になったのかを知る手立てが無い。唯一の情報源は、政府である。国がすでに出したものの上に、また国が出す分析を上乗せする以外にない。教育や公衆衛生の重要な問題の解決を図る前に、不安定でばらつきがある別の指揮系統と提案を持ち出してきても、早晩、どの要求も機能せぬまま実現を見ることはないだろう。

---

キリスト・ミッション（Misión Cristo）：ボリーバル・ミッションとも呼ぶが、決して正式な名称ではない。多くの各ミッションが相互に連関することから、便宜的に総称したもの。本文に挙げられている以外に、グアイカイプロ（先住民、少数民族の生活向上）、イデンティダー（身分証明、戸籍の修正・整理）、ブエルタ・カンポ（過剰に都市化された地域の農業復興）、アルボル（地域主導の緑化運動）、チェ・ゲバラ（社会的生産活動のための倫理・道徳学習計画）、シエンシア（国内外を含めたラテンアメリカの主権強化のための科学技術振興）、クルトゥーラ（社会科学教育）、エスペランサ（糖尿病、心臓病などの慢性疾患の細胞治療計画）、アビター（総合的機能を持つ住宅地域開発）など多岐に渡って総数二十五ある。

これらの計画が発揮する最大の効果の場は、おそらく選挙である。

ミッション発足のタイミングは、ウーゴ・チャベスの人気の翳りと機を一にしている。兆しはすぐに現われた。数ヵ月後、調査会社アルフレド・ケラー（南米最大の調査会社）は、ミッション計画の期待効果を得て、大統領の支持率は四六パーセントに達したが、その恩恵はあったと思うと答えたのは十五パーセントだけで、残りの八五パーセントは、政府が促進している新たな「富の分配」はいつか実現されるという望みを棄ててはいない、との調査結果を出した。ここでもまた――高まったこの計画の評価は除いて――、ノルベルト・セレソーレの提案の一節が思い起こされる。「上層階級は、ポピュリズムを嫌悪する。なぜなら分配を迫られるからだ。だが、下層階級出身のわれわれはこう言う。ポピュリズム万歳！　これがわれわれの誇りである……われわれが人民にもたらす一ドル、一ドルは、IMFには渡すことの無い一ドルである。ゆえに、ポピュリズム万歳なのだ。ラテンアメリカの革命はこの形態以外にない」[原注16]。

確かなのは、多くの人々の中で、二〇〇四年の大統領罷免国民投票でのチャベスの勝利が、富の分配とミッションが与えた幻想に離れがたく結びついていたことである。反対派はこれを糾弾するのであるが、大統領は多数派を占める国家選挙管理委員会の承認を得て、国庫を使い、職権を濫用した強烈な選挙戦を展開し、八月十五日、五百六十万のベネズエラ国民（有権者の五九・〇六パーセント）は、ウーゴ・チャベスが政権にとどまることを決断した[原注17]。

予想に反した勝利はしかし、反対派による不正疑惑の告発を受けた。もし、国家選挙管理委員会の過半数に政府の息がかかっていたことも（中央委員五人中三人）、そして憲法規定の実行過程において、当該委員会が罷免を要求していた市民の行動を援助するよりも、停滞させようとしていたことも確かではあるが、反対派がコンピューター不正操作疑惑の歴然たる証拠を何一つ開示しなかったのもこれまた事実である。その行動にやや疑問がある中で、反対派の数名が、選挙監査員及び投票日監視人のセサール・ガビリア[訳注]とジミー・カーターが政府と裏取引し、不正を共謀したと告発した。

「カウディーリョ」と「ポピュリスト指導者」の概念を区別している研究もいくつかある。[原注18] 前者は、田舎の地で力をつけ、直接的な人間関係を作り上げながら権力を集中して行くが、後者は大都市で政治に関わり、政治政党を媒介にして権力を構築する。ウーゴ・チャベスは、この二つの方法論の中間に位置づけられる。階級の両側に跨り、支配する側にとっても、それに疑義を呈する側にとっても一定の指導性を有していて、定義するのが難しい。

二〇〇一年に、『フォーリン・アフェアーズ』[訳注]誌のインタビューで、ウーゴ・チャベスはメキシコ人ジャーナリストのロッサナ・フエンテス・ベレイン[訳注]に答えている。

「カウディーリョについて考察したことはない……自分がカウディーリョだとは思わないし、事実そ

---

セサール・ガビリア：コロンビアの元大統領（一九九〇年～九四年）。一九四七年生まれ。米州機構事務総長（一九九四年～二〇〇四年）。現在は自由党党首。米州機構事務総長に就任した九四年にベネズエラの大統領罷免国民投票に監査人として立ち会った。米州機構の民主主義憲章採択に貢献し、米州諸国の選挙抗争の仲裁活動に活躍した。

フォーリン・アフェアーズ：アメリカの国際政治専門の隔月刊誌。一九二二年創刊、外交問題評議会発行。過去に十一人の国務長官が論文を寄稿したほか、各国の元首や閣僚、学者や財界人など多数が寄稿。二〇〇八年には米大統領選挙候補者が論文を掲載した。ライス国務長官も論文を発表している。英語版の他にロシア語版、スペイン語版がある。日本では二〇〇八年から『フォーリン・アフェアーズ日本語版』が直接定期購読誌として出版されている。

うではない……人々を政治過程に取り込むのにカウディーリョが必要だと発言したこともない」[原注19]

それは怪しい。大統領は確かにこの事に触れているし、踏み込んだ話もしている。メキシコ人ジャーナリストは、三年前の一九九八年に出版されたチャベス自身の声明文について尋ねた。チャベスはその中でこう主張している。

「今、誰かをカウディーリョと名指すことは、汚らわしきものとして歴史の屑籠に捨てることだ。ある時、ある特定の戦いに人々を取り込む過程で、一体カウディーリョなるものが必要なのか、または必要だったか……この意味では、カウディーリョの役割は歴史上のある時期にあっては、形式的、法的手続き無しに代表者として大衆を動員することであった。カウディーリョには二つの極端なあり方があると思う。一つは、個人崇拝である。権力を一手に集中させ、神の高みにまで昇る。もう一方の対極にあるカウディーリョは、誰にでもできるような役なら出演を拒否する。この登場人物は、状況にまつり上げられた指導者の限界を越え、時宜を得て現われ、人々に認められ、救世主のごとく崇められる。冷静な意識に立って、自己を探求し、広い視野を持ち、人々をしっかりと見つめて彼らを代弁するならば、彼はあらためてカウディーリョの役を演じ続けられると私は思う。もしこの人間がそれを理解し、その『神秘的』力を通して、自分の命と努力を指導者たちと計画と思想に捧げれば、そして全過程に力を傾注してそれが実現できたならば、カウディーリョの存在は正当化されるだろう……。これはわれわれが避けることのできない、我が国の歴史に一貫して示されてきた、いつ消えるとも言えないテーマなのだ」[原注20]

この声明の中におそらく、ベネズエラで政治権力を行使している彼自身のやり方をチャベスが正当化し得る方法が凝縮されている。大学教授（ロス・アンデス大学比較政治学研究センター）のアルフレド・ラモス・ヒメネスは、チャベスのケースは「ネオ・ポピュリズム」と呼ばれる範疇に属し、「強い同化力を含んだ参加体験と混ぜ合わせて、民衆階層を支配し操作する要素を集約する。こうした状況では、ボスはいつも一人だけで替わりはおらず、むしろ替わりの効かない存在である。いかに例外的な状況にあっても彼の力にとって替われる者は無く、そのカリスマ性は民主主義にとって脅威となる[原注21]」と、捉えている。

これまでの経験にどのようなレッテルを貼るか、という議論の中で、政治学者のカルロス・ロメロは現在のベネズエラの経験を、このように定義している。

「これは、遅れてやって来た軍事的ポピュリズムである。穏健派中道民主主義政権があり、マルコス・ペレス・ヒメネスの独裁政権があった。これは進歩主義だったが、ポピュリストではなかった。ベネズエラは軍事的ポピュリズムの経験は無かったが、それが選挙を通してやって来た[原注22]」

哲学者のアルベルト・アルベロ・ラモスは言う。

「チャベスは十九世紀の軍事的カウディーリョだ。そしてただのカウディーリョではない。十九世紀の反動的カウディーリョだ」

---

ロッサナ・フエンテス・ベレイン：メキシコの女性ジャーナリスト。二〇〇〇年から『フォーリン・アフェアーズ』スペイン語版の副編集長。メキシコ工科自治大学教授。法学博士。情報民主主義基金副総裁。経済外交問題専門のジャーナリストとしても活躍している。

そして、あのアルゼンチン人老助言者を引き合いに出して言う。

「セレソーレが、彼に普遍的で歴史的な人物、シモン・ボリーバルの生まれ変わりだとする誇大妄想を吹き込んだ……。チャベスは、社会的勢力と政治的勢力が吊り合いながらお互いを制御する複数制民主主義を信じていない。一個人による完璧な独裁政権である」

アルベロは中でも、明らかなバランスの不在を指摘する。ベネズエラでは、権力は行政府と融合しているようである。軍人派に抑えられた議会はミラフローレスの基本方針から外れることはない。大統領を制御するための制度を作ろうともしない。会計検査院と検察庁は、──例えば、カルロス・アンドレス・ペレスの辞職を決定づけた──チャベスの子分が握っている。事実上、共和国検察庁長官はチャベス政権の最初の副大統領である。それだけではなく、──二〇〇四年の法改正のお蔭で──最高裁判所はもうすぐ軍人派裁判官に占領されるだろう。誰が喧嘩を売ってきても──検察庁には十二人ばかりが陣取っていて──何も怖くはない。ウーゴ・チャベスは、一九五八年以来ベネズエラで最強の権力を集中した大統領であり、その権力を個人的に行使しているのである。

どのような分析を試みるにしても、この要素だけは抜きにできない。指導者が自分で特別に押した太鼓判は何よりも決定的である。二〇〇四年十月、故郷のバリーナスでの地方選挙キャンペーンの街頭行進で彼は四方八方に向かって言った。

「チャベス派になるなら、私のようになれ」

出馬した軍人派候補者の宣伝ポスターの顔は皆、国家元首にまじないをかけられたようだった。チャベスは全国を駆け回って候補者の手を高くさし挙げ、集会をバックアップし、彼らだけの力ではとても集められない多数の聴衆を動員した。

ラテンアメリカのカウディーリョやポピュリストの伝統に、チャベスは新しい要素を持ち込んだのかもしれない。とにかく、二十一世紀初頭のグローバル化した世界で、産油国ベネズエラは変身した。それまでの政府が、原油価格の最高値を一バレル十六ドルに維持せねばならなかったのに対し、ボリーバル革命政府は、一バレル四十ドル近くの原油価格を提示して市場に乗り出した。おそらく、ホンデュラスやペルーのような国だったならば、ウーゴ・チャベスは二度も政治的に闘い切れなかったであろう。南米大陸の南の国（アルゼンチンのこと）で起きた似たような状況から生まれた言葉「プラタ・ドゥルセ（バブル景気）」の経済的現実が——という分析もある——、「ボリーバル革命」を可能にさせる余裕を生んだ。この状況が、国家元首として、また歴史的スターとして、ウーゴ・チャベスを物語の主役にし、権力を集中させることになったあらゆる要因を——象徴的なものも、現実的なものも——裏打ちした。

「この人間は変わったのか、それとも変わっていないのか。私も本当の彼を知らないのではないか?」

ルイス・ミキレナは憂いを含んだ口調で言う。そして、アルタミラの小さな部屋でチャベスと、どうやってこの国を変えようかと夜明けまで夢を語り合った頃を思い出す。

「こういう法則がある。『権力を分け与えてやれば、その人間が分かる』。私は、権力者の仲間入りをした多くの友人たちを見て、彼らのことがよく分かった。権力が彼らを呑み込み、持ち去った。権力の蜜の味、それはあまりにも心地よく、よほど性根が座っていないと人間はだめになってしまう。実に多くがやられてしまった。そして彼もだ。私が出会い、共に暮らしたあの謙虚な男が、この部屋に坐って一緒にとうもろこしパンをかじったあの……要するに、謙虚な男は変わってしまった……いや多分、変わったのではなく、権力が本当の姿を見せてくれたのかも知れない。人間というのは実に複雑で、一人一人をこうだと決めつける事などできはしない。つまり、私が買った馬券は謙虚な男ではなく独裁者の専制君主だった、全く裏目に出た、というわけだ」

彼と行動を共にしている者は、当然ながらこのようには見ていない。ペドロ・カレーニョは彼の教官だった陸軍時代からチャベスを知っている。政治活動を始めた頃に、苦労して国中を駆け巡っていた時期も一緒だった。カレーニョは、彼が権力に冒されたとは思っていない。

「チャベスは相変わらず夢想家で疲れを知らぬ闘士だ。社会的感性を備え、社会正義を渇望する。父親に仕事が無く、学校に行けない子供、その貧しさに胸を打たれる。何一つ変わってはいない」

問題は個人的なものではなくて、チャベスよりも彼の取り巻きにある、と言う者もいる。二月四日のクーデター未遂の同志、ヨエル・アコスタは主張する。

「大統領は拉致されているようなものだ。問題のある者の追及には踏み切らない。大奥に閉じ込められ、取り巻きが余計な事を知らせないようにしているからだ」

しかしながら、大統領のような性格の人間がこのようにたやすく側近の言いなりになることはとても有り得ない。反対に、何にでも首を突っ込みたがるので、人には任せないはずだ。職務上の事で疑問があると、深夜に官僚を呼びつけることも日常茶飯事だ。内閣の諸案件を、副大臣をさしおいて大統領が割って入ってきて、自ら直接署名することさえある。国家元首が首を縦に振らない限り何も動かない、というのが政権内部についてみんなが抱いているイメージだ。

一九九八年の選挙対策本部長だった退役将軍のアルベルト・ムイェル・ロハスは、ウーゴ・チャベスにまつわるこの相反する見解の説明になるかもしれない、ある性格的特徴を観察している。

「彼に対しては、少なくとも彼が全く自信を持っていない事柄には、絶対服従を装う必要がある。私に言わせれば、彼の一番のマイナス面がこれだ。彼には自信が欠落している。人は、自信のある人間、人を信じその実行力を信じる人間に対しては、その指導力を認め、その方針に従う。この点に限って言えば、彼は意外に底が浅い。とてもたやすく立場を変える。躁鬱の傾向があると言うか、極度に快調な状態と落ち込んだ状態との間を揺れながら生きている」

ご多聞にもれず、ウーゴ・チャベスの変容する人格なるものから、ミステリーや伝説以上の話が編み出されてきた。重い鬱病を患っていて、パニック症候群だというのだ。リチウム[訳注]の禁断症状に苦しんでいる。服薬を続けていて、厳しい医療管理下にある、と。このどれ一つとして、確認はされていない。側近の証言で唯一考えられるのは、心理学的に、強い虚栄心がその人格の極度の脆弱さと不安定性の原因でもあることだ。彼の専門精神科医だったエドムンド・チリーノスは言っている。

「チャベスは愛されようとする。もし愛されなければ、控えめになっていく。誉められていたいのは、ナルシズムの一種だ。認められたいという認知願望がある。その意味では謙虚ではない。傲慢である。

---

リチウム：躁鬱病の治療薬として使われる化学物質。多くは炭酸リチウムとしてカプセルや錠剤にして経口投与される。再発性鬱病の予防効果はあるが、進行中の症状に顕著な効果があるとは認められていない。リチウムは、躁鬱病の再発を完治するのではなく投与期間だけ効果がある。服薬をやめると再発する危険性が高い。また、最適施薬量と中毒量が近く、大量に飲むと中毒症状（嘔吐、下痢、渇き、体重減少、痙攣、めまい、脈拍異常など）が起きる。

彼は聞いてもらい、注目され、称賛され、さらには偶像化までされたいのだ」

アンヘラ・サゴも同じ話をしている。

「彼は愛されているかどうかを確かめたがる。彼は誰も愛していないけれど、みんなに愛されたがる。彼にはこれが大切な事なのです。それと同時に、いつも優しくできるわけがないから、人も彼を愛することをやめたり、離れて行ったりする。これが彼には理解できないのです」

チャベスが道半ばで置いてきた友や同志は多い。十数人を数える。その人たちは、軍隊仲間に始まり、一九九二年の軍事クーデター未遂の重要な指導者にまで及ぶ。政権初期の数年間に彼と共にいた代表的な人物たちも、彼と訣別し、遠ざかり、ある場合には反対派に身を投じ、また政治の世界から姿を消した者もいる。チャベスはこうした別離を残念とは感じていないようだ。この全過程の中でも、この指導者には個人主義者的雰囲気があった。今もチャベスとは距離を保ち、反対の立場にあるルイス・ミキレナは、旧友の私生活を暴露するようなことはないが、彼の人間的欠陥はずばり指摘する。

「あれほどおだてに乗りやすい人間もいない。これが最大の弱点だ。とてつもなく見栄っ張りな人間だ」

エドムンド・チリーノスは、個人的には今でもチャベスには親しみを抱いている。それでも、これだけは指摘する。

「一つだけ批判させてもらえば、彼は権力志向が強すぎることです。勝利者だという感覚におだてと取り巻きが輪をかけて、彼は権力のためなら何もかも、私生活まで投げ打ってしまっているのです」

しかしこれは、革命的宇宙創造物語か何かにぴったり納まる話だ。貧しき者と革命のためにどんな犠牲もいとわぬ英雄、である。高尚な大義と権力の行使が同一視され得る、漠とした次元だ。フランシスコ・アリアス・カルデナスは、これがウーゴ・チャベスの原動力の全てを推進する要素であると考える。

「彼は権力を維持するためのパラノイア（偏執症）の重症患者だと思う。権力の維持こそ彼の地獄の苦しみであり、終わりなき格闘なのだ」

強大な権力者が自身の権力の虜に成り果てるのは、遅かれ早かれ全てのポピュリストやカウディーリョの指導者たちを追い込んでいった姿であった。これが、この大陸の伝統そのものの一端でもある。そのほとんどに共通点がある。権力の孤独だ。アルシデス・ロンドンが告白する。

「彼は、哀しき男になった。孤独な男になった。チャベスには耐えられないだろう……。大好きな野球ももうできなくなった。仲間たちと罪の無いボンチェ（馬鹿騒ぎ）をすることも、今では時間が許さない。究極、全ての権力者と同じように、彼は一人ぼっちだ。宮廷の人間たちが理想の仲間とは限らない。これが、権力の自明の理なのだ」

権力を持ち、全能者になったという思い上がり、その引き換えにたっぷりと孤独が襲って来た。ウーゴ・チャベスは、一九九九年に彼自身の執政下で立案した憲法が認めるところによって、二〇一三年まで政治を支配し、頂点に立ち続けられるものと考えているが、果たしてそれだけではなくなった。さらにもっと長く、自分の人生をベネズエラの歴史に刻み込もうとしている。八月十六日の早朝、国家選挙管理委員会が大統領罷免国民投票での勝利を宣言した後、ウーゴ・チャベスは三人の子供と共に、ミラフローレスのいわゆる「民衆のバルコニー」に姿を見せた。この時、家族の他に、閣僚たちも黒い字で「2021」と書いた赤のTシャツを着ていた。これは、チャベスが「引退」すると公言していた年を意味する。これは単なる言葉、単なる数字の話ではない。民主主義的制度においては、この年まで権力の座に留まることは不可能なことは分かっている。しかし、大統領はしきりにその意向を繰り返す。

「二〇二一年までは辞めない。どうかその覚悟をしていただきたい」[原注23]

政権の非常に早い時期から、チャベスはベネズエラ社会にむけて、政権交代についての考え方を強く批判してきた。「政府はついに革命によって作られた」と同様の、これまでの行政府ではなく、別の志向性を持つ新しい政治に従うのだという概念が、新たな世界観に導入され始めた。事実、二〇〇四年の終わりに、軍人派議員から、ウーゴ・チャベスの無期限再選を認める憲法改正案の可能性が指摘された。本会議で多数の賛成があり、全ての公的権力を抑えられれば、軍人派政党はこれを実現できる。歴史学者のエリアス・ピノ・イトゥリエタは語る。

「この二〇二一年なるものは、共和国の政権交代制と民主主義と礼節と国民の尊重を否定するものである……。これは、一九四五年以来、あるいは少なくとも一九五八年以来、われわれが維持してきた民衆の共生を否定する。政権交代制と共生と共に時代は進んできたのだ。一国の社会の運命を二〇二一年まで一人の人間に任せる決定を下すなら、共和国の時間と暦は、完全に過去に逆行するであろう」

この企図は新しいものではなく、心変わりとか権力の好き勝手な戦略でもないとする証言がある。ネド・パニスは、何年も前にウーゴ・チャベスから聞いた言葉をはっきりと憶えている。

「もし私がミラフローレスに入ったら、誰にも権力は渡さない」

軍隊の仲間、フランシスコ・アリアス・カルデナスも、これよりは決定的ではないけれど、一つの意志を示すような逸話を語る。一九九八年の選挙戦を終えるに当たって、カラカスのボリーバル大通りに集まった大群衆の轟音の真っ只中で、こんな声も聞こえてきた。

「パンチョ！　パンチョ！」（アリアスの通称）

チャベスはアリアスを演壇に上がらせ、横に立たせた。二人は感激して群衆を見渡した。アリアス・カルデナスは思い出す。

「私は彼に言った。『すごいぜ、ウーゴ、こんなに支持されるなんて。あの時とは大違いだ！　パラグアイポアの木の下で二人で中尉連中を待ってたよな。身震いするよ、すごい数だ。みんな期待してる。責任が重いぞ！』」

じっと耳を傾けていたチャベスがそこで答えた。

「パンチョ、俺が十年、お前が十年、それから仕上げにまた何年かかるか、見ものだな」

ラテンアメリカで、革命という言葉には魔力が潜んでいるが、もう一つ、権力の永続性にも目を向けるべきである。フィデル・カストロの例はあまりにも卑近過ぎる。この点においては、ベネズエラのべーシックな歴史物語の一部分、また行動する人間が歴史の創造者であるという神話の一部分でもある軍事的要素と、ポピュリズムあるいはネオ・ポピュリズムとの混合が、ふたたび浮かび上がってくる。

ピノ・イトゥリエタは言う。

「この神話が最も新しく顕在化したのが、チャベスと彼を囲む鉄兜と軍靴の集団だ。チャベスは行動する軍隊の要塞であり、未だに市民社会が根付かず、救世主の到来を待ち望んでいる共和国とは言えないベネズエラ社会を強く惹きつける。この救世主は、軍服を着て、戦車を従えている。それがより安心感を与える」

究極的には、多くの人がすでに片付いたと思っていた古くて厄介な議論がまた蒸し返される。対立関係にある市民的、共和国的文化と、国家の歴史に大きく刻み込まれてきた軍事的、独裁的文化との困難な共生である。この対峙関係から、ウーゴ・チャベスのような人間が生まれてくるのでもある。

作家のイプセン・マルティネス訳注は、反対派は古い独裁的ファシスト政権に相反すると見せかけているチャベス主義のことを、常に誤って判断し、規定し、対応してきたと主張してはばからない。彼は、アメリカのマーク・リラ訳注を引用する。

「世界には有効な民主主義は非常に稀である。それに対して、通常の学問的な反全体主義的視点からでは理解が困難で、しかも特に政治的に扱うのが非常に難しい様々な混合的な政治体制、独裁体制がある……。ジンバブエからリビア、アルジェリアからイラク、中央アジアの共和国からビルマ、パキスタンからベネズエラと、全体主義国家でもなければ民主主義国家でもない、近い将来、持続的な民主主義が確立できる見通しに限界のある体制が存在する」

ウーゴ・チャベスによって、ベネズエラは全ては合法的だが受け入れがたい国に変わってしまった。二〇〇四年に公式な声明として、反対派は「良かれ悪しかれ」金輪際、権力を手にすることはない、と大統領ががなり立てることができる、そんな国になってしまった。しかし、この国の一部の階層は、このような人物を心待ちにしていた、とも言える。どちらの側も、ボリーバルが甦り、歴史とは救済の実践であり、ウーゴ・チャベスは、祖国の父が未完成のまま残した仕事を完成させるために遣わされた人間である、と信じかねない気配である。大統領が引退の年を二〇二一年にしたのは、たまたまではない。歴史上の日付と自分の人生とを何とかこじつけたがるこの人間に、たまたまは有り得ない。この年は、スペインの支配に対する独立戦争で最大の激戦となったカラボボの戦いの二百周年に当たる。彼独特のベネズエラ史観からすれば、自分自身を解放者ボリーバルに始まる物語の中にすえ、二世紀を経て、——あの思い出の中で——スーパーマンではなくてボリーバルのように空を飛ぶことを夢見ていた少年の姿を見ようとしているのかもしれない。

究極、ウーゴ・チャベスとは何者か？ 棕櫚葺きの屋根と土間の家で生まれ育った少年の人生は、何を目指しているのか？ 真正なる革命家たることか、それともプラグマチストのネオ・ポピュリストになることか？ その世界観は何を見ているのか、そして、その独特の虚栄心の行き着く先は何処か？ この人物は、貧富の差の無い国家の建設を志向する民主主義者なのか、そうではなく、国家を強奪した独裁者カウディーリョなのか？ あるいはまた、その両者を具有しているのか？ チェ・ゲバラや毛沢東を引き合いに出しては、キリスト受難の闘いを煽り立てるこの人物は一体何者だ？ どれが彼の真の姿なのだろう？ どの部分が最も強いのか？ 様々なチャベスが存在する中で、どれが

---

イプセン・マルティネス：ベネズエラのコラムニスト、劇作家。一九九五年から『エル・ナシオナル』紙にコラムを執筆している。アメリカやスペインの新聞・雑誌等にも執筆している。

マーク・リラ：アメリカの歴史家。一九五六年生まれ。宗教と政治との関係を中心にした現代西洋の啓蒙思想史研究が高い評価を受けている。ハイデガー、ヤスパース、ベンヤミン、フーコー、デリダら現代哲学者の政治的思索の失敗を衝いた『シュラクサイの誘惑——現代思想にみる無謀な精神』（原題：The Reckless Mind）が代表的著作。

最も真の姿に近いのか？　それは簡単には分からない。ここではっきりしているのは、これらのすべてには共通するものがある、ということである。それは、欲望である。彼はある欲望を抱くや否や、我慢できなくなる。それは一つの強迫観念であり、あらゆる強迫観念と同じように、おのずとその姿をさらけ出す。隠しておくことができない。どのチャベスであれ、彼は強迫観念的に権力を求め続ける。さらなる権力を。

# エピローグ

二〇〇四年八月、この伝記の脱稿を決めた。大統領罷免国民投票でのウーゴ・チャベスの勝利が、今も終わることのない進展にいつまでも付き合ってしまう危険を冒すよりも、本に区切りをつけるのにはまたと無い機会に思えたからだ。それから一年半、脱稿を決めた時点から二〇〇六年一月までに起こった事について、このスペイン語版に関する限り、少なくとも概要だけでも付け加える必要があると思われた。

この間、ウーゴ・チャベスはベネズエラにおける権力基盤を強化し、広汎な国際ネットワークを発展させながら、ジョージ・W・ブッシュの仇敵として名乗りを上げていた。そしてまた、あるイデオロギー的定義を試みてもいた。国際社会に向けて、ネオリベラリズムに対決し、新しい「二十一世紀型社会主義」を目指す戦いを呼びかけたのである。より個別的には、彼の将来計画は延長された。彼は「政治からの引退」を、二〇二一年ではなく二〇三〇年にする、と発表した。

ウーゴ・チャベスは変わった。ますます神話に近づいている。その姿はポスターや写真となって公共施設に飾られ、その小さな胸像やフィギュアは角々の祭壇に祀られている。電池式で動く人形まで作られ、二〇〇五年のクリスマスのおもちゃでは特に目立った。しかし、公的な場に姿を見せる機会が増した分だけ、親しみやすさが遠のき、抑えられているようだ。彼の私生活は厳重にガードされ、極秘である。ミラフローレス宮殿の階上に中庭があり、そこの庭園にハンモックと机があるらしい。彼はこの自分だけの空間に閉じこもり、読書し、親しい人だけを招じ入れ、孫たちの相手をしているという。彼のセンチメンタルな世界についてはいつも噂が絶えない。人気テレビ女優のルディー・ロドリゲスと交際していると言われているが、どちらも迷惑げにその噂を否定する。公式には、彼は祖国と結婚していると声明しているのだが、周辺は警備の輪をさらに強化しているようだ。

軍人派傘下にあるメディアの仕事でなければ、国内ジャーナリストが大統領にインタビューするのは不可能である。大部分の外国特派員の場合、それはほとんど奇跡に近い。大衆的には、一貫して特別な存在である。カリスマ的で、やることは予測できない。ソンブレロを被り、マリアッチの演奏に合わせて「俺は今も王様だ……」と歌ってメキシコ大統領をびっくりさせたのは相変わらずだ……。だが、はっきりと変わってきた面がある。勝負どころを変えた。新たな挑戦を始めたのだ。新しい目標を見据えている。二〇〇五年八月十五日、彼は言った。

「われわれの使命は、世界を、地球を救うことである。われわれの使命は、ボリーバルが担ったものよりはるかに大きい、はるかに危険を伴うものだ[原注1]」

大統領罷免国民投票の勝利は、ボリーバル計画の大きな後押しとなり、彼にその進行過程を深化させる可能性を切り開いた。「革命の中の革命」の号令一下、二〇〇四年十一月十三日と十四日、チャベスは国軍最高司令部の発令の下、閣僚から公共機関代表者まで軍人派指導者全員をカラカス軍事基地に招集した。上級将校全員が参加して、非公開で「戦略新地図」の作製作業に当たった。俗に「攻撃開始」の名で知られているこの計画は、大統領自らが打ち出した要請で強化されていた。ベネズエラがさしかかっている過程の純化、急進化である。

これは極秘計画ではない。この作業に関する資料は情報通信省のウェッブ・サイトで豊富に得ることができる。そこには、資本主義に替わる新たな政治的、社会的仕組みを確立する異なる経済生産方式によって、新たな社会形態の構築を目指す一連の提案がなされている。異なる法的、制度的強制力を有する社会システムを指向するものだ。それは、通信のコントロールを強化し、新しい形の教育、文化を発展させ、軍と民の融合を醸成するものである。一ヵ月後、チャベスはこう語った。

「われわれは、前進のための新しい地図を得た。われわれが起こすこの行動は、一語に集約することができるだろう。加速せよ、である」[原注2]

まさに、加速せよ、だ。これは、チャベス本人が規定するように、「攻撃的」行動である。法的枠内では、二〇〇一年に通過した土地法が、各種農地の買収に道を開いた。[原注3] そしてそれはついに、議論の対象になっていた、メディアと、中傷行為に厳罰を与える刑法の改正論議を支配し規制する社会責任法に効力を与えることになった。しかし、最大の変更と言えるのは、判事の人数を二十名から三十二名に増やして最高裁判所を抑えようとしたチャベスの政治メカニズム操作が、議会で好意的に承認されたことである。

早速、最高裁判所が決定したのは、二〇〇二年四月のクーデター未遂の際にウーゴ・チャベスを大統領の地位から追い出した事件に関与した軍人に、「権力の空白」議論の中で言い渡された無罪判決の見直しであった。これについて、大統領の不服の申し立てが受理され、すでに下された判決を覆すことはできないという普遍的な法的原則が破棄された。

同様の制度的支配戦略の中で、政府は国家選挙管理委員会で、より強力なヘゲモニーを獲得した。チャベスは、その圧倒的な人気と、崩壊寸前で政治方針も喪失した反対勢力を前に、選挙管理委員会をもますます自分に有利なものにした。大統領罷免国民投票の約二ヵ月後、大統領は、国家選挙管理委員会を一切無視して、自派の地方選候補をあからさまに応援した。二〇〇四年十月三十一日、ベネズエラの地図は真っ赤に塗り変えられた。ベネズエラ大統領は連戦連勝し、反対派を追い詰めた。出馬した知事候補二十二名中二十名がチャベス陣営であった。新知事の約半数は、チャベスが直々に指名した軍人派の現役軍人であった。市長候補三百三十五人中二百三十一人の軍人派が当選した。[原注4]

政府を支える勢力——与党のMVR（第五共和国運動）、社会民主主義党のポデモス（PODEMOS、Por la Democracia Social）、「皆のための祖国党」PPT（Patria Para Todos）、その他左翼少数派——から出馬する時、全てを決めるのは大統領である。二〇〇五年八月七日に教区連合の顧問と委員の選挙が行なわれたが、候補者は司教による祝福を前提とする。ここでもまた、軍人派が多数派を占めた。それでも、高い棄権率（六十九パーセント）に大統領は完全には満足しなかった。一週間後、日曜日のテレビ番組で、国民参加を促進させる指導性の欠如を認める発言をした。

「これはやや注意が足りなかった。私のせいだ」

そして、二〇〇五年十二月四日の議員選挙に向けて投票率を上げるために「町を加熱」するよう呼びかけた。

何ヵ月か経過したが、町は暖まらなかった。議会議員の改選にはベネズエラ国民はけっこう無関心だった。国民会議の議席に誰が坐ろうがどうでもいい、といった様子だった。選挙戦の雰囲気も無ければ、デモも行なわれない。革命に忠実で、政府に反対する者を排除しようとする意識のある国家選挙管理委員会を信用していない反対派指導部は、不参加の姿勢を強めていった。

しかも、見通しと――これまでの闘いに根ざした――投票内容は、反対派陣営の惨敗を予想させるものだった。百六十七議席中、三十議席以上の獲得さえ期待できなかった。

部分的選挙立会人の要求を根拠づけ、反対派勢力に選挙ボイコットの口実を与えるような思いがけない事実が発覚した。米州機構の選挙監査人の立会いの下で実施された選挙本部で使用するコンピューターの監査で、投票の秘密を知ることができ、選挙人の投票の中身が判定できることが分かったのである。

反対派政党は、投票者の投票行為を追跡できる機械を撤去しない限り選挙をボイコットすると迫った。国家選挙管理委員会委員長のホルヘ・ロドリゲスはそれを拒否した。米州機構は、問題の機械を引き続き使用することに固執するのであれば、選挙手続きは無効となる、と当局に警告した。すると、副大統領のホセ・ビセンテ・ランヘルはロドリゲスに譲歩を命令し、追跡行為は停止すると発表した。それでも、あまり理解できない政治的報復なのであるが、反対派候補は議会選挙のボイコットを決めた。選挙日まで一週間の時点でのこの対応に、国民は驚いた。

発生した政治危機に、政府は一瞬混乱した。困惑するウーゴ・チャベスは「アメリカ政府を揺さぶる新政策」による政治操作を行なった。ランヘルは断言する。

「この背後には、アメリカ大使館が暗躍していた」

そして、怒りを込めて結んだ。

「とっとと失せろ！」

軍人派候補に対立候補はいなくなった。二〇〇五年十二月四日は、分かりきった以上の結果となった退屈な選挙になった。議会は五年後の次の改選まで、骨の髄までチャベス派である。

「勝利」は、七四パーセントという最高の棄権率によってすっかり値打ちを下げた。[原注5]

大統領は、自身の支持層の参加者まで失ったことは内部的失敗に帰するとした。

「議論の不足、勝利第一主義、お祭り的、酔狂的選挙戦だった。党派主義は常に失敗する」

この時期は、国内外でご不満の様子だった。十二月九日にウルグアイで開かれたメルコスール（南米南部共同市場）の会議中に、米州機構とEUの監査人による議会議員選挙の報告に対する不快感を表明するに至る。両者の報告とも、ベネズエラ国内の広い階層が、選挙過程と選挙管理に不信感を持っており、投票の守秘権が犯され、投票者の政治信条に関する情報が脅迫の手段に使われる恐れがあると多くの人が不満を表明している、という点で一致していた。

するとチャベスは、こう切り返した。

「両代表者は驚くほど一致している。そして、ワシントンがベネズエラについてほとんど毎日のように出している声明にも驚くほど似ている……私はあの後、この代表者がどのような人物で構成されているのかを調査した。するとほとんど全員が世界でも最右翼、極右だと言ってもよい人たちだった。おお！　ベネズエラを攻撃する口実であることは確かだ。彼らは我が国に爆薬を仕掛け、地雷を埋め、べネズエラの動揺を企んでいるのだ。私はこれに抗議する。そして、この陰謀がどこでなされているのかもよく知っている……全員とは言わないが、大部分のEUと米州機構の代表団が、残念な事に、この駆け引きに身を委ねたのだ」

選挙の一週間後、ウーゴ・チャベスはまだ吼えていた。

「ノーと答えた（二〇〇四年の大統領罷免国民投票で）のは約六百万人だった。それが今では三百万人にも満たない。この人たちはどうしたのだ？　何があったのだ？　知事、市長、党員（軍人派）の諸君に警告する。言い訳は聞きたくない！　われわれは一年以内に、反対派の胃袋に百万票を突っ込んでやらねばならないのだ[原注6]」

日曜日のテレビ番組『アロー、プレシデンテ』での発言である。

多くの人が、いわゆる「タスコン・リスト[訳注]」はこの時期の状況と、今後の事を暗示するものと考えている。二〇〇三年、軍人派のルイス・タスコン議員は自分のウエッブ・サイトに――憲法で定められた範囲内で――チャベスの大統領在位を認める国民投票の実施を求めるために署名した国民の名前を公表した。反対派はそこで、国家選挙管理委員会委員の誰かが関与していたとして、選挙操作を糾弾し

---

タスコン・リスト：ルイス・タスコン議員（与党MVR）のホームページでは、身分証明書の番号を入力すると、有権者二百四十万人以上のデータベースと大統領罷免国民投票の実施を求めるために署名したか否かを確認できるコーナーが設けられていた。

た。タスコン議員と軍人派は、反対派が政府支持者の署名を不正に入手したとして反論した。リストの公表は、議会によれば、この不正行為を暴く一方法であった。いずれにしても、選挙行為の守秘義務が侵され、今後、投票の守秘権が侵害される可能性が生じた。

国民投票の後、タスコン・リストは政治的道具に変わってしまった。退職公務員の告発や社会福祉計画を通して国家が与える利益の分配での差別への抗議が殺到した。その要因は共通する。署名したこと、である。左派の政治家、テオドーロ・ペトコフは主幹を務める夕刊紙『タル・クワル』で、ベネズエラに「マッカーシズム」が適用されたとも考えられる、被害者の具体的証言によるキャンペーンを開始した。[原注7] 間もなく、マイサンタと呼ばれる別のリストの存在が明らかになった。これは、住民投票でのベネズエラ市民の詳細な投票内容を示すものである。

社会福祉に関して何らかの差別を被った人たちの証言は非常に多い。それは、身分証明書の取得、公共事業の雇用の獲得から、正式な生活保護を受けるための信用証明や政府との契約関係の可能性などに渡る。反対派はボリーバル主義アパルトヘイトとまで呼んだ。告発は新聞紙上を賑わし、ついに大統領が介入を検討せざるを得なくなるまでヒートアップした。チャベスは、日曜日のテレビ番組で「この有名なリストはある時期に一定の役割を果たしたが、その役目はもう終わった」とし、「タスコン・リストを凍結し、破棄せよ」と命令した。[原注8]

社会の一定層にとって、国家が市民の政治選択を買収していたのかもしれないという経過から来るある種の幻影は頭から離れなくなるものだ。あらゆる諸官庁の管理強化、アメリカ合衆国との高まる一触即発的緊張関係、厳密度を増すイデオロギー規定——少なくとも建前的には——軍需産業の振興、市民生活の臨戦態勢化志向、などに結びつくこのような経験をすると、ウーゴ・チャベスに対する不安の最たるものの一つが頭をもたげてくる。ベネズエラのキューバ化、がそれである。

二〇〇五年一月、ポルト・アレグレでの世界社会フォーラムでのある集会[訳注]で、ベネズエラの指導者は、「社会主義の道を行く」と言った。数ヵ月後、あるインタビューでこう告白している。「ある時期から、私は第三の道を考えるようになった。世界をどのように解釈するべきかを考えていた。私は、間違った話を聴いて物事が見えていなかったし、助言者たちの意見にも惑わされていた。トニー・ブレアの第三の道をテーマにベネズエラでフォーラムを開く提案をした。『人間的資本主義』について随分と話しもし、書きもした。今では、それが不可能であることがよく分かった」[原注9]

この声明は、単なる形だけのものと受け取られた部分もあった。かなり前から公言していた事の再確認だった。キューバを「幸福の海」と賛美し、自分はフィデル主義者だと宣言し、チェ・ゲバラを持ち出す指導者から何が期待できるか? 一方、これまでボリーバル主義的展開をしていなかったイデオロギー的側面での明確な定義づけであると受け止められる部分もあった。だが、この「新しい」社会主義の内容とは何かをチャベスに質しても、その答えにこれといって目立つものは無かった。

---

二〇〇五年世界社会フォーラムでの発言：〇五年二月一日の『しんぶん赤旗』は次のように書いている：南米の革新的政権のチャベス大統領は、世界社会フォーラムを「世界でもっとも重要な行事だ」「この新しい努力を続けることで、新しい別の世界が実際に可能となるだろう」とのべ、会場につめかけた一万数千人の参加者や地元市民から熱烈な拍手を受けました。同大統領は、フォーラム参加の理由について「他国の素晴らしい経験や知識を学ぶ」ためであり、「米帝国主義とたたかうベネズエラに対するみなさんの連帯に感謝を表明する」ためでもあると述べました。

「現実的には、兄弟との団結である。個人主義、エゴイズム、嫌悪、特権など、資本主義の害毒を撒き散らす悪魔との戦いだ。ここから始めなければならないだろう。これは、日々なさねばならぬ、文化的、教育的な息の長い仕事なのだ[原注10]」

最初は、倫理的な、善き行ないを主張するものとしか思えなかった。しかし、その進展が追究される中で、チャベス自身、理論は実践から生まれ、二十一世紀の社会主義は考え出されなければならず、言語化されなければならないと、どうやら思い至ったのだ。時代と言論を読み取り、問いかける。二〇〇五年半ば、カラカスの世界青年会議で大統領が発言した。

「国民投票を経て、われわれはポスト資本主義を睨む過渡期に入った。これは前社会主義と呼ぶことができるものである[原注11]」

このような規定は大統領の人気に影響する、と注意を促した助言者は一人や二人ではなかった。社会主義という言葉は、大多数が極めて上昇志向が強く、より豊かになり、良い生活がしたいと望んでいるベネズエラの国民意識を刺激するのではないか。チャベスの演説がフランシスコ派神父のように、貧しさを分かち合えと訴え、快適さと贅沢に疑問を投げかける度に、不満の声が起きた。おそらくここでは、石油は有利には働かなかった。ベネズエラ人は裕福だと思っていて、チャベス政治を石油収入の円滑で民主的な分配のシステムのためにあると考えていたのだ。それ以上は、何も求めてはいなかった。大統領がキューバをモデルとして提案すると、不満は続いた。

二〇〇五年八月二十一日、ボリーバル革命のリーダーはハバナで語った。

「キューバは独裁主義国家ではない。革命的民主主義国である」

インテルラセス（ベネズエラの民間調査会社）の調査によれば、ベネズエラ国民の九一パーセントが機会の均等を評価している。しかし、この会社のオスカル・シュメル社長は言う。

「国民は社会のユニフォーム化には反対しています。極端な金持ちも極端な貧困も拒否し、資本主義と社会主義の混合を理想的な政治体制と思っています。雇用を生む個人投資と正義が支配する社会です。この事から、国民の相当部分が、私有財産制から集団所有に移行することには賛成していないと言うことができます」[原注12]

この後、同じ調査会社が、相互に対立すると思われる目標についての賛否を調査した。民主主義か、「二十一世紀型社会主義」か、である。この二者択一にすでに問題があるという批判はあったが、結果としては、国民の七九パーセントが、国内問題は民主主義体制によってのみ解決することができる、と答えている。

長い年月ベネズエラ一般国民には関わりのなかった豊かな石油収入と、ウーゴ・チャベスの演説を時に支配してしまう宗教的な調子との狭間には、弱点以上のウソがあるようだ。みんなのものである膨大な富を分配すると言って権力を勝ち取った同じ人間が、仕事で過剰な成果を得た者は、それを他人に差し出さねばならない、慈善事業に寄付しなさい、と言うのである。これがチャベスの国民へのメッセージである。「金持ちは悪である」。

どのくらいのベネズエラ人が貧困状態にあるかは、もはやあまり明らかではなくなった。このテーマ自体が、議論の対象になってきた。二〇〇四年の会計年度末、国立統計局の正式資料によれば、国内の五三・一パーセントの世帯が貧困状態にあった。これは、現政権の発足後六年間で、石油収入の顕著な増加にもかかわらず、貧困世帯が一〇・七二パーセント増加したことを示す。[原注13]
この数字が公表されて間もなく、ウーゴ・チャベスは国立統計局に質した。「事実測定に使用している道具が適切なものか疑わしい。われわれの現実を、まるで、革命が起きたことの無いネオリベラルの、資本主義国家のように測定している」[原注14]
確かに、八〇年代の終わりに多くの政府が、貧困の測定基準としての収入指数には限界性があると指摘した。そこで国連が、新しい測定方法を開発し、人間貧困指数[訳注]または人間開発指数[訳注]を設定した。これらの測定方法に裏づけられて、国立統計局は、――チャベスが不満を表明してから――ミッション計画や他の社会計画に合体させ、また人々の「満足度」の評価のために、新しい基準指数を開発することに決めた。大統領が示唆した測定方法の変更によって、二〇〇五年六月に出された公式数字は、ベネズエラの貧困は、わずか六ヵ月の間に八・五パーセントも減少しているという結果を出した。
他の領域においては、ベネズエラ大統領は「バリオ・アデントロ」ミッションのような基礎医療ケアーや識字活動を、反対派も認める形でほぼ問題なく実行した。二〇〇五年十月にはユネスコから、ベネズエラは「識字活動の自由地帯」であるとの宣言を受けた。[原注15]
国内的には批判が止まないが、もう誰も疑わなくなった。二〇〇五年も終わる頃、ウーゴ・チャベスは、ラテンアメリカで最も影響力のある指導者であると認められた。十年ほど前には、クーデターに失敗し、仕事も無く、マスコミにもほとんど注目されなかった一人ぼっちの痩せた男が、毎日ニュースになり、新聞紙面を飾ることになるとはウソのようである。権力を手にして以来六年、バリーナスの野球少年はついに夢を叶えた。世界的有名人、である。

官費を使った遊説旅行で——ベネズエラ政府が報道と世界一周旅行のために数百万ドルも投資した——、ベネズエラ大統領は、世界中どこへ行こうが、演壇に立ち、喝采を浴び、そのカリスマ性の虜になりたい支持者に迎えられることを確実なものにした。物議をかもし、最も貧しい者たちと団結するウーゴ・チャベスのことを、ポトシのボリーバル主義者であれブロンクスのヤンキーであれ、もはや南の国の奇人扱いをしなくなって久しい。

大統領は、疎外された者の気持ちをどんな形でも爆発させ、論争によって力をつけて行くやり方を誰よりも熟知している。彼の名声と、外国メディアがページの大部分を彼に割くのは、その反帝国主義

---

人間貧困指数（ＨＰＩ:Human Poverty Index）：国連総合開発計画の人間開発報告書で報告される人間開発指数の一つ。発展途上国の人間貧困指数（ＨＰＩ‐１）と特定ＯＥＣＤ国の人間貧困指数（ＨＰＩ‐２）がある。発展途上国の人間貧困指数の指標は、長寿で健康な生活、四十歳まで生存できない出生時確率、知識・成人識字率、人間らしい生活水準。特定ＯＥＣＤ国の人間貧困指数の指標は、長寿で健康な生活、六十歳まで生存できない出生時確率、知識・機能的識字能力に欠ける成人の割合、人間らしい生活水準、貧困ライン以下で暮らしている人の割合、社会的疎外、長期失業率。

人間開発指数（ＨＤＩ:Human Development Index）：国民の生活の質や発展度を示す指標である。生活の質を計るので、値の高い国が先進国と重なる場合も多く、先進国を判定するための新たな基準としての役割が期待されている。人間開発指数は、平均余命指数、教育指数（成人識字指数と総就学指数）、ＧＤＰ指数の三つの指標の平均から計算される。国連開発計画が「人間開発報告書」の中で毎年発表する。因みに、二〇〇七年の世界一位はアイスランド、ノルウェーの〇・九六八で日本は〇・九五三で八位、ベネズエラは三十位以内にも入っていない。

的姿勢と、地球上で最も権力があると目されている男との猛々しい対決に原因がある。チャベスはどこへ外遊しても必ず、アメリカ大統領ジョージ・W・ブッシュに対する爆弾発言を放って締めくくる。最近では彼のことを「ミスター・デンジャー（危険）」と呼んだ。[原注16]

彼はいつも、このテキサス人を機会あるごとに、殺人者、大量虐殺者と規定するのを好む。ブッシュは、チャベスにとって道具であり、強迫観念である。大統領は、CIAの筋書きに素直に従わず、京都議定書に署名せずに環境破壊と気候変動を招くアメリカ大統領を糾弾する。

しかし全てが口先だけではない。二〇〇五年半ば、政府はベネズエラで操業する外国企業への課税率を一パーセントから十六パーセントに上げることを決定した（引き上げは二〇〇六年には三十パーセントに昇った）。国内のアナリストは、課税率一パーセントで原油価格が一バレル十二ドルであったことから、二〇〇六年には六十ドル前後になるとしている。石油産業は膨大な利益を上げられるので、関連外国企業は何の難色も示していない。

チャベスは、アメリカ合衆国政府の帝国意識から出てくる政策に疑問を投げかける。二〇〇五年九月、国連総会に出席するためにニューヨークを訪問したベネズエラ大統領は――ジェシー・ジャクソン師と民主党議員のホセ・セラーノに伴われて――ブロンクスに赴き、ベネズエラの石油利益の一部を環境衛生計画に出資すると発表した。[原注17]

大統領は、地元のバンドが演奏するラテン音楽のリズムに乗ってニューヨークの町を駆け巡った。人々と抱き合った。チェ・ゲバラを彷彿とさせた。「今は戦いのときである。未来はわれわれのものだ」――そして、立ち止まって踊り、コンガを叩いた。満足し、大物感に浸っていたに違いない。大統領は、自分の娘を思い出させたという一人のしおらしい娘にこう言った。

「世界を救うのだ。五十一歳になったわれわれのためにではない。君のためにだ」

直後、大統領はベネズエラ企業のシットゴー[原注18]（Ｃｉｔｇｏ）を通して、アメリカ北東部の貧困家庭に暖房用の灯油二千五百万ガロンを提供する人道支援計画を始めた。この計画で、十万世帯が恩恵を受け、――アナリストの意見では――また、自分の庭先でこんな事をされたブッシュに赤恥をかかせるためでもあった。このアイデアは、民主党上院議員のグループが大手販売会社に手紙を書き、最も不足している地区に暖房用灯油をディスカウントで売るよう要請したことからスタートした。この要請に唯一応えたのがシットゴーだった。

二〇〇五年、ホワイトハウスは――チャベス現象の扱い方に往々にして手を焼いていた――ある程度の手を打つことにした。ベネズエラ大統領はアメリカ大統領に対して「地域の安定に脅威」を与える発言をし、麻薬密売に対する闘い[原注19]においてベネズエラを「認めない」、そしてブラジルとスペインの航空機を――製造にはアメリカ製の部品を必要とする――、ベネズエラ国軍へ売却することを阻止する、というものである。

両国の緊張関係はしばしばピークに達したが、両大統領は決裂には至らないように気を配った。切れそうになると、双方が緊張の糸を緩めた。二〇〇五年に起きた二つの出来事がそれを物語る。チャベスは、もしアメリカの法務当局が反カストロ派のルイス・ポサーダ・カリーレスの引渡しを認めないならば、国交を断絶すると迫った。しかし、ベネズエラの要求は破棄され、何の成果もなかった。年の半ば、ベネズエラ大統領は「国の保安と防衛に脅威を与える情報員の潜入」に関わる局員がいるとして、アメリカ合衆国麻薬取締局[訳注]との協定の効力停止を命令した。しかし、二〇〇六年の一月には仲直りし、新たな二国間条約を結んだ。

チャベスとブッシュの関係の動勢は周辺諸国に影響した。ベネズエラの指導者は、彼がワシントンと同盟関係にあると見なす元首たち（メキシコのビセンテ・フォックス大統領、ペルーのアレハンドロ・トレド大統領、コロンビアのウリベ大統領）と強く衝突し、ラテンアメリカに増殖してきた左派政権との同盟関係を育てた。初めは都合の悪そうな対応もあったが、チャベスは着々とテリトリーを拡大し、今では彼の気前の良い「石油外交」に我慢できる国はわずかである。

二〇〇五年から二〇〇六年一月前半にかけて、大統領の命令により――そして議会への事前の打診無しに――少なくとも四十億ドル（ベネズエラの二〇〇六年度の国家予算の一〇パーセント）の支出が、社会事業計画の寄付金、同志的投資としてのアルゼンチンの国債購入、その他の国における橋の建設、道路舗装、公共事業への投資などのために、国外に向けられた。[原注20]

アメリカの貧困層のための燃料の安売り計画については、ニューヨークのヒスパニック系新聞『ラ・プレンサ』が、サンタクロースの扮装をしたチャベスの写真で紹介した。ベネズエラの人気アイデアマンは「ドン・レガロン（太っ腹大将）」と呼ばれた。

チャベス政権の初期を特徴づけた盛り上がりは少し鳴りを潜めた。人々の熱も、二〇〇六年に入るとさほどでもなくなってきた。政府が全領域を押さえ込んだけれども、また石油景気が始まったと考える人もいる。カラカスのレストランやショッピングセンターは人で溢れている。ベネズエラは世界第一位のスコッチウイスキー輸入国に返り咲き、高級車の販売台数もここ数年急増した。バブル景気の空気が漂い、カルロス・アンドレス・ペレスが大統領だったあの七〇年代の「サウジ・ベネズエラ」の感じに少し戻ってきた。

対決の論理の下に、革命の名目においても札ビラが切られている。政府は、アメリカの侵略が有り得るとし、それに備えてロシアから十万丁の銃を買った。二〇〇五年には、軍備に二十億ドル使った。チャベスは、二百万人の兵を擁する予備軍の司令官に就任し、公共機関を防衛隊のかたちで革命に同調させる要望を表明している。この国がキューバの経験を踏襲するといった考えが強くなってきてもいるが、公式にはそれを否定する声が強いし、キューバとベネズエラの経過の歴史的、地政学的な明瞭な相違点が指摘されてもいる。

ベネズエラ大統領は、引退したいとする日付をまた先に延ばした。二〇〇五年八月半ば、国立霊廟での公式セレモニーで、追従者たちを喜ばせ、権力交替制を歓迎する者は痙攣を起こしそうな事を発表した。「確かに私は、二〇二一年に引退すると言った。だが、そうではない! 私は日付を変更した。二〇三〇年まで続けなければならない」[原注21]

このためには、「変更」に忠実な議員たちが多数を占める新議会が、チャベス自身が一九九九年に作

---

アメリカ合衆国麻薬取締局：司法省の法執行機関であり、一九七〇年規制物質法の執行を職務とする連邦捜査機関として一九七三年に創立された（略称DEA）。連邦捜査局FBIとの競合管轄権を有するが、連邦麻薬法の国内施行に関する主導機関で、国外におけるアメリカの麻薬捜査の調査及び追跡に関する単独責任を有している。

った憲法を改正し、無制限の再選を可能にしなければならない。疑問を残さないために、立法府議長の、元カラカス地下鉄労働者だったニコラス・マドゥーロは言う。

「今回の本会議の主眼点は、革命を強化し、チャベスが二〇二一年ではなく、二〇三〇年まで指揮するための法案を通すことである」

二〇〇五年十二月六日の発言である。彼の夢を叶える革命はまだ四半世紀を必要とする。これが、今のところは、彼の新しい目標のようである。この一年後の二〇〇六年十二月三日の雨の夜、チャベスの夢は色褪せることなく輝きを放っていた。ベネズエラ大統領は、六二・八四パーセントの投票率を獲得して再選された数分後にミラフローレス宮殿から声明を発し、「ボリーバル主義の勝利は、抗し切れないものであり、曇りなきものであり、何人も逆らうことができない」と断言した。中道左派的政策を掲げていた対立候補は、選挙の有効性を渋々ながら認めると同時に、その敗北を認めた。三六・九〇パーセントの票しか得られなかった対立候補のマヌエル・ロサレスは、「今回は、敗北を認める」と語った。

子供と側近に囲まれて、ウーゴ・チャベスは「新時代」の到来を告げた。

「これは、ボリーバル革命の深化と拡大と展開の基本戦略を有するものであり（中略）六〇パーセントを超えるベネズエラ国民が、チャベス個人に対してではなく、ボリーバル社会主義という名の計画に票を投じたのだ」

そして、雨に濡れながら歓呼の声を送り続ける数千の支持者に対して大統領は求めた。

「誰も社会主義を恐れてはならない！」

二〇〇六年の一年間を通して、チャベス派内部の論争は、いわゆる「革命の過程」を加速するのか、強化するのか、というある種のジレンマに集中していた、とする見方がある。二〇〇六年十二月の間に、チャベスがこの議論の総括として、加速しつつ強化する方向性を提起するに至った理由の可能性としては多くの事が考えられる。二〇〇七年初頭、ベネズエラ大統領が出した声明に驚かされた軍人派は一人や二人ではなかった。議会に対し、エネルギー、経済、公共事業、社会保障、土地管理に関する特別立法権を一年半以内の期間に大統領に与えることを要求したのである。国民議会は、これらの権限を絶対多数で承認し、「二十一世紀型社会主義」の建設のための基礎的地歩をなすものであるとまで確認した。

同じ方向性において、チャベスは二〇〇七年初頭、過去に民営化されていたカラカス電力と、国内最大の電話会社CANTVを皮切りにした企業の国営化を発表した。これは、一九九九年憲法の大規模な抜本的改正の第一歩であり、国を社会主義化する序章である。独占企業の廃絶、私有財産の「社会的機能」を奪還し、個人の利益よりも団結のために生きる「新しい人間」の創造を謳う。とうの昔に克服されたとされていたある種の左翼的味わいが、全てにわたり絶妙に散りばめられている。政治的方法論に関しても、似たような筋書きである。ウーゴ・チャベスは、彼の追随者、支持者に対して、個人的な政治信条を棄てて、新しい単一構造を支えるために、唯一の政治政党に結集することを要求した。

ベネズエラ大統領は、社会主義を道徳的所産、宗教的規範として発動する。ラテンアメリカに支配的であった古い「マチスモ（男性優位主義）」を含めて、資本主義を諸悪の根源として断罪する。しかし、ボリーバル主義の過程を定義づける条件は今や、新しい社会主義的パラダイスの追求にあるのだ。しかし、その定義はまだ漠然としていて、ベネズエラ国民の誰も、これがどのような社会主義なのかはよく分からない。二〇〇六年十二月の最後の週に、民間調査会社のダタアナリスタが行なった聞き取り調査によれば、五一・六パーセントの人々が社会主義を選択してはいるが、穏健な形態のものを志向しており、キューバ型は拒否している。政府は、新しいモデルは二〇〇七年の過程で形作られ、年度末に国民投票を実施して国民がボリーバル社会主義の提案の是非を決めるだろうと自信を示している。

早くもこの年の初めに、チャベスは新しいプロセスを推進すべき「五つのエンジン」に言及している。大統領の特別権限、憲法改正、国家を基盤から創造できるような共同体委員会の創設と運営、社会主義的価値観を啓発する新しい教育プロジェクトの実施、社会主義的精神により則した新しい土地分配計画、である。この五つの軸を中心に新国家が生まれる。これこそが他でもない、シモン・ボリーバル・プロジェクトなのである。

この道はしかしながら、そんなに平坦ではなさそうだ。チャベス派内部にさえ不協和音が聞こえる。豊かな石油の洗礼を受けた、上昇志向の強いベネズエラ人の国民意識が、キューバ的やり方に最適だとは思えない。それでも、ウーゴ・チャベスは疑問符を残したまま、革命の道を歩み続ける。ベネズエラ人にとって唯一つ確実なのは、この国が、彼のかける号令次第で右にでも左にでも動いて行くということだ。それがいつまで続くのかは誰にも分からない。大多数の人々は早くも政権が二〇一三年まで続くことを決めた。一九九九年の憲法に従えば、今は彼の二度目にして最後の政権である。しかし、これも予定されている新たな憲法改正によってまず変わる事の一つである。無期限再選制の可能性はきわめて高く、二十一世紀型社会主義が権力の位置にとどまる可能性はさらに高い。

## 付録1　国民生活指標

| 貧困<br>国民統計局公式数字 | 1999 | 2000 | 2001 | 2002 | 2003 | 2004 | 2005 |
|---|---|---|---|---|---|---|---|
| 貧困世帯（%） | 42.38 | 40.98 | 39.25 | 45.02 | 54 | 53.1 | 37.9 |
| 貧困世帯非公式数字[1] | 49.9 | 49.5 | 48.2 | 41.5 | 60.2 | 59.6 | 57.9 |
| 人口(単位：百万人) | 23,867 | 24,310 | 24,765 | 25,219 | 25,673 | 26,286 | 27,030,656* |
| 失業率（%） | 14.9 | 13.9 | 13.25 | 15.85 | 18.05 | 15.4 | 11.4 |
| 生活期待指数 | 72.94 | 73.34 | 73.53 | 73.72 | 72.98 | 73.18 | 73.18 |
| 幼児死亡率 | 18.52 | 18.18 | 17.48 | 17.5 | 17.16 | 17.1 | 15.85 |
| 識字率 | 90.9 | 90 | 93.6 | 93.6 | 93.6 | 95 | 95 |
| 人間開発指数<br>(国連開発計画) | 0.74 | 0.75 | 0.77 | 0.69 | 0.76 | 0.79 | 0.72 |
| 汚職度(国際透明度) | 78/99 | 72/90 | 70/91 | 86/102 | 104/133 | 120/146 | 138/159 |

単位：m（千）、mm（百万）
1　アンドレス・ベリョ・カトリック大学貧困調査プロジェクト
出典：国立統計局、ベネズエラ中央銀行、アンドレス・ベリョ・カトリック大学、国連開発計画、国際透明度。
＊推定

## 付録2　経済指標

| | 1999 | 2000 | 2001 | 2002 | 2003 | 2004 | 2005 |
|---|---|---|---|---|---|---|---|
| 対外借款<br>(単位百万ドル) | 22.701 | 21.986 | 22.986 | 22.594 | 22.530 | 24.834 | 31.063 |
| 国公債<br>(単位百万ドル) | 5.469 | 10.001 | 13.808 | 11.245 | 14.571 | 13.568 | 15.545 |
| 外貨準備高<br>(単位百万ドル) | 15.164 | 15.883 | 12.296 | 12.003 | 21.366 | 21.100 | 30.368 |
| 国内総生産（年度別変化パーセント表示） | −6 | 3.7 | 3.4 | −8.9 | −7.6 | 17.3 | 9.3 |
| 一人当り収入<br>(単位千ドル) | 3.282 | 3.477 | 3.734 | 2.335 | 3.338 | 4.020 | 4.810 |
| 変換レート<br>(ボリーバル対ドル) | 648.25 | 699.75 | 763 | 1,401.25 | 1,600 | 1,920 | 2,150 |
| インフレ率 | 20 | 13.4 | 12.3 | 31.2 | 27.1 | 23 | 14.4 |

単位：m（千）、mm（百万）
出典：国立統計局、財務省、ベネズエラ中央銀行。

# 原注

## 第1部

### 第1章　革命到来

1　H・チャベスの日記（未刊行）から。
2　『Yo garantizo hasta el abuso en la libertad de expresión（表現の自由の侵害まで保証する）』M. Giardinelli：*El Nacional* 紙、一九九九年十月十日。
3　H・チャベスの日記から。
4　「Entrevista con la madre del Presidente（大統領の母親とのインタビュー）」L. Lacurcia：*Primicia* 誌、一九九九年五月十八日。
5　『Chávez nuestro（私たちのチャベス）』R. Elizalde, L. Baez：ベネズエラ政府発行パンフレットのインタビューより。二〇〇四年。
6　FRONTLINE/WORLD：「Venezuela-*A Nation On Edge*（岐路に立つ国、ベネズエラ）」。(www.pbs.org/frontlineworld/stories/venezuela/chirinos.html)
7　マルコス・ペレス・ヒメネス将軍の独裁政権の崩壊後、以下の大統領が続いた。ロムロ・ベタンクール（AD：一九五九～一九六四）、ラウル・レオーニ（AD：一九六四～一九六九）、ラファエル・カルデラ（COPEI：一九六九～一九七四）、カルロス・アンドレス・ペレス（AD：一九七四～一九七九）、ルイス・エレーラ・カンピンス（COPEI：一九七九～一九八四）、ハイメ・ルシンチ（AD：一九八四～一九八九）、カルロス・アンドレス・ペレス（AD：一九八九～一九九三）、ラモン・J・ベラスケス（無所属・暫定大統領：一九九三～一九九四）、ラファエル・カルデラ（コンベルヘンシア：一九九四～一九九九）。
*8*　*El Nacional* 紙社説。一九九八年十二月七日。

9 『*Detrás de la pobreza*（貧困の陰で）』L. Ugalde 著。社会研究振興市民組織、アンドレス・ベリョ・カトリック大学共同出版。カラカス、二〇〇四年。
10 「La boina imagen de Chávez（チャベスのベレー帽姿）」：*Producto* 誌一八四号、一九九九年二月。
11 *El Nacional* 紙。一九九八年六月八日。
12 ペトコフは、党がウーゴ・チャベスの立候補回避を決定した時、社会主義運動党ＭＡＳの軍事行動を全面放棄した。
13 *El Nacional* 紙。一九九八年七月二十四日。
14 『*En busca de la revolución*（革命を求めて）』W. Izarra 著、一三四頁：二〇〇一年

## 第2章　「私が共産主義者だって？」

1 『*Habla el comandante*（司令官は語る）』A. Blanco Muñoz 著、三九二頁：カテドラ・ピオ・タマヨ基金、ベネズエラ中央大学共同出版、一九九八年。
2 同上、八三頁。
3 スペイン詩人、ファン・ラモン・ヒメネス（一八八一～一九五八）が一九五六年に発表し、ノーベル文学賞を受賞した児童文学作品。
4 『*Chávez nuestro*（私たちのチャベス）』R. Elizalde y L. Báez。
5 チリ人ジャーナリスト、Martha Harnecker の著書。
6 『*Un hombre, un pueblo*（一人の男と一つの国民）』M. Harnecker 著、二四頁。カラカス、二〇〇二年。
7 『Chávez nuestro（私たちのチャベス）』R. Elizalde y L. Báez。
8 ベネソラーナテレビ、二〇〇四年八月十三日放送のドキュメンタリー。
9 『*Habla el comandante*（司令官は語る）』A. Blanco Muñoz 著、五六二頁。
10 『*Un hombre, un pueblo*（一人の男と一つの国民）』M. Harnecker 著、一五～一六頁。
11 ロス・アンデス大学経済社会研究協会。
12 『*Habla el comandante*（司令官は語る）』A. Blanco Muñoz 著、四〇頁。

## 第3章　我が最初の実存的闘争

1 『*Chávez nuestro*（私たちのチャベス）』R. Elizalde y L. Báez。
2 同上。
3 ベネソラーナテレビ、二〇〇四年八月十三日放送のドキュメンタリー。
4 未発表の手紙。
5 ベネソラーナテレビ、二〇〇四年八月十三日放送のドキュメンタリー。
6 『*Chávez nuestro*（私たちのチャベス）』R. Elizalde y L. Báez。
7 A. Blanco Muñoz と M. Harnecker 参照の事。
8 トルヒーヨは一九七八年に政権を放棄したが、一九八一年に飛行機事故で死ぬまでパナマの政治を操作した。
9 『*Habla el comandante*（司令官は語る）』A. Blanco Muñoz 著、四四頁。
10 『*Un hombre, un pueblo*（一人の男と一つの国民）』M. Harnecker 著、二〇頁。
11 同上二一頁。
12 「Muerte de la armonía（調和の中の死）」：R. Piñango 著『*En esta Venezuela, realidades y nuevos caminos*（このベネズエラ、現実と新しい道）』一七頁、ＩＥＳＡ出版、二〇〇三年。
13 一九七七年十月二十一日から十一月十八日まで書かれた日記の事。
14 『*Habla el comandante*（司令官は語る）』A. Blanco Muñoz 著、五五頁。
15 同上。
16 「El enigma de los dos Chávez（二人のチャベスの謎）」：G・ガルシア・マルケス。*Cambio* 誌（コロンビア）、一九九九年二月。www.redvoltaire.net/article84.html。
17 『*Habla el comandante*（司令官は語る）』A. Blanco Muñoz 著、五七頁。
18 同上五七頁。
19 『*Un hombre, un pueblo*（一人の男と一つの国民）』M. Harnecker 著、二四頁。

**第4章　陰謀を企む男**

1　ＭＡＳまたは社会主義運動党：一九七一年にＰＣＶ（ベネズエラ共産党）のテオドーロ・ペトコフをはじめ、知識人、進歩的専門職、大学人の反主流派によって結成された。一九八三年と一九八八年の選挙では第三勢力に台頭したが、得票率は一〇パーセントを下回った。

2　『*Guerrilla y conspiración militar en Venezuela*（ベネズエラのゲリラと陰謀）』A. Garrido 著、五三頁。Fondo Editorial Nacional、カラカス、一九九九年。

3　『*En busca de la revolución*（革命を求めて）』W・イサーラ著、五〇頁。

4　行動は一九六七年五月八日、ベネズエラ東海岸のマチュルクト地方で起こされた。

5　ベネズエラ共産党（ＰＣＶ）創立一九三一年、左翼革命運動党（ＭＩＲ）創立一九六〇年：政権政党の民主主義行動党のマルクス・レーニン主義分派（一九六二年に非合法化、一九六九年に合法化）。

6　ベタンクール政権は米州相互援助協定（ＴＩＡＲ）に抵触するとして本件を米州機構に提訴した。機構調査団が派遣され、武器はキューバから持ち込まれたと結論し、一九六四年に外交会議を招請、賛成十四、反対四、棄権一で、すでに一九六二年以降から国際社会から排除されていたハバナとの外交、経済関係断絶を決議した。

7　ポルテナッソ、カルパナッソ。

8　『*Chávez nuestro*（私たちのチャベス）』R. Elizalde y L. Báez 共著。

9　『*Habla el comandante*（司令官は語る）』A. Blanco Muñoz 著、四五頁。

10　一九六二年五月四日、カルパーノ、一九六二年六月二日、プエルト・カベーリョ。

11　『*Testimonios de la revolución bolivariana*（ボリーバル革命の証言）』A. Garrido 著、二〇〇二年、メリダ、一五頁。

12　『*En busca de la revolución*（革命を求めて）』W. Izarra 著、六七頁。

13　『*Guerrilla y conspiración militar en Venezuela*（ベネズエラのゲリラと陰謀）』A. Garrido 著、五六頁。

14　ＰＲＶ（ベネズエラ革命党）幹部でサムエル・ロペスの弟の、将校ダビッド・ロペス・リバス。

15　『*Guerrilla y conspiración militar en Venezuela*（ベネズエラのゲリラと陰謀）』A. Garrido 著、一一三頁。

16　大統領はおそらくＭＩＲをＰＲＶと混同している。

17 『*Chávez nuestro*（私たちのチャベス）』R. Elizalde y L. Báez。
18 『*Testimonion de la revolución bolivariana*（ボリーバル革命の証言）』A. Garrido 著、二〇〇二年、メリダ、一一頁。
19 同上、一二頁。
20 同上、一二六頁。
21 『*Los golpes de Estado desde Castro hasta Caldera*（カストロからカルデラまでのクーデター）』I. Jiménez 著、Centralca、カラカス、一九九六年。
22 『*Venezuela, militares junto al pueblo*（ベネズエラ、民衆とともにある軍隊）』M. Harnecker 著、El Viejo Topo, バルセロナ、二〇〇三年、一九四頁。
23 『*El otro Chávez*（もう一人のチャベス）』、エルマ・マルクスマンの証言』、メリダ、ベネズエラ、二〇〇二年、一〇七〜一〇八頁。
24 「El ejército bolivariano lo fundamos en el año del viernes negro（ボリーバル軍は暗黒の金曜日に結成した）」C. Croes 著、*Quinto Día*、一九九九年二月二日、四頁。
25 『*Habla el comandante*（司令官は語る）』A. Blanco Muñoz 著、一二六頁。
26 『*Testimonio de la revolución bolivariana*（ボリーバル革命の証言）』A. Garrido 著、二〇〇二年、メリダ、一七頁。
27 『*Habla el comandante*（司令官は語る）』A. Blanco Muñoz 著、一八四頁。
28 同上、四六四頁。
29 同上、一八四頁。
30 『*Venezuela Analítica*（ベネズエラ分析）』M. Socorro, Hugo Chávez 著（www.analitica.com）より。
31 『*Habla el comandante*（司令官は語る）』A. Blanco Muñoz 著、四六六頁、一五八頁。
32 同上、四一六頁。
33 『*Los golpes de Estado desde Castro hasta Caldera*（カストロからカルデラまでのクーデター）』I. Jiménez 著、Centralca、カラカス、一九九六年、一三四頁。
34 『*Habla el comandante*（司令官は語る）』A. Blanco Muñoz 著、一三一頁。

35 『*Guerrilla y conspiración militar en Venezuela*（ベネズエラのゲリラと陰謀）』A. Garrido 著、一〇五頁。
36 『*Habla el comandante*（司令官は語る）』A. Blanco Muñoz 著、一三三〜一三四頁。
37 ガイテル社の調査。El Nacional 一九九二年一月二十六日。
38 『*Habla el comandante*（司令官は語る）』A. Blanco Muñoz 著、一三五頁。
39 同上、二七六頁。

**第5章　幸運な叛乱**

1 当時の軍調査官で副提督エリアス・ダニエルス発表の情報に従えば、ウーゴ・チャベスは上級将校二名、下士官十三名、准尉三名、職業軍人兵士三名、徴兵四百四十名を伴いマラカイを出た。詳細については、『*Militares y democracia*（軍隊と民主主義）』E. Daniels 著、José Agustín Catalá 出版、カラカス、一九九二年、一八八〜一八九頁。
2 『*Un hombre, un pueblo*（一人の男と一つの国民）』M. Harnecker 著、カラカス、二〇〇二年、三二頁。
3 『*Habla el comandante*（司令官は語る）』A. Blanco Muñoz 著、四七九頁。
4 叛乱作戦は、当時のミゲル・ロドリゲス・トーレス大尉（現科学警察庁長官）が指揮した。
5 『*Habla el comandante*（司令官は語る）』A. Blanco Muñoz 著、四七三頁。
6 エウティミオ・フゲット・ボレガレス将軍。
7 『*Habla el comandante*（司令官は語る）』A. Blanco Muñoz 著、一四三頁。
8 タチラ州知事のロナルド・ブランコ・デ・ラ・クルス大尉とボリーバル州知事のアントニオ・ロハス・スアレスが軍人派陣営から脱退した。
9 『*Habla el comandante*（司令官は語る）』A. Blanco Muñoz 著、四八九頁。
10 チャベスと他の司令官の証言によれば、レネ・ヒモン・アルバレス大尉のこと。
11 『*Militares y democracia*（軍隊と民主主義）』E. Daniels 著、一七九〜一八〇頁。
12 『*Habla el comandante*（司令官は語る）』A. Blanco Muñoz 著、一四七〜一四八頁。
13 同上、一四八頁。

14 同上、四九一頁。
15 「チャベスが語る軍事叛乱の歴史」E・ディアス・ランヘル、*Últimas Noticias* 二〇〇二年二月四日。
16 同上。
17 『*Militares y democracia*（軍隊と民主主義）』E. Daniels 著、一九四頁。
18 『*Habla el comandante*（司令官は語る）』A. Blanco Muñoz 著、四七三頁。
19 『*Los golpes de Estado desde Castro hasta Caldera*（カストロからカルデラまでのクー デター）』I. Jiménez 著、一三三頁。
20 当時の軍調査官で副提督エリアス・ダニエルスの記録には危険な兵士が二千六百六十八名いた、とある。
21 『*Habla el comandante*（司令官は語る）』A. Blanco Muñoz 著、四七六頁。
22 同上、二六一頁。
23 ジャーナリストの Ángela Zago 著『*La rebelión de los ángeles*（天使たちの叛乱）』の詳細な記録によれば、この決起で大尉一名、少尉二名、伍長二名、兵卒九名、警官四名、軍曹一名、民間人一名が死亡。当時の統合参謀本部長I・D・ヒメネス将軍によれば、死者は二十七名に上った。
24 『*Habla el comandante*（司令官は語る）』A. Blanco Muñoz 著、五五〇頁。
25 同上、二二六頁。

## 第6章　模範的将校

1 「La noche de boinas rojas（赤いベレー帽の夜）」『*Zeta*』誌、一九九二年二月六日号、五六～六二頁。
2 国防省発表、一九九一年六月二十一日。
3 「Entrevista con Hugo Chávez（ウーゴ・チャベス・インタビュー）」J.Martorelli *El Globo* 紙、一九九二年二月二十九日。
4 『*Golpes militares en Venezuela*（ベネズエラのクーデター）』José Agustín Catalá 出版、カラカス、一九九八年、一三二頁。
5 同上、一二四頁。

6 『*El dilema del chavismo, una incógnita en el poder*（チャベス主義のジレンマ、権力の中の未知）』A. Arvelo Ramos著、José Agustín Catalá出版、カラカス、一九九八年、五六頁。

7 『*Golpes militares en Venezuela*（ベネズエラのクーデター）』José Agustín Catalá出版、カラカス、一九九八年、一四八頁。

8 『*El dilema del chavismo, una incógnita en el poder*（チャベス主義のジレンマ、権力の中の未知）』A. Arvelo Ramos著、José Agustín Catalá出版、カラカス、一九九八年、七一頁。

9 「Chávez admitió existencia de los decretos del 4F（チャベスは二月四日の政令を認めた）」Y. Delgado、*El Nacional*紙、一九九八年九月十八日号。

10 『*Historia documental del 4 de febrero*（実録二月四日）』K.Ramírez、カラカス、一九九八年。

11 『*El dilema del chavismo, una incógnita en el poder*（チャベス主義のジレンマ、権力の中の未知）』A. Arvelo Ramos著、José Agustín Catalá出版、カラカス、一九九八年、五六頁。

12 『*Habla el comandante*（司令官は語る）』A. Blanco Muñoz著、一四九〜一五〇頁。

13 チャベスはハーネッカーに言っている。「私もマラカイからカラカスまで武器を満載したトラックを持ってきたが誰も取りに来なかったことを憶えている。われわれはあの民間人戦闘グループを武装化させることで合意していた……そのような民間人の動員は起こらなかった。全然。われわれは民衆無しで孤立してしまった。干上がった魚同然になった」『*Un hombre, un pueblo*（一人の男と一つの国民）』M. Harnecker著、三二頁。

14 『*Habla el comandante*（司令官は語る）』A. Blanco Muñoz著、一五三〜一五四頁。

15 『*Testimonio de la revolución bolivariana*（ボリーバル革命の証言）』A. Garrido著、二〇〇二年、メリダ、二三〜二四頁。

16 同上。

17 *El Globo*紙、一九九二年五月八日号より転載。

18 「Cuestionario Proust a Hugo Chávez（プルーストからウーゴ・チャベスへの質問状）」A.Meza、*El Universal*紙、一九九八年八月九日。

## 第7章　ボリーバルと私

1 「Chávez por Chávez（チャベスが語るチャベス）」L.Bilbao、ブラジル労働者党、www.pdt.org.br/internacional/hugochavez_4.htm
2 「Ya comienzan a oírse las cacerolas（また鍋の音が聞こえ出す）」L.Sánchez、*El Nacional* 紙、一九九二年三月二日。
3 「Hugo Chávez Frías: en vez de Superman mi héroe era Bolívar（ウーゴ・チャベス：私のヒーローはスーパーマンではなく、ボリーバルだった）」*Qué Pasa* 誌、チリ、一九九九年八月十六日。
4 『*De la patria boba a la teología bolivariana*（愚かな祖国から、ボリーバル神学へ）』L. Castro Leiva 著、Ávila、カラカス、一九八七年。
5 『*El culto a Bolívar*（ボリーバル信仰）』G.Carrera Damas 著、Alfadil 出版、第五版、カラカス、二〇〇三年、三七五頁。
6 『*El divino Bolívar, ensayo sobre una religión republicana*（神なるボリーバル、共和国信仰に関するエッセイ）』E.Pino Iturrieta 著、catarata 出版、マドリッド、二〇〇三年、二八頁。
7 「Populismo, neoliberalismo y bolivarianismo en el discurso político venezolano（ベネズエラの政治理論におけるポピュリズム、ネオリベラル、ボリーバル主義）」D. Hernández 著：『*Discurso y Sociedad*（理論と社会）』第四号より。Gedisa、バルセロナ、二〇〇三年九月。
8 『*Habla el comandante*（司令官は語る）』A. Blanco Muñoz 著、三二〇頁。
9 『*Los golpes de Estado desde Castro hasta Caldera*（カストロからカルデラまでのクーデター）』I. Jiménez 著、Central, カラカス、一九九六年、二三八頁。
10 決起の指揮官には、海軍少将のエルナン・グルベル・オドレナン、ルイス・エンリケ・カブレラ、空軍将軍のフランシスコ・ビスコンティ、陸軍大佐イヒニオ・カストロ、憲兵隊司令官カルロス・サリマがいた。
11 『*Habla el comandante*（司令官は語る）』A. Blanco Muñoz 著、三三一頁。
12 『*En busca de la revolución*（革命を求めて）』W. Izarra 著、九七頁。
13 『*Habla el comandante*（司令官は語る）』A. Blanco Muñoz 著、三五五頁。
14 『*El divino Bolívar, ensayo sobre una religión republicana*（神なるボリーバル、共和国信仰に関するエッセイ）』E.

Pino Iturrieta 著、一八七〜一九六頁。

15 『*Qué piensa Chávez*（チャベスは何を考えているのか）』N. Francia 著、カラカス、二〇〇三年、三一頁。

16 『*Un brazalete tricolor*（三色の腕章）』H・チャベス著、Badel Hermano 出版、バレンシア、ベネズエラ、一九九二年。

17 『*Habla el comandante*（司令官は語る）』A. Blanco Muñoz 著、五九頁。

18 『*Maisanta, el último hombre a caballo*（マイサンタ、最後の騎乗者）』J・L・タピア著、José Agustín Catalá、El Centauro、第六版、カラカス、二〇〇〇年、二二二頁。

19 大憲章の草案に加わったタピアに対するウーゴ・チャベスの称賛と感謝から、この作家兼医師は一九九九年に政権に参加した。マイサンタの話が出る度に大統領が名前を出すので、タピアはチャベス派と思われるようになった。本人はこれを嫌い、政治的テーマに触れる取材は拒否している。

20 「ホセ・レオン・タピア、インタビュー」*El Globo* 紙、一九九二年二月十九日号。

21 「Maisanta regresó con tanques（マイサンタが戦車に乗って帰って来た）」G. Wanloxten, *El Globo* 紙、一九九二年二月二十一日号。

22 「Ya comienzan a oírse las cacerolas（また鍋の音が聞こえ出す）」L. Sánchez、*El Nacional* 紙。

23 『*Revolución, Reacción y falsificación*（革命、反動と欺瞞）』M. Caballero 著、Alfadil、カラカス、二〇〇二年、二四頁。

24 『*El divino Bolívar, ensayo sobre una religión republicana*（神なるボリーバル、共和国信仰に関するエッセイ）』E. Pino Iturrieta 著、一八二頁。

25 「Chávez por Chávez（チャベスが語るチャベス）」L. Bilbao、ブラジル労働者党。

## 第8章　リキリキを着た痩せっぽち

1 一九九六年にダタナリシス社が行なった調査によれば、イレーネ・サエスの支持率は四九・二パーセント。チャベスは七・三パーセントだった。

2 リキリキはベネズエラとコロンビアで着られている。どちらもリキリキと呼ぶ。

3 『*Habla el comandante*（司令官は語る）』A. Blanco Muñoz 著、五一二頁。

4　一九九二年のクーデター未遂の後、ペレスへの政治的プレッシャーは続き、辞任が問われた。一九九三年三月、共和国検事局は当時のニカラグア大統領、ビオレタ・バリオスへ、大統領府隠し金から千七百万ドル供与したという公金横領の疑いで告発。五月二十日、最高裁は審判の必要ありとし、審理継続を裁定した。ペレスは大統領職を解かれ、自宅監禁となり判決を待った。最終的に、一九九三年五月三十日、最高裁は懲役二年四ヵ月を言い渡し、ペレスは自宅で刑に服した。

5　叛乱処罰に関する議会討論でカルデラはこう発言した。「自由と民主主義が食べ物を与え、生活物資の著しい高騰を止める能力が無く、惨憺たる腐敗症状に決定的な歯止めをかけることができないのなら、国民に自由と民主主義を犠牲にせよと求めるのは困難である。全国民の目が日々、ベネズエラの政治制度のあり方に注がれている」

6　『*Un hombre, un pueblo*（一人の男と一つの国民）』M. Harnecker 著、四一頁。

7　同上、六七頁。

8　政府世論調査より。

9　『*Un hombre, un pueblo*（一人の男と一つの国民）』M. Harnecker 著、四四頁。

10　*El Nacional* 紙、一九九六年二月四日号。

11　*El Nacional* 紙、一九九六年三月二十七日号。

12　『*En busca de la revolución*（革命を求めて）』W. Izarra 著、九五頁。

13　同上、九八頁。

14　ウーゴ・チャベスが承諾した政府首脳候補：長官ルイス・アルフォンソ・ダビラ、思想担当ナイブ・アヤーチ、組織担当ミゲル・マドリス・ブスタマンテ、行政担当ニコラス・マドゥーロ、動員担当フレディ・ベルナル、政治担当ウィリアム・イサーラ。ベルナル、マドゥーロ、アヤーチは選挙作戦に反対していた。詳しい内容については『*En busca de la revolución*（革命を求めて）』W. Izarra 著、一〇一～一〇四頁参照。

15　『*Un hombre, un pueblo*（一人の男と一つの国民）』M. Harnecker 著、四六頁。

16　『*En busca de la revolución*（革命を求めて）』W. Izarra 著、九七頁。

17　『*Habla el comandante*（司令官は語る）』A. Blanco Muñoz 著、五一二～五一三頁。

## 第2部

### 第9章　恵まれた状態

1　アンドレス・ベリョ・カトリック大学の貧困調査。発表の数字によれば貧困率は四二・三パーセントを示している。

2　『*Un hombre, un pueblo*（一人の男と一つの国民）』M. Harnecker 著、五四頁。

3　チャベス大統領の提案は投票率三七・六五パーセント中、得票率八七・七五パーセントを獲得した。棄権率六〇パーセント以上。国家選挙管理委員会の統計によれば有権者一一〇二万二〇三一人中投票したのは四一二万九五四七人であった。

4　残りの三議席はそれまで先住民代表に与えられていた。

5　選挙方式——公開リストからの複数記入制——により、反対派には不利な状況が設定された。投票数の六六パーセント中、軍人派が九五パーセントの一二二議席を得たのに対し、反対派は得票率三四パーセント、五パーセントの六議席しか得られなかった。少数派の比例代表制主義が適用されていれば、反対派は四四議席が取れていた。国家選挙管理委員会の数字では棄権率は三・八パーセント。

6　「Chávez instó a venezolanos a acudir masivamente a votar（チャベス、ベネズエラ国民に大挙投票を要請）」*El Universal* 紙、一九九九年十二月十九日。

7　「Después de las siete de la tarde, la orden era: todo lo que se mueva, se muere（夜七時以降、動くものは殺せ、の命令が下された）」*El Nacional* 紙、二〇〇〇年一月十四日。

8　「Chávez aseguró que no hará campaña por la presidencia（チャベス、大統領選挙戦はしないと声明）」*El Universal* 紙、二〇〇〇年二月三日。

9　棄権率四三パーセントは新記録。

10　『*Un hombre, un pueblo*（一人の男と一つの国民）』M. Harnecker 著、五七頁。

11　「Chávez: ¿le quitamos el subsidio a los colegios privados?（私学補助金をカットしてもいいか?）」*El Nacional* 紙、二〇〇一年二月八日号。

12　同上。
13　「アロー、プレシデンテ」二〇〇一年六月十七日（日）。
14　一九九九年の憲法に違反する行為である。第六十七条は「政治的目的をもって国庫からいかなる組織体にも財政供与をすることはできない」と定め、第百四十五条は「公務員は国家のために奉仕し、いかなる団体にも奉仕してはならない」と規定している。
15　「*Venezuela Analítica*（ベネズエラ分析）」H. Dietrich、ウーゴ・チャベスへのインタビュー（www.analitica.com）、二〇〇一年十二月五日。
16　同上。
17　農牧部門から農民への還元に限界があるのではないかとの疑問が出された。土地は使用し、相続人に移譲できるが「譲渡の対象になり得る」。私有財産としては「収穫高を抵当とする貸付の信用の対象」としてのみであり、それでは金融活動を停滞させる。ベネズエラ国民の十四パーセントが農家である。
18　「*Venezuela Analítica*（ベネズエラ分析）」H. Dietrich、ウーゴ・チャベスへのインタビュー。
19　「No es un adiós sino un hasta luego（さらばではなく、また会おうだ）」*El Universal* 紙、二〇〇二年一月二十六日号。

**第10章　エアバス世界一周の旅**

1　「Chávez advierte a Bush sobre nuevos Vietnam（チャベス、ブッシュに新しいベトナムを警告）」*El Universal* 二〇〇四年十一月六日。
2　二〇〇四年八月三十一日、脱稿した時点での情報。
3　「Le tengo el ojo puesto a La Casona（私はラ・カソーナにする）」A. Morán, *El Universal* 紙、一九九九年二月十日。
4　同上。
5　「Gran fondo social（社会的大資金）」Y. Delgado, *El Nacional* 紙、一九九九年二月十日。
6　「Los gastos del oficio（公費の無駄使い）」E. Araujo, *Gatopardo* 誌、二〇〇三年六月二十日。
7　同上。

8 「Presupuesto de la presidencia aumentó a Bs.115,7 millardos（大統領府予算が一億一千五百七十万ボリーバルに増加）」A. Jiménez, *El Nacional* 紙、二〇〇四年五月十一日。
9 アルジェリア大統領アブデルラジズ・ブートフリカ、インドネシア大統領アブドゥルラーマン・ワヒド、イラン大統領サイド・マハマド・ハタミ、ナイジェリア大統領オラセグン・オバサンジョ、カタール首長ハマド・ベン・ハリファ・ベン・ハメド・アルタニ、アラブ首長国連邦最高評議会委員ハンマド・ベン・モハメド・アルシャルキ、サウジアラビア第一王子アブドゥラ・ベン・アブドゥラジズ・アルサウド、イラク副大統領タミ・ラマダ、リビア革命評議会委員ムスタファ・アル・ハルビ、クウェート石油大臣サウド・ナセル・アルサバー、OPEC事務総長リルワニ・ラックマン。
10 ベネズエラ中央銀行資料。
11 一九九九年二月のベネズエラ石油公社の従業員総数は五万人（日雇い労働者三万二千人、一般社員一万六千人、管理職二千人）。二〇〇四年三月十九日の *El Nacional* 紙掲載数字による。
12 二〇〇二年四月七日、グロボビジョン放送番組。

## 第11章　混乱の四月

1 「Anatomía íntima de un golpe contada por Chávez（チャベスが語ったあるクーデターの緻密な解剖）」M. Bonasso, *Página12* 誌、アルゼンチン、二〇〇三年六月十二日。
2 同上。
3 同上。
4 『*Venezuela, militares junto al pueblo*（ベネズエラ、民衆とともにある軍隊）』M. Harnecker 著、El Viejo Topo、バルセロナ、二〇〇三年、二〇八頁。
5 『*El acertijo de abril*（四月の謎）』S. La Fuente、A. Meza 共著、Random House Mondadori、カラカス、二〇〇四年、八〇頁。
6 「En Venezuela hubo un "pinochetazo light"（ベネズエラで起きた小型ピノチェット）」C・マルカーノ、*Milenio*

*Semanal* 誌、メキシコ、二〇〇二年五月二十七日。

7 『*El acertijo de abril*（四月の謎）』S. La Fuente、A. Meza 共著、Random House Mondadori、カラカス、二〇〇四年、二三三頁。

8 コロンビアのテレビ1チャンネルでのジャーナリスト、マリア・クリスティーナ・ウリベによるインタビュー。二〇〇二年五月十八日。

9 トゥリアモ基地で拘束中のチャベスの会話の一部。*Venezuela Analítica*,www.analitica.com/biblioteca/hchavez/cautiverio.asp

10 「Anatomía íntima de un golpe contada por Chávez（チャベスが語ったあるクーデターの緻密な解剖）」M. Bonasso, Página 12 誌、アルゼンチン、二〇〇三年六月十二日。

11 『*Un hombre, un pueblo*（一人の男と一つの国民）』M. Harnecker 著、一一七頁。

12 *El Nacional* 紙、記者会見、二〇〇二年四月十五日。

13 「Anatomía íntima de un golpe contada por Chávez（チャベスが語ったあるクーデターの緻密な解剖）」M. Bonasso

14 「Lo más importante de mi discurso es la acción: entrevista al general Baduel（私が最も重要に考えるのは行動である：バドゥエル将軍インタビュー）」A. Rios, *El Universal* 紙、二〇〇二年五月五日。

15 『*Mi testimonio ante la historia*（我が歴史の証言）』P・カルモナ著、Actum 出版、カラカス、二〇〇四年、一一四頁。

16 「En Venezuela hubo un〝pinochetazo light〟（ベネズエラで起きた小型ピノチェット）」C・マルカーノ。

17 *Últimas Noticias* 紙、二〇〇四年四月十一日日曜版。

18 『*Un hombre, un pueblo*（一人の男と一つの国民）』M. Harnecker 著、一三〇頁。

19 「Anatomía íntima de un golpe contada por Chávez（チャベスが語ったあるクーデターの緻密な解剖）」M. Bonasso

20 『*Mi testimonio ante la historia*（我が歴史の証言）』P・カルモナ著。

21 「Anatomía íntima de un golpe contada por Chávez（チャベスが語ったあるクーデターの緻密な解剖）」M. Bonasso

22 www.analitica.com/biblioteca/hchavez/cautiverio.asp

23 「歴史の四日間」*El nacional* 紙、二〇〇四年四月十一日。

24 『*El acertijo de abril*（四月の謎）』S. La Fuente、A. Meza 共著。

25 『*Puente Llaguno, hablan las víctimas*（リャグーノ橋事件、犠牲者の証言）』N. Francia 著、ベネズエラ、二〇〇二年、七頁。

## 第12章　ミラフローレスの芸能人

1 「Hugo Chávez Frías: en vez de Superman mi héroe era Bolívar（ウーゴ・チャベス：私のヒーローはスーパーマンではなく、ボリーバルだった）」。

2 『*Chávez nuestro*（私たちのチャベス）』R. Elizalde, L. Báez。

3 H・チャベスの日記（未刊行）から。

4 『*La rebelión de los ángeles*（天使たちの叛乱）』A. Zago 著、Warp、カラカス、一九九八年。

5 『*En busca de la revolución*（革命を求めて）』W. Izarra 著、一〇四頁。

6 『*Chávez, el Publisher*（出版者チャベス）』Producto 出版グループ、カラカス、一九九九年六月。

7 『*Un hombre, un pueblo*（一人の男と一つの国民）』M. Harnecker 著、一八六頁。

8 同上、一八九頁。

9 同上、五七頁。

10 「Los medios de comunicación como factor de poder en el proceso venezolano（ベネズエラの過程における権力要素としてのマスメディア）」R. Poleo：『*Chávez y los medios*（チャベスとメディア）』より。Alfadil 出版、カラカス、二〇〇二年、四二頁。

11 「Medios vs. Chávez; la lucha continúa（チャベス対メディア、戦いは続く）」V. Villegas：『*Chávez y los medios*（チャベスとメディア）』より。五〇頁。

12 「母親のＸＸＸ」を意味する言葉で、悪意に満ちた侮辱的表現につながる。

13 「Venezuela: ¿esquizofrenia mediática?（ベネズエラ、メディア分裂症か？）」C・マルカーノ *Milenio Semanal* 誌、二〇〇二年七月十四日。

14 「Medios vs. Chávez; la lucha continúa（チャベス対メディア、戦いは続く）」V. Villegas、五三頁。

15 『*Chávez, el Publisher*（出版者チャベス）』Producto 出版グループ、カラカス、一九九九年六月。

## 第13章　ブッシュの馬鹿とフィデル・カストロ

1 「Un golpe de suerte salvó a CAP（幸運なクーデターでCAPは助かった）」J・ルトレッリ、*El Globo* 紙、一九九二年二月二十九日。

2 同上。

3 *The New York Times* 社説。二〇〇〇年十一月三日。

4 オットー・ライヒは一九八六年から一九八九年まで駐ベネズエラ大使だった。二〇〇二年一月、ブッシュ大統領が西半球問題担当国務次官補に指名するが、上院の承認が得られなかった。十ヵ月後、ホワイトハウスは議会の承認が必要ない任務であるラテンアメリカ特使に任命。二〇〇四年、「個人的、経済的理由」から辞職。キューバとベネズエラ案件の解決を図れなかったことに遺憾の意を表明した。ベネズエラ案件については「ベネズエラにはまだ独裁体制は存在していないが、強く警戒する必要がある」と語った。

5 ロジャー・ノリエガはアメリカ上院外交委員会委員で、米州機構代表大使（二〇〇一～二〇〇三）を務めた。二〇〇三年に西半球問題担当国務次官補に指名され、二〇〇三年に上院で承認された。

6 *El Nacional* 紙、二〇〇一年四月二十三日。

7 二〇〇三年度のベネズエラの原油輸出量は、米エネルギー省のエネルギー情報局のデータによれば、一日に二百二十五万バレルで、その内、対米輸出量は百六十三万バレル、つまり、全体の七二・四四パーセントを占める。

8 二〇〇一年十月二十九日のラジオとテレビの同時放送。

9 *El Nacional* 紙、二〇〇一年十一月三日。

10 *El Nacional* 紙、二〇〇二年二月六日。

11 *El Nacional* 紙、二〇〇二年四月十八日。

12 *El Nacional* 紙、二〇〇二年四月二十日。

13　アメリカ―ベネズエラ論争では以下の人たちが発言している。コリン・パウエル国務長官、コンドリーザ・ライス国家安全保障問題担当大統領補佐官、アリ・フライシャー、ホワイトハウス報道官、リチャード・バウチャー、フィリップ・リーカー国務省報道官、オットー・ライヒ、ラテンアメリカ特使、ロジャー・ノリエガ西半球問題担当国務次官補、ジョージ・テネットCIA長官、ジョン・マイスト米州機構代表大使、チャールズ・シャピロ駐カラカス大使（二〇〇四年八月まで）他。
14　二〇〇四年二月二十九日の演説。
15　「借り物の影響」O. Ochoa、*El Universal* 紙、二〇〇四年五月九日。
16　同上。
17　『*Un seguimiento a los viajes internacionales de Hugo Chávez Frías*（ウーゴ・チャベス・フリアス外遊同行記）』R. López Martínez 著、ベネズエラ、二〇〇〇年、二一一〜二一五頁。
18　*El Nacional* 紙、一九九九年九月十九日。
19　*El Nacional* 紙、一九九九年五月八日。
20　二〇〇〇年には九億一千二百万ドル。
21　*El Nacional* 紙、一九九九年十二月一日。
22　*El Nacional* 紙、二〇〇〇年十月二十七日。
23　*El Nacional* 紙、二〇〇〇年十月二十九日。
24　二〇〇〇年十月三十日放送、第四十九回。
25　二〇〇〇年に中央アメリカとカリブ海十ヵ国との間で調印されたカラカス・エネルギー協約に則って、総合協力協定は、日産五万三千バレルの石油をキューバに、八〇パーセントを市場価格で、二〇パーセントを十五年払いとし、二年の猶予を与え、金利は二パーセント、一バレル当たり十五ドルから三十ドルという特恵的条件で輸出することにした。キューバのケースは、ベネズエラへの支払いの仕組みとして、物資と労働提供との交換条件も含んでいる。
26　*El Nacional* 紙、二〇〇一年一月十八日。
27　国立統計局（ＩＮＥ）発表の二〇〇三年度下半期失業率。

28「Los balseros del aire（空の筏乗り）」G. Chiappe, *El Universal* 紙、二〇〇三年十一月九日。

## 第14章　近所とのいざこざ

1『*El otro Chávez*（もう一人のチャベス）』A. Garrido 著、一〇四頁。

2『*Un hombre, un pueblo*（一人の男と一つの国民）』M. Harnecker 著、一七九頁。

3『*Habla el comandante*（司令官は語る）』A. Blanco Muñoz 著、四三八頁。

4『*Un hombre, un pueblo*（一人の男と一つの国民）』M. Harnecker 著、一八〇頁。

5『*Habla el comandante*（司令官は語る）』A. Blanco Muñoz 著、四三七頁。
6 *El Nacional* 紙、二〇〇二年九月十一日。
7 *El Nacional* 紙、二〇〇三年七月二十九日。
8『アロー、プレシデンテ』二〇〇三年十一月二日放送。
9 *El Nacional* 紙、二〇〇四年二月二十日。
10「The Revolutionary（革命家）」J. Anderson、ニューヨークタイムズ、二〇〇一年九月十日。
11 第一回は二〇〇三年四月十七日、第二回は二〇〇四年四月十一日から十六日に開催。
12『*In the Shadow of the Liberator. Hugo Chavez and the Transformation of Venezuela*（解放者の裏側で。ウーゴ・チャベスとベネズエラの変容）』R. Gott、Verso、ロンドン、二〇〇〇年。

13「Líder piquetero viajó a Caracas con gastos pagados por Chávez（ピケテロ指導者がチャベスの経費でカラカス訪問）」*El Nacional* 紙、DPA通信社、二〇〇四年七月二十九日。

## 第15章　みにくいアヒルの子

1『*El diablo paga con traición a quien le sirve con lealtad, anécdotas de mi vida como amigo de Hugo Chávez Frías*（悪魔は忠実な者を裏切る。ウーゴ・チャベスの友として生きた我が人生）』L.Pineda Castellanos 著、メリダ、二〇〇三年、一一八頁。

2 『*Habla Herma Marksman. Chávez me utilizó*（エルマ・マルクスマンは語る。チャベスは私を利用した）』A.Blanco Muñoz 著、Fundación Cátedra Pío Tamayo、UCV、カラカス、二〇〇四年、一七四頁。

3 『*El diablo paga con traición a quien le sirve con lealtad, anécdotas de mi vida como amigo de Hugo Chávez Frías*（悪魔は忠実な者を裏切る。ウーゴ・チャベスの友として生きた我が人生）』

4 同上一一九頁。

5 「Hugo Chávez a golpe de batazos, disparos y piropos（大穴クーデターを当てたウーゴ・チャベスのでたらめと甘い言葉）」A. Meza、*El Universal* 社刊の雑誌 *Estampas*、一九九八年八月九日。

6 同上。

7 「Marisabel de Chávez a régimen（マリサベル・チャベスはダイエット中）」F. Nahmens、*Exceso* 誌一三九号、二〇〇一年三月。

8 「*Marisabel, la historia te absolverá*（マリサベル、歴史があなたを自由にする）」S. de la Nuez 著、*Exceso*、カラカス、二〇〇二年、五一頁。

9 同上八六頁。

10 『*El diablo paga con traición a quien le sirve con lealtad, anécdotas de mi vida como amigo de Hugo Chávez Frías*（悪魔は忠実な者を裏切る。ウーゴ・チャベスの友として生きた我が人生）』

11 『*Marisabel, la historia te absolverá*（マリサベル、歴史があなたを自由にする）』S. de la Nuez 著、Exceso、カラカス、二〇〇二年、六九頁。

12 「La Asamblea Nacional está desperdiciando el tiempo（国民議会は時間を浪費している）」C. Casas、*El Nacional* 紙、二〇〇一年一月二日。

13 「Después del golpe, el divorcio（クーデターの後は離婚）」C.Hernández、*El Universal* 紙、二〇〇二年六月二日。

14 同上。

15 同上。

16 「Marisabel no aceptó que Hugo Chávez estuviera casado con su pueblo（マリサベルはウーゴ・チャベスと民衆と

の結婚を受け入れなかった）」*El Nacional* 紙、二〇〇二年六月三日。

## 第16章　チャベーラ荘

1 「Los Chávez, la familia real de Barinas（チャベス家、バリーナスの王室）」C. Ocando、*El Nuevo Herald* 紙、二〇〇四年八月十二日。
2 『*La corrupción en los tiempos de Chávez*（チャベス時代の腐敗）』A.Beroes, http//es.geocities.com/malversacion/cap09_05.htm.
3 「Los Chávez son acosados por el comandante Cazorla（チャベス家はカソルラ司令官に追い立てられている）」A.Meza, *El Nacional* 紙、一九九九年十一月二十八日。
4 同上。
5 『*Chávez nuestro*（私たちのチャベス）』R. Elizalde y L. Báez 著。
6 「Mi hijo no se parece a Fidel Castro（私の息子はフィデル・カストロに似ていません）」D.Medina, *La Prensa* 紙、二〇〇〇年三月二十四日。

## 第17章　二〇二一年に向けて

1 『*Mi amigo Chávez. Conversación con Norberto Ceresole*（我が友チャベス。ノルベルト・セレソーレとの会話）』A.Garrido 著、カラカス、二〇〇一年、七四頁。
2 同上五七頁。
3 同上四四頁。
4 『*Caudillo, ejército, pueblo*（カウディーリョ、軍隊、大衆）』N. Ceresole 著、Al-Andalus 出版、マドリッド、二〇〇〇年、二七頁。
5 「El nuevo profesionalismo militar de Seguridad Interna y Desarrollo Nacional（国内治安と国家発展のための新しい軍人専門化）」L. A. Butto、『*Militares y sociedad en Venezuela*』より、アンドレス・ベリョ・カトリック大学、カ

ラカス、二〇〇一年、一二九頁。

6 『*Qué piensa Chávez*（チャベスは何を考えているのか）』N.Francia 著、カラカス、二〇〇三年、九七頁。

7 『*Los amantes del tango*（タンゴを踊る恋人たち）』F. Masó 著、Grupo Editorial Random House Mondadori、カラカス、二〇〇四年、四六頁。

8 人権教育・活動計画の調べによる。

9 『*Una segunda opinión, la Venezuela de Chávez. Libro hablado con Ibsen Martínez y Elías Pino Iturrieta*（チャベスのベネズエラ、もう一つの意見。イブセン・マルティネスとエリアス・ピノ・イトゥリエタとの討論）』T. Petkoff 著、Grijalbo Mondadori、カラカス、二〇〇〇年、七七頁。

10 「Análisis del discurso político de Hugo Chávez Frías（ウーゴ・チャベス・フリアスの政治演説分析）」I.Puyosa、Comunicación No.104、Centro Gumilla、カラカス、一九九八年。

11 「De Chávez y algo más（チャベスについてと、もう少し）」O.Wornat『*Poder*』誌、二〇〇一年十月五日。

12 『*La máscara del poder. I:Del gendarme necesario al demócrata necesario*（権力の仮面。I：必要な民主主義者に必要な軍隊）』L. Britto García 著、Alfaldi/Trópico、カラカス、一九八八年、二〇〇頁。

13 『Vacas flacas y odios gordos: la polarización en Venezuela（痩せた牛と肥った憎悪、ベネズエラの二極化）』P. Márquez 著、『*En esta Venezuela. Realidades y nuevos caminos*（このベネズエラ。現実と新しい道）』より。Ediciones IESA、カラカス、二〇〇三年、四〇頁。

14 国立統計局によれば、貧困率は一九九九年の四二・三パーセントから二〇〇四年上半期には六〇・一パーセントに増えた。アンドレス・ベリョ・カトリック大学の貧困調査計画によれば、貧困率は一九九九年に五七・二パーセントから二〇〇三年には七二パーセントに上昇している。付録の国民生活指標を参照されたい。

15 「チャベス大統領は貧困を無くすためのキリスト・ミッションを発表した」国有通信社 Venpres、二〇〇三年十二月六日。

16 『*Mi amigo Chávez. Conversación con Norberto Ceresole*（我が友チャベス。ノルベルト・セレソーレとの会話）』A. Garrido 著、カラカス、二〇〇一年、七三頁。

17　選挙民総数一四〇三万七九〇〇人の内、五六一万九九五四人が大統領に賛成票、三八七万二九五一人が反対、残り（三二パーセント）が棄権した。

18　『*La máscara del poder. I: Del gendarme necesario al demócrata necesario*（権力の仮面。I：必要な民主主義者に必要な軍隊）』L. Britto García 著。

19　「Globalización: la enfermedad del nuevo milenio（グローバリゼーション：ニューミレニアムの病）」R. Fuentes Berain 著、『フォーリン・アフェアーズ』スペイン語版、二〇〇一年秋冬号、メキシコ、二六頁。

20　『*Habla el comandante*（司令官は語る）』A. Blanco Muñoz 著、一七一〜一七三頁。

21　「Los límites del liderazgo plesbicitario（人民投票で選ばれた指導力の限界）」A. Ramos Jiménez 著。『（ベネズエラの変容）』より。比較政治研究センター、カラカス、二〇〇二年、二六頁。

22　「La izquierda gana terreno en Latinoamérica（左翼、ラテンアメリカで勢力を伸ばす）」*El Nacional* 紙、二〇〇四年十一月七日。

23　『*Venezuela en llamas*（ベネズエラは燃えている）』A. Durán 著、Random House Mondatori、カラカス、二〇〇四年、二七五頁。

24　「Tiranías nuevos, ideas clásicas（新しい暴政、古い思想）」I. Martínez, *El Nacional* 誌、二〇〇四年六月十四日。

## エピローグ

1　*El Universal* 紙、二〇〇五年八月十六日号。

2　二〇〇四年十二月二十二日、www.aporrea.org

3　二〇〇四年十二月と二〇〇五年三月。

4　選挙民総数一四四六万九〇二七人中、投票したのは三六五万九二一六人で一八〇万九八一〇人が棄権した。一院制の国民議会はチャベスのＭＶＲ（第五共和国運動）派議員は一一四議席を獲得した。残りの議席は軍人派議員に分配された。

5　二〇〇五年にウルグアイのモンテビデオで開催された第十四回メルコスール総会の閉会式でベネズエラ大統領が行

なった演説。
6 「アロー、プレシデンテ」二〇〇五年十二月十一日放送。
7 *Tal Cual* 紙、二〇〇五年五月二日。
8 『¿Hacia dónde va usted, Presidente Chávez?（チャベス大統領、どこまで行くのですか？）』M. Cabieses 著、Punto Final、チリ、二〇〇五年（www.kaosenlared.net/noticia）。
9 同上。
10 *El Nacional* 紙二〇〇五年八月十五日。
11 ユニオン・ラジオ、二〇〇五年九月二十七日。
12 ユニオン・ラジオ、二〇〇五年四月十四日。
13 一九九九年は四二・三八パーセント、二〇〇四年は五三・一パーセント。
14 「アロー、プレシデンテ」二〇〇五年四月三日放送。
15 二〇〇五年のユネスコの情報では、ベネズエラはラテンアメリカでウルグアイ、アルゼンチン、キューバ、チリに次ぐ識字率第五位。
16 元ベネズエラ大統領で作家の故ロムロ・ガジェーゴスの小説『バルバラ夫人』の登場人物の一人をほのめかしている。
17 チャベスとセラーノは、生活救済のため利益目的無しに、ブロンクスにある三社（マウント・ホープ・ハウジング、フォーダム・ベッドフォード・ハウジング、ＶＩＰコミュニティ・サービス）の燃料会社と灯油八〇〇万ガロンの販売交渉を行なった。
18 アメリカ国内の一万四〇〇〇のガソリンスタンドを持つシットゴー社は――ベネズエラ石油公社が保有する――アメリカの石油精製能力の六パーセントを占めている。
19 しかしながら、「ベネズエラの民主的制度を支援するアメリカの計画を堅持する」ために例外的手段を講じる。
20 *El Nacional* 紙二〇〇六年一月十一日。
21 解放者シモン・ボリーバルのモンテサクロの誓い二百年を記念する特別式典。二〇〇五年八月十五日、国立霊廟。

# 参考文献


Arvelo Ramos, A., *El dilema del chavismo, una incógnita en el poder*, José Agustín Catalá Editor, Caracas, 1998.

Avendaño, J., *El militarismo en Venezuela*, Ediciones Centauro, Caracas, 1982.

Blanco Muñoz, A., *Habla el comandante*, Fundación Cátedra Pío Tamayo, Universidad Central de Venezuela, 2.a ed.Caracas, 1998.

———, *Habla Jesús Urdaneta Hernández, el comandante irreductible.* , Fundación Cátedra Pío Tamayo, Universidad Central de Venezuela, Caracas, 2003.

———, *Habla Herma Marksman, Chávez me utilizó,* Fundación Cátedra Pío Tamayo, Universidad Central de Venezuela, Caracas, 2004.

Beroes, A., *La corrupción en tiempos de Chávez*, edición electrónica, http://es.geocities.com/malversacion/index.htm.

Bolívar, A. y C.Kohn (comps), *El discurso político venezolano,* Comisión de Estudios de Postgrado y Fondo Editorial Tropikos, Universidad Central de Venezuela, Caracas, 1999.

Bolívar, S., *Para nosotros la patria es America*, Fundación Biblioteca Ayacucho. Caracas, 1991.

Boersner, D., *Relaciones internacionales de América Latina*, Editorial Nueva Sociedad, Caracas, 2004.

Britto García, L., *La máscara del poder, I, Del gendarme necesario al demócrata necesario*, Alfadil Ediciones, Caracas, 1988.

Caballero, M., *La gestación de Hugo Chávez,* Los libros de la catarata, Madrid, 2000.

———, *Revolución, reacción y falsificación,* Alfadil Ediciones, Caracas, 2002.

Cabrujas, J. I., et al. 《Heterodoxia y Estado, 5 respuestas》 ,en *:Estado y Reforma, Revista de Ideas,* Edición de la Comisión Presidencial para la Reforma del Estado, COPRE, Caracas, 1987.

Carmona, P., *Mi testimonio ante la historia,* Editorial Actum, Caracas, 2004.

Carrera Damas, G., *El culto a Bolívar,* 5a. edición, Alfadil Ediciones, Caracas, 2003.
Castro Leiva, L., *De la patria boba a la teología bolivariana,* Monte Ávila Editores, Caracas, 1987.
Chávez Frías, H., *Un brazalete tricolor,* Vadell Hermanos Editores, Valencia, 1992.
Daniels, E., *Militares y democracia,* José Agustín Catalá Editor, Caracas, 1992.
De la Nuez, S., *Marisabel, la historia te absolverá,* Editorial Exceso, Caracas, 2002.
Díaz Rangel, E., *et al., Chávez y los medios de comunicación social,* Alfadil Ediciones, Caracas, 2002.
Durán, A., *Venezuela en llamas,* Grupo Editorial Random House Mondadori, Caracas, 2004.
Francia, N., *Hablan las víctimas,* ediciones del autor, Caracas, 2002.
———, *Qué piensa Chávez, aproximación a su discurso político,* ediciones del autor, Caracas, 2003.
Garrido, A., *Guerrilla y conspiración militar en Venezuela,* Fondo Editorial Nacional José Agustín Catalá, Caracas, 1999.
——— *Mi amigo Chávez. Conversaciones con Norberto Ceresole*, edición del autor, Caracas, 2001.
——— *El otro Chávez. Testimonio de Herma Marksman,* edición del autor, Mérida, 2002.
——— *Testimonios de la Revolución Bolivariana,* edición del autor, Mérida, 2002.
Gott, R., *In the shadow of the Liberator*, Verso, Londres, 2000.
Harnecker, M., *Un hombre, un pueblo,* sin mención de editor, Caracas, 2002.
———, *Venezuela, militares junto al pueblo,* El Viejo Topo, Madrid, 2003.
Hernández, C. R., *Agonía de la democracía. A dónde va Venezuela con la 《revolución bolivariana》,* Editorial Panapo, Caracas, 2001.
Irwin, D., *et al., Militares y sociedad en Venezuela,* Universidad Católica 《Andrés Bello》, Caracas, 2003.
Izarra, W., *En busca de la revolución,* ediciones del autor, Caracas, 2001.
Jiménez, I., *Los golpes de Estado desde Castro hasta Caldera,* Centralca, Caracas, 1996.
La Fuente, S., y A. Meza, *El acertijo de abril,* Grupo Editorial Random House Mondadori, Caracas, 2004.

López Martínez, R., *Un seguimiento a los viajes internacionales de Hugo Chávez Frías,* edición del autor, Caracas, 2000.

López Maya, M.(coord), *Protesta y cultura en Venezuela:los marcos de la acción colectiva en 1999,* FLASCO, Buenos Aires, 2002.

Marquéz, P., y R. Piñango (eds.), *En esta Venezuela,* Ediciones IESA, Caracas, 2003.

Masó, F., *Los amantes del tango,* Grupo Editorial Random House Mondadori, S. A., Caracas, 2004.

Mazzei, P., *Sabaneta de Barinas,* editorial Nemesio Martínez, Caracas, 1992.

Medina, P., *Rebeliones,* edición del autor, Caracas, 1999.

Müller Rojas, A., *Época de revolución en Venezuela,* Solar ediciones, Caracas, 2001.

Petkoff, T., *La Venezuela de Chávez, una segunda opinión. Un libro hablado con Ibsen Martínez y Elías Pino Iturrieta,* Grijalbo-Mondadori, Caracas, 2000.

Pineda Castellanos, L., *El diablo paga con traición a quien le sirve con lealtad, anécdotas de mi vida como amigo de Hugo Chávez Frías,* Producciones Farol , C.A, Mérida, 2003.

Pino Iturrieta, E., *El divino Bolívar, ensayo sobre una religión republicana,* Los libros de la catarata, Madrid, 2003.

Ramírez Rojas, K., *Historia documental del 4 de febrero,* sin mención de editor, Caracas, 1998.

Ramos Jiménez, A., et al., *La transición venezolana,* Centro de Investigación de Política Comparada, Universidad de Los Andes, Mérida, 2002.

Rangel, D. A., *¿Quién paga los muertos del 11 de abril?,* Mérida editores, Mérida, 2002.

Romero, A., *Decadencia y crisis de la democracia. ¿A dónde va la democracia venezolana?,* Editorial Panapo, Caracas, 1999.

——— *et al., Chávez, la sociedad civil y el estamento militar,* Alfadil Ediciones, Caracas, 2002.

Tapia, J. L., *Maisanta, el último hombre a caballo,* 6a. edición, José Agustin Catalá Editor, Caracas, 2000.

Ugalde, L., *et al., Detrás de la pobreza,* Asociación Civil para la Promoción de Estudios Sociales, Universidad Católica《Andrés Bello》, Caracas, 2004.

Uslar Pietri, A., *Golpe y Estado en Venezuela,* Grupo Editorial Norma, Bogotá, 1992.

Wilpert, G., *Coup against Chavez in Venezuela,* Fundación por un mundo multipolar y Fundación Venezolana para la Justicia Global, Caracas, 2003.

Zago, A., *La rebelión de los ángeles,* Warp Ediciones S.A., Caracas, 1998.

Zapata, J., *Plomo más plomo es guerra,* Proceso a Chávez, Alfadil Ediciones, Caracas, 2000.

S/ autor, *Golpes militares en Venezuela 1945-1992,* Agustín Catalá Editor, Caracas, 1998.


**◉新聞**

《ベネズエラ》

*El Globo*（エル・グローボ）

*El Nacional*（エル・ナシオナル）

*El Universal*（エル・ウニベルサル）

*Últimas Noticias*（ウルティマス・ノティシアス）

*Notitarde*（ノティタルデ）

*La Razón*（ラ・ラソン）

*La Prensa*（ラ・プレンサ）［バリーナス州地方紙］

《外国紙》

*La Jornada*（ラ・ホルナーダ）［メキシコ］

*El Universal*（エル・ウニベルサル）［メキシコ］

*La Tercera*（ラ・テルセラ）［チリ］

*La Nación*（ラ・ナシオン）［アルゼンチン］

*Clarín*（クラリン）［アルゼンチン］

*El Tiempo*（エル・ティエンポ）［コロンビア］

*El Espectador*（エル・エスペクタドール）［コロンビア］
*Granma*（グランマ）［キューバ］
*The New York Times*（ニューヨークタイムズ）［USA］
*The Washington Post*（ワシントンポスト）［USA］
*The Miami Herald*（マイアミ・ヘラルド）［USA］
*Liberazione*（リベラツィオーネ）［イタリア］

●雑誌
《ベネズエラ》
Semanario *Quinto Día*（セマナリオ・キント・ディア）
Revista *Primicia*（プリミシア）
*Discurso y Sociedad*（ディスクルソ・イ・ソシエダー）
Revista *Comunicación*（コムニカシオン）
*Exeso*（エクセッソ）
*Estampas*（エスタンパス）
《外国紙》
*Foreign Affaire*（フォーリン・アフェアー）［USA］
*The New Yorker*（ザ・ニューヨーカー）［USA］
*Gatopardo*（ガトパルド）［コロンビア］
*Semana*（セマーナ）［コロンビア］
*Cambio*（カンビオ）［メキシコ］
*Qué pasa*（ケ・パッサ）［チリ］
*Caretas*（カレータス）［ペルー］

●ウェッブサイト

Consejo Nacional Electroral de Venezuela, http://www.cne.gov.ve
Venezuela Analítica, www.analitica.com
Ministerio de Comunicación e Información, www.minci.gov.ve
Venpres, www.venpres.gov.ve
Rebelión, www.rebelion.org
Banco Central de Venezuela, www.bcv.org.ve
Programa Educación-Acción en Derechos Humanos, Provea, www.derechos.org.ve
Diccionario de Historia de Venezuela de la Fundación Polar, www.fpolar.org.ve
Instituto Nacional de Estadística, www.ine.gov.ve
Agencia de Información de Energía del Departamento de Energía de Estados Unidos, www.eia.doe.gov.
CNN, www.cnnenespanol.com
Latin Reporters, www.latinreporters.com

**（ワ行）**

**（マ行）**

（ナ行）



（ハ行）

**（サ行）**



**（タ行）**

（カ行）

# 人名索引

（五十音順）

# 訳者あとがき

本書は、「Hugo Chávez sin uniforme–una historia personal」の全訳である。原題を直訳すると、「軍服を脱いだウーゴ・チャベス――人物評伝」であるが、その意味するところは本書の第十一章「混乱の四月」に見出すことができる。

チャベスは、民主的選挙で大統領に選ばれたにもかかわらず、「軍人主義」を前面に押し出し、軍事独裁者のような政治をすすめた。閣僚と議会多数派を軍人出身者で固め、その絶対的権力基盤とした。軍隊では中佐で終わった人間が、パレードで将軍の礼服を身に着けた。

だが、一九九八年に逆に軍部のクーデターに遭った時、首謀者に「軍服を脱げ」と恫喝され、それを境に彼は軍服を着ることをやめた。今では赤いシャツをトレードマークにしている。それと呼応するように、彼は「軍事独裁的指導者」のイメージから脱皮し、今では「二十一世紀型社会主義」を標榜する中南米の革命家になろうとしている。このチャベスの「変身」は、はたして本物なのかどうか。多くの人の疑いの目と不安を象徴しているのが、この原題である。

またここには、ベネズエラ人自身のある種の戸惑いも感じられる。このグローバルな情報化時代に、植民地独立闘争の昔の英雄を旗印にした指導者が、意外にも国民の圧倒的支持を受けてしまった。特に知識層の多くが虚を衝かれた。本書に登場する評論家、学者たちは、それぞれに彼のことを、「ポピュリスト」だとか「専制君主」だとか「革命家」だとか規定しようとするが、誰も定義しきれていない。

群盲、象を撫でる、である。これが本書の面白いところだ。読者に判断が委ねられている。結果的にそうなったのか、それが狙いなのかは問わないでおこう。世界中の誰も、チャベスについてはまだ結論が出せないでいるのだから。

ここで、温故知新ではないが、その植民地独立闘争の英雄、シモン・ボリーバルについて若干の解説を加えておきたい。

シモン・ボリーバルは、一七八三年、ベネズエラのカラカスのクリオーリョ（植民地スペイン人と先住民の混血）の名家に生まれた。十六歳でヨーロッパに留学、その後、独立の機運高まるベネズエラに戻り、一八〇六年に独立活動に参加した。一八一一年、スペイン軍との戦争で、解放遠征軍司令官に任命されたボリーバルは、陥落したカラカスの要塞を奪還、ベネズエラ第二共和国の成立を宣言した。スペイン軍の反撃に一旦は英領ジャマイカに亡命したが、一八一六年に再びスペインとの戦闘を開始した。一八一九年に、ボヤカの戦いに勝利し、現在のベネズエラ、コロンビア、パナマ、エクアドルを合わせた地域の大コロンビア国樹立を宣言した。

再びスペイン軍との戦闘が起こったが、ボリーバルは一八二一年、ベネズエラのカラボボで勝利し、カラカスを奪還した。続くピチンチャの戦いで勝利を収め、エクアドルの解放を果たし、アヤクチョの戦いにも快勝、アルト・ペルー共和国が誕生し、国名をボリビア、首都名をスクレと定めた。

しかし、一八二七年、大コロンビアのベネズエラとヌエバ・グラナダの間で内乱が起きる。あくまで大コロンビア、ラテンアメリカ連合の維持を理想としたボリーバルは、一八二八年に大コロンビア国民会議を招集し、選挙を実施、憲法を停止して独裁権を手中に収めた。だが、副大統領による暗殺計画や、健康状態の悪化、配下の将軍の反乱、ベネズエラの分離独立、エクアドルの独立が相次ぎ、一八三〇年、自身の政治的な役割の終焉を悟ったボリーバルは、すべてを棄ててヨーロッパに向かう決心を固めた。しかし腸チフスが悪化、カリブ海の港町サンタマルタで同年十二月十七日に死去した。ボリーバルの死後、かつての部下だった将軍たちの多くは、私財を蓄え、寡頭支配層を形成し、ラテンアメリカ諸国では現在まで彼らの子孫による支配が続いてきた。

ボリーバルはラテンアメリカ史上最大の英雄であるが、彼の他にも、ペルー先住民の反逆者、トゥパク・アマル、キューバ独立の父、ホセ・マルティ、そしてチェ・ゲバラなど、この大陸は数々の人民の指導者を輩出してきた。独裁者、カウディーリョの暴政の歴史を中南米の負の伝統とするならば、彼らは正の伝統と言えよう。

二〇〇八年十二月、カラカスにおいて米州ボリーバル代替構想閣僚理事会（ＡＬＢＡ）が開催され、域内の共通通貨圏構想の進展のための委員会設立が合意された。チャベス大統領は「ＡＬＢＡはラテンアメリカ諸国の貧困と不平等との闘争に主眼をおくが、深刻な経済不均衡、不平等な貿易条件、支払い不能な債務に苦しむ諸国家をＩＭＦ、世界銀行、世界貿易機関（ＷＴＯ）のくびきから解き放ち、規制撤廃、民営化によって行政能力を喪失した国家の改革に立ち上がる」と表明し、ブラジルのサルバドールで開催されたラテンアメリカ・カリブ諸国首脳会議では、「米国はもはやラテンアメリカ・カリブ諸国を支配できる存在ではない」と述べた。チャベスは、イベロ・アメリカ・サミット（スペイン語圏諸国会議）を強化してボリーバルの大コロンビア構想のような大きな事を考えている。

ここに来て、ラテンアメリカの左傾化、反米化はかなり進んでいる。スペインのテロ組織「バスク祖国と自由（ＥＴＡ）」が、チャベス大統領を信奉するベネズエラのテロ組織、ベネズエラ解放軍（ＦＢＬ）と協力合意を結び、ＥＴＡがＦＢＬメンバーの訓練をする代わりに、ベネズエラ国内でＦＢＬによる庇護を受けることになったとも言われている。

ベネズエラ国軍とロシア北洋艦隊による海上合同軍事演習が開始され、イランの武器不正輸出に対するベネズエラの関与疑惑もある。主要産油国のサウジアラビア、イラン、ロシア、ベネズエラはいずれもグローバリゼーションの外にとどまり、今後これらの国を核にして、非資本主義的空間が拡大するという見方もある。（拙訳『石油の隠された貌』エリック・ローラン著、を読まれたい）チャベスは国際的に決して孤立していない。むしろ、着々と仲間を作っているようだ。無事に行けば、二〇一三年まで政権を担当するチャベスにとって、石油は欠くことのできない武器である。

二〇〇五年八月、チャベスは二〇二一年引退の言をひるがえし、「二〇三〇年まで続ける」と発表した。そして、一年後の二〇〇六年十二月に六二・八四パーセントの投票率を獲得して大統領に再選された。この結果は、ボリーバル社会主義という計画が六〇パーセントを超えるベネズエラ国民の支持を受けたとしか考えられない。だが、二〇三〇年まで指揮するためには、さらに無制限の再選を可能にする法案を通さなければならない。彼の夢を叶える革命はまだ四半世紀を必要とする。はたしてそれは可能なのか？

しかし二〇〇八年、チャベスは大統領再選制限を撤廃する憲法修正案を提起、これは国内外に大きな波紋を呼んだ。選挙前の約一年間の世論調査では、大統領支持率こそ五十パーセント前後を維持していたが、連続再選支持率は二十五パーセント辺りにとどまっていた。また、この国民投票の実施そのものに反対しているのは国民の六十八パーセントにも上っていた。国民投票の成立さえ危ぶまれる数字である。

そしていよいよ、本書が出版される直前の二〇〇九年二月十五日に問題の国民投票が実施されることになった。国民投票が近づくにしたがって、カラカス首都区のスクレ市、チャカオ市、リベルタドール市などでは反対派学生を中心としたデモが行なわれ、放火や暴動が発生していた。一方、反政府系テレビ局のグロボビジョン本社、キリスト教社会党（COPEI）本部、その他反政府支持団体などで、政府系過激派組織によるものと思われる爆弾事件も頻発した。ベネズエラ国民の二極化は続いていた。

いざふたを開けてみると、棄権したのは予想に反して、三十二・九パーセントにとどまり、史上最低の投票率ではあったが、賛成五十四・三六パーセント、反対四十五・六三パーセント、無効票十七万九千百四十一、国家選挙管理委員会のルセロ委員長から国民投票の成立が発表された。大勝とは言えないまでも、チャベスはまた勝利したのである。

さて、チャベスが掲げる二十一世紀型社会主義とは一体どのような内容を持っているのか？

二〇〇五年に大統領が発表した「El Salto Adelante,La Nueva Etapa de la Revolución Bolivariana（前

進のための飛躍――ボリーバル革命の新段階)」なるテーゼの一部を紹介しよう。

曰く「(この社会主義は)ベネズエラの現実と、他のラテンアメリカ・カリブ人民の歴史的、社会文化的結びつきへの理解を出発点にして創出される。人間主義、環境主義、精神的エネルギーに満ちた社会主義であり、愛と平和、団結と正義、そして自由を奪還するものである。二十世紀の社会主義とはほとんど似るところは無い。高名な知識人がこしらえた教条的な処方箋も形式も適用されない。革命的ハリケーンの眼の静けさである。変革行動の核である」

そして、「十の戦略目標」として以下のものを挙げている。

1 新しい社会構造の推進
2 通信戦略の新しい展開
3 人民参加の新しい民主主義の確立を急ぐこと
4 国家機関の新制度化の創造を急ぐこと
5 腐敗汚職に対する総合的、効果的戦略の遂行
6 新しい選挙戦略の展開
7 新しい経済システムの創造に向けた新しいモデルの確立
8 新しい土地制度の適用を継続すること
9 新しい国軍戦略の設定と深化
10 国際社会における多極化の推進

「新しい」という言葉ばかりが目立つが、同時に具体性には程遠い内容であることは誰の眼にも明らかである。また、ラテンアメリカ諸国においても求心性を持つボリーバル主義と、社会主義的方向性については様々な温度差がある。しかし、これを社会主義と呼ぼうが、何と呼ぼうが、ベネズエラ国民の半数近くがこれについて行く意思を示していることは、今回の国民投票の結果から証明された。

しかし、チャベスは神からも、ベネズエラ国民からも、永遠の時間を与えられているわけではない。彼は、少なくとも二〇一二年までに「革命」の何らかの成果を見せなければならない。国民はそれを待っている。彼が挫折すれば、ラテンアメリカ諸国で生まれつつある新しい動きもまた、勢いをそがれる可能性がある。アメリカが、国内的にも国際的にも歴史的岐路に立たされている現在、ラテンアメリカ諸国の内政と外交は、さまざまに揺れ動いて行くだろう。ベネズエラは、その中で最も重要な責任を引き受けている国なのだ。チャベス物語はこれから佳境に入っていく。

チャベスとベネズエラの今後の動向を、地球の反対側の遠くの出来事として片付けるのではなく、二十一世紀のあるべき世界をめざす一つの野心的挑戦として見るなら、意味は大きい。そのためにも本書は、チャベスが何者であるのか、その人となりを、そしてベネズエラがどのような国なのかをまずは良く知るために必読の一冊として読んでいただきたいと思う。

最後に、本書の翻訳刊行をご決断いただいた緑風出版の高須次郎氏、編集・制作の労に当たられた高須ますみ氏に心より深く感謝する。

神尾　賢二

[著者略歴]

**クリスティーナ・マルカーノ（Cristina Marcano）**

1960年カラカス生まれ。アンドレス・ベリョ・カトリック大学でコミュニケーションを学び、カラカスの新聞社『エル・ディアリオ』に入る。その後『エル・ナシオナル』紙編集部に移り、国際部編集長、海外特派員を歴任。2004年に、アルベルト・バレーラ・ティスカと共著で本書を上梓。

**アルベルト・バレーラ・ティスカ（Alberto Barrera Tyszka）**

1960年カラカス生まれ。ベネズエラ中央大学文学部卒。同大学教授。作家、詩人、ナレーター。長くテレビドラマの脚本家として活躍している。1996年から『エル・ナシオナル』紙のコラムを執筆している。著書に『Letras Libres y El Gatopardo』、『También el corazón es un descuido』などがある。

[訳者略歴]

**神尾　賢二（かみお　けんじ）**

1946年大阪生まれ。早稲田大学政経学部中退。映像作家、翻訳家。翻訳書に『ウォーター・ウォーズ』（ヴァンダナ・シヴァ著、緑風出版）、『気候パニック』（イヴ・ルノワール著、緑風出版）、『石油の隠された貌』（エリック・ローラン著、緑風出版）、『灰の中から』（アンドリュー・コバーン／パトリック・コバーン著、緑風出版）がある。

大統領《だいとうりょう》チャベス


2009年3月30日　初版第1刷発行　　定価3000円＋税

著　者　クリスティーナ・マルカーノ／アルベルト・バレーラ・ティスカ
訳　者　神尾賢二
発行者　高須次郎
発行所　緑風出版 ©
〒113-0033　東京都文京区本郷2-17-5　ツイン壱岐坂
［電話］03-3812-9420　［FAX］03-3812-7262
［E-mail］info@ryokufu.com
［郵便振替］00100-9-30776
［URL］http://www.ryokufu.com/

装　幀　斎藤あかね
制　作　R 企 画　　印　刷　シナノ・巣鴨美術印刷
製　本　シナノ　　用　紙　大宝紙業　　E2000




ISBN978-4-8461-0902-8　C0031